Introducción a la lingüística forense

Introducción a la lingüística forense

UN LIBRO DE CURSO

Gerald R. McMenamin

The Press at California State University, Fresno

Introducción a la lingüística forense: un libro de curso

First Printing: April 2017

Printing and distribution: *CreateSpace*

Order online from Amazon: *amazon.com* and Amazon Europe: Amazon.co.uk, Amazon.de, Amazon.fr, Amazon.it, and Amazon.es.

The Press at California State University, Fresno
ISBN-13: 978-0692799369
ISBN-10: 0692799362

Library of Congress Control Number: 2016957669

Primera impresión: abril 2017

Impresión y distribución: CreateSpace

Pedidos en línea a Amazon: amazon.com y Amazon Europa: Amazon.co.uk, Amazon.de, Amazon.fr, Amazon.it y Amazon.es.

Revisión de libro:	*Óscar M. Garibay Contreras (CSUF)*
Edición de texto:	*Lía Peinador (Madrid)*
Diseño de libro:	*Capital A Publications (Spokane, WA)*
Diseño de portada:	*Becky Brown (CSUF)*
Foto de portada:	*Randy Vaughn-Dotta (CSUF)*
Índice:	*Heather Dubnick (Beverly, MA)*

Editorial: The Press at California State University, Fresno
2380 East Keats Avenue M/S 99
Fresno, California 93740-8024
http://www.thepressatcsufresno.org/

Página web del libro: *https://introlingforen.net/*

Para Marguerite:

Me cobijo la cara con tus manos,
para seguirte amando todavía,
y te digo, ahora en secreto,
tú eres mi equilibrio,
tú haces que respondan
las fuerzas de mi alma,
éstas sentidas en esa lírica mexicana,
si bien nacidas en el soneto de Garcilaso:
Yo no nací sino para quereros;
mi alma os ha cortado a su medida;
por hábito del alma misma os quiero.

Índice del contenido

PARTE V. ESTUDIOS DE CASO: LENGUA HABLADA

PARTE VI. MATERIA COMPLEMENTARIA

Prólogo

Por medio del *Prólogo* quiero aclarar algunos aspectos del presente libro: su estilo propio, su redacción colaborativa, su bibliografía, el formato de los capítulos, la inclusión de capítulos inusuales y el sitio web que complementa al libro.

RAZÓN Y ESTILO DEL LIBRO

Quería definir el propósito de esta *Introducción a la lingüística forense* pensando en el alumno. Por eso, su redacción refleja lo que hago al preparar guías de estudio para mis propios cursos universitarios: el texto mismo y las actividades prácticas realizadas dentro y fuera del salón de clase. Debido a ello, el tono estilístico del libro es algo informal y consistente con sus objetivos pedagógicos. Adicionalmente, he intentado citar toda obra nombrada y traducir al español citas del inglés y francés. Cuando se ve que sigue la cita misma un número entre paréntesis, éste indica y localiza su lenguaje original en el Apéndice 2 de la *Materia Complementaria* al final del libro.

COLABORACIÓN

Este libro ha sido concebido y escrito por el autor. Sin embargo, todo investigador académico pronto se da cuenta de que no realiza solo tal proyecto, especialmente uno que no está escrito en su lengua materna. Con respecto al lenguaje, recibí la valiosa ayuda del Mtro. Óscar M. Garibay Contreras, quien ha aportado al proyecto una capacidad lingüística inmensurable en sus revisiones del libro, y en sus traducciones al español de unas citas y de unas partes escritas previamente en inglés.

BIBLIOGRAFÍA

La bibliografía se da al final del libro en *Obras citadas*. He intentado citar con cuidado las obras consultadas a lo largo del estudio para documentar bien las fuentes de los argumentos hechos y para proporcionarle al alumno una bibliografía inicial de fácil acceso con el cual puede empezar su propia investigación. Sí, el texto es denso en ocasiones debido a las copiosas citas, pero creo que el acceso a las obras citadas sopesa la posible ventaja de su ausencia.

FORMATO DISPAREJO DE CAPÍTULOS

Se verá que los capítulos de los estudios de caso no presentan la estructura uniforme esperada de un libro de curso, y tampoco se presentan unos capítulos como los típicos ensayos académicos. Esta 'infelicidad' estilística se debe a que quería conservar una forma similar a la que fue presentada a la corte. Decidí favorecer la primera función judicial del informe procurando mantener el formato original del informe pericial. También se dará cuenta de que los casos de autoría carecen de citas bibliográficas, mientras que los demás aluden a todas las referencias utilizadas. Por eso, se presenta la bibliografía de la teoría y la práctica del análisis autoral en los Capítulos 4 y 5.

CAPÍTULOS INUSUALES

Capítulo 4: El intento de la revisión histórico-bibliográfica de este capítulo es enfocar el entorno histórico y teórico del *estilo* y de la *estilística* dentro del mundo hispánico en particular. El tratamiento aquí no pretende ser exhaustivo porque el alcance del presente libro no permite el nivel de indagación necesaria para incluir todos los muchos estudios extensos que se han hecho. Nada más le puedo pedirle perdón al autor que no vea su investigación representada en este capítulo.

Sin embargo, lo que esta muestra investigativa evidencia es que hay una larga y profunda literatura románica e hispánica sobre el tema, y he utilizado como criterio de inclusión el de que las investigaciones citadas le sean accesibles al lector hispanohablante, o en su forma original española, bien en traducción al español del francés e inglés. De hecho hay varias obras citadas especialmente del inglés, y éstas se han incluido para no sacrificar la vigencia del estudio a costa de un estricto objetivo centrado en resaltar la investigación hecha en español.

Capítulo 12: Me parece preciso darle al lector advertencia previa del carácter expresivo algo directo del Capítulo 12, cuyo contenido documenta el caso criminal de *California contra Ceja: una respuesta a la Corte.* Se notará en el subtítulo que este capítulo se redactó de forma distinta a los demás: es mi respuesta a la Corte, y no hace falta decir que sigo hasta el día de hoy en desacuerdo total con ella. Me explico.

En su muy conocida *Carta a Alfonso Reyes sobre la estilística,* Amado Alonso aludió de forma espontánea a la expresión un tanto "florida" a su parecer de su *querido Alfonso*: "… como usted diría con su cortés sordina mexicana …" (Amado Alonso 1965:83).

Me refiero a este comentario íntimo sobre el carácter mexicano con respecto al Capítulo 12 porque veo como grato y conveniente el valor cultural mexicano de la *cortés sordina,* puesto que me crié en California alrededor y dentro de la comunidad mexicana, asimilando su cultura durante casi toda la vida. Incluso gran parte de mi preparación profesional me fue otorgada por la comunidad académica *nonpareil* de El Colegio de México.

Por estas razones, voy ahora al grano: hay momentos en que ya no se le permite a uno hablar *en sordina.* Este caso penal me hizo llegar a ese momento en el que me quedé algo distanciado de la cortés sordina mexicana. Por ello le pido al lector que tenga la bondad de permitirme presentar en *voz alta* los datos, los hallazgos y las conclusiones del caso.

PREPUBLICACIÓN

La sección 3.8 del Capítulo 3 y los Capítulos 6, 7, 10 y 11 aparecen en inglés en McMenamin (2003), y fueron traducidos por el Mtro. Garibay Contreras para su inclusión aquí. Una versión del Capítulo 13 aparece en español en McMenamin (2012), y el Capítulo 16 se presenta en inglés en McMenamin y Kerr (2014).

McMenamin, Gerald R. 2003. *Forensic Linguistics: Advances in Forensic Stylistics,* Boca Raton: CRC Press.

McMenamin, Gerald R. 2012. "La lingüística forense: el caso histórico de *Texas v. Cortez* (1901)", coords., Amalia Hoyos Arvizu, Amalia y Munguía, Ana Lidia, *Serie de Estudios Lingüísticos: Lingüística Aplicada,* Hermosillo: Universidad de Sonora.

McMenamin, Gerald R. y Kerr, Lindsay. 2014. "Jasmine and the Bee: Spelling Word Initial [t^h] in English", *Language,* 90:4:149e.

SITIO WEB DEL LIBRO

Le invito al lector a visitar el sitio web del libro: ***https://introlingforen.net/***

Son varias las razones que motivan el desarrollo del sitio web que acompaña y complementa el material del libro.

El sitio web facilita la inclusión de materiales extensos no acomodados por los límites del libro, especialmente los problemas y ejercicios que podrían ser útiles para el desarrollo teórico y la aplicación práctica de la ciencia. También permite involucrar más al estudiante que quiere "ensuciarse las manos" con los conjuntos de datos no tan limpios como los que se inventan para los libros de texto convencionales.

El sitio web también posibilita la actualización periódica de todos sus elementos, permite el arreglo provisional de los errores inevitables de forma o de contenido que se encuentren en el libro, y presenta la oportunidad de comunicarme directamente con los estudiantes y los otros lectores del libro.

Reconocimientos

SON MUCHOS LOS QUE COLABORARON EN LA REALIZACIÓN DE ESTA obra, y estoy agradecido a todos ustedes. En primer lugar reconozco el apoyo diario de mi querida esposa Marguerite, quien ha soportado de vez en cuando una cierta 'ausencia doméstica' mía durante el transcurso de la redacción del libro.

Agradezco a los editores de texto que revisaron todo el libro, Óscar M. Garibay Contreras y Lía Peinador, y también a los colegas que ayudaron con el lenguaje y contenido de capítulos específicos: Malcolm Coulthard, Sean Fulop, Roger Shuy, Gloria Watts, Paul Watts, y los alumnos y colegas del *Fresno State Linguistics Club.*

Reconozco también a la labor inestimable del grupo profesional que efectuó la preparación del volumen: Lisa Maria Boyles, diseño del sitio web; Becky Brown, diseño de la portada; Ariane Smith, diseño del libro; y Randy Vaughn-Dotta, foto de la portada. También reconozco al personal del servicio de préstamo interbibliotecario de la *Madden Library* de California State University, el cual me prestaba su consideración pronta y continua durante el transcurso de la redacción de este libro.

No me olvido de los primeros empujes que recibí hacia el estudio de la variación lingüística de los profesores Fred Brengelman, Raúl Ávila y William Labov. Además, aprecio la ayuda del equipo legal de Leonard Carrillo, Armida Espinoza y Victor Salazar, y de la perita Susan Morton por su contribución al Capítulo 3. Igual de valorada fue la subvención becada por los miembros de la *California State University Emeritus and Retired Faculty Association.*

Por último, el *College of Arts and Humanities* de la California State University, Fresno, siempre me ha concedido la asistencia necesaria para la elaboración del presente libro y de todo proyecto de investigación que quería desarrollar. En particular, son los anteriores decanos, Vida Samiian y José Díaz, y los decanos actuales, Saúl Jiménez-Sandoval y Honora Howell Chapman.

Les doy a todos ustedes gracias calurosas por haberme ayudado y honrado con su colaboración.

JERRY MCMENAMIN

PARTE I

Materia introductoria

PRESENTACIÓN

P.1 Plan del libro

P.2 ¿Por qué estos casos?

P.3 Breve resumen de capítulos

CAPÍTULO 1: EL ENTORNO SOCIOHISTÓRICO DE CALIFORNIA

1.1 ¿Por qué California?

1.2 El contexto histórico del estado

1.3 El contexto actual del estado

1.4 La política migratoria y la lingüística forense

1.5 La conducta de las autoridades y la lingüística forense

1.6 La conducta judicial y la lingüística forense

1.7 Coda al capítulo: ¿por qué el entorno sociohistórico?

Presentación

P.1 PLAN DEL LIBRO

Uno de los objetivos de este libro es hacer ciencia en español. A veces se tiende a identificar la ciencia forense con el idioma inglés por las muchas investigaciones que suelen realizarse en inglés. No obstante, deberíamos recordar la cautela del conocido lingüista mexicano, Luis Fernando Lara, quien afirma que la ventaja del inglés instaura un cierto "colonialismo científico" indebido en la ciencia, y este fenómeno es más inquietante cuando se ve en las ciencias humanas, las cuales no se pueden investigar en otra lengua que no sea la de las culturas y lenguas de interés (Zamora 2015).

Por lo tanto, esta *Introducción a la lingüística forense* pretende aumentar los hallazgos sobre la lingüística forense dentro de la comunidad hispana estadounidense, siguiendo la pauta iniciada hace poco por otros investigadores españoles e iberoamericanos en sus respectivos países.

Se pretende lograr tres metas con respecto a la lingüística forense: considerar el estado actual de la investigación en el campo, presentarle al investigador académico y al perito profesional casos de la lingüística forense ya adjudicados, y aportarle al alumno universitario un libro de curso que le sirva de medio práctico para iniciarse en el campo de la lingüística forense.

Para la ciencia de la lingüística forense y su creciente desarrollo, lo que importa es documentar los casos que sean interesantes y relevantes con la finalidad de refinar la teoría tras cada aplicación. Al mismo tiempo, se puede elaborar un texto que sirva de introducción a la materia y que le presente al alumno la oportunidad de observar el verdadero mundo actual de la lingüística tal como se aplica al análisis forense de la lengua y, en particular, al análisis de la lengua española.

Así, como libro de curso, será éste un recurso para los estudiantes cuya función se ubica en un punto céntrico del continuo entre la estructura fija del libro de texto y la limitada utilidad pedagógica de la monografía científica. No es nueva la doble función así propuesta. Por ejemplo, los coordinadores de la *Nueva gramática de la lengua española* (RAE-ASALE 2009) proponen que ésta "podrá usarse como obra de consulta y como texto de estudio". Por esta razón, se ha organizado el volumen alrededor de sus dos objetivos, presentando primero un bosquejo teórico, práctico e histórico de la lingüística forense, seguido después por varios ejemplos que entretejen su práctica con la teoría de fondo.

Los primeros capítulos abarcan el contexto extralingüístico de la presente obra, la lingüística forense, el peritaje lingüístico y la estilística forense. Los siguientes capítulos presentan varios estudios de caso, los primeros cuatro de la lengua escrita, y los últimos siete de la lengua hablada. Unos nueve de ellos se originan a partir de juicios realizados en el Estado de California, otros dos de Nueva York, y otro de Texas. Todos son asuntos legales analizados y presentados por el autor a las partes litigantes y/o a los tribunales apropiados. (Algunos casos carecen de nombre propio por no haber sido resueltos ante la Corte, y por ello permanecen anónimos por no disponer de una referencia pública.) En la selección de causas, se ha puesto énfasis en documentar casos de mayor interés lingüístico y en darle al alumno la experiencia más práctica y directa posible acerca de lo que supone es elaborar y presentar a la corte un caso lingüístico.

P.2 ¿POR QUÉ ESTOS CASOS?

Se ve desde luego que los casos resumidos abajo y presentados en los siguientes capítulos quizás parezcan diversos y, por ende, carentes de un tema coherente que los ligue de manera lógica. Una primera repuesta, que tal vez satisfaga poco, es que son éstos los casos que se me han presentado. La característica definida que comparten es que casi todas las partes litigantes proceden de la comunidad migrante californiana. No van a tener un denominador común lingüístico porque el campo de la lingüística forense no se beneficia todavía de suficiente historia dentro de los países hispanohablantes como para permitir que el investigador se dé el lujo de elaborar una muestra representativa definida por los criterios estrechos deseados.

Por ahora se tiene que presentar casos de distintas finalidades lingüísticas: una mezcla de casos de derecho civil frente al derecho penal, de distintos sitios geográficos, de litigantes de varios rangos sociales, de tribunales federales frente a estatales, etc. Lo importante para los fines del presente volumen es que el alumno tenga la experiencia de considerar una teoría lingüística y luego combinarla con la aplicación práctica prestada por el estudio de cualquier caso dado. En realidad, porque todo acto de habla se realiza dentro de algún contexto variable, nos conviene a todos tener experiencia con múltiples casos que se difieren en sus datos lingüísticos y en su entorno extralingüístico.

En segundo lugar, es posible que los sistemas judiciales de algunos países hispanohablantes proporcionen menos acceso público a las opiniones periciales. El perito del país cuyo sistema jurídico tiene su origen histórico en el *derecho romano* de la Europa occidental como lo es, por ejemplo, el derecho castellano o mexicano (o como lo era el novohispano), es un profesional competente en su especialidad, que presta una asistencia auxiliar a los juzgados y tribunales. Estará inscrito en el registro de expertos aprobados por el tribunal, es nombrado en la lista por el juez, y realiza su función de acuerdo al cargo específico que le confiere la Corte. El experto se convoca a través de un acta judicial, y sus resultados se presentan por medio de un informe escrito y comunicado al juez y a las partes. Su dictamen pericial presentará su opinión con respecto a las cuestiones propuestas por la Corte, y con el objetivo de llevar al conocimiento del juez los datos suficientes para sostener una conclusión judicial independiente, esto es, vinculada o no con los resultados del dictamen pericial.

En posible contraste están los casos adjudicados en los países regidos histórica o actualmente por el *derecho común inglés*, los cuales parecen más accesibles a la observación pública, investigadora y pedagógica. El experto norteamericano, cuyo contexto de actividad proviene de esa tradición inglesa, hará el mismo papel y tendrá el mismo elevado nivel de preparación y experiencia que su contraparte hispano, pero normalmente se encuentran algunas diferencias: se contrata por una de las partes y sólo raramente por la Corte; en lugar del registro judicial de expertos aprobados, el perito es presentado por una parte y es aceptado o no nuevamente por cada juez y de caso en caso; se le puede pedir o no que redacte un dictamen, el cual a veces ni se le presenta a la Corte; se presenta como testigo experto en la sala misma del tribunal, porque lo que vale es el testimonio vivo (o quizás por video satélite) ante el juez o el jurado.

Si no se tienen en cuenta las excepciones a estas prácticas (un ejemplo siendo una Corte que tiene por qué ocupar de manera directa al experto, o los peritos que funcionan como asesores), se ve que los dictámenes y el testimonio periciales serán muy accesibles al público.

P.3 BREVE RESUMEN DE CAPÍTULOS

El **Capítulo 1** describe el contexto extralingüístico del Estado de California y cómo su población inmigrante motiva un interés en la lingüística forense dentro de sus fronteras y en todo el suroeste del país. El **Capítulo 2** sitúa la lingüística forense dentro de la lingüística general y aplicada, y **Capítulo 3** trata acerca de cómo ejercer la lingüística forense dentro del sistema pericial jurídico, cubriendo los aspectos profesionales y prácticos del peritaje lingüístico.

Los siguientes dos capítulos sirven de base teórica y práctica para el estudio de la autoría dubitada, el interés particular del autor dentro del campo de la lingüística forense. El **Capítulo 4** traza el concepto del *estilo* en la lingüística hispánica desde la antigüedad hasta la actualidad, y el **Capítulo 5** demuestra la estilística forense como un método para analizar la autoría. Se enfoca el análisis del estilo porque es la base teórica del estudio de la autoría dubitada, el área forense de especialización del autor.

Los demás capítulos tratan casos específicos que enfocan la experiencia lingüística de la comunidad inmigrante californiana al encontrarse dentro del sistema policial y judicial del estado. Son casos en que se ha observado un nexo entre el no saber bién el inglés y el desprecio no infrecuente de los derechos constitucionales y civiles de la partes:

Capítulo 6—Autoría: *California contra Armas* trata un caso en el cual el demandado Armas fue acusado de haber causado la muerte de la hijita de su novia. Aunque una confesión escrita llevaba su firma, él negó haberla escrito. Enfrentada la Corte a opiniones contrarias de los dos examinadores de documentos, el jurado escuchó el testimonio lingüístico, el cual concluyó que Armas no había escrito la confesión. No obstante, el jurado lo condenó a prisión de por vida.

Capítulo 7—Autoría: *'Compañía' contra 'Empleada'* relata el caso de unos empleados de la compañía demandante que recibían cartas anónimas amenazadoras. Las cartas, las cuales estaban escritas en una mezcla de inglés y español, mostraron un extendido conjunto de marcadores estilísticos, y el análisis de ellos demostró que la empleada demandada había escrito las cartas.

Capítulo 8—Autoría: *María Aguinda* et al. *contra Chevron Corp.* presenta la evidencia lingüística relacionada con varios juicios continuos, el último siendo el arbitraje de la Corte Mundial, tramitado según el reglamento de la Comisión de las Naciones Unidas para el Derecho Mercantil Internacional. Es un caso internacional conocido que ha durado unos años en las cortes de Ecuador y Estados Unidos. Los indígenas ecuatorianos de la región amazónica demandaron a la compañía petrolera Chevron (antes Texaco) por daños a los indígenas y al medioambiente de la región. Un primer juzgado emitió una sentencia en contra de Chevron, ordenando el pago de 18 mil millones de dólares, y una corte de segunda instancia ratificó el primer fallo. El presente capítulo demuestra la etapa del caso que pone en evidencia la autoría múltiple del informe técnico del ingeniero experto designado por la Corte, y del fallo posterior de la Corte de primera instancia.

Capítulo 9—Comprensión de lectura: *California contra 'Demandado'* no se trata de la lengua española sino del inglés como segundo idioma. Se le acusa al demandado tongano de no cumplir con la obligación de un agresor sexual de actualizar anualmente su información personal. ¿Hubo circunstancias lingüísticas que pudieran haber afectado su incumplimiento? Los resultados del análisis lingüístico surgirieron que existió una falta de conocimiento por parte del demandado en torno a los detalles de cuándo y cómo era que debía cumplir con dicho requisito.

Capítulo 10—Advertencia de los derechos *Miranda*: *California contra 'Demandado'* enfoca al demandado a quien se le acusó del asesinato de un compañero de trabajo. Se hizo un estudio lingüístico de las circunstancias del interrogatorio subsecuente a su detención, en el cual se analizó tanto la explicación del oficial sobre los derechos *Miranda* como la comprensión que el interrogado tenía de ellos. Se encontró que los derechos le fueron leídos en un español confuso, que no le fueron comprensibles, y que éste había demostrado su falta de comprensión durante el interrogatorio.

Capítulo 11—Advertencia de los derechos *Miranda*: *California contra 'Demandado'* es otro caso criminal que fue mal dirigido por el oficial interrogante desde su primera plática con el acusado. En vez de transcribir la grabación de la entrevista, el oficial preparó un resumen escrito que el fiscal pretendía usar como evidencia en contra del acusado. Entre otras deficiencias, el resumen indicó que el oficial le había leído los derechos *Miranda* durante el interrogatorio, pero la grabación demostró que no era cierto.

Capítulo 12—Advertencia de los derechos *Miranda*: *California contra Ceja* ocupa la mayor atención de los casos presentados aquí. A una acusada algo bilingüe en inglés y español no le fue proporcionado un intérprete calificado durante la interrogación de su primera custodia. Los dos oficiales le comunicaron sus derechos *Miranda*, pero sólo en inglés y a pesar de que ella les había pedido que se los leyeran en su lengua materna. Aunque el análisis lingüístico demostró su falta de comprensión, la Corte determinó que ella había comprendido su interrogatorio y que había hecho una renuncia implícita a sus derechos en contra de la autoincriminación. La Corte también negó la posterior solicitud de la defensa a que se le presentaran los hechos lingüísticos al jurado.

Capítulo 13—Interpretación bilingüe: *Texas contra Cortez* presenta un ejemplo histórico de la problemática lingüística judicial, el cual es el caso de Gregorio Cortez Lira, ocurrido en los primeros años del siglo veinte. Un alguacil y su intérprete andaban en busca de algunos caballos robados. Después de una plática que incluía malentendidos bilingües claves, el alguacil disparó e hirió al hermano de Gregorio, quien reaccionó matando al alguacil. Después de una búsqueda y otros tiroteos que resultaron en heridos y muertos, Cortez fue procesado, encarcelado, y después de 10 años, perdonado por el gobernador de Texas.

Capítulo 14—Interpretación bilingüe: *EE. UU. contra 'Demandado'* se centra en una intervención telefónica efectuada por el gobierno federal. Resultó de una grabación de un demandado hispanohablante a quien acusaron de haber participado en la fabricación de drogas a gran escala. El lingüista pudo demostrar que las diferencias entre la grabación y la transcripción del gobierno eran bastante significativas como para cambiar algunos significados léxicos y pragmáticos, de tal manera que la grabación no se pudo utilizar como prueba de su culpabilidad. La corte perdió su confianza en las cintas y terminó invalidándolas como evidencia.

Capítulo 15—Significado pragmático: *'Empleado' contra 'Compañía'* se trata del significado pragmático del término *negrito*, que es como apodaban al demandante sus compañeros de trabajo. La compañía fue acusada de discriminación racial por la conducta del equipo de trabajo, y le pidió al lingüista que investigara tanto el significado de *negrito* dentro del contexto específico como la medida en la que tal apodo comunicaría algún intento discriminatorio por parte de los demás empleados hispanohablantes del equipo.

Capítulo 16—Pronunciación del inglés: *Jazmín y el certamen de ortografía* presenta el asunto que no llegó a litigarse de una alumna nacida y criada en California pero de origen familiar punyabí de la India. Jazmín fue eliminada del certamen de ortografía nacional por haber deletreado mal la palabra *tomography*, supuestamente por sustituir la *t*-inicial con la letra *d*. Sucede que la [t] inicial-de-palabra del indo-inglés hablado por ella tenía rasgos acústicos iguales o parecidos a los del sonido [d] del inglés. Resultó que ella perdió en el certamen a causa de su dialecto regional del inglés. Se incluye este caso aquí por su propio interés y porque los contrastes fonéticos entre la oclusivas /t/ y /d/ del inglés y del punyabí son muy parecidos a los del inglés y del español.

Ha de parecer al lector que es demasiado el contenido anteriormente resumido lo que se pretende lograr con un solo libro. Aunque me repetía lo mismo durante el transcurso de su redacción, me sirve de consuelo saber que otros investigadores del lenguaje padecen del mismo mal. Le invito a darse el gusto de leer el folleto encantador de don Narciso Campillo, *Del estilo*, pues allí cuestiona con esta sincera y espontánea autocrítica su capacidad de reconocer sus propios límites: "Peco de hinchado y vacío, y el apólogo de la rana que intentó igualarse en corpulencia al buey, es un ejemplo vivo de mi obra" (Campillo y Correa 1865:14). El deseo mío, pues, es compartir con usted, investigador, perito o estudiante, una obra ni hinchada, ni vacía, sino tan completa como pueda serlo.

CAPÍTULO 1

El entorno sociohistórico de California

California ha sido siempre un estado de visitantes, de los que llegan tarde, de los que buscan, inocentes y no inocentes (Eggers 2015) (1).

EN ESTE CAPÍTULO INICIAL PRETENDO CUMPLIR CON DOS OBJETIVOS. El primero es la necesidad de ubicar, dentro de su contexto sociohistórico y político, la realización pericial de una mayoría de las causas descritas aquí dentro. El segundo es aprovecharme de la prerrogativa única del autor para entregarle al lector una postura propia relativa a cómo y por qué el barullo político sobre la inmigración, presente ahora tanto en California como en todo el país, ocasiona la frecuente exigencia de la lingüística forense.

También puede ser que la realidad de la inmigración en California tendrá más que un interés regional ahora que su misma circunstancia se extiende a otras comunidades que están sintiendo la creciente migración mundial de poblaciones desplazadas.

1.1 ¿POR QUÉ CALIFORNIA?

El Estado norteamericano de California se encuentra fundado en una larga historia geográfica, política, económica, cultural y lingüística que está definida por una continua presencia hispana. Entre los once casos descritos en los siguientes capítulos, se dará cuenta de que la mayoría de ellos se origina en California.

Es posible que el lector vea algo restringido el enfoque sobre una colección de casos judiciales de un solo estado norteamericano entre los varios estados cercanos

FIGURA 1.1. Mapa ilustrado del Estado de California. *Publicación permitida por la artista, Marguerite McMenamin.*

medio-hispanohablantes, y con los Estados Unidos Mexicanos al lado. Sí, atina a la verdad tal observación, pero bien se sabe que la lingüística empírica siempre se hace dentro de un dado contexto extralingüístico. Por eso, resulta conveniente estudiar la lingüística como se aplica en el sistema jurídico de California (y del resto del suroeste del país) ya que éste presenta un contexto sociopolítico de necesidad actual y de interés académico. De hecho, California representa una entidad histórica, geográfica, y económica *sui generis* frente al mundo hispanohablante, pues fácilmente puede verse a California en todos sus efectos como uno entre varios países hispanohablantes americanos.

1.2 EL CONTEXTO HISTÓRICO DEL ESTADO

Esta perspectiva analiza la larga presencia española, novohispana, mexicana, y méxico-americana desde el siglo XVI, hasta la ocupación estadounidense de los territorios norteños de México de 1846, llegando hoy en día a la migración actual de México y de Centroamérica hacia California y los demás estados sureños del país. No conviene idealizar la historia a veces difícil del estado, pero sí es necesario tener en cuenta la presencia de la lengua española a través de las distintas épocas de su desarrollo.

Durante el período pre-europeo, varios grupos de indígenas americanos poblaron el territorio que llegó a ser California, y entre los exploradores europeos, desde el año 1530 en adelante, figuró España como la potencia colonial más importante. Después de las primeras expediciones españolas de Hernán Cortés, Francisco de Ulloa y Juan Rodríguez Cabrillo, *Alta California* fue colonizada como una provincia de la Nueva España, un territorio geográfico que abarcaba más o menos el entero suroeste de los Estados Unidos actuales.

Se aceleró la colonización española en 1697 con el comienzo del desarrollo de las misiones jesuitas por *Baja California*, y siguió con la expedición de Gaspar de Portolá y la fundación de las misiones franciscanas del sur al norte de *Alta California*. Llegó Portolá a San Diego en 1769, acompañado por el fraile mallorquín, Junípero Serra, quien estableció la primera misión de California, *Misión San Diego de Alcalá*, justo al lado norteño de lo que es la frontera actual. El mapa ilustrado de la **Figura 1.1** dará una idea de le geografía del estado.

La foto de William Henry Jackson de la antigua misión que se ve en la **Figura 1.2** fue sacada a fines del siglo XIX cuando ésta y todas las misiones californianas ya estaban en un estado casi total de deterioro (Jackson 1885–90). La renovada misión de hoy se ve en una foto de 2016 en la **Figura 1.3**.

Hago mención de la presencia novohispana y franciscana sólo para ubicar los inicios de la lengua española y su futura expansión en California, sin querer comentar aquí la política de la relación compleja entre el virreinato, las misiones y los indígenas. Fueron establecidas las 21 misiones entre los años de 1769 a 1823, desde *San Diego de Alcalá* al sur hasta *San Francisco Solano de Sonoma* al norte. El desarrollo de las misiones franciscanas, tras unos 800 kilómetros litorales californianos, un día a caballo de una a otra, ayudó a la colonización española gracias al crecimiento de los asentamientos militares y seglares próximos a cada misión, los cuales apoyaban la concesión de ranchos extendidos para el desarrollo agrícola y ganadero. Por otro lado, un aspecto negativo de la expansión española fue el trato a veces excesivo y el desplazamiento de la población indígena de la región.

El dominio español de los territorios de la Nueva España terminó con la Independencia de México en el año de 1821, y Alta California junto con los territorios de Texas y Nuevo México se convirtieron en provincias mexicanas, las cuales no prosperaron a causa de una economía difícil, la inestabilidad del gobierno mexicano de la época, el empeoramiento de las misiones, la desaparición de la población autóctona de la región y el descubrimiento de oro en California.

Entre tanto regía la creencia expansionista estadounidense del denominado *destino manifiesto*. Se creía que el país estaba destinado a y justificado para ampliar su territorio por los continentes americanos. Así, la nueva *República de Texas* (creada a partir de la

(OPUESTO) FIGURA 1.2. Misión Basílica de San Diego de Alcalá: 1885. *Publicada "sin necesidad de aprobación previa" de la biblioteca de la University of California, San Diego.*

FIGURA 1.3. Misión Basílica de San Diego de Alcalá: 2015. *Fotografía del autor.*

apropiación de partes de Coahuila, Tamaulipas, Chihuahua, y Nuevo México) cayó en disputa entre Estados Unidos y México. Esto y las pretensiones estadounidenses hacia los territorios de Alta California y Nuevo México nos llevaron a la guerra eufemísticamente designada como la *Intervención estadounidense en México* en 1846. La guerra terminó con el Tratado de Guadalupe Hidalgo de 1848, cediendo a Estados Unidos los territorios de los futuros estados de Texas, Nuevo México, California, Nevada, Utah, Arizona, y Colorado.

Consecuentemente, buscando un gobierno más representativo, los militares encargados de California organizaron una convención con el objetivo de redactar una nueva constitución estatal. La convención tuvo lugar en septiembre del 1849 en Monterey, el puerto principal del territorio. Se ratificó la Constitución el siguiente noviembre, y por fin California se convirtió en estado en septiembre del 1850.

Lo que es de mucho interés, además de ser el propósito principal de esta historia (ya no tan breve), es saber que, entre los 48 representantes votantes elegidos para la convención constitucional, fueron ocho los conocidos como *californios*. Los californios eran hispanohablantes nacidos en Alta California, descendientes de los primeros colonos españoles, una mayoría de ellos *mestizos* por su origen mixto español y nativo americano. A la vez se ve cómo fue que los otros 40 representantes le dieron cabida a las necesidades lingüísticas y culturales de los ocho californios. En cuanto al lenguaje, fue traducida al español la plática entera de la convención, y la Constitución

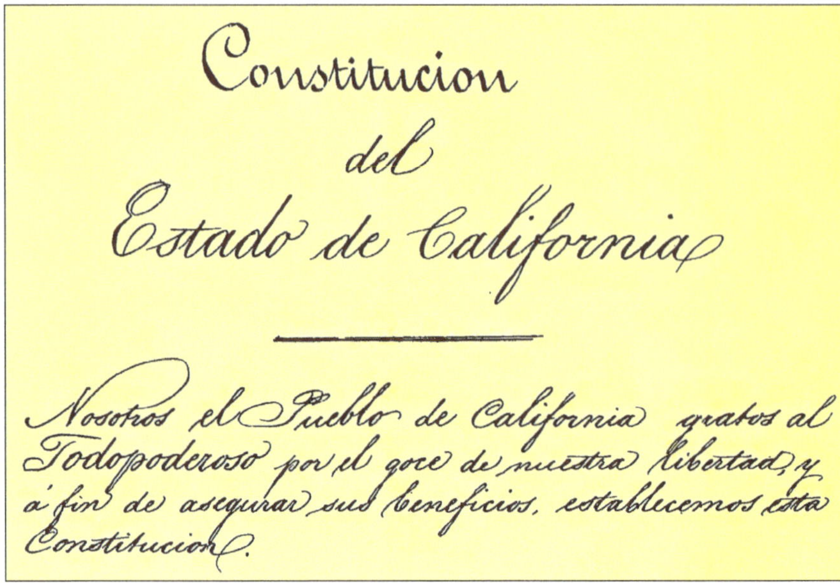

Constitucion
del
Estado de California

Nosotros el Pueblo de California gratos al Todopoderoso por el goce de nuestra libertad, y á fin de asegurar sus beneficios, establecemos esta Constitucion.

FIGURA 1.4. Portada de la Constitución Original de California: 1879. *Publicada bajo el dominio público.*

final fue escrita en inglés y en español. Véase su primera página en la **Figura 1.4** y la *Proclamación* de los delegados en la **Figura 1.5**.

La Constitución misma (*California Constitution 1848*:Art. XI, Sec. 21) declara, "Toda ley, decreto, reglamento, y disposición que por su naturaleza deban publicarse, se publicarán en inglés y en castellano". Referente al contexto lingüístico de la convención constitucional, dice Klotz,

> Sólo ocho de los cuarenta y ocho delegados tenían apellidos españoles. Los nativos californianos eran una minoría decidida. Y, sin embargo, sí logró influir el curso de los eventos esa minoría. . . . se decidió tempranamente que se tendría una traducción continua de los elementos esenciales del debate para que los delegados hispanohablantes pudieran validar los votos de voz. William Hartnell, el comerciante inglés que llegó a Monterey en 1822 y que se había casado con una hija de *de la Guerra* . . . y quien se había hispanizado completamente, fue elegido como el traductor oficial de la Convención. Todas las resoluciones y los artículos fueron traducidos por Hartnell antes de votar sobre ellos (Klotz 2011:6) (2).

Por ende, añade Klotz (*ibid.*) que, durante los primeros 30 años de su existencia, el Estado de California pudo haber sido considerado como un estado bilingüe, hasta la

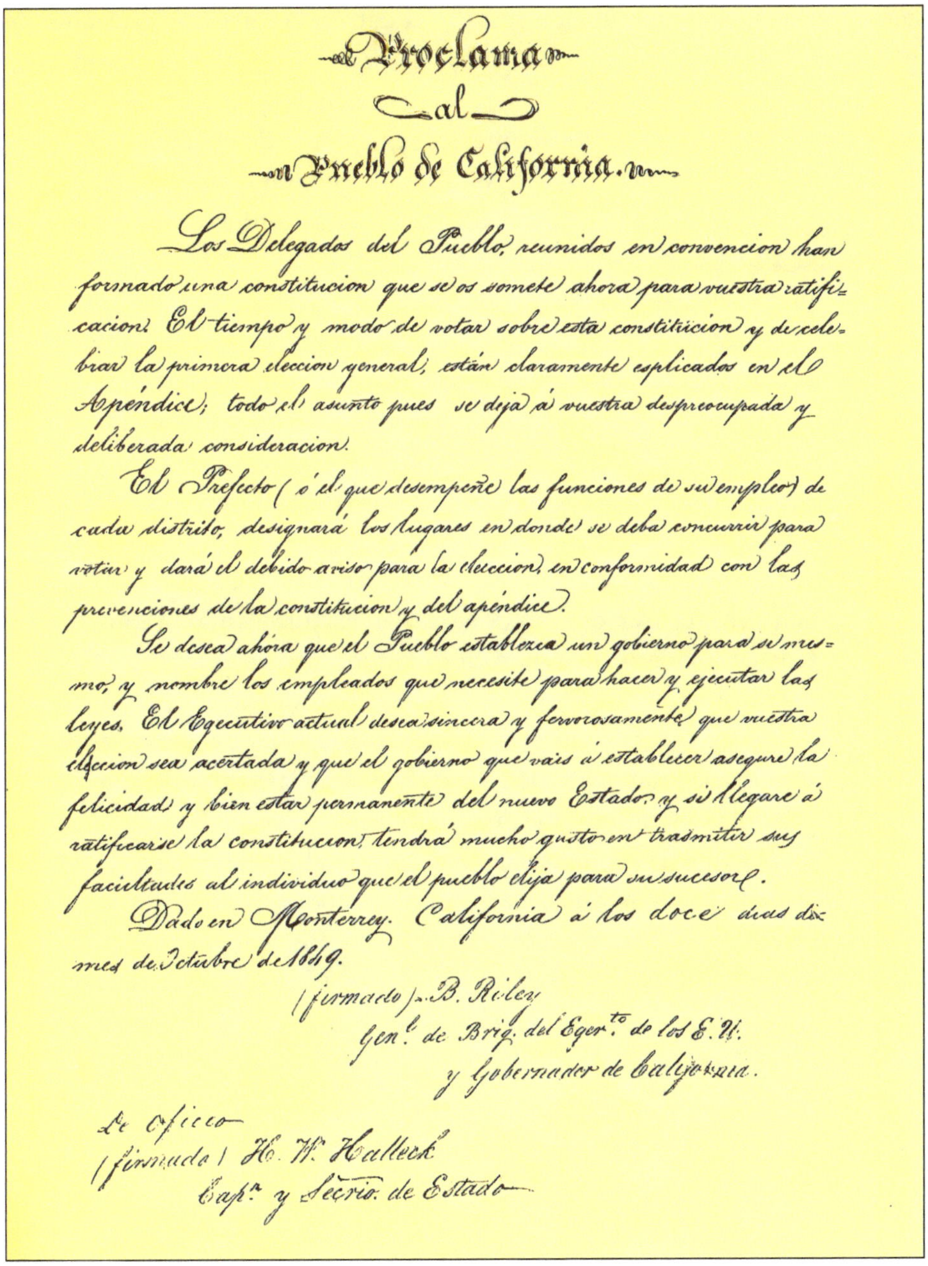

Proclama
al
Pueblo de California.

Los Delegados del Pueblo, reunidos en convencion han formado una constitucion que se os somete ahora para vuestra ratificacion. El tiempo y modo de votar sobre esta constitucion y de celebrar la primera eleccion general, están claramente esplicados en el Apéndice; todo el asunto pues se deja á vuestra despreocupada y deliberada consideracion.

El Prefecto (ó el que desempeñe las funciones de su empleo) de cada distrito, designará los lugares en donde se deba concurrir para votar y dará el debido aviso para la eleccion en conformidad con las prevenciones de la constitucion y del apéndice.

Se desea ahora que el Pueblo establezca un gobierno para sí mesmo, y nombre los empleados que necesite para hacer y ejecutar las leyes. El Ejecutivo actual desea sincera y fervorosamente que vuestra eleccion sea acertada y que el gobierno que vais á establecer asegure la felicidad y bien estar permanente del nuevo Estado, y si llegare á ratificarse la constitucion, tendrá mucho gusto en trasmitir sus facultades al individuo que el pueblo elija para su sucesor.

Dado en Monterrey, California á los doce dias del mes de Octubre de 1849.

(firmado) B. Riley
Genl. de Brig. del Egerto. de los E. U.
y Gobernador de California.

De oficio
(firmado) H. W. Halleck
Capn. y Secrio. de Estado

FIGURA 1.5. Proclamación de los delegados constitucionales: 1879. *Publicada bajo el dominio público.*

posterior revisión de la Constitución del 1879. Se daba cierta atención a la lengua española. Por ejemplo, durante una celebración del día de la independencia (julio 4) en San Diego, se leyó la *Declaración de Independencia* en inglés y en español. Y en cuanto a las consideraciones hacia la cultura mexicana, es digno de mención que, después del Tratado de Guadalupe Hidalgo, los oficiales de gobierno tenían la obligación de aplicar las leyes mexicanas siempre y cuando no hubiese conflicto con las norteamericanas (Klotz 2011:5).

Se sabe también que, al momento de desarrollar los artículos de la Constitución californiana, los californios fueron escuchados. Por ejemplo, el Art. XI reconoce los derechos de la mujer en cuanto a la propiedad, es decir, son de ella (y no de su esposo) los "bienes raíces y muebles" suyos, una provisión derivada del derecho civil mexicano, aunque muy distinta a la del derecho común inglés. De interés a la comunidad forense, es necesario señalar también que el Artículo VI de la Constitución estableció el *Departamento Judicial* del estado.

Aunque el enfoque del presente ensayo es el desarrollo en California de la lengua española, no se puede repasar los eventos de esta época turbulenta sin apuntar que los indios del estado no recibieron nada parecido a la consideración lingüística, cultural o económica que fue proporcionada a los californios y mexicanos. Perdieron casi todo en las sucesivas ocupaciones de México y Estados Unidos, y en el caso excepcional en el que pudieron reclamar la pérdida de sus tierras en las cortes del nuevo estado, no se les permitió dar testimonio en contra del hombre blanco (Downs 2014:147).

Se puede entonces observar la presencia hispana en California desde el desarrollo de las misiones y luego a partir del punto de referencia histórico del Tratado de Guadalupe Hidalgo del 1848 en adelante, considerando en términos generales estos momentos claves de la creciente migración mexicana a los Estados Unidos. Después del Tratado de Guadalupe Hidalgo, se quedaron en los territorios adquiridos más de un millón de mexicanos, y alrededor de cien mil de ellos dentro de las fronteras californianas. También migraron a California mineros y obreros mexicanos para aprovecharse de la fiebre del oro en aquel mismo tiempo.

La Revolución Mexicana del 1910 aumentó la migración a Estados Unidos, debido a la inestabilidad política y social de México, y esta migración continuó durante los próximos 30 años a causa de la demanda de una fuerza laboral en industrias americanas como lo eran la agricultura, la minería, la construcción y el transporte, en especial en la construcción de las nuevas vías férreas.

Más hacia la época moderna, aunque la Gran Depresión de la década de los años 1930 vio el retorno a México de unos migrantes, fue establecida de nuevo la tendencia migratoria de la primera mitad del siglo XX con el comienzo de la Segunda Guerra Mundial. Desde luego, comenzó el *programa bracero* (1942–1964), el cual permitió la migración temporal de unos cinco millones de mexicanos, y como se habrá pronosticado, al terminar el programa, se incrementó la inmigración ilegal.

Se ve entonces que, desde el siglo XIX, el país vacilaba entre políticas y programas de estancia y entrada libre, o de legalización de inmigrantes de México, frente a una fuerte resistencia pública y política, un vaivén nacional que sigue en la política a veces rabiosa de hoy. En la actualidad, la economía y la población de California se comparan a las de muchos países del mundo. Su economía ocupa el octavo lugar entre los países del mundo, y tiene una población de 38 millones. Y de la población actual californiana, es de origen latino casi el 40%. La comunidad hispana constituye ahora por primera vez la pluralidad de los residentes del estado, el término *pluralidad* siendo usado en el sentido de que no abarca una mayoría sino, más bien, se refiere al grupo étnico más numeroso entre todos grupos.

En cuanto a la introducción de la lengua española en California, está presente desde el comienzo del proyecto español colonizador, el cual documenta Lamar Prieto (2014:60) con cierto detalle. Sin embargo, a pesar de la plena evidencia de una presencia del idioma en California desde la época colonizadora, hay quienes niegan su presencia.

Entre las opiniones críticas acerca del español en la historia de California es la presentada por Manuel Alvar (1992), quien durante su estancia en California dice que no logró descubrir el hilo diacrónico ininterrumpido del siglo XVIII hasta el siglo XX de "aquel español que tanto me interesaba". Resulta entonces que sólo pudo observar un *español importado mexicano* en lugar del *español patrimonial tradicional*:

> ... no podemos pensar en un español patrimonial de California, sino un español importado reciente, o muy recientemente, sometido al flujo de unas gentes venidas del otro lado de la frontera ... (Alvar 1992:483).

Sigue Alvar con igual desdén hacia el español mexicano hablado en el estado, diciendo de las mezclas que se dan del español o del inglés:

> ... nada tienen que ver con una norma lingüística, sino con **el grado de ignorancia que tienen de la propia lengua** ... (Alvar 1992:483) [resaltado del autor].

Al no encontrar el español que le interesaba, Alvar se sintió obligado a declarar, "Mi juicio no es nada subjetivo ...", señalando como base suficiente para llegar a estas conclusiones sus visitas a California, éstas limitadas en su duración, en su alcance geográfico y en el limitado trabajo de campo lingüístico hecho. Sus palabras concluyentes aún ofenden, pues revelan algo más elemental que una subjetividad negada:

> No encontré más español tradicional que un florista que había frente a la Biblioteca Pública de la ciudad... pero hablaba judeo-español de Salónica. Conocí algún jardinero bilingüe, pero quise, y no poco, a un entrañable colega mío de Zacatecas, padre de 10 hijos; de ellos ninguno hablaba español (Alvar 1992:483).

Se encuentran todavía atenuadas versiones actuales de este contraste diacrónico entre el español de América y el español patrimonial, ya que es una distinción sin ser diferencia, o sea, una con poco sentido sincrónico. Por ejemplo,

> ... el español en los Estados Unidos no es un español patrimonial, sino un conjunto de variedades trasplantadas al país con los movimientos migratorios desde diversas regiones hispanoamericanas que han tenido lugar, *grosso modo*, desde la segunda mitad del siglo XIX hasta la actualidad (Torres Torres 2010:403).

Por un lado, no sorprende encontrar que se hace esta distinción entre lo que Trudgill (1990) identifica como dialectos tradicionales frente a modernos, pero sí extraña hallar en el profesor Alvar la convergencia de tal grado de equivocación lingüística con igual nivel de aparente desprecio, no sólo para el español del lugar y sus hablantes, sino para floristas, jardineros, zacatecanos, familias de muchos hijos, los griegos, y los hablantes del judeo-español.

1.3 EL CONTEXTO ACTUAL DEL ESTADO

Ahora, como en épocas pasadas, el Estado de California está enredado en la vociferante política nacional que rodea la inmigración mexicana y centroamericana, y esta situación suele afectar la actitud y el trato de las agencias policiales y judiciales del estado hacia la comunidad inmigrante hispana.

En la California actual se hablan más de 200 distintas lenguas maternas cuyos hablantes tienen una capacidad más o menos limitada para comunicarse en inglés. Unos 46 millones de residentes de los Estados Unidos son nacidos en el extranjero. Los inmigrantes hispanos que han entrado sin documentos al país tras los 200 kilómetros de la frontera México-California alcanzan los 2.4 millones. Un reportaje reciente del *Los Angeles Times* (Ngourney *et al.* 2014) señala que éstos son una tercera parte de los indocumentados del país. Entre los varios datos importantes, cabe señalar que hay 1.5 millones de niños nacidos fuera del país que son inmigrantes no autorizados, y otros 5.5 millones nacidos en el país de padres no autorizados.

Se ha documentado que el 21% de los residentes estadounidenses habla una lengua que no es el inglés (Davis 2016). Esta cifra es más alta en los estados más poblados de inmigrantes. Por ejemplo, el porcentaje en California llega al 40%, y en Los Ángeles se hablan alrededor de 220 lenguas aparte del inglés. Se encuentra una representación gráfica de las lenguas habladas en los EE. UU. en el *Mapa de Lenguas* de la Asociación de Lenguas Modernas (MLA): *https://apps.mla.org/map_main.*

Algunas de las políticas nacionales propuestas son punitivas para los inmigrantes: se equivocan en atribuirles los problemas sociales y económicos del país; desnudan el subtexto de racismo hacia ellos; y resultan en almacenarlos en una permanencia inmoral de incertidumbre, pobreza y desesperación.

California también ha demostrado alguna resistencia a los inmigrantes, desde una votación estatal en 1994 que dejó de ofrecer servicios a los inmigrantes indocumentados, hasta hoy día cuando se ven de vez en cuando protestas en su contra. Sin embargo, los residentes del estado por lo general reciben bien a los inmigrantes, y aceptan como necesarias las medidas destinadas a facilitar la vida y el trabajo de éstos, todo a favor del bien común del estado entero.

California es el líder nacional en la integración de los inmigrantes al tejido social y económico del estado. Les ofrece una vida más libre y abierta a la que tendrían en otros estados, porque son integrales a la economía estatal, la cual está ligada a la agricultura, la industria, y los servicios básicos en que trabajan. El mismo gobierno estatal ha dado pasos resolutos para proteger e incluir a estos norteamericanos en espera: aportándoles a sus hijos servicios médicos y educativos; ofreciéndoles licencias de manejar y credenciales de identificación; y prestándoles los derechos estatales a la colegiatura universitaria similares a los de los residentes documentados y ciudadanos. El estado está ahora en proceso de asegurar el seguro de salud para sus dos milliones de adultos indocumentados (Medina 2016). Es por eso que varios estudios demuestran que los inmigrantes del estado, con y sin autorización, se sienten amparados y bienvenidos en California (Medina 2017).

1.4 LA POLÍTICA MIGRATORIA Y LA LINGÜÍSTICA FORENSE

Lo que importa más allá del hecho de que existan muestras en contra de la presencia de los inmigrantes, con o sin documentación, es la recurrente resistencia sistemática y subyacente de unas agencias policiales y de algunos tribunales del estado.

En primer lugar, se enfrenta la actitud xenófoba de una minoría vociferante, la cual se observa a veces dentro del sistema judicial. Si bien es cierto que el 98% de la población norteamericana proviene de otro país, la xenofobia norteamericana no es nada nuevo. No vivimos ahora tan alejados del siglo XIX con su resistencia popular hacia los irlandeses, italianos, judíos y chinos. Lo que sí sorprende ahora es el lenguaje explícito de algunos líderes, tanto candidatos políticos como legisladores actuales, un lenguaje que no intenta esconder su odio con palabras y frases codificadas.

Y aunque el país cuenta ahora con unos 54 millones de personas hispanas, con 32 millones de ellos identificándose como méxico-americanos, los diarios no carecen de noticias xenófobas. El ejemplo ya más conocido es del excéntrico y polémico empresario, Donald Trump, quien ingresó a la carrera presidencial del partido conservador republicano en el 2015. Atacó a la gente y el país de México pronunciando que habría que levantar un "gran muro" en la frontera mexicana porque México manda a gente que nos trae un montón de problemas, que traen las drogas y el crimen y que son violadores.

Y ahora es presidente del país, lo que la comunidad inmigrante ve como una tragedia americana porque hasta la elección del 2016, Trump proclamaba lo mismo de siempre: "We have some bad *hombres* here, and we're gonna get 'em out".

Muchos han visto la elección del presidente Donald Trump como la muerte de la esperanza, pero hay los que ya reconocen que el mejor remedio es seguir adelante. Buen ejemplo de ellos es la Procuradora General de California, Kamala Harris. Fue elegida Senadora del Estado en esta misma elección, y momentos después de ganar el puesto, comentó ella: "Tengo la intención de abogar por el estado que tiene el número más grande de inmigrantes, documentados e indocumentados".

A pesar del escándalo político de 2016, queda claro que no se engaña a la gente mexicana. Por ejemplo, el muy conocido reportero mexicano de Univisión, Jorge Ramos, hecho adversario de Trump por su conducta agresiva, contestó en 2015 que más de cuatro millones de latinos presentes en los Estados Unidos tienen títulos universitarios; que más de un millón de ellos tienen una maestría o un doctorado; y que los mexicanos no son criminales, narcotraficantes o violadores.

Otros ejemplos parecidos (Pitts 2015) son legisladores conservadores que han sugerido o hecho lo siguiente: la deportación masiva de todos los inmigrantes, denominada como la "Operación Mojado"; una campaña política iniciada con un anuncio de televisión que representaba una banda de mexicanos, de apariencia sórdida, con pañuelos de pandilla, todos escurriéndose por un agujero en la cerca fronteriza para invadir los Estados Unidos de América; la construcción de una cerca electrificada que le descargaría un choque eléctrico a cualquier mexicano que entrara al país; la declaración que, "Yo haría cualquier cosa menos dispararles para evitar que les quiten sus trabajos a los ciudadanos americanos"; y la declaración de que para cada alumno inmigrante que llegue a presentar las mejores calificaciones, hay otros cien con piernas del tamaño de melones debido a que son traficantes de drogas.

En segundo lugar, existe todavía más que vestigios de una actitud excluyente hacia el lenguaje en el sistema educativo, por ejemplo en la relativamente nueva red extensa de escuelas particulares subvencionadas por el estado (*charter schools*). La ley estatal aclara que estas escuelas recibirán a todos los alumnos que quieren asistir.

Estas escuelas siguen siendo entidades estatales que tienen que cumplir con la ley: aceptarán a todos alumnos, y ofrecerán un apoyo adicional a los que tengan necesidades especiales. Sin embargo, algunas escuelas tienen reglas discriminatorias hacia alumnos que están en proceso de aprender el inglés y cuyos padres hablan otro idioma. Hay alumnos que no son admitidos por no tener un cierto dominio del inglés o por no tener números del Seguro Social o documentos relacionados a su ciudadanía (Leung *et al.* 2016).

En tercer lugar, a pesar de los obstáculos señalados arriba, prevalecen mayoritariamente nuestros derechos legales. Cualquier persona que se encuentre presente en los Estados Unidos, sea ciudadano, residente permanente, o residente indocumentado, y que se encuentre acusado de una infracción de ley, tiene el *derecho constitucional* a no incriminarse a sí mismo (*Miranda v. Arizona*, 384 U.S. 436 1966). La decisión *Miranda* establece que el detenido debe comprender bien sus derechos en contra de la autoincriminación y que sus respuestas a las preguntas sean conscientes y voluntarias. Además, se le otorga a toda persona del país el *derecho civil* a contar con asistencia lingüística si es que tiene una capacidad limitada para hablar, entender, leer, o escribir el lenguaje del sistema judicial: el inglés.

Para emprender entonces la pregunta sobre la relación entre la política migratoria y la lingüística forense, se verá desde luego que existe un hilo temático dentro de algunos casos presentados en este libro: cómo y con qué frecuencia se descuidan los derechos legales de la comunidad inmigrante. Hay, por ejemplo, una tendencia a borrar los límites de las protecciones legales de los derechos *Miranda*. Véase el estudio de Weisselberg (2008), quien, además de otras puntualizaciones, lamenta la pérdida del cumplimiento de la ley exigida por los derechos *Miranda*.

1.5 LA CONDUCTA DE LAS AUTORIDADES Y LA LINGÜÍSTICA FORENSE

En cuanto a la conducta policial, no hay que alejarse de la frontera misma. Por ejemplo, en mayo de 2012 el *Immigration Policy Center* presentó su informe, *No Action Taken* (Martínez *et al.* 2014), un análisis de 809 quejas individuales hechas entre los años de 2009 y 2012 en contra de la patrulla fronteriza, conocida ahora como *U.S. Customs and Border Protection.*

Las quejas escritas (aparte de otras muchas quejas realizadas de forma no oficial por miedo a posibles reprimendas) sacaron a la luz una ausencia sistemática de reglas claras, normas de conducta y sanciones por conducta ilegal dentro de la agencia. Esta falta fue demostrada por una variedad de acusaciones de abuso físico, psicológico y sexual: inmigrantes pateados o pisados después de haber sido detenidos, cacheteados por objetos como una linterna de pilas, manoseados sexualmente, detenidos de manera inapropiada sin ropa, y maltratados verbalmente.

Resulta que un 40% de los casos quedó sin resolución, y el 97% de las quejas restantes no resultó en ninguna acción correctiva ni disciplinaria, así como dice el lenguaje oficial, "*no action taken*". Como californiano quisiera poder decir que las quejas fueran de otros estados, y sí es verdad que la mayoría proviene de los estados fronterizos de Arizona y Texas, pero sí hubo muchos incidentes en las dos ciudades fronterizas de California de El Centro y San Diego.

Otro ejemplo de la falta de respeto a las leyes del país es la organización policial de los autodenominados alguaciles constitucionales: *Constitutional Sheriffs and Peace Officers Association* (CSPOA). El alguacil del condado de Fresno en donde vivo yo, por ejemplo, se identifica con este grupo, junto con los alguaciles de otros 21 condados californianos.

Se entiende que la CSPOA mantiene que la Constitución de los Estados Unidos, junto con nuestros *derechos naturales* citados o no en ésta, supera a cualquier ley de gobierno que los viole, según interpreta tal violación la CSPOA. Es decir, no es necesario hacer que se cumpla con leyes federales o estatales que ellos consideren no constitucionales.

El problema que este movimiento le presenta a la comunidad inmigrante es que impide que exista un estándar estatal para ejecutar leyes importantes para ellos como, por ejemplo, la manera en la cual se les comunican los derechos en contra de la autoincriminación a un acusado. En cambio, se supone que el alguacil principal de cada uno de los 58 condados de California, el cual es elegido por voto público, tiene el derecho de exigir, o no, el cumplimiento de las leyes estatales o federales según su propio criterio político.

Tampoco se comprende cómo algunos alguaciles optan por tal postura mientras prestan a la vez el mismo juramento exigido por la Constitución Estatal (Art. 20, Sec. 3) que yo, como profesor y empleado estatal, declaré en voz alta, parado, con la mano derecha levantada:

> Juro solemnemente que apoyaré y defenderé la Constitución de los Estados Unidos y la Constitución del Estado de California . . . ; que asumo esta obligación libremente, sin ninguna reserva mental o propósito de evasión; y que cumpliré bien y fielmente con los deberes dentro de los cuales estoy a punto de entrar (3).

1.6 LA CONDUCTA JUDICIAL Y LA LINGÜÍSTICA FORENSE

Ahora bien, con respecto al sistema judicial del estado, pregunta uno cómo es posible que un juez pueda soportar la indiferencia policial hacia los derechos constitucionales del demandado inmigrante y, luego de considerar la evidencia, aceptar sus pretextos e ingenuas justificaciones, apoyando así la atrevida conducta policial. Resulta, pues, que el proceso jurídico se encuenta politizado con demasiada frecuencia.

Los jueces influyen de manera profunda en las vidas de los acusados criminales, pero en California y otros estados son elegidos por voto popular, lo que puede afectar sus decisiones. En primer lugar estas elecciones son costosas y están politizadas. El proceso de la selección de los jueces de las cortes superiores del estado es un proceso electoral a veces tendencioso y capaz de admitir a la judicatura a jueces no independientes de la política.

Sucede que los estados varían en su manera de escoger a los jueces. Los candidatos a juez de las cortes superiores de California se seleccionan por condado, por un término de seis años, y por elección popular, sin referencia a partido político, como queda definido en la *American Judicature Society* (AJS 2014). Se supone entonces que el juez aplicará la ley de manera imparcial, como dicta el fallo reciente de la Corte Suprema en *Williams-Yulee v. Florida Bar*:

> Los jueces no son políticos, aun llegando al tribunal por votación. Y la decisión de un estado de elegir su judicatura no lo obliga a tratar a sus candidatos judiciales como candidatos para puestos políticos (4).

Sin embargo, y por desgracia, se observa que algunas cortes responden más a su base política o monetaria que a la ley misma (Liptak 2016). El costo y la volubilidad de las campañas judiciales californianas han llegado a niveles increíbles, como la campaña de 2014 en el condado de Fresno (Hill contra Gamoian), que les costó a las candidatas adversarias más de un millón de dólares y resultó en una acrimonia larga, pública y vergonzosa, todo por un puesto con salario anual de US$180.000, en el cual la nueva jueza se encuentra ahora dictaminando causas menores entre propietarios e inquilinos.

En segundo lugar, hay estudios que demuestran que la expectativa de una campaña política para ser elegido al tribunal hace que los jueces candidatos sean más punitivos hacia los criminales demandados (Berry 2015).

En tercer lugar, y aún más importante, se ve desde luego que la descarada compra de elecciones judiciales, por infrecuente que sea, representa una grave falla en una democracia constitucional siempre y cuando se permita que el juez responda a los fines políticos del electorado adinerado o alineado a una ideología política en vez de comprometerse sólo a interpretar y defender las leyes de la nación.

Al respecto, dice lo siguiente la anterior jueza de la Corte Suprema de los Estados Unidos, Sandra Day O'Connor:

> Como era de esperar, las personas que viven en estados que tienen elecciones judiciales partidistas son considerablemente más desconfiadas de sus jueces, menos propensas a creer que ellos actúan justa e imparcialmente, y más propensas a concordar en que los jueces sólo son políticos en togas. . . . la legitimidad del poder judicial se basa enteramente en su promesa de ser justo e imparcial. Si el público pierde la fe en eso, si creen que los jueces sólo son políticos en togas, entonces no hay razón alguna para preferir sus interpretaciones de la ley o Constitución sobre las opiniones de los verdaderos políticos que representan al electorado (Day O'Connor 2009:489) (5).

En fin, tal sistema resulta a veces en los denominados *jueces activistas,* quienes, en las palabras de Paul Krugman, ". . . no son mensos; saben lo que hacen. En cambio, son corruptos, dispuestos a pervertir la ley para servir a los amos políticos"(Krugman 2014) (6). El conocido abogado octogenariano sanfranciscano, J. Tony Serra, personifica este alto nivel de cinismo, presente ahora con demasiada frecuencia, al decir que la "la ley es la lucha de las clases" y que los jueces "no son árbitros sino abusones" que toman "decisiones basadas en su propia perspectiva moral" (Weil 2015).

Hay que mencionar también que no se limita la negligencia judicial a las judicaturas estatales sino que también aparece incluso en las cortes federales estadounidenses. Hubo, por ejemplo, el lamentable caso del 2008 de los 400 guatemaltecos sacados de una planta empacadora de carne y detenidos en Waterloo, Iowa. Un intérprete de la corte federal reveló que los encarcelados no comprendían los cargos criminales en su contra, ni tampoco los derechos a los que ya habían renunciado (Preston 2008 y Camayd Freixas 2008).

Otro ejemplo es la judicatura federal encargada de la reciente inmigración de niños refugiados de centroamérica. Hay miles de niños y jóvenes que tienen que aparecer solos y asustados ante el juez en sus audiencias de deportación porque no se les permite representación legal gratuita (Santos 2016). Hay, por ejemplo, un juez (Weil 2015) que cree que los niños preescolares pueden comprender el procedimiento y la ley detrás ello. Dice el juez: "Yo les he enseñado la ley de inmigración a niños de 3 y 4 años. Consume mucho tiempo. Consume mucha paciencia. La comprenden".

Existe además en estas cortes una justicia arbitraria para los inmigrantes centroamericanos. Llegan acá rogándole a la corte el asilo por ser emigrantes sin poder regresar a sus países a causa de la violencia endémica en Guatemala, El Salvador y Honduras. Sin embargo, entre los 58 juzgados federales que consideran las causas migratorias, sus fallos que resultan a favor de ortogar el asilo varían según la política regional del distrito: entre el 84% en la región norteña y liberal de Nueva York, y el 2% en la región sureña y conservadora de Atlanta (Harlan 2016). Vale la pena hacer un breve intercambio de las cifras: los jueces de Atlanta rechazan el 98% de los refugiados.

La falta de objetividad judicial, o por lo menos la apariencia de ella, tampoco está fuera de la experiencia personal mía. En una de las causas reportadas en este volumen, la tardanza de una parte demoró la audiencia prevista. En este momento, el juez dirigió que me quedara sentado en el estrado de la sala. Mientras tanto, entraron juntos él y el fiscal del condado al despacho del juez detrás de la sala, charlando y riéndose a carcajadas mal susurradas. Al llegar luego todas las partes, se acabó la plática, y el juez comenzó la audiencia escuchando argumentos de ese mismo fiscal y del abogado defensor.

Desde luego no es que los sistemas judiciales de la nación no funcionen. De hecho, el de California es uno de los mejores y más grandes del país, y se está perfeccionando. Por ejemplo, la Corte Suprema del estado se compone ahora de un conjunto de siete jueces jóvenes, cinco de ellos siendo mujeres, todos reflejando varios grupos étnicos presentes en el estado: asiático-filipino, sino-americano, afro-americano, mexicano, y anglo-sajón.

Asimismo, tampoco es que no haya justicia para la comunidad hispanohablante. Dentro de la presente obra, al lado de los casos que representan una posible falta de respeto a la ley por parte de la policía, los fiscales o los jueces, se encuentran a la vez los casos en que ellos mismos, al tener en cuenta alguna evidencia lingüística, llegan a un resultado justo para todos.

Sin embargo, en cuanto a la judicatura, mientras no se quite la política del proceso del nombramiento judicial, seguirá con o por la aprobación judicial el frecuente desprecio de los derechos de los grupos más necesitados de la protección de las agencias policiales y del sistema judicial. Son estos mismos actores los que tienen la responsabilidad de proteger los derechos legales de todos, tanto los del acusado del acto más pérfido como los de la víctima y los de los oficiales policiales, los fiscales y los propios jueces.

Y en cuanto a soluciones más allá de la judicatura, se puede seguir la pauta propuesta por Otto Scharmer, economista del Instituto Tecnológico de Massachusetts (MIT), y esperar que llegue el día que nuestros líderes *fundamentalistas* elaboren la solución al *cubo de Rubik* migratorio. A fin de cuentas, la inmigración en Norteamérica es asunto económico, cuyo alcance afecta a todo el país (Sharmer 2011).

Sin embargo, nuestros líderes de todas las ramas del gobierno (la ejecutiva, la legislativa y la judicial) se encuentran tan enredados en su perpetuo conflicto autocreado que dejan sin solución la problemática migratoria, creando así todavía otro nivel de problema: el de no hacer nada.

Scharmer (2011) identifica el denominado *fundamentalismo* como el problema del liderazgo fracasado, por lo cual nuestros líderes se ciegan por sus propias maneras de pensar, sentir y actuar, sin poder seguir adelante hasta que logren mantener abiertos su mente, corazón, y voluntad. Friedman (2015) interpreta a Scharmer de esta manera:

> ¿A qué se opone la mente abierta? pregunta [Scharmer]? "Estás atascado en una sola verdad". ¿A qué se opone el corazón abierto? "Estás atascado en una sola capa colectiva; todo es nosotros contra ellos y, por eso, la empatía por los otros es imposible". ¿Y a qué se opone la voluntad abierta? "Estás esclavizado a las viejas intenciones que se originan en el pasado y no en el presente, y por lo tanto no te puedes abrir a cualesquiera nuevas oportunidades que aparezcan" (7).

Sólo cuando y en cuanto el liderazgo norteamericano sea capaz de crear una cultura de inclusión por abrirse de mente, de corazón y de voluntad, podremos reconocer las posibilidades de la inmigración actual para la nación y aprovechar la tremenda energía que resultará al efectuar los cambios necesarios para que los ciudadanos, presentes y futuros, sobrevivan los actuales trastornos económicos y sociales causados por la falta de una política de inmigración sensata.

1.7 CODA AL CAPÍTULO: ¿POR QUÉ EL ENTORNO SOCIOHISTÓRICO?

El valor de la perspectiva histórica será la de aprender cómo evitar los errores del pasado. Se verá ahora que le cuesta esfuerzo al sistema judicial llegar a entender la naturaleza compleja del bilingüismo. Se reconoce que el sistema judicial refleja una frecuente percepción popular del bilingüismo, esto es, saber algo de una lengua es saber esa lengua. Así como se verá en el Capítulo 12 (*California contra Ceja*), tal percepción y el descuido procesal que resulta están presentes en el California de hoy, pero también se reconoce que no es nada nuevo. El bilingüismo ha existido en el estado desde su colonización, y el problema de la falta de una interpretación bilingüe adecuada existía también en los interrogatorios militares coloniales de hace casi dos siglos.

Hay, por ejemplo, el incidente de la época colonizadora cuando, en mayo del 1827, el Teniente Ygnacio Martínez, comandante de la compañía de soldados mexicanos del *Presidio de San Francisco*, quería averiguar por qué unos cientos de indígenas habían desertado la *Misión San José*. Martínez llevó a cabo una investigación que duró dos días, con la ayuda de un sargento que le sirvió de escriba. Resulta que Martínez les hizo interrogatorios a varios indígenas sin la presencia de ningún intérprete: a Plácido, hablante de *Miwok de la Llanura*; y a Pablo, Bartolomé, Amaranto y Narciso, hablantes de *Yokuts* (Sandos y Sandos 2014).

Lo interesante tocante a la documentación histórica de este evento es la interpretación actual que se da por la ausencia de intérpretes en aquella ocasión: que no hubo necesidad de ellos.

> La ausencia de un intérprete designado quería decir que aun los indígenas recién bautizados habían aprendido bastante español antes de entrar a la misión como para comprender y contestar las preguntas en ese idioma (Sandos and Sandos 2014:607) (8).

Pues, aquí se explica que los indígenas hubieran tenido contacto con otros indios que hablaban español y con los patrones y vaqueros alrededor, pero a la vez, hay verificación historiográfica que los *Miwok de la Llanura* y los *Yokuts* se radicaban a una distancia de 100–150 km hacia el interior del estado en el Valle Central, y por eso no se habían integrado todavía en la misión situada en la lejana zona litoral. Sin contacto con la misión, ¿cómo habrían hablado el español suficientemente bien como para participar en el interrogatorio monolingüe español?

Otra explicación que se da por una permitida ausencia de intérpretes es que los documentos históricos indican que los testigos indígenas pudieron contestar la preguntas que les fueron hechas. Pues, sin el transcrito del interrogatorio, no se puede saber si hubo nexo entre pregunta y respuesta.

Esta comparación entre dos casos, el uno actual (*Ceja*) y el otro histórico (*los Miwok y Yokuts*), pone de manifiesto la desgraciada falta de una consciencia histórica por parte de las instituciones policiales y judiciales de hoy, y sirve de animarnos a mejorarlas.

El profesor John R. Rickford de Stanford University, en su *Ponencia Presidencial*, presentada en la Reunión Anual (2016) de la *Linguistic Society of America*, reseñó las investigaciones suyas que demuestran el problema extenso del hablante malinterpretado, desconfiado, o mal evaluado de alguna manera en las cortes. El propósito de sus palabras de aliento era hacernos saber que el esfuerzo de comprender a los hablantes que se encuentran dentro del sistema de la justicia criminal dependerá tanto del sistema policial y judicial como del grado de participación logrado por los lingüistas de la comunidad académica.

Por lo tanto, sí habrá plena necesidad de la lingüística forense en el futuro inmediato, y ejercerla bien será la responsabilidad de ambas partes interesadas: el sistema judicial y la comunidad académica de lingüistas profesionales.

PARTE II

La lingüística forense

CAPÍTULO 2: LA LINGÜÍSTICA FORENSE

CAPÍTULO 3: EL PERITAJE LINGÜÍSTICO

CAPÍTULO 2

La lingüística forense

2.0 LA LINGÜÍSTICA FORENSE

La lingüística forense es el estudio científico del lenguaje aplicado a fines forenses. Es una disciplina relativamente nueva de la lingüística aplicada moderna. Siguen evolucionando las subáreas de la lingüística forense mientras se desarrolla el campo, y se clasifican éstas dentro de la taxonomía establecida por la lingüística general para el estudio de la estructura y función del lenguaje. En otras palabras, las herramientas de la lingüística forense son las mismas que aporta la lingüística general al análisis del lenguaje: fonética, fonología, morfología, sintaxis, semántica, pragmática, el análisis del discurso, etc.

Durante los últimos treinta años se ha demostrado un creciente interés en la lingüística forense. Hay varios trabajos y bibliografías de alcance general elaborados por varios investigadores. Se han escrito estudios específicos, y hay varias colecciones coordinadas relacionadas a las aplicaciones lingüísticas a la ley. Algunos de los más recientes revelan avances en el estudio del lenguaje dentro del tribunal mismo y sobre el análisis del discurso en el lenguaje de los varios ámbitos judiciales criminales y civiles.

Hay también recientes investigaciones de varios investigadores y equipos españoles e hispanoamericanos, y aparte de la identificación fonética de voz, campo ya desarrollado desde hace tiempo, hay más y más aplicaciones de la lingüística general dentro del mundo forense hispanohablante. Hace tiempo había algunas investigaciones sueltas sobre casos específicos de lengua española, e.g., McMenamin (2003:Cap. 12), pero ahora se ve el interés intenso que está motivando más y mejor investigación de la lingüística forense en el mundo académico hispánico.

El primer volumen publicado en español sobre lingüística forense fue coordinado por la colega María Teresa Turell (2005a). Es una colección de estudios originales sobre la lengua española y su análisis forense, y también de traducciones al español de otras investigaciones claves presentadas originalmente en y sobre el inglés.

Los varios investigadores participantes en esta colección tratan una amplia variedad temática del campo, desde su "espacio conceptual" a su teoría, métodos, y aplicaciones. Turell agrupa los varios estudios en cuatro secciones temáticas: *El espacio conceptual de la lingüística forense; Conceptos y métodos de fonética forense; Lengua y derecho; La lingüística forense y sus aplicaciones.* En el *Prólogo* de esta misma colección, Ramón Cerda enseguida afronta una cuestión fundamental de las ciencias forenses: la distinción entre los rasgos lingüísticos individuales frente a los grupales. Lanza la pregunta, ". . . ¿quién puede negar que el lenguaje en cualquiera de sus modalidades aparece en nuestra conducta tanto individual como social (Cerda 2005:9)?

Siguen otros con varios estudios, entre ellos el de Pérez González (2005) que aclara el camino del peritaje lingüístico en los foros del derecho civil, comentando que "nada impide la intervención de peritos lingüistas en los juicios orales españoles", (Pérez González 2005:75). Añade que la pericia lingüística tendrá más y más relevancia en los países que están enfrentando reformas judiciales actuales, en especial las reformas que incorporan cambios que proponen que se ponga más peso en las diligencias orales de la sala de vistas y que encargan al jurado 'popular' de los veredictos (Pérez González 2005:81). En total, esta colección sirvió de inicio al estudio de la lingüística forense en y sobre el español, así como de empuje para una serie de estudios posteriores de creciente importancia, realizados por estos y otros investigadores.

Otros volúmenes posteriores son los de Garayzábal Heinze *et al.* (2010): *Panorama actual de la lingüística forense en el ámbito legal y policial*, y la segunda edición de éste (Garayzábal Heinze *et al.* 2014). Estas colecciones refuerzan la pauta original presentando una compilación de distintos estudios de la lingüística forense, caracterizando qué es la lingüística forense, y enfocando sus áreas de trabajo: identificación de locutores; detección de plagio; atribución de autoría de textos; análisis del discurso; y traducción e interpretación en el marco legal y judicial.

2.1 ÁREAS DE INVESTIGACIÓN Y PRÁCTICA

En la década que sigue al volumen inicial de Turell (2005a) y los investigadores representados en ello, se ha ampliado el campo en general y en el mundo hispánico europeo y latinoamericano en particular. Las investigaciones actuales y la práctica cotidiana de los lingüistas forenses definen ahora un campo que incluye más áreas de análisis forense de lengua hablada y escrita.

El centro de investigación peninsular más productivo sigue siendo el de la finada y extrañada profesora Turell en la Universitat Pompeu Fabra de Barcelona: el *Laboratorio de Lingüística Forense* del Institut Universitari de Lingüística Aplicada: *http://www*

.iula.upf.edu/forensiclab/fpreses.htm. El laboratorio desarrolla actividades de formación, investigación y peritaje en lingüística forense, como se ve en sus tesis y trabajos de investigación: *http://www.iula.upf.edu/forensiclab/ftesies.htm*.

El centro de investigación más prometedor en el mundo actual hispanoamericano será el *Grupo de Ingeniería Lingüística* del Instituto de Ingeniería de la Universidad Nacional Autónoma de México: *http://grupos.iingen.unam.mx/iling/es-mx/Paginas/default.aspx*. El grupo investiga "el área multidisciplinaria de la ingeniería lingüística desde diferentes aspectos", entre ellos el análisis morfológico, sintáctico y semántico; bancos terminológicos; lingüística de corpus; lexicología y lexicografía; lingüística forense; resumen automático de textos; terminología y terminótica. Unas áreas de investigación del equipo de lingüística forense son la fonética forense, la atribución de la autoría (marcadores estilísticos, medidas estilométricas, corpora lingüísticos, etc.), la lingüística computacional y las tecnologías de posible uso para la lingüística forense.

Aunque la taxonomía de áreas estudiadas supone todavía un reto investigador, el siguiente listado representa a escala amplia el estado actual de una mayoría de las áreas de interés y estudio de la lingüística forense:

Lenguaje evidencial: Lengua hablada
Fonética forense: articulatoria y acústica
Reconocimiento de hablantes y comparación de voz
Análisis de la integridad de grabaciones de audio
Análisis de variación fonética en un hablante o entre varios
Perfil lingüístico del hablante: sexo, edad, dialecto, etc.
Enunciados difíciles de descifrar
Ruedas de reconocimiento de voz
Transcripción e interpretación de grabaciones de audio o video
Marcas registradas distinguidas a base fonética
Análisis pragmático: entrevistas, interrogaciones, testimonio
Interpretación pragmática de enunciados, textos transcritos, etc.
Análisis del lenguaje veraz o falso
Determinación del origen de refugiados que solicitan el asilo
Actos de habla performativos: discurso de odio, agresión y conclifcto

Lenguaje evidencial: Lengua escrita
Determinación de autoría en escritos dubitados
Detección del plagio
Marcas registradas distinguidas a base léxica o sintáctica
Perfil lingüístico del escritor: sexo, edad, dialecto social/geográfico, etc.
Análisis automático de textos
Identidades y comunicación interactiva en línea
Identificación y aclaración de ambigüedades textuales
Interpretación semántica de textos escritos
Advertencias de productos de uso común dirigidas al consumidor

Peritaje lingüístico
La práctica pericial
La ética pericial
Protocolos utilizados en el sistema jurídico
Métodos y cautelas para la colección de datos
Proceso de trabajo: datos, análisis, resultados, conclusiones, opinión
Criterios para la determinación de opiniones periciales
El dictamen pericial lingüístico
Presentación de evidencia lingüística ante el tribunal
El peritaje comparativo de países con distintos sistemas jurídicos

Lenguaje jurídico
Análisis del discurso del lenguaje legal
Argumentación judicial
Terminología legal
Géneros legales

Lenguaje policial
Lenguaje de la entrevista
Lenguaje de la interrogación
Discurso de las entrevistas con testigos vulnerables: niños y víctimas

Escritos legales
Redacción y comprensión de documentos y textos legales
Redacción y comprensión de las leyes mismas
Lenguaje de entrevistas y del testimonio de testigos vulnerables
Lenguaje llano o claro (*plain language*)
Lenguaje necesario para leer y comprender documentos legales (*lecturabilidad*)
Estructura y significado de leyes y decretos

Lenguaje de interesados
Lenguaje de criminales
Lenguaje de víctimas
Lenguaje de víctimas vulnerables
Proficiencia lingüística para el asilo o la ciudadanía
Entrevistas con niños dentro del sistema policial y judicial

Lenguaje del foro
Lenguaje y discurso del foro: juez, abogado, testigo, intérprete
Lenguaje de las instrucciones al jurado
Interacción comunicativa en el tribunal
El lenguaje del interrogatorio directo y de la repregunta
Multilingüismo y diversidad lingüística en el tribunal
Desniveles de poder en el discurso entre testigo y abogado

Derechos lingüísticos

Derechos lingüísticos del individuo procesado
Lenguaje de refugiados solicitando asilo
Lenguaje monolingüe o bilingüe: entrevistas custodiales, testimonio, etc.
Lenguaje de los minoritarios lingüísticos en el sistema legal
El derecho al silencio

Naturaleza del lenguaje

Lenguaje claro
Lenguaje ofensivo
Lenguaje de poder y debilidad de los testigos
Interacción comunicativa de la mediación
La naturaleza del perjurio
La naturaleza de la difamación
La naturaleza del plagio

Interpretación y traducción jurídicas

Interpretación de procesos judiciales
Interpretación de declaraciones de testigos
Interpretación de entrevistas e interrogaciones
Interpretación: precisa, imparcial, comprensiva
Interpretación: representativa del estilo e intento del hablante
Conocimiento de diferencias culturales y lingüísticas
Capacidad de traducir variaciones de dialecto y registro
Capacidad de comprender y traducir el lenguaje particular de la ley
Capacidad de funcionar bajo estrés con jueces, abogados, demandados y testigos
Traducción de documentos escritos
Traducción de grabaciones audio y video a otra lengua en forma escrita

Herramientas para la lingüística forense

Análisis automático de textos
Minería de textos
Lingüística de corpus: análisis de autoría, detección de engaño y de plagio, etc.
Corpora: declaraciones, confesiones, cartas, interrogatorios, notas de suicidio, etc.
Transcripción de grabaciones
Conocimiento de la herramienta estadística necesaria para la cuantificación de datos

Preparación académica

El peritaje lingüístico: la preparación y presentación de evidencia
La enseñanza de la interpretación y traducción
Investigación sobre temas de lingüística forense
Preparación lingüística de los actores del sistema: policía, abogado, juez
Lingüística forense comparativa: por cultura, lenguaje, país, jurisdicción
El desarrollo de programas y cursos para la enseñanza de la lingüística forense
El desarrollo de materiales para la enseñanza de la lingüística forense

El desarrollo de nexos interdisciplinarios
Cómo compilar, etiquetar, codificar y procesar los datos del lenguaje natural
Cursos para profesionales legales sobre la lingüística forense
Oportunidades profesionales para lingüistas forenses

Una de las fuentes principales de las investigaciones actuales es la revista *International Journal of Speech, Language and the Law*. Se encuentran estudios sobre todos temas de la lingüística forense. De vez en cuando hay un número especial dedicado a un solo tema, e.g.: la identificación de voz (1996 3:1, 1997 4:1); la interpretación (1999 6:1); determinación de origen de refugiados (2004 11:2); y la ética 16:2 (2009 16:2).

Lo que llega a jugar el papel de esta revista en el mundo hispánico será el sitio web del *Laboratorio de Lingüística Forense* en la Universitat Pompeu Fabra de Barcelona, mencionado al principio de esta sección. También se publican estudios sueltos en varias revistas lingüísticas arbitradas.

Además, el *Grupo de Linguística Forense* de la *Universidade Federal de Santa Catarina* en Brasil (*http://www.linguisticaforense.ufsc.br/tiki-index.php*) enfoca el lenguaje y el derecho. Fue creado en el 2013 para ser un canal de pesquisa, exploración y práctica de asuntos relacionados a la lingüística forense en Brasil. Junto con los investigadores de la *Universidade do Porto* (Portugal), el equipo brasileño ha iniciado la revista dinámica e interesante, *Language and Law—Linguagem e Direito*, la cual publica estudios en inglés y portugués. Su acceso en línea es gratuito en *http://llld.linguisticaforense.pt/*. También tiene números enteros sobre temas específicos, e.g., los del 2016–17 dedicados el uno a la interpretación y el otro a la traducción. Al lado de estos recursos está también la *Associação Internacional de Linguística Forense*, grupo integral de la ALIDI: *Associação de Linguagem & Direito* (*http://www.alidi.com.br*).

2.2 INTRODUCCIÓN A ALGUNAS SUBDISCIPLINAS

Aunque el alcance del presente capítulo no permite el tratamiento exhaustivo de todas la áreas desarrollantes de la lingüística forense, se pretende destacar aquí unos estudios representativos de unas subdisciplinas de activa investigación actual, especialmente las con que he tenido alguna experiencia. En el caso esperado de que se quisiera estudiar más a fondo una que otra área, se puede referir a la bibliografía del capítulo y comenzar a investigar los estudios especifícos y sus propias bibliografías.

2.2.1 *La disciplina de la lingüística forense*

Dentro de la colección inicial de Turell (2005a) citada arriba, ella introduce la disciplina de la lingüística forense a base de investigaciones sobre el uso de información lingüística oral y escrita a fines forenses (Turell 2005b). En el seguimiento de Garayzábal Heinze *et al.* (2010) se responde también a ¿qué es la lingüística forense?

Véanse además: Berk Seligson 2015; Cicres y Turell 2010; Constantino Martínez y Rivera León 2010; Coulthard 2005; Foxen y Bunn 2015; García Marcos 2004; Gibbons y Turell 2008; Oyanedel y Samaniego 2001; Santana Lario y Falces Sierra 2002.

2.2.2 *Lenguaje hablado: Fonética forense*

La fonética es el estudio auditivo y acústico de los sonidos hablados, el cual resulta en una descripción de las propiedades fonéticas de una comunidad de habla o de distintas variedades del lenguaje. La aplicación forense de la fonética generalmente tiene un enfoque más estrecha utilizando la misma metodología de la fonética general para analizar las características de los enunciados no grupales sino individuales.

La fonética forense incluye aplicaciones de la fonética general como las siguientes: la individualización y resultante identificación de hablantes por comparación de voz; el análisis de enunciados dubitativos grabados; la autenticación de grabaciones; el desarrollo del perfil lingüístico del hablante (por dialecto social o geográfico, sexo, edad, educación, etc.), lo que incluye el análisis del lenguaje para la determinación de origen nacional.

La fonética forense del inglés se ha estudiado y practicado durante mucho tiempo, y ahora se están aumentando los estudios sobre el español. Delgado Romero (2005), por ejemplo, comenta en comprensible e interesante detalle sobre las herramientas, los procedimientos, y los tipos de análisis actuales que se prestan en la fonética forense a la identificación de locutores. Los laboratorios forenses ahora practican una metodología mejor denominada *combinada*, en la cual se agrupan tres técnicas complementarias: acústica, fonético-lingüística, y auditivo-perceptiva. Estas metodologías se desarrollan hasta permitir el cálculo y el análisis semiautomáticos, y algunos laboratorios ya están utilizando sistemas automáticos de reconocimiento de locutores.

Otros ejemplos entre varios son el interesante estudio de Cicres (2007) que pretende aplicar el análisis discriminante a variables fonético-acústicas referentes a la calidad vocálica de la voz en las vocales alargadas del habla, y los estudios de Harris, Gries y Miglio (2014) que comparan la duración variable de las vocales entre hablantes bilingües del español e inglés y hablantes monolingües del español.

Véanse también: Cicres y Turell 2004; González Rodríguez y Lucena Molina 2005; Muñoz *et al.* 2001; Quilis 1999.

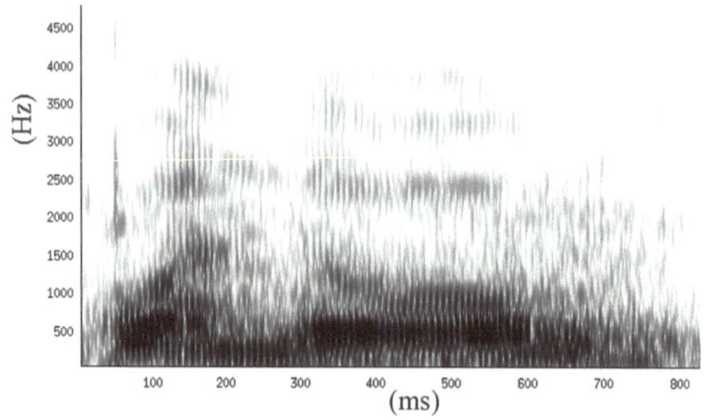

FIGURA 2.1. Espectrograma convencional de *"cuando"*

2.2.3 *Lenguaje hablado: Fonética forense y el espectrograma reasignado*

La fonética forense se fundamenta en lo que a veces se ha denominado la *huella de voz*. Aunque aún no se ha logrado obtener una verdadera huella de voz, se están llevando a cabo hacia esta meta nuevas investigaciones prometedoras de fonética acústica. Un ejemplo interesante es el trabajo de Fulop y Ferrari Disner (2007). Es una investigación estrecha de la fonética forense (que se da a continuación en forma traducida y sumaria) en que aislan un corto trozo vertical del formante vocálico, y describen y miden sus características.

El análisis más utilizado de tiempo-frecuencia del sonido de la voz humana es el sonograma, conocido más ahora como el espectrograma. El *espectrograma convencional*, que se ve en la **Figura 2.1**, es una imagen tridimensional en blanco y negro que demuestra (1) la duración temporal de una locución en el eje *x*, (2) las frecuencias sonoras en el eje *y*, y (3) la amplitud del sonido en una escala relativa de grises sobre la matriz tiempo-frecuencia, en la cual los puntos grises varían desde los oscuros de un sonido sonoro fuerte hacia los claros de un sonido sonoro bajo.

Es frecuente en el análisis del habla que al investigador no le interese la distribución completa de energía de tiempo y frecuencia demostrada en el espectrograma. A veces le interesan más las frecuencias instantáneas de los varios componentes lineares dentro de una señal de varios componentes, las cuales suelen cambiar tras el tiempo. A esta finalidad, sí es posible computar el tiempo derivado del espectrograma (basado en los números complejos de los que se deriva), y tal derivado parcial define las *frecuencias instantáneas canalizadas* relacionadas con las frecuencias espectrográficas.

En el resultante *espectrograma reasignado*, los componentes lineares se dan en los ejes de la gráfica tiempo-frecuencia después de computar sus frecuencias instantáneas, y se presenta la tercera dimensión (amplitud) como un mapa a colores así como se ve

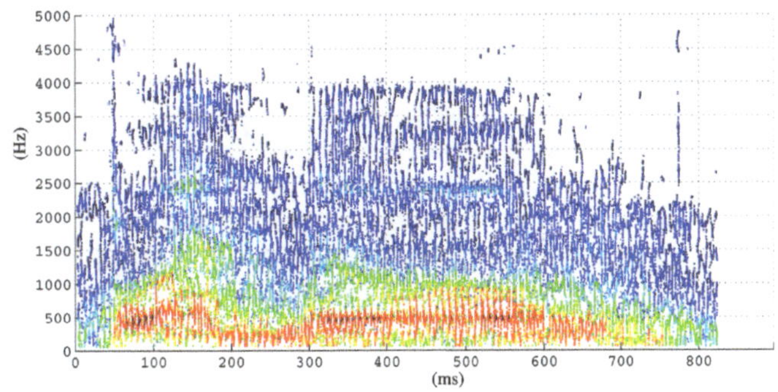

FIGURA 2.2. Espectrograma reasignado y podado de *"cuando"*

en el espectrograma convencional en blanco y negro. Es decir, el sitio de la frecuencia de cada punto del espectrograma se *reasigna* literalmente a otro sitio nuevo usando la frecuencia instantánea canalizada. Usando también un derivado parcial de frecuencia, se puede efectuar un procedimiento análogo para reasignar los puntos del espectrograma tras el eje de tiempo por medio de una cantidad temporal, conocida como *la demora de grupo local.*

Al reasignar el espectrograma se produce una imagen más corta y precisa de sus componentes, y se logra una vista aún mejor eliminando o 'podando' los puntos espurios de la imagen, o sea, los puntos sin relación a componentes o pulsaciones. Se da entonces un *espectrograma reasignado 'podado'*, es decir, uno que demuestra nada más sus componentes lineares, fijando en la gráfica sólo los puntos del espectrograma reasignado que tengan una frecuencia derivada de la frecuencia instantánea desde cerca de cero hasta dentro de algún límite (Nelson 2002).

Explotando una relación matemática, este mismo "derivado de segundo orden" tendrá un valor cerca de uno para los puntos espectrográficos que demuestran pulsaciones. Entonces se puede podar así un espectrograma reasignado hasta cualquier punto deseado para que sólo demuestre o componentes lineares o pulsaciones, o una combinación de estos. El espectrograma reasignado del enunciado *cuando* de la **Figura 2.2** se ha podado para que se enfaticen los componentes y las pulsaciones del sonido mientras que se quitan los puntos no deseados. Los puntos coloridos se arreglan desde el rojo oscuro (fuerte) hasta el azul oscuro (bajo).

Me he referido arriba al intento de utilizar los espectrogramas convencionales como *huellas de voz,* pero a la vez se ha cuestionado la confiabilidad de tales imágenes como un identificador biométrico porque el espectrograma de una porción de una locución de varios fonemas y sílabas demuestra más los rasgos lingüísticos (generales) que los

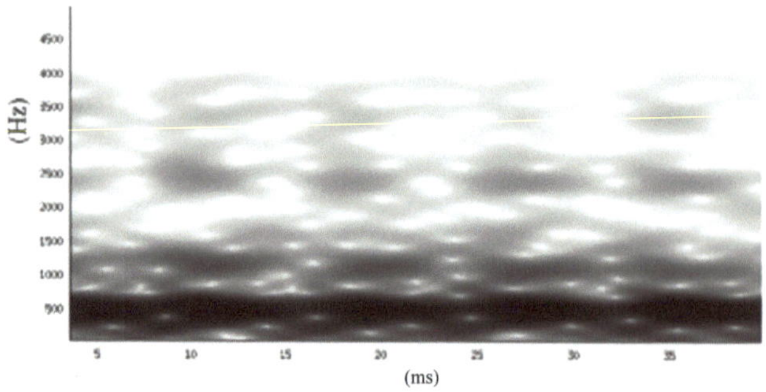

Figura 2.3. Espectrograma convencional de unas cuatro pulsaciones de las cuerdas vocales de la [o] de *"cuando"*

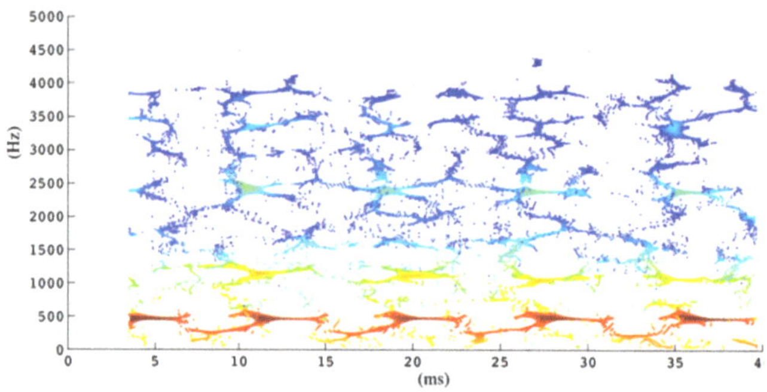

Figura 2.4. Espectrograma reasignado y podado de las mismas cuatro pulsaciones de la [o] de *"cuando"*

personales (individuales). Sin embargo, las características acústicas individualizantes sí están presentes en el habla, y ahora parece que se están 'escondiendo' en la variación individual extraordinaria, hallada en el movimiento de las cuerdas vocales que se puede ver en las películas de alta velocidad de la fonación (Plumpe *et al.* 2000).

Esta es la manera de conseguir un mecanismo demostrativo que enfatiza aquellos rasgos sonoros que dependen más del hablante (Bolt *et al.* 1970), o sea, el enfoque tipo *zoom* sobre las vibraciones individuales de las cuerdas vocales, algo que no es posible dada la falta de precisión del espectrograma convencional. Un espectrograma de sólo algunas pulsaciones glotales en la **Figura 2.3** será demasiado borroso para demostrar pulsaciones perceptibles de las cuerdas vocales, haciéndolo inútil como algo parecido a la huella de voz.

Se presenta entonces la posible utilidad forense del espectrograma reasignado, en especial después de que sus puntos espurios se hayan podado por la técnica del derivativo parcial (Nelson 2000), así como se ve en la **Figura 2.4**.

Referente entonces a la identificación de voz, los espectrogramas reasignados y podados de unas pocas pulsaciones de las cuerdas vocales resultan ser muy distintivos

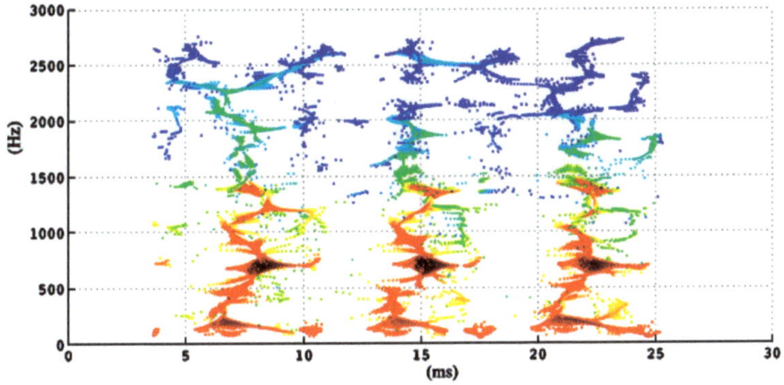

Ricardo: [o]-final de "*cuando*"

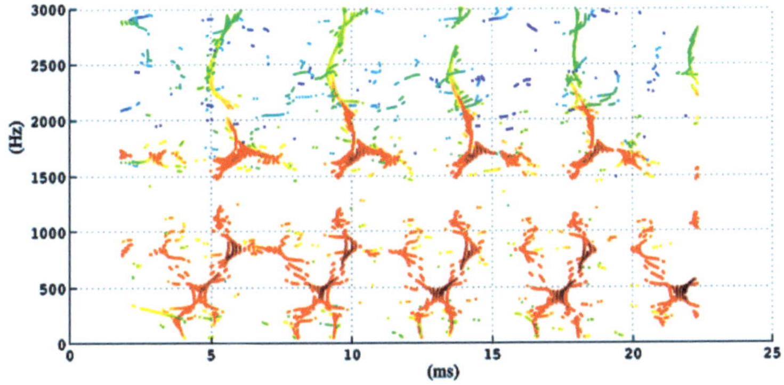

Ibeth: [o]-final de "*cuando*"

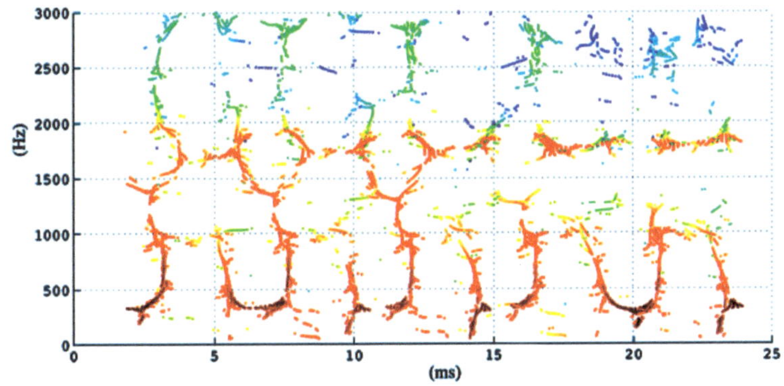

Reina: [o]-final de "*cuando*"

FIGURA 2.5. Espectrogramas tipo 'huella de voz' de la [o]-final-de-palabra de "*cuando*" hablada por tres hablantes mexicanos

tras varios hablantes pronunciando la misma vocal en una misma palabra. Véase la **Figura 2.5**, la cual demuestra la [o] de *cuando* de tres hablantes, un hombre (Ricardo) y dos mujeres (Ibeth y Reina).

Mientras todavía se está investigando la confiabilidad de este esquema para la identificación de voz, se ve que en todo caso investigado hasta ahora tales espectrogramas de una vocal repetida por un hablante fácilmente se reconocen como únicos y se distinguen entre locuciones de la misma vocal producida por otros hablantes (Fulop y Disner 2007). Los espectrogramas reasignados también funcionan bien para niños y mujeres. Lo que es más, el procedimiento de poda hace que las imágenes sean impermeables a las muchas formas de ruido o deformación de canal.

Además, las gráficas relativamente poco densas facilitarán el desarrollo de una comparación automática fiable de las imágenes, quizá con máquinas de soporte vectorial: SVM. Véase el ejemplo de Fulop y Kim (2013) en que, con una muestra limitada, llegaron a un grado de confianza de más del 80%, de este modo dando estimaciones de confianza en la comparación de huellas de voz paralelas a lo que ahora se dispone en la comparación de huellas digitales. Actualmente se está desarrollando un aplicación informática basada en las investigaciones de Shadle *et al.* (2016) para automatizar este proceso analítico de los espectrogramas reasignados podados.

2.2.4 *Lenguaje hablado: Advertencia de derechos*

Desde la influencia histórica de la *Carta Magna* al definir los derechos humanos, se ha evolucionado desde el siglo XIII hasta la actualidad la identificación de los derechos actuales de las personas, inclusive de los acusados en una investigación criminal. Los derechos del acusado durante una investigación incluyen (entre otros) el derecho a guardar silencio, a no declarar, a no inculparse, a tener la asistencia de un abogado, y a contar con un intérprete en caso que sea necesario.

Se le informa al inculpado detenido de sus derechos por medio de una advertencia, hablada o leída, antes de su interrogación. Como consecuencia, el enfoque de la lingüística forense se ha delimitado por los obstáculos a la comprensión de la advertencia en el proceso de su comunicación.

La advertencia estadounidense *Miranda*, por ejemplo, advierte lo siguiente:

> Usted tiene el derecho a guardar silencio.
>
> Todo lo que diga puede y será usado en su contra en un tribunal de justicia.
>
> Usted tiene el derecho a hablar con un abogado y que el abogado esté presente con usted mientras está siendo interrogado.
>
> Si no tiene dinero para contratar a un abogado, le será asignado uno para que lo represente antes de que empiece cualquier interrogatorio, si es que lo desea.

> Usted puede decidir ejercer estos derechos en cualquier momento y negarse a contestar cualquier pregunta o hacer cualquier declaración.
> ¿Entiende usted cada uno de estos derechos que le he explicado?
> Tomando en cuenta estos derechos, ¿desea usted hablar con nosotros ahora?

Las dificultades con la advertencia tienen que ver con su complejidad lingüística en sí (e.g., Weisselberg 2008), y con la capacidad relativa del detenido de comprenderla suficientemente bien como para entender sus derechos y para conocer las consecuencias de renunciar a ellas al aceptar, en ese momento, hablar con los interrogadores. Por ejemplo, desde hace mucho hay interés investigativo en la capacidad de los que no hablan el idioma del país de comprender la advertencia (Brière 1978), dado que no se presenta la adervtencia con una forma estándar, ni en inglés u otras lenguas.

De interés reciente y fundamental es el esfuerzo internacional del *Grupo para la Comunicación de los Derechos* (CoRG 2015). Propone el equipo de peritos (lingüistas, psicólogos, abogados e intérpretes) varias recomendaciones muy específicas para asegurar los derechos de las personas entrevistadas con el objetivo de proteger la integridad de cualquier investigación. Además, el Capítulo 12 a continuación contiene más bibliografía relacionada con la advertencia de los derechos.

Conviene mencionar también los importantes avances (pocos que sean) en la presentación de los derechos. Por ejemplo, la policia inglesa ahora le pregunta al sospechoso si entiende la advertencia y luego le pide que repita en sus propias palabras lo que entendió. Si no lo puede hacer, el oficial tiene que explicársela.

Otro ejemplo es el del Estado de Illinois (IGA 2016) que acaba de cambiar su protocolo verbal para menores de edad. A partir del 2017, el oficial le leerá al joven todo lo siguiente, sin esperar que responda:

> Tú tienes el derecho que quedarte callado.
> Esto quiere decir que no tienes que decir nada.
> Cualquier cosa que digas se puede usarase en tu contra en la corte.
> Tienes el derecho de conseguir la ayuda de un abogado.
> Si no le puedes pagar al abogado, la corte te lo va a conseguir gratis.
> Puedes pedir un abogado en cualquier momento.
> Tienes el derecho de terminar esta entrevista en cualquier momento.

Después de leer esta declaración, el oficial le hará las siguientes dos preguntas al joven, esperando ahora su respuesta a cada una:

> ¿Quieres tener un abogado?
> ¿Quieres hablar conmigo?

Véanse también: Berk Seligson (2001 y 2002).

2.2.5 *Lenguaje hablado: Análisis del discurso*

El lingüista Roger Shuy marca la importancia del perfil lingüístico, el cual es el análisis del lenguaje que presenta indicios claves sobre el hablante o el escritor: edad, sexo, etnicidad, raza, dialecto, nivel educativo, etc. (Shuy 2005). Descubrir estas características ayuda a acotar la lista de sospechosos en una investigación. Sin embargo, importa a menudo saber el intento del sospechoso al decir o escribir algo para que tenga éxito una acusación. Shuy entonces introduce la herramienta lingüística del análisis del discurso para descubrir pruebas concretas de intencionalidad. Por ejemplo, analiza en la plática los temas abordados, las respuestas dadas, y las varias estrategias conversacionales del hablante. Butler (2016) también sostiene que el significado semántico no es el punto de partida *a priori* del análisis del significado, sino que es una perífrasis útil del análisis pragmático, el cual tiene primacía en la práctica institucional de la ley.

Véanse también: Mason 2001; Trinch 2007.

2.2.6 *Lenguaje hablado: Detección del engaño*

En su estudio, *Definición de engaño*, Jaume Masip formula una definición comprehensiva de la mentira, o sea, la comunicación engañosa:

> El engaño se define como el intento deliberado, exitoso o no, de ocultar, generar, y/o manipular de algún otro modo información factual y/o emocional, por medios verbales y/o no verbales, con el fin de crear o mantener en otra(s) persona(s) una creencia que el propio comunicador considera falsa (Masip 2004:147).

Averiguar y desenmascarar el engaño comunicativo es la meta de los estudios de la detección del engaño. La técnicas desarrolladas pretenden identificar y analizar las señales asociadas con las declaraciones falsas, siendo éstas conductas específicas verbales y no verbales.

Los criterios relacionados con el engaño se están investigando en, por ejemplo, la clasificación de textos como engañosos o no, el procesamiento del lenguaje hablado, y en el análisis de los sentimientos. La investigación actual abarca temas como los siguientes (adaptados del taller CADD: *Workshop on Computational Approaches to Deception Detection, San Diego, California, June 2016*): los estudios de corpus enfocando juicios sobre qué es engañoso y cuáles son las señales del engaño; la manera de reunir datos para el estudio forense del engaño; la relación simultánea entre el lenguaje engañoso, las respuestas automáticas y las expresiones faciales; la relación entre el lenguaje engañoso y la actividad cerebral medida por técnicas de neuroimagen; la comparación entre la capacidad humana frente a la informática para descubrir el engaño; el desarrollo de modelos de detección que se aplican a varias lenguas; las aplicaciones forenses de la detección del engaño; y la detección del engaño del individuo frente al grupo.

Estas pautas investigativas son interesantes y prometedoras, y exigen una investigación más a fondo. Sin embargo, el mismo Masip señala que la investigación reciente ha demostrado que no abundan los indicios conductuales delatadores mostrados por una persona mentirosa, y por eso sugiere dos iniciativas de investigación nuevas:

> La primera consiste en el desarrollo de estrategias activas de entrevista para detectar mentiras. Éstas pretenden generar y maximizar estratégicamente diferencias conductuales entre sospechosos sinceros y mentirosos. La segunda vía consiste en el empleo de indicios contextuales (en lugar de conductuales) de la mentira (Masip 2015).

En todo caso, Masip aconseja una cautela conservadora:

> No obstante, todavía están en desarrollo [las investigaciones] y es importante refinarlas antes de su empleo masivo en ámbitos aplicados, donde las consecuencias de una decisión errónea pueden ser potencialmente muy graves (Masip 2015).

Vale añadir que también se ha investigado la posible decepción del lenguaje escrito. Por ejemplo, en el estudio de Picornel (2013) se encuentra que en las declaraciones escritas por los testigos se emplea una estrategia dinámica que demuestra haces secuenciales de rasgos individuales de decepción, los cuales se relacionan unos con los otros.

2.2.7 *Lenguaje hablado: Lenguaje jurídico*

Gibbons (2005) estudia, por ejemplo, el lenguaje del contrainterrogatorio, o sea, la repregunta del testigo en forma de sus objetivos, las estrategias para alcanzarlos, y cómo se manifiestan éstas en el lenguaje de los abogados. Ridao Rodrigo (2010) estudia desde una perspectiva pragmalingüística el fenómeno de la cortesía o falta de ella durante el interrogatorio judicial. Porque éste se caracteriza por los cambios rápidos de hablante, el enfoque está en el análisis de las interrupciones que marcan el intercambio. La autora sistematiza las interrupciones del interrogatorio de manera que encuentra que se consideran descorteses por parte del interruptor.

2.2.8 *Origen de refugiados que solicitan el asilo*

Unos países europeos aplican ahora una medida lingüística para averiguar el origen nacional de los refugiados que solicitan el asilo. La decisión significativa de conceder o negar el asilo depende de observar el habla del solicitante y de determinar si la variedad lingüística demostrada corresponde al origen nacional declarado por el solicante.

Sin embargo, la técnica sólo presenta la posibilidad más limitada de identificar la comunidad de habla del hablante y no relacionarse el idioma hablado con su nacionalidad. Hay plena evidencia que no hay un nexo necesario entre el origen nacional y la comunidad de habla de socialización reflejada en los solicitantes mismos por sus dialectos geográficos semejantes, dialectos no diatópicos, bilingüismo, procedencia de zonas de perturbación lingüística, historias individuales y familiares mixtas, y el frecuente movimiento de habitantes.

Otro obstáculo ha sido el desacuerdo actual sobre qué capacidad se requiere para observar el lenguaje hablado por el candidato solicitante. Una postura es que pueden hacer la determinación hablantes nativos de la lengua entrenados y supervisados por lingüistas (Cambier-Langeveld 2016), así como parece en el acuerdo aprobado por la *International Association of Forensic Phonetics and Acoustics* (*http://www.iafpa.net/langidres.htm*). La otra es que hacen la observación sólo lingüistas cualificados que conocen la lengua (Patrick 2016), así como parece en las guías publicadas por un grupo de lingüistas especializados (Language and National Origin Group 2004).

2.2.9 *Lenguaje escrito: Autoría*

Durante los últimos años ha habido investigaciones tanto introductorias como muy específicas sobre la autoría dubitada. Unos pocos ejemplos siguen resumidos aquí porque la cuestión de la autoría se trata muy a fondo a continuación en el Capítulo 5.

Blasco y Ruiz Urbón (2009) pretenden hallar las mediciones más fiables y discriminantes para la atribución de la autoría en español. Toman en cuenta cinco variables textuales ya muy conocidas e investigadas: la riqueza de vocabulario; las frecuencias de marcas de puntuación, palabras y grafemas; y colocaciones a nivel de palabra y grafema.

La tesis reciente de Fernández Trillo (2015) comienza con un repaso de la lingüística forense y de la estilometría en las primeras cien páginas. La específica tesis del autor investiga las obras escritas en inglés de Carlos Castaneda, separándolas entre los dos corpora de los primeros y los posteriores libros. El autor utiliza un análisis estilométrico para estudiar una posible distancia estilística entre los dos conjuntos de libros para averiguar si existen elementos lingüísticos objetivos que permitan afirmar o no la autoría del segundo corpus:

> En esencia, se trata de verificar hasta qué punto las sensaciones subjetivas producidas por un texto determinado encuentran una correlación con los elementos lingüísticos que lo integran y que son susceptibles de medición y evaluación estadística (Fernández Trillo 2015:118).

Se presenta un caso autorial en Queralt (2014) en el que la autora aclara algunas cautelas metodológicas. Además, se da en Spassova (2008) ejemplo de un estudio muy específico que pretende identificar el potencial discriminatorio de un marcador de estilo sintáctico, la perífrasis verbal. Se afirma que "las perífrasis verbales son de uso idiosincrático y manifiestan un potencial discriminatorio elevado como marca identificativa".

La tesis doctoral de Maria Spassova (2009) es una de los más importantes y rigurosos estudios actuales sobre la atribución de autoría. En primer lugar presenta en detalle los fundamentos teóricos y metodológicos de la ciencia. En segundo lugar, sí logra demostrar el fuerte potencial discriminatorio como marcas de autoría las combinaciones secuenciales de dos y tres categorías gramaticales. Se demostró que la variación inter-autorial se discrimina por estas secuencias en escritos de distintos autores y que la variación intra-autorial no varía de forma significativa en los escritos de un mismo individuo en el transcurso del tiempo (Spassova 2009:vii).

Oakes (2014) investiga lo que ofrece la lingüística computacional a la autoría dubitada de textos, enfocando aplicaciones a problemas de la autoría y del plagio. En cuanto a la identificación autorial, presenta varias medidas de distancia léxica entre dos textos, y dos técnicas multivariadas, la del análisis de componentes principales para normalizar los datos textuales y la del análisis de conglomerados (*clusters*) para entonces agrupar las variables diagnósticas resultantes del análisis de componentes principales. En cuanto al plagio, reseña los programas comerciales para detectarlo, y presenta varias medidas de similitud textual.

Ahora bien, vale notar que hemos llegado ya al problema de la autoría automática, es decir, el desarrollado por los ingenieros lingüísticos de un algoritmo que permite que la computadora escriba lo que nos encontramos leyendo: la generación del narrativo automatizado (Podolny 2015). Se dice que la inversión económica en tales programas a causa de su creciente demanda los ha mejorado hasta llegar a tal punto que es difícil diferenciar el lenguaje humano del artificial.

Véanse también: McMenamin 2003; Woolls 2005.

2.2.10 Lenguaje escrito: Plagio

Turell (2005c) reconoce que el plagio "... presenta aspectos claramente solapados con la determinación de autoría ... y la estilística forense", enfocando el concepto del plagio y su naturaleza en el ámbito específico del caso de dos traducciones al español de la obra literaria shakespeariana, *Julio César*. Mantiene que el plagio se refiere al mal uso tanto del contenido como de la forma de una obra, o sea, de las ideas y de su forma de expresión. Define el plagio como "... la usurpación intencionada de una idea y/o la copia intencionada del texto (lingüístico, musical, etc.) usado para expresar una idea con el objetivo de ocultar la falta de originalidad". Turell propone utilizar la lingüística de corpus en la detección del plagio de modo que pueda "... indicar la rareza o expectativa de las selecciones de los autores, y así establecer la singularidad o coincidencia de los textos producidos".

Las noticias no carecen de casos conocidos del plagio, recién ejemplo siendo la tesis de grado del presidente de México, Enrique Peña Nieto. Según los reportajes, el equipo de la UNAM encontró plagiada su tesis para obtener el título de Licenciado en Derecho de la Universidad Panamericana. Los datos del plagio se encuentran agregados al artículo de Aristegui *et al.* (2016).

2.2.11 *Lenguaje escrito: Lenguaje claro*

El lenguaje claro es la expresión simple, clara y directa, es decir comprensible. Durante unos años ya, ha habido muchos esfuerzos hacia la utilización del lenguaje claro en todos documentos públicos, y en especial en el lenguaje jurídico. El proceso de preparar tales escritos implica adaptar el lenguaje del documento tomando en cuenta el propósito del documento, el lector previsto, y los conceptos que se comunicarán. Se encuentran campañas parecidas en España y en las Américas, e.g., Argentina, Chile, Estados Unidos y México. Hay muchos recursos sobre el tema, y son fáciles de encontrar y estudiar. Uno de los más prácticos es el *Lenguaje Claro* de la Secretaría de la Función Pública (SFP 2007), que representa el esfuerzo gubernamental mexicano de mejorar el entendimiento y la transparencia de la información pública. También se encuentra a continuación en el Capítulo 9 una aplicación forense del lenguaje claro.

2.2.12 *Lenguaje escrito: Advertencias de productos*

La lingüística bien se presta a casos que cuestionan el lenguaje de etiquetas que se requieren por ley en productos peligrosos o de uso cotidiano como, por ejemplo, las medicinas, los polvos o líquidos limpiadores, etc. Se puede determinar si el lenguaje de la etiqueta sigue o no los preceptos de la ley o del gobierno, y si se presentan de manera clara, no ambigua y eficaz (Shuy 2001:684). Cotterill (2005) también examina la inteligibilidad y comprensión de las etiquetas de los productos alimenticios que tienen la doble función de informar sobre el mejor uso del producto y de advertirle al consumidor de posibles precauciones asociadas con ello.

2.2.13 *Lenguaje escrito: Marcas registradas*

Entre más genérica sea una marca, más abierta está al uso de otros, y al contrario, entre más única o imaginativa sea la marca, más protegida va a ser. Resulta entonces que las marcas que caigan entre los dos extremos (generales vs. *sui generis*) son las que invitan violaciones, o sea, que una compañía establecida con un producto ya conocido por nombre disputará la apelación nueva de otro producto (Shuy 2001:684). Entra el lingüista en tal caso porque la prueba de similitud o diferencia se relaciona con una o más características lingüísticas: el aspecto ortográfico (¿parece igual?), el sonido hablado (¿suena igual?), o su significado léxico-sintáctico o pragmático (¿significa lo mismo?).

2.2.14 *Lenguaje escrito: Lenguaje legal*

Los siguientes estudios ejemplifican el enfoque actual sobre el lenguaje jurídico: López Samaniego y Montolío Durán (2006) estudian el contraste entre la necesidad de claridad en los textos jurídicos y las carencias expresivas que suelen presentar. Alcaraz Varó (2005) señala varios excesos del lenguaje jurídico escrito: las oraciones largas, las cláusulas restrictivas, la polisemia, las expresiones formulaicas o estereotipadas, sugiriendo a la vez que la solución al problema queda en la naturalidad expresiva. Orts Llopis (2005) analiza la complejidad de los textos contractuales. Gibbons (2001) investiga el lenguaje evidencial de declaraciones transcritas de grabaciones, el cual demuestra estructuras más complejas, estructuras pasivas sin especificar agente, y material editado.

La investigación de Cifuentes Honrubia (2010) aborda la interpretación de los textos legales con la aplicación práctica y específica que aporta la interpretación lingüística al entendimiento de la sentencia judicial sobre los impuestos. Véase también Cifuentes Honrubia (2009) en que el autor utiliza el análisis del discurso y la pragmática para complementar el contrapunto usual entre la interpretación lingüística y la jurídica.

González Salgado (2011) estudia los elementos del lenguaje legislativo y contractual que establecen el sentido de lo que se dice. Se atiende a ciertos usos lingüísticos problemáticos a causa de la imprecisión y la ambigüedad. El autor encuentra que la ley misma revela que son dos los factores que intervienen en la interpretación del lenguaje: el sentido literal las palabras y cláusulas, y el sentido comunicado por el contexto. Este contexto extralingüístico sería, para la legislación, los antecedentes históricos y legislativos y la realidad social; y sería, para la interpretación de los contratos, los actos de los contratantes, la naturaleza y objeto del contrato, y el uso y la costumbre del país.

En Alcaraz Varó *et al.* (2001) y Alcaraz Varó (2002) se investigan al fondo el inglés jurídico en todas sus realizaciones: el lenguaje de la Constitución norteamericana; los poderes legislativo, ejecutivo y judicial; los jueces, fiscales y abogados; el inglés jurídico; el lenguaje de los procesos penales y civiles; el lenguaje del derecho administrativo, de contratos y del comercio; el lenguaje financiero y del derecho societario y familiar.

Salvador Coderch (2001) señala la importante distinción entre posibles interpretaciones del lenguaje: la *interpretación usual, la interpretación lingüística,* y la *interpretación doctrinal.*

Véase también: Alcaraz Varó y Hughes 2001; Salvador Coderch 2005.

2.2.15 *Lenguaje escrito: Lecturabilidad*

La fórmula tradicional para calcular la lecturabilidad de un texto en español fue adaptada del *índice de lecturabilidad Flesch* por José Fernández Huerta (1959), y sigue todavía en uso como el *índice Fernández Huerta,* e.g., *https://www.ideosity.com/readability-tests-and-formulas/.* Esta es la fórmula:

$$\textit{Lecturabilidad Fernández Huerta} = 206.84 - (0.60 \times p) - (1.02 \times f)$$

p = número de sílabas por 100 palabras
f = número de frases por 100 palabras

Se califica el nivel de dificultad de 0 a 100, las calificaciones más bajas representando las palabras con más sílabas y las frases con más palabras.

Como es de suponer, se ha actualizado la investigación sobre este concepto, inclusive hay una reciente sugerencia correctiva para este índice: *http://linguistlist.org/issues/22/22-2332.html.* Para una aplicación forense de la medida de lecturabilidad, refiero al lector al Capítulo 9 del presente volumen.

2.2.16 *El perfil lingüístico*

Roger Shuy (2005:19) hace breve mención de la aportación valiosa de lo que es el análisis lingüístico del habla para fines investigadores. El perfil lingüístico que resulta puede presentar ciertos indicios claves sobre el hablante o el escritor, como, por ejemplo, su edad, sexo, etnicidad, raza, dialecto geográfico, nivel educativo, etc.

Más tarde Shuy (2014) explica en detalle que el lingüista especializado en realizar perfiles habrá estudiado geografía lingüística, lexicografía, sociolingüística, lingüística histórica, psicolingüística, es decir, todas las herramientas que dependen de la lingüística general: fonología, gramática, semántica y pragmática. Añade Shuy (*ibid.*)

que es el análisis de la variación lingüística lo que más importa a la hora de conseguir el perfíl de un hablante o al escritor.

Queralt (2014) también destaca la ventaja del perfil lingüístico en la identificación de características de clase (grupales) para la investigación de la atribución de la autoría. Sostiene ella que la escritura del individuo contiene rasgos que pueden revelar su origen geográfico, su nivel educativo, y a veces un rango de edad y el sexo del autor. Cita el caso de los hablantes bilingües catalán-español como ejemplo de origen geográfico: los bilingües favorecen el pronombre relativo compuesto *el cual* más que la forma simple *que*, la cual es la preferida de los no bilingües.

Ejemplos posibles del perfil fonético son las tres investigaciones de Harris *et al.* (2014) que utilizan elementos prosódicos asociados con el lenguaje o dialecto del hablante: una comparación de la codificación prosódica entre hablantes bilingües (inglés-español) y monolingües (español); una comparación de la variabilidad de la duración vocálica entre hablantes bilingües (inglés-español) y monolingües (español); y un estudio sobre el uso de variables prosódicas y los métodos para la clasificación de lenguas aún con datos deficientes. Así, pues, la ventaja forense es poder distinguir la prosodia entre los hablantes, la cual, siendo una característica no segmental, se encuentra neurológicamente programada desde una edad temprana y por eso es difícil imitar o modificar.

2.2.17 Distintos sistemas jurídicos

Salvador Coderch *et al.* (2005) reseñan las técnicas legislativas usadas por los dos modelos en derecho del *Common Law* del Reino Unido y los Estados Unidos y del *Civil Law* del continente europeo. Presentan los detalles de la composición y redacción de los proyectos de ley del Reino Unido, Estados Unidos, Alemania, Francia e Italia. Proponen para España procedimientos de redacción y composición comparable al alemán en que "... el lenguaje legal debe ser tan preciso como necesario y tan comprensible como resulte posible". Por ejemplo, la elección de palabras, la construcción de frases, y la redacción del texto de las leyes deben demostrar comprensibilidad y claridad en cuanto a su "sencillez, brevedad, concreción, sistemática y orden".

Véase también: Alcaraz Varó 2002.

2.2.18 La interpretación y traducción jurídicas

La interpretación de la lengua hablada y traducción de la lengua escrita es ahora una necesidad ya muy integrada en los sistemas judiciales mundiales, y la demanda por estos servicios aumenta con la creciente migración de pueblos desplazados (Moreno Fernández 2015). California, por ejemplo, es el estado más diverso de Estados Unidos, con sus idiomas distintos, una lengua minoritaria hablada en el 44% de hogares, siete millones de personas que declaran que hablan el inglés "no muy bien", y casi el 20% de residentes que necesitan ayuda lingüística para acceder al sistema judicial, según los datos del 2015 del U.S. Census Bureau (*http://www.courts.ca.gov/languageaccess.htm*).

Actualmente están aumentando el interés y las resultantes investigaciones en la interpretación y la traducción. Hay estudios exhaustivos que integran todos aspectos de su teoría y práctica, como el de Dueñas González *et al.* (2012), y existen también otras investigaciones más intencionadas y dirigidas a construir paso por paso la ciencia y la técnica de la interpretación y la traducción.

La interpretación: Relativo a la interpretación, Díaz Galaz (2012) investiga el rol del conocimiento previo específico sobre la comprensión del tema del discurso especializado, el proceso de interpretación, y el desarrollo de la pericia en interpretación simultánea y su relación a la preparación previa. Por poner otro ejemplo, se ha comentado el problema de la fatiga del intérprete en los procedimientos judiciales (Pérez 2016), dado su cansancio progresivo a causa de la naturaleza de la audiencia, la complejidad de la causa, la velocidad del discurso, el número de interlocutores, la terminología especializada, la especialidad del perito, vueltas entre la interpretación simultánea y consecutiva, etc.

La cuestión de importancia actual para la comunidad de intérpretes estadounidenses es la de permitir o no la repregunta del intérprete para averiguar posibles errores de interpretación en los juicios criminales (Véanse O'Brien y Williams 2016; Wolfson *et al.* 2016; y MACI 2016).

El acusado queda condenado a menudo a base de sus propias declaraciones, y hay ocasiones en que la fiscalía intenta introducir, ahora en su contra, una declaración del acusado previamente interpretada por él.

Algunas cortes estadounidenses ya permiten la repregunta de sus intérpretes tocante a las sutilezas semánticas o pragmáticas, o los posibles errores de la interpretación. Sin embargo, hay otras que los privan de la repregunta porque lo consideran un mero conducto del flujo verbal que convierte las palabras de una lengua a otra de manera casi mecánica. El resultado de este punto de vista erróneo es que se atribuyen las declaraciones del intérprete al acusado mismo, quien ahora no tiene derecho de confrontar a su intérprete como testigo.

Se sabe que la tarea del intérprete no es tan precisa como la entrada y salida de datos informáticos. El intérprete recreará el significado de las declaraciones del acusado pero no una equivalencia léxica porque su interpretación depende también del contexto de la declaración, de variaciones culturales y sociolingüísticas, etc., todo para comunicar el significado ilocutivo del hablante.

La postura de los intérpretes es que las cortes deben permitir de manera uniforme la repregunta del intérprete porque las interpretaciones equivocadas pueden perjudicar al acusado. Una repregunta competente pondría a prueba la precisión de la interpretación y revelaría cualquier falla en ella. Esta solución, todavía no realizada, limitaría el daño causado por los intérpretes inexpertos o no certificados.

La traducción: Y en cuanto a la traducción, Jiménez Crespo (2015) presenta un resumen del conjunto de investigaciones sobre la traducción en todos sus aspectos: lingüístico, discursivo, pragmático, cognitivo, social, cultural, histórico, ideológico, ético y político. Asimismo, la colección de Gambier y van Doorslaer (2010) presenta 75 artículos sobre todos aspectos de la traducción e interpretación, inclusive el de Deborah Cao (2010) sobre la traducción legal. Otro ejemplo de la investigación más enfocada es la de Caprara *et al.* (2016) quien estudia la íntima relación entre la traducción y la variación lingüística y presenta distintos casos prácticos de traducción de la variación, inclusive el punto de vista del traductor en los ámbitos jurídico, jurado, y judicial. Hay también la práctica de la traducción colaborativa (Cordingley y Frigau Manning 2017).

Dado pues que no es difícil encontrar los muchos recursos disponibles para el estudio de la interpretación y traducción judiciales (e.g., Morris 2000), se darán aquí sólo unas pocas muestras de éstos: sitios web, documentos relacionados con la práctica y a la preparación académica de intérpretes y traductores y asociaciones profesionales.

Sitios web útiles: Puede verse varios modelos de cómo se le sirve a la población no anglohablante de California en el sitio web de *California Courts, Judicial Branch* (*http://www.courts.ca.gov/languageaccess.htm*) y del país en el de los intérpretes federales (*http://www.uscourts.gov/services-forms/federal-court-interpreters*).

Documentos relacionados con la práctica: Uno de los mejores recursos es el *Libro blanco* de la traducción e interpretación (RITAP 2011), un trabajo conjunto del *Ministerio de Asuntos Exteriores y de Cooperación*, la *Dirección de Traducción y Coordinación Lingüística* de la *Comisión Europea-Representación en España*, la *Red de Intérpretes y Traductores de la Administración Pública*, y la *Asociación Profesional de Traductores e Intérpretes Judiciales y Jurados*. De interés adicional en el *Libro Blanco* es la *Presentación* inicial muy informadora del doctor Erik Camayd Freixas.

La Unión Europea en su sitio *EUR-Lex: El acceso al Derecho de la Unión Europea* publica su directiva importante sobre la traducción e interpretación (EUR-Lex 2010).

Los estándares de la *International Organization for Standardization* (ISO) para la interpretación comunitaria se encuentran en ISO 13611 (2014): *Interpreting—Guidelines for community interpreting* (*http://www.iso.org/iso/home/about.htm*).

Otro compendio estadounidense es el *Plan estratégico de acceso lingüístico de California,* el cual aborda las recientes recomendaciones para mejorar el acceso lingüístico para los usuarios de las cortes californianas, cuyo objetivo principal es incorporar el acceso lingüístico como parte de los servicios básicos de las respectivas cortes (RJC 2015).

Preparación académica de intérpretes y traductores: En la Universidad de Alcalá de Henares (España) se encuentra el *Grupo de Formación e Investigación en Traducción e Interpretación en los Servicios Públicos,* dedicado a la formación e investigación en traducción e interpretación en los Servicios Públicos. El grupo investiga temas interdisciplinarios de carácter multicultultural, relacionados con minorías étnicas y el papel que juega la traducción e interpretación: *http://www3.uah.es/traduccion/.*

En la Universidad de Valladolid se encuentra la *Facultad de Traducción e Interpretación.* Véanse, por ejemplo, la plática de Gianluca Pontrandolfo (2014) en el primer *Coloquio Internacional Hermēneus* sobre el tema y otras investigaciones de él (e.g., Pontrandolfo 2016a y 2016b) basadas en sus proyectos sobre el discurso jurídico.

Otros ejemplos (entre varios) son estos dos: El *Instituto Superior de Intérpretes y Traductores* (México), que prepara a sus alumnos en las técnicas necesarias para desempeñar la interpretación, la traducción, los idiomas, la terminología y la diplomacia. Ofrece licenciaturas en interpretación, traducción e idiomas, y postgrados en derecho comparado, terminología, y estudios diplomáticos: *http://www.isit.edu.mx.* La *Facultad de Traducción e Interpretación* de la Universidad de Granada ofrece el grado de licenciatura y máster en interpretación y traducción: *http://fti.ugr.es/pages/info_academica.*

En Estados Unidos se encuentran el *Middlebury Institute of International Studies at Monterey* (*http://www.miis.edu/academics/programs/translationinterpretation*), y el *University of Arizona: National Center for Interpretation* (*http://nci.arizona.edu*).

Hay también materiales dirigidos a la preparación académica y práctica de intérpretes y traductores. Bajčić y Dobrić (2016), por ejemplo, examinan el entrenamiento y acreditación de los intérpretes y traductores de los respectivos estados de la UE y buscan maneras de hacer más uniformes los estándares de la profesión.

Asociaciones profesionales: Un ejemplo es la *California Federation of Interpreters,* cuyos objetivos incluyen unir a los intérpretes a fin de avanzar la profesión y de mantener los más altos estándares de proficiencia y ética: *http://www.calinterpreters.org.*

Otra unidad gubernamental es la *Oficina de Interpretación de Lenguas* del Ministerio de Asuntos Exteriores y de Cooperación, que publica el listado de traductores e intérpretes para los jurados. El personal de su *Cuerpo de Traductores e Intérpretes* está versado en varias lenguas y realizan varias actividades pertinentes, entre ellas: la traducción oficial al español de tratados y convenios internacionales y de documentos de carácter diplomático; la interpretación y traducción para los órganos superiores del estado, para conferencias internacionales, y para la negociación de tratados. Además, organizan pruebas de acreditación de los Intérpretes Jurados en español: *http://www.exteriores.gob.es/portal/es/serviciosalciudadano/paginas/traductoresas—intérpretes-juradosas.aspx.*

La *European Association for Legal Interpreters and Translators* (EULITA) se dedica a mejorar el acceso y la calidad de la interpretación y la traducción legales, y publican varios documentos al respecto en la sección "LIT Materials" de su sitio web: *http://www.eulita.eu/.*

La *Asociación Profesional de Traductores e Intérpretes Judiciales y Jurados* (APTIJ) reúne a los profesionales de la traducción y de la interpretación que actúan en los tribunales de España: *http://www.aptij.es/index.php?l=es.*

Conviene citar también en los Estados Unidos la *American Translators Association: http://www.atanet.org,* y también la *National Association of Judiciary Interpreters & Translators: http://www.najit.org.*

Véanse también: Berk Seligson 2000 y 1990/2002; Cerezo 2015; Gibb y Good 2015; Hale 2005; Millán y Bartrina 2013; Safford 1977; San Ginés Aguilar y Ortega Arjonilla 1996.

2.2.19 La lingüística de corpus

La lingüística de corpus estudia los patrones subyacentes del discurso, por ejemplo, la frasiología del lenguaje evidenciada por las co-ocurrencias, colocaciones, coligaciones y preferencias sintácticas y semánticas. El desarrollo de los corpora lingüísticos importa para todas las ramas de la lingüística forense que se basan en la variación lingüística, la que se encuentra, por ejemplo, en el análisis estilístico de textos para determinar su autoría y en el análisis fonético de voces para hacer comparaciones, perfiles, etc., y en la traducción.

Aunque la lingüística de corpus y su relación con la estilística forense se presenta a continuación en la sección 5.4.1, es conveniente citar aquí unos ejemplos de la importante herramienta que es el corpus para la lingüística forense. Torruella y Llisterri (1999) proporcionan una introducción al modelo teórico y práctico acerca qué es y cómo se utiliza el corpus lingüístico en la lingüística aplicada, y sostienen con toda razón que sólo el diseño cuidadoso del corpus asegura su éxito como recurso lingüístico. Se recomienda este estudio también por su extensa bibliografía, la cual le será de mucha utilidad a cualquier investigador.

Asimismo, en su estudio, "La lingüística forense y el uso de los corpus lingüísticos", Cicres (2011) identifica las distintas clases de corpora del lenguaje oral y escrito, y aclara la distinción entre el corpus dubitado, el indubitado y el de referencia comparativa. El corpus dubitado contiene textos cuya autoría desconoce la autoridad judicial; el corpus indubitado incluye textos cuya autoría es conocida y que sirven de comparación con los textos dubitados; y el corpus de referencia comprende textos representativos de un grupo de población utilizados para determinar la distribución poblacional de las variables analizadas en las muestras dubitadas e indubitadas.

El estudio de Cicres acompaña los varios estudios sobre la lingüística de corpus encontrados en Carrió Pastor *et al.* (2011), una colección de ponencias que demuestran el alto nivel de investigación activa sobre la lingüística de corpus en las siguientes áreas: el diseño, la elaboración y la tipología de corpus; la gramática basada en corpus; los estudios contrastivos y de traducción basados en corpus; la variación lingüística y corpus; la lingüística computacional basada en corpus ; el uso del corpus en la adquisición y la enseñanza de lenguas.

Véase también: Rojo (2015).

2.2.20 El lenguaje de testigos vulnerables: niños y víctimas

El "lenguaje de testigos vulnerables" se refiere a la entrevista, la interrogación y el testimonio de niños y víctimas.

El lenguaje de niños en el sistema judicial ha llamado mucho la atención recientemente. El propósito de la entrevista del niño o de la niña es obtener información en sus propias palabras, sin sugerencias o preconceptos, para determinar lo que pasó, todo sin asustar, intimidar o forzar al niño o a la niña.

Por ejemplo, Graffam-Walker *et al.* (2013) proponen la práctica ventajosa de comenzar la entrevista con narrativas (sistemáticamente provocadas) de eventos no relacionados para envolver al niño y para establecer un punto de referencia tanto para el entrevistador como para el niño de cómo se efectúa la entrevista y de qué se espera como resultado.

Son muchos los esfuerzos prácticos e investigativos sobre el tema; dos ejemplos son los de Argentina (Berlinerblau *et al.* 2013) y de Chile (UEDSV 2012).

Otra área de interés actual y necesidad investigativa es el tratamiento de víctimas que se encuentran dando testimonio contra un agresor sexual. La investigación que mejor conozco y aprecio es la de Susan Ehrlich (2001). Considérese lo que cita ella como el motivo adverso de sus investigaciones:

> Los psiquiatras modernos han estudiado ampliamente la conducta de chicas y mujeres errantes que aparecen ante las cortes en todo tipo de caso. Sus complejos psíquicos son múltiples y

> distorsionados .... Una forma que toman estos complejos es el de maquinar cargas falsas de ataques sexuales por los hombres. En la mente no casta se encuentra expresión casual pero directa en la narrativa de incidentes sexuales imaginarios de la cual la narradora es la heroína o víctima .... Sin embargo, la víctima verdadera en tales casos es demasiado a menudo el hombre inocente (Wigmore 1970:7360) (1).

Si acaso uno se incline a considerar las palabras de Wigmore una desviación anómala, sólo hay que enfocar las palabras del abogado que reseñó la obra: "... [Wigmore 1970] permanece la fuente fundamental para investigadores, profesionales y las cortes" (Degnan 1974) (2).

Ehrlich enfrenta esta tradición arrigada en el sistema judicial revelando los discursos coercitivos institucionales que encuentran las víctimas del asalto sexual: la ley todavía no define bien lo que constituye un ataque sexual, y los fallos coactivos judiciales siguen saliendo de tribunales metidos en "ideologías dominantes de género", o sea, en entendimientos tradicionales de la sexualidad femenina y de la violencia contra las mujeres.

Se explica Ehrlich de esta manera: el lenguaje de la sala de vistas comunica los valores androcéntricos, lo que favorece las prerrogativas sexuales varoniles a costa de la autonomía sexual de la mujer. De hecho, estas representaciones dan forma estructural a su testimonio narrativo de los eventos porque los agresores demandados utilizan tácticas lingüísticas para que se vean inocentes de actos ilegales de agresión sexual. Ehrlich denomina esta estrategia discursiva la *gramática de no agencia* ("grammar of non-agency"). Por ejemplo, cuando el demandado usa la voz pasiva en el discurso de su testimonio sobre el asalto sexual, el jurado tiende a asignar menos culpabilidad al agresor y más a la víctima.

Otro tema vinculado a la cuestión de la agresión sexual es el concepto del *consentimiento*. El consentir no se ve como un estado mental del individuo sino es un proceso interactivo integrado en el discurso, porque se usa el lenguaje para pedir, negociar, dar, retener o negar el consentimiento (Ehrlich *et al.* 2016).

Aún otra perspectiva se da en la investigación importante de Trinch (2007). Sus análisis del discurso de 13 entrevistas demuestran que las mujeres latinas hacen uso pragmático de sus recursos lingüísticos para evitar ser víctimas. Muy al contrario, toman control de sus vidas aprovechándose de los tradicionales conceptos culturales de ser mujer para liberarse de relaciones agresivas.

2.2.21 *Los derechos lingüísticos*

Hay ahora más y más países y localidades en el mundo que se encuentran con la obligación y oportunidad de aplicar las normas y los reglamentos legales y constitucionales para el uso de lenguas no oficiales y para la protección de éstas y sus hablantes.

Sin embargo, a veces no hay suficientes salvaguardias o se ignoran las leyes existentes con demasiada frecuencia en los países con amplias protecciones. El Capítulo 12 del presente volumen, por ejemplo, sugiere la urgencia de investigar esta distancia entre el marco legal de protecciones lingüísticas ya establecidas y la práctica cotidiana a veces deficiente de las agencias policiales y de las cortes.

El asunto recibe seria atención de, por ejemplo, *Linguapax Internacional* (*http://www.linguapax.org/castellano*), una organización que aboga por la igualdad lingüística. En su sitio web se ve que se dedica a la valoración y protección de la diversidad lingüística mundial promoviendo la educación multilingüe y programas de revitalización lingüística. Ahora pretende desarrollar un *Protocolo para Garantizar los Derechos Lingüísticos*, una propuesta que incluirá medidas para el tratamiento de las lenguas de la inmigración en grupos y comunidades:

> Linguapax trabaja en un proyecto destinado a hacer visible la riqueza que la diversidad lingüística y cultural de la inmigración aporta a la ciudad y, al mismo tiempo, promover acciones que contribuyan al mantenimiento de esta diversidad desde una perspectiva de un multilingüismo igualitario y equitativo (http://www.linguapax.org/).

2.2.22 *Actos de habla performativos: el discurso del odio*

El discurso del odio se estudia según cómo se define, cómo se interpreta, y cuáles son las mejores prácticas para enfrentarlo. Por ejemplo, Butler (1997) y otros estudian el discurso del odio y sus consecuencias sociales y políticas. ¿Constituye el habla del odio una *acción*? ¿Se considera *conducta*, y es *ofensiva* esta conducta? ¿Tiene el poder de lastimar a la persona a quien se le dirige? Al observar que en el discurso del odio se enfatiza la forma lingüística para establecer la conducta verbal como acción discriminatoria, Butler (*ibid.*) empieza preguntando ¿qué es la *conducta verbal*? y si es posible que serán distintas las respuestas respectivas de la ley frente a las de la teoría lingüística de actos de habla performativos.

2.3 LO QUE NO ES LA LINGÜÍSTICA FORENSE

La lingüística forense es ante todo lingüística. El perito lingüista tendrá una rigurosa preparación académica, adquiriendo las herramientas de lingüística general en una o varias áreas de la disciplina: fonética, fonología, morfología, sintaxis, semántica, pragmática, análisis del discurso, variación lingüística (social, regional y temporal), lexicografía, y adquisición del lenguaje.

El análisis pericial empieza con el lenguaje mismo y con la identificación de las unidades lingüísticas de los hablantes o escritores participantes. Sin embargo, se ha encontrado a veces borroso el concepto de qué es la lingüística forense, y se han presentado por lo menos tres ejemplos actuales de la confusión.

2.3.1 *La lingüística forense no es psicología.*

La lingüística forense no es psicología. Existe a veces una confusión entre el perfil lingüístico y el perfil psicológico. En un artículo sobre la lingüística forense se encuentra la siguiente definición equivocada: "La lingüística forense está encaminada a orientar acerca del perfil de la personalidad del autor de un documento anónimo".

Es el perfil psicológico que pretende diagnosticar de manera subjetiva las características de conducta de un hablante o escritor anónimo. Esta actividad se basa no en la lingüística sino en la psicología, y les sirve a los agentes policiales para delimitar el cuerpo de posibles responsables en casos criminales (Shuy 2014: Cap. 4). El perfil lingüístico, en cambio, analiza el lenguaje con la finalidad de precisar de manera objetiva ciertos indicios claves sobre el hablante o el escritor: edad, sexo, etnicidad, raza, dialecto geográfico, nivel educativo, etc. Esta actividad sí es lingüística forense.

2.3.2 *La lingüística forense no es ingeniería.*

Tampoco es ingeniería la lingüística forense. La denominada *ingeniería lingüística* sí demuestra la dificultad de cómo referirse a la obligatoria naturaleza interdisciplinaria de la lingüística forense, pero ésta no justifica la equivocación onomástica. Hay, por ejemplo, un lingüista afiliado a la Sección de Ingeniería de la *American Academy of Forensic Sciences*, integrado al lado de los ingenieros que aplican los principios de la ingeniería a la investigación de fallas estructurales causadas por deficiencias en productos, materiales, o incumplimiento de componentes. La ingeniería se ocupa de máquinas, herramientas, materiales y procesos: los procesos químicos, la construcción de obras públicas, el diseño de sistemas electromecánicos, etc. Así, ¿qué tiene que ver la lingüística con la caída de un puente, la integridad estructural de un edificio, o la causa mecánica de una retirada automovilística a gran escala?

La respuesta parece quedar en el diseño y uso de sistemas informáticos para el análisis lingüístico. Por ejemplo, al considerar las varias investigaciones interesantes del *Grupo de Ingeniería Lingüística* del Instituto de Ingeniería de la Universidad Autónoma de México (*http://grupos.iingen.unam.mx/iling/es-mx/*), se ve desde luego que lo que hace el grupo es lingüística, explicando en el sitio web que la interdisciplina de la ingeniería lingüística "reúne los conocimientos necesarios para la construcción de sistemas computacionales capaces de descodificar y generar lenguajes naturales". No hace falta observar estos, los hallazgos valiosos de lo que es la lingüística informática o computacional, e.g., la introducción al campo de Rojo (2015) o la de Martí y Taulé (2015).

Dada la obvia cualidad y el valor de las investigaciones del grupo defeño, sería de menor importancia su selección de autónomo en todo ambiente académico. Sin embargo, en el ámbito jurídico puede ser problemática la explícita aplicación de la ingeniería lingüística a la lingüística informática forense.

En primer lugar, aludir a una investigación como ingeniería enfoca más la herramienta informática desarrollada y utilizada para el análisis y menos el mero objeto de estudio: el lenguaje. Ejemplos de esta confusión importuna son los anuncios actuales en busca de *Ingenieros de Lenguaje*. En uno el candidato desarrollaría un sistema computacional para convertir el texto escrito al habla; tendría un grado en ciencias informáticas, su único requisito lingüístico siendo que fuera hablante nativo de la lengua meta. Otro de *Google* requiere más: experiencia en ciencias de la computación, hablante de la lengua estudiada, proficiencia en un lenguaje moderno de programación, capacidad de construir y comprender expresiones regulares, y un interés en la minería de datos y el procesamiento del lenguaje natural. Sin embargo, no hay mención de que sea lingüista.

En segundo lugar, el intento explícito de aplicar la ingeniería lingüística a fines forenses despierta la preocupación conocida como el "aura de infalibilidad", esto es, la evidencia interpretada por el jurado como más científica por haber salido de los sistemas computacionales de la ingeniería.

Las cortes norteamericanas nos suelen advertir de esta posibilidad, por ejemplo:

> . . . la prueba científica puede en algunos casos asumir una postura de infalibilidad mística en los ojos de un jurado a laicos (*United States v. Addison, 498 F.2d 741 (D.C. Cir. 1974)*) (3).
>
> Hay un peligro que la evidencia pericial será abusada y que distorsionará el proceso de determinar los hechos. Disfrazada del lenguaje científico que el jurado no entiende fácilmente y entregada por un perito con antecedentes impresionantes, está propensa esta evidencia de ser aceptada por el jurado como si fuera virtualmente infalible y como si tuviera más importancia de la que merece (*R. v. Mohan (1994) 2 SCR 9, 21*) (4).

Se hace posible esta interpretación porque es muy posible que la "ingeniería lingüística" sugiera una relación de paridad entre la ingeniería y la lingüística, la cual no es pareja. La ingeniería aplica la matemática y la física, la química y la biología para solucionar problemas. En cambio, la lingüística, por lo rigurosa que es, siempre será una ciencia social que se fundamenta en la observación de la conducta humana, cuya inconstancia nunca va a permitir la precisión ofrecida por los principios y leyes universales de las ciencias naturales que sustentan la ingeniería.

Es entonces responsabilidad de la ciencia misma tomar medidas conservadoras para ni disminuir ni aumentar el peso de la evidencia lingüística presentada. Una de éstas sería no hinchar, aún sin querer, el fundamento científico a base del testimonio, en especial a causa de un problema onomástico de tan poca consecuencia.

2.3.3 *La lingüística forense no es informática.*

No hay duda de que la computadora es la herramienta más importante que tiene el lingüista forense en este momento. Pero, es precisamente eso: una herramienta que se utiliza para realizar el análisis de datos. Por ejemplo, en la actualidad no se puede descubrir el plagio sin una ayuda informática, pero es lingüística la decisión de qué constituye un trozo de texto que cuente como plagiado o nada más aleatoriamente igual a otro. La desgracia es que a veces no se reconoce la diferencia entre un recurso disponible al investigador (la computadora) y el objetivo final del estudio (el análisis lingüístico).

Un ejemplo extremo de la informática no lingüística es cómo se acerca un ingeniero al problema de la atribución de autoría. En primer lugar, este investigador (Juola 2006 y Juola *et al.* 2006) tiene una extensa preparación en ciencia informática, ciencia cognitiva, psicología experimental e ingeniería eléctrica, pero poco en lingüística. No es inesperado entonces que considere "agnóstica" su investigación en cuanto al lenguaje analizado, esto es, pretende enfrentar la cuestión de la autoría dubitada sin tener que saber o considerar la lengua de los escritos (Juola 2013:293). Por esta razón, no me opongo a la posibilidad de que funcione su modelo informático sino que objeto al denominarlo *lingüística* cuando no lo es.

El autor define el lenguaje como "una secuencia ilimitada escogida de un espacio finito de eventos posibles" (Juola *et al.* 2006:6), y se explica así el análisis textual:

> En general, podemos observar que un texto está estructurado como una serie en línea de "eventos" distintos sacados de una población de eventos posibles. Estos eventos pueden ser sonidos, letras, palabras, o quizás aún locuciones o frases completas (Juola 2006:252) (5).

Dentro del paradigma propuesto por el primer paso del análisis de la autoría está la identificación de un conjunto de rasgos de interés, el próximo paso siendo el análisis mismo. El paso final resulta en reducir una colección de documentos a un conjunto de rasgos ordenados vectoriales, los cuales se analizan a fin de producir decisiones autoriales relacionadas a los vectores más parecidos (Juola 2006:271).

El texto contiene una serie de eventos, unidades lingüísticas como una letra, una sílaba, una palabra, o una frase. La computadora entonces identifica y cuenta los eventos. Así, el sistema propuesto introduce los mismos retos de todas las metodologías: ¿cuáles eventos de todos presentados se cuentan? y ¿cuáles medidas de todas disponibles se prestan para el análisis? Se hace mención de medidas de autoría (número de palabras, la longitud de la frase, la distribución de palabras funcionales, etc.) y de análisis estadísticos especializados, pero hasta allí llega la explicación.

Aparte de la cuestión de investigar la autoría de un escrito sin darse cuenta del lenguaje analizado, el enfoque de Juola tampoco cumple con el requisito básico del análisis de la variación lingüística, esto es, el de identificar las variables dentro del lenguaje mismo aquí y ahora observado en vez de utilizar variables identificadas de alguna manera independiente cuya relación con los datos a mano no existe o no se conoce.

El hecho de que haya investigadores bien preparados o en la ingeniería o en la lingüística, pero no en las dos especialidades, hace necesaria la búsqueda de una solución para una ciencia como la lingüística forense, que se define como interdisciplinaria. Pues, el remedio es obvio: el equipo científico. Estamos cara a cara con tres posibles equipos modelos, funcionando productivamente en el mundo hispánico de la lingüística forense: el *Laboratorio de Lingüística Forense* del IULA de la Universitat Pompeu Fabra (Barcelona); el *Grupo de Ingeniería Lingüística* del Instituto de Ingeniería de la UNAM (México, DF); y el *Grupo de Linguística Forense* brasileño de la *Universidade Federal de Santa Catarina.*

Ni hay que decir que la ciencia avanza mejor en grupos interdisciplinarios, como dijo Atul Gawande en un discurso reciente de graduación:

> [La ciencia] es el esfuerzo no de una sola persona sino de un grupo de gente—entre más grande, mejor—que persigue las ideas con curiosidad, interés, franqueza y disciplina (Gawande 2016) (6).

A mi criterio, el ejemplo previamente presentado del análisis agnóstico de la autoría no se aprovecha de los beneficios del equipo interdisciplinario sino que representa un análisis que, al demostrar un conocimiento de la estadística e informática, al fin y al cabo falla por falta del conocimiento básico del lenguaje y de la naturaleza de la variación lingüística.

Puede ser que estudiar la autoría analizando unidades secuenciales sin referencia al lenguaje del escrito cabe dentro del concepto del martillo y el clavo de Maslow, el denominado *martillo de oro*. En este caso el problema autorial es el clavo a que llega la martillada de la computadora y la matemática, pero luego se reconoce que la herramienta apropiada habría incluido la potente ventaja de un equipo interdisciplinario en el cual se encontrara integrado un lingüista.

CAPÍTULO 3

El peritaje lingüístico

No es el crítico quien cuenta; ni aquellos que señalan . . . en qué ocasiones el autor de los hechos podría haberlo hecho mejor. El reconocimiento pertenece realmente al hombre que está en la arena, con el rostro desfigurado por el polvo, sudor y sangre; . . . de manera que su lugar jamás estará entre aquellas almas frías y tímidas que no conocen ni la victoria ni el fracaso (1).

THEODORE ROOSEVELT, PARÍS, 1910

3.0 INTRODUCCIÓN

El conocido lingüista y perito, Roger Shuy, hace la distinción entre el peritaje *desde afuera* y *desde adentro*, clasificando así a los lingüistas forenses entre los académicos que estudian el lenguaje de la ley en sí y los que entran a mundo judicial como peritos (Shuy 2002). Viendo arriba el comentario de Roosevelt (a que se integra la inovación actual de que será tanto la mujer como el hombre que estará en la arena), se notará desde luego la conveniencia y preferencia de que el lingüista se aproveche de ambas posibilidades profesionales: que estudie pero que ejerza la lingüística forense.

El estudio sobre el peritaje lingüístico de Luis Pérez González (2005), el cual se encuentra citado en el Capítulo 2, destaca la creciente intervención de peritos lingüistas en los juicios orales españoles y sostiene que la pericia lingüística tendrá más relevancia en los demás países enfrentando reformas judiciales actuales, en especial en las diligencias orales de la sala de vistas y en el uso del jurado encargado del veredicto.

Esta coincidencia feliz del interés académico en la materia y de las reformas judiciales en proceso de realización en varios países hispanohablantes presenta el momento oportuno para enfocar la necesidad de cuidarse de la formación de peritos lingüistas de la más alta calidad. Así, dirigiré la atención al tema del peritaje lingüístico en este capítulo.

Considérese un ejemplo del año 2016 que representa la pesadilla del peor de los casos. Me encontré participando en una causa parecida a la que se presenta a continuación en el Capítulo 15: la posible fuerza ilocutiva del apodo *negrito* entre compañeros de trabajo dentro de su contexto laboral. Se presenta a continuación una parte (algo editada) de la declaración oral de la perita contraria (P.), así como fueron documentadas sus respuestas a las preguntas que le hizo el abogado interrogante (A.):

A. ¿Hay documentos que utilizó usted para formar su opinión?
P. No.
A. ¿Tiene usted algunas notas?
P. No. Hablé por teléfono, y mandé un correo electrónico.
A. ¿Hizo usted referencia a algunos materiales para formar sus opiniones?
P. No tuve que hacerlo porque son muy comunes los términos, pero sí consulté el *Diccionario del español de México*.
A. ¿Hizo usted referencia a cualquier otro material fuera del diccionario?
P. Busqué un artículo en línea.
A. ¿Qué artículo en particular?
P. No recuerdo su nombre.
A. Así, para formar su opinión, ¿es cierto que hizo referencia al diccionario y a un artículo cuyo título no recuerda?
P. Sí, correcto. Realmente no tuve que buscar nada porque son palabras comunes. Presté una opinión basada en la propia pericia mía y en el conocimiento mío de las palabras. Luego me fijé en unos recursos anecdóticos [de familiares] para reconfirmar lo que ya sabía: estos son términos muy básicos que no requieren la investigación. Todo el mundo sabe lo que quieren decir.
A. ¿Estaría de acuerdo de que usted no ha confiado en datos fiables en la formación de sus opiniones?
P. No, no estaría de acuerdo con eso.
A. Ok.

Sin comentar aquí los detalles penosos de este intercambio, refiero al lector al Capítulo 15 a que se dé cuenta de la complejidad del asunto del significado pragmático de los apodos y de la extensa bibliografía con múltiples investigaciones académicas sobre el uso universal del apodo en el mundo hispánico.

Por poco frecuentes que sean tales ejemplos de una pericia ficticia como la citada arriba, los que aparezcan perjudican no sólo la causa en cuestión sino la profesión entera, y es por eso que se incluyen aquí unos apuntes sobre cómo ejercer el peritaje lingüístico.

El perito tendrá claro en mente las bases jurídicas y científicas (lingüísticas) que fundamentan su trabajo pericial, y será consciente de cómo difiere la comunicación académica de sus resultados y conclusiones de la comunicación jurídica de los mismos. Además, tendrá un conocimiento práctico de cómo comportarse dentro del mundo de las ciencias forenses y dentro del marco adversario que es el sistema judicial.

3.1 BASE JURÍDICA DE LA PERICIA LINGÜÍSTICA

Los requisitos basados en la evidencia del peritaje son parecidos de país a país, así que me tomo la libertad de resumir los que mejor conozco por haberlos seguido tras los años. La Regla 702 de las *Reglas Federales de Evidencia* estadounidenses (y muchos códigos probatorios estatales) establecen los requisitos para la introducción del testimonio pericial:

> Un testigo que se califica como perito por su conocimiento, capacidad, experiencia, o educación puede declarar en forma de una opinión o de otra manera si: **(a)** el conocimiento científico, técnico o especializado del perito le ayudará al juzgador a comprender la evidencia o a determinar un hecho en cuestión; **(b)** el testimonio se basa en hechos o datos suficientes; **(c)** el testimonio es producto de principios y métodos fiables; **(d)** el perito ha aplicado de manera fidedigna los principios y los métodos a los hechos del caso (*Federal Rules of Evidence* 2014:15) (2).

Otras cortes han identificado otros factores que apliquen, incluyendo: (1) si el testimonio del perito proviene de la investigación conducida por el experto independiente de la litigación pendiente; (2) si la opinión del perito constituye una posible inferencia de los datos factuales en relación a la teoría aplicada; (3) si se han considerado explicaciones alternativas; (4) el nivel del rigor intelectual que caracteriza el trabajo del perito; (5) si la disciplina en sí permite el grado requerido de fiabilidad.

3.2 BASE CIENTÍFICA DE LA PERICIA LINGÜÍSTICA

La investigación científica lingüística representa un proceso empírico de observar la conducta de lenguaje, intentar comprenderla en forma de una teoría propuesta, y probar o no la teoría provisional utilizando el método científico de reunir y analizar los datos relacionados.

La investigación es inductiva si se comienza con la observación y termina al razonarla, y es deductiva cuando el punto de partida es la teoría y el objetivo investigador es validarla con la observación. Véase una explicación más completa en Bhattacherjee (2012), resumida aquí a mi manera:

> **Cuestión**: Identificar la cuestión que plantea la investigación.
>
> **Estudios previos**: Explorar los estudios ya hechos pertinentes a la cuestión para sondear el área de la indagación; identificar los autores, estudios, teorías y hallazgos del área; y reconocer lagunas en ella.
>
> **Marco teórico**: Identificar los conceptos teóricos que mejor se prestan a abordar el fenómeno observado, tomando en cuenta los varios enfoques disponibles sugeridos por la literatura científica revisada.
>
> **Diseño del estudio**: Crear un plan de las actividades que servirán para contestar la cuestión planteada, o sea, el diseño de la investigación. Este paso incluye elaborar las medidas que la

teoría sugiere para describir y medir las observaciones. También comprende el método de reunir y analizar los datos.

Hallazgos: Presentar los resultados relacionados a cada paso del proceso de investigación y del análisis de datos.

Conclusiones: Expresar con claridad las conclusiones derivadas de los resultados.

Informe: Documentar el proceso entero y todos resultados de la investigación.

3.3 EL INFORME PERICIAL

Los requisitos para el informe pericial también son parecidos de país a país, así que de nuevo me tomo la libertad de resumir los que mejor conozco por haberlos seguido tras los años. La sección FRCP 26(a)(2)(B) de las *Reglas Federales de Procedimiento Civil* estadounidenses (y muchos códigos procedimentales estatales) establecen los requisitos mínimos del informe pericial:

> . . . la divulgación (del perito) debe estar acompañada por un reporte escrito preparado y firmado por los testigos, si el testigo es retenido para que proporcione un testimonio en el caso, el reporte debe contener: (i) una declaración completa de todas las opiniones que el testigo expresará y las bases y razones de ellas; (ii) los hechos o datos considerados por el testigo durante su formación; (iii) cualesquiera exposiciones que serán usadas para resumir o apoyar los hechos o datos; (iv) las cualificaciones del testigo, incluyendo una lista de todas las publicaciones escritas en los últimos 10 años; (v) una lista de todos los otros casos en los cuales, durante los 4 años anteriores, el testigo declaró como un perito en un juicio o por deposición; (vi) una declaración de la compensación a pagar por el estudio y el testimonio en el caso (*Federal Rules of Civil Procedure* 2014) (3).

Normalmente suelo cumplir con estos requisitos, pero ajusto su orden de presentación. El siguiente ejemplo es el esquema utilizado en un informe reciente:

1.0 **Introducción**
- 1.1 Cualificaciones
- 1.2 Detalles de contratación
- 1.3 Remuneración

2.0 **Opiniones y las bases para ellas**
- 2.1 Opiniones
- 2.2 Escala de opiniones
- 2.3 Bases de las opiniones

3.0 **Datos considerados para formar las opiniones**
- 3.1 Escritos
- 3.2 Método de análisis
- 3.3 Análisis lingüístico de la autoría dubitada

4.0 **Resultados del análisis**
5.0 **Exposiciones demostrativas que resumen y apoyan las opiniones**

La estructura del informe pericial sí es distinta a la típica presentación académica a la que uno está acostumbrado, dados los límites sobre lo que se puede decir, y cómo y cuándo se puede escribirlo. La diferencia más marcada (a mi criterio) es la presentación de las conclusiones (ahora denominadas *opiniones*) al principio de la declaración.

El requisito más importante del informe es que se presente el análisis que fundamenta las opiniones de la declaración pericial. Considérese el siguiente informe pericial, algo parafraseado pero representado en su totalidad, que un perito dirigió a la parte contratante y a la Corte:

> Ejecuté la aplicación informática con los documentos conocidos de los dos autores posibles. Se pudo distinguir estos dos con un alto nivel de precisión por medio de una validación cruzada, lo que quiere decir que fue casi perfecto el programa en su discriminación de los respectivos autores. Luego utilicé el mismo modelo para clasificar los dos documentos anónimos, asignando al primer autor ambos escritos con probabilidades de cerca del 100%.

Aunque servirían bien los pasos metodológicos delimitados, la falta completa de datos y de detalle analítico a base de la conclusión indicada dicta que nunca debía de haberse mandado tal informe.

Conviene notar también que algunos tribunales no exigen la declaración escrita del informe como condición para nombrar al perito ni antes o durante del juicio oral. Si tampoco quiere el informe el cliente en este caso, siempre hago el análisis completo de los datos y preparo las exposiciones demostrativas que resumen y apoyan las opiniones. De tal manera, uno está preparado para dar un informe oral en la sala de vistas ante el juez y jurado. Y cualquier presentación visual que pretendo hacer la preparo en tres formas, según la probabilidad de uso: PowerPoint con mi propia computadora portátil, transparencias o diapositivas, y papel con múltiples copias. Las experiencias difíciles me han acondicionado a exagerar así debido a la variedad de equipos disponibles en cada corte y a la dispar disponibilidad de dichos equipos.

3.4 LA ESCALA DE OPINIONES

Se están usando varias escalas de opinion en la comunidad lingüística, así conviene seguir investigando qué escala se presta mejor a los estudios autoriales. La escala de opiniones recomendada por la *American Board of Forensic Document Examiners* y presentada en la **Figura 3.1** se usa a menudo por los lingüistas norteamericanos:

Los criterios para cada rango se dan en el documento ASTM: E1658:

9	*Identificación*: es el mismo autor
8	*Muy probable*: que sea el mismo autor
7	*Probable*: que sea el mismo autor
6	*Indicaciones*: que sea el mismo autor
5	*Ninguna conclusión*
4	*Indicaciones*: que sean distintos autores
3	*Probable*: que sean distintos autores
2	*Muy probable*: que sean distintos autores
1	*Exclusión*: son distintos autores

FIGURA 3.1. Terminología para conclusiones en la examinación forense de documentos (ASTM: E1658 de la *American Society for Testing and Materials*)

9—*Identificación*: conclusión definitiva de similitud, sin reservas y basada en datos convincentes
8—*Muy probable sí*: conclusión virtualmente cierta basada en rasgos convincentes de similitud, los cuales carecen de alguna característica crítica que estuviera presente para una identificación definitiva
7—*Probable sí*: conclusión basada en evidencia convincente de similitud pero no al grado de muy probable
6—*Indicaciones sí*: conclusión basada en la similitud de sólo algunos pocos rasgos que comparten los dos corpora
5—*Ninguna conclusión:* conclusión indicada por factores limitantes como la presencia posible de una redacción disfrazada o la falta de suficiente texto para analizar
4—*Indicaciones no*: conclusión basada en la diferencia de sólo algunos cuantos rasgos que comparten los dos corpora
3—*Probable no*: conclusión basada en evidencia convincente de diferencia pero no al grado de muy probable
2—*Muy probable no*: conclusión virtualmente cierta basada en rasgos convincentes de diferencia, los cuales carecen de alguna característica crítica que estuviera presente para una identificación definitiva
1—*Exclusión no*: conclusión definitiva de diferencia, sin reservas y basada en datos convincentes

La escala ASTM es una escala basada en criterios cualitativos. Por eso se presta a nuevas investigaciones sobre la misma escala cualitativa y sobre la colocación de datos cuantificados en una escala parecida. Para que se realice esto, la disciplina tiene que incorporar más herramientas analíticas cuantitativas. También hay que seguir el desarrollo actual de modelos estadísticos para poder explicar el sigificado de conclusiones y opiniones, y aprender a presentar datos estádisticos de manera que un jurado laico los pueda entender.

3.5 LA DECLARACIÓN PERICIAL EN EL JUICIO ORAL

En las jurisdicciones de juicio oral, el testigo no hace su declaración por medio de su informe pericial sino en vivo. Se empieza con el *interrogatorio directo* sobre la materia en cuestión. El abogado que propone al testigo lo identifica y acredita, y le pide a la Corte que se acepte como perito. Luego le da al perito la oportunidad de describir y explicar el conocimiento que le aporta a la Corte, en forma de su análisis, los hallazgos y las conclusiones resultantes que sean pertinentes a la causa.

En segundo lugar, el abogado de la parte contraria realiza el *contra-interrogatorio*. Es un interrogatorio de confrontación sobre la materia del interrogatorio directo y entre las finalidades que puede tener son éstas: identificar errores o debilidades de la declaración directa; acentuar aspectos de ella que sean favorables a su parte o adversos a la otra parte; cuestionar la credibilidad del perito; o impugnar el valor probatorio de su testimonio.

Una vez terminado el contra-interrogatorio la Corte se despide del perito, o a veces permite otro intercambio de *interrogatorio directo* y *contra-interrogatorio*, en una especie de cadena que se repite hasta que no haya más preguntas de ninguna de las partes.

3.6 PREPARACIÓN ACADÉMICA PARA LA PERICIA LINGÜÍSTICA

Al principio del capítulo, se observó la distinción de Shuy (2002) entre el peritaje *desde afuera* y *desde adentro*. Los primeros estudian, por ejemplo, el lenguaje y la interpretación de las leyes, el lenguaje escrito y hablado de los jueces y abogados en el entorno de juicios y audiencias, y el lenguaje de interrogaciones policiales y las confesiones de los sospechosos. Los otros analizan el lenguaje de causas específicas a fin de presentar sus hallazgos como evidencia. Desempeñan un cargo muy distinto del papel al que estaban acostumbrados como investigadores académicos. Aprenden una manera nueva de hacer sus análisis, de ser evaluados por sus pares, y de cumplir con los deberes del trabajo.

Se le pregunta con frecuencia al prof. Shuy ¿cuál es la mejor preparación para llegar a ser lingüista forense? Siempre contesta que en primer lugar uno será lingüista:

> Uno podía argüir que el campo (de la lingüística forense) es en verdad lingüística aplicada o, de hecho, simplemente lingüística, porque para ser perito experto, tal como lo requieren las cortes, uno debe ser experto en el campo en el cual uno declara. Un perito experto es alguien con capacidad y capacitación avanzada, en general con un registro de publicación también .... Los lingüistas instan su capacitación en las herramientas de la fonética, la fonología, la morfología, la sintaxis, la semántica, la pragmática, los actos del habla, el análisis del discurso, la sociolingüística, la dialectología, la lexicografía, el aprendizaje de la lengua y los procesos del cambio del lenguaje, dependiendo de la naturaleza del caso de la ley (Shuy 2007:2) (4).

Conviene también que el perito tenga una preparación adicional en cómo navegar el sistema judicial. Se puede efectuar este entrenamiento con la ayuda de peritos forenses de otras disciplinas y de abogados dispuestos a ayudar en este respecto. Una sugerencia es que se formalice un acuerdo mutuo entre el departamento de lingüística y la escuela de leyes, cuyos maestros y estudiantes estarán buscando oportunidades para ensayar su aplicación de la ley.

3.7 CONSIDERACIONES PRÁCTICAS

3.7.1 *La tarea del perito*

El lingüista perito Edward Finegan (2009:270) aclara muy bien los pasos típicos de la tarea pericial, los cuales se resumen aquí:

1. El perito tiene una plática inicial con el abogado. Se asegura que no hay conflicto de interés; se averiguan las cuestiones presentadas por el caso; se identifica la tarea del lingüista; se le pide al perito su curriculum y sus honorarios; y se aclaran los asuntos prácticos del calendario, etc.
2. El perito estudia los materiales y llega a una primera conclusión.
3. El perito platica su opinión con el abogado, y deciden si conviene preparar un informe o declaración.
4. El perito estudia cualquier otra opinión de refutación que se presente, y se decide si conviene una respuesta.
5. Se realiza una declaración jurada del perito.
6. Se presenta su declaración oral en el juicio.

Para los estudiantes o peritos novatos, lo más difícil del proceso parece ser aprender presentar los resultados de su investigación dentro de los límites impuestos por el contexto judicial. Póngase, por ejemplo, en el estrado del perito declarando en el juicio representado en la portada de este libro. Conviene encontrar una manera de ensayar este tipo de presentación, sea de la declaración jurada antes del juicio o del interrogatorio directo y contra-interrogortario del juicio mismo.

Todos son contextos adversarios, y así es importante que cada uno encuentre su propia manera de mantener la calma personal y profesional como para explicarse bien. Mis estrategias son varias: considero que estoy declarando a beneficio de la Corte y no de las partes, o sea, me dirijo física y mentalmente al juez y al jurado; o me imagino simplemente dando una clase de lingüística a personas inteligentes que han llegado a esta materia sin saber nada de ella; y a veces intento idear el día que me quedé sentado unas horas ante los sinodales para la defensa de la tesis doctoral.

3.7.2 *Distancia personal de la causa misma*

Hace poco aguantaba un contrainterrogatorio vigoroso y, durante un receso, el abogado reconoció su propia manera agresiva comentando, "Pues, así es el sistema adversario, somos todos abogados". Reconocí su comentario por el posible engaño que fuera, y le dije que, como perito, sí abogaba por la verdad pero no por ninguna parte.

Por difícil que sea a veces, conviene que el perito se mantenga separado de los hechos de la causa en que colabora, hasta al punto de ni conocerlos. Tal falta de objetividad resulta en equivocaciones por parte tanto de otros como del perito mismo. Por ejemplo, hay un lingüista que no acepta participar en causas que considera moralmente repugnantes. Se expresa la misma idea cuando sucede a veces que los colegas míos preguntan cómo es posible que un perito de buen carácter como yo (gracias por el cumplido) estuviera al lado de una compañía petrolera demandada porque, según afirman los demandantes, ocasionó la destrucción del medio ambiente amazónico, o en otros casos cómo pueda participar en la defensa de una asesina.

La respuesta a la postura equivocada que fundamenta estas preguntas queda en el enfoque reducido y en el deber ético del perito. El perito no es abogado; no está al lado del cliente, sino que está al lado de los principios integrados al sistema judicial desde la época de la *Carta Magna* hasta hoy.

Existe una distribución complementaria entre abogado y perito. El primero es el representante legal de la parte, quien aboga por un resultado u otro. En cambio, la tarea estrecha del perito es enfocar nada más la cuestión lingüística sin ninguna consideración hacia la causa general. Aunque no es nada fácil mantener y comunicar este alto grado de desinterés, es de suma importancia que el perito se encuentre capaz de lograrlo en el momento de envolverse en cualquier causa.

Se puede añadir aquí una nota: si se estudian con cuidado dichas causas abyectas en que se encuentre el perito, se verá que, dentro de la verdadera conciencia moral comunicada por la demanda, la tarea específica del lingüista enfoca a menudo una grieta fundamental entre toda esa excelencia moral, una falla que debilitará la causa principal. Me refiero a los previos ejemplos del segundo párrafo. Tocante al primero, un país sí puede reclamar daños ambientales a sus bosques y a la gente que vive en ellos, pero no puede insinuar en el proceso judicial el soborno del perito principal ni de la Corte misma, lo que sacaron a la luz varios lingüistas que analizaron el informe del perito y el fallo del juez (véase el Cap. 8). Tocante al segundo ejemplo, la demandada sí fue condenada del asesinato, pero el perito pudo demostrar los graves errores realizados por los agentes policiales durante su interrogación inicial (véase el Cap. 12).

3.7.3 *Los abogados*

En realidad, las muchas experiencias que he tenido con los abogados han sido de las mejores porque me han enseñado más de lo que hubiera podido aprender en el salón de clase. Es verdad que se dan algunos que echan leña al fuego de los eternos chistes, y muy de vez en cuando se encuentra un grado de descuido o falta de honestidad. Lo que veo más que nada es el abogado que desconoce la lingüística pero sí acepta la responsabilidad de leer y aprender la ciencia.

Lo que sí quieren hacer casi todos los abogados es explicarle al perito la historia de la causa y compartir los hallazgos de otros peritos, la evidencia que apoya su caso o la evidencia de la policía. Hay que parar de inmediato esta plática y pedirle que no le mande informes de otros. Tampoco quiere uno leer reportajes periodísticos o comentarios de la red. El lingüista va a tener un enfoque tan estrecho sobre el lenguaje que ni se da cuenta de lo que opinan los demás.

3.7.4 *Los colegas*

En cuanto a los colegas lingüistas forenses, hago mención de dos experiencias que sean de interés general: la crítica de sus análisis y conclusiones por parte del perito de la parte contraria; y el valor de trabajar en grupo.

El hecho de que haya dos peritos opuestos es algo frecuente. Se debe considerar este paso del proceso como aspecto normal del sistema adversario, y no como impugnación personal por otro colega. Se encuentran en los informes del perito contrario la refutación de una metodología, la discusión sobre los datos disponibles y usados, las diferencias de opinión sobre la relación entre los hallazgos presentados y la opinión declarada, etc.

Los comentarios adversos con que me he encontrado más frecuentemente en causas del análisis de la autoría dubitada provienen de lingüistas sin preparación académica en el análisis de la variación, la base teórica del análisis lingüístico del estilo. Hay plena oportunidad para diferencias genuinas entre la comunidad de lingüistas variacionistas, pues los pocos colegas que lleguen a críticas no profesionales se desacreditan y se marginalizan por su propia cuenta a través del paso del tiempo.

Es ahora de mucha más importancia el concepto y la práctica de investigar y ejercer la lingüística forense en grupo. Hice referencia a esto en el capítulo anterior, citando a Gawande (2016), quien observa que la ciencia avanza mejor en grupos investigadores: la ciencia es el esfuerzo de un grupo de gente que persigue las ideas con curiosidad, interés, franqueza y disciplina.

Hacer la lingüística en grupo es aprovecharse de los distintos puntos de referencia académica y profesional de los miembros integrados al equipo. Por ejemplo, ¿qué tantas veces ha conmovido al sabio profesor veterano una idea tímidamente propuesta por su propio alumno? En cambio, se le puede beneficiar al perito novato la destreza pericial del experto con experiencia. Considérese el ejemplo de Gianluca Pontrandolfo (2016:50), quien comenta sobre el objetivo didáctico en la traducción: "... dotar al estudiante de las herramientas necesarias para analizar y traducirlos principales géneros textuales jurídicos, con precisión y propiedad morfosintáctica, léxica, terminológica, fraseológica, semántica y pragmática".

La lección del valor del grupo investigativo se aprende tarde o temprano, y la voy a aclarar por medio de dos ejemplos propios. En un caso del pasado reciente, estábamos colaborando una colega y yo en una causa autorial internacional. Los datos andinos contenían ejemplos de lo que considerábamos (nosotros y todos los hispanohablantes alrededor) una variación asombrosa: la falta de la secuencia de tiempos 'correcta' en oraciones como la primera de las siguientes:

1. Forma encontrada: "María esperaba que él nos **acompañe**".
2. Formas esperadas: "María esperaba que él nos **acompañara**".
   "María esperaba que él nos **acompañase**".

Al mero inicio de la investigación, se consideraban que la muchas oraciones como la primera arriba representaban una variación individual marcada, pero después de unir nuestros esfuerzos, pronto nos quedó claro (ayudados por Toscano Mateus 1953 y Sessarego 2008, entre otros) que esta variación sintáctica era un rasgo de clase (de la comunidad de habla) y no del individuo ecuatoriano estudiado.

El segundo ejemplo trata un análisis de un testamento escrito en un supuesto inglés criollo-hawaiano. El texto carecía de un verdadero sentido de criollo, pero no pude identificar el problema lingüístico fundamental con ello. Le pedí a un colega más experto en la variación criolla que revisara el escrito junto con mi análisis incompleto de ello. Resultó ser una característica obvia pero invisible para mí. El autor fingía ser hablante del criollo en dos pasos: luego de inventar un testamento original en el inglés estándar (lo que le obsequiaba toda la herencia), redactó una segunda versión suprimiendo las *palabras funcionales* del texto original, lo que refleja el concepto estereotípico del criollo que muchos tienen. Sin embargo, se sabe que el verdadero inglés criollo-hawaiano, nacido de una combinación compleja del inglés y del hawaiano, demuestra más procesos gramaticales que la mera pérdida de sus palabras funcionales. Fue solucionado el problema y se ganó la causa gracias a esta colaboración.

3.7.5 *La ética*

El perito está obligado a aprender y seguir los principios éticos de la profesión y del sistema judicial en que ejerce. La mejor presentación actual de estos principios viene de la *Asociación Internacional de Lingüistas Forenses*. Su "Código de Práctica" incluye exposición sobre los siguientes temas relacionados al perito lingüista: integridad, objetividad, capacidad profesional, confidencialidad, y conflicto de intereses. El Código se encuentra aquí: *http://www.iafl.org/uploads/IAFL_Code_of_Practice_1.pdf.*

El principio ético quizás más importante es que el perito recuerde y declare que se responsabiliza primero a la corte y no al cliente que le paga. Esto implica que incluya en su informe o declaración datos o contraejemplos que no apoyen la opinión ofrecida al tribunal.

3.7.6 *Resumen de consideraciones prácticas del lingüista: Roger Shuy*

Precisa Shuy (2002) unas consideraciones de índole práctica sobre la naturaleza del peritaje lingüístico: las fechas límites siempre son impuestas por el calendario de la corte o por los abogados que esperan hasta el último momento; participantes que desconocen por completo la lingüística; el reto de averiguar cómo presentar datos complejos y técnicos a personas no expertas y a la vez mantener el rol del perito que debe demostrar un conocimiento profundo de la materia; cambios constantes de la ley y diferencias entre las varias jurisdicciones; y la necesidad de mantener una postura objetiva e imparcial en un ambiente que funciona a base de la abogacía.

3.8 "EL TESTIMONIO PERICIAL" POR SUSAN MORTON

Lo siguiente es una traducción directa del inglés de los consejos dirigidos a peritos novatos por la Mtra. Susan Morton, perita del Laboratorio de Criminalística, Departamento de la Policía de San Francisco, California (Morton 2002). Cualquier estudiante los va a encontrar valiosos en sí y también porque fomentan una cierta confianza en el académico que se encuentre navegando por primera vez el mar agitado del sistema judicial. Los encontré así de calmantes hace años, cuando al meterme al campo sin preparativos forenses, la maestra Morton me revisaba el trabajo dándome a mí los mismos consejos caso por caso.

Son percibidos de una manera muy diferente, tanto por la ley como por el público, los peritos (quienes aportan una opinión), a los testigos presenciales (quienes testifican de los hechos). Esto les da a los peritos algunos derechos y ventajas, pero les imparte responsabilidades adicionales. Los jurados perdonarán el miedo, el nerviosismo y algo de confusión en un testigo inexperto, pero los testigos expertos no impresionan mucho si muestran esas condiciones. Un testigo experto necesita estar muy informado y pulido, y ser profesional, mas no hábil y ensayado.

Los derechos del experto son éstos: 1. Usted puede exponer su opinión y proporcionar los datos de respaldo y las razones para hacerlo; 2. Usted puede declarar de forma narrativa en vez seguir el formato de pregunta y respuesta, aunque algunos jueces no permitirán la forma narrativa; 3. Usted puede pedir que se le dé la oportunidad de ver y examinar cualquier texto publicado que esté siendo utilizado para interrogarlo; 4. Usted puede reusarse a exponer su opinión hasta que usted haya sido compensado.

Las siguientes son "lecciones aprendidas" a lo largo de los años que permitirán que el testigo experto haga uso de sus derechos y cumpla con todas sus responsabilidades.

1. *Conozca sus manierismos* como, por ejemplo, si usted juega con su pelo, se pone una diadema o se acomoda el pelo de alguna manera. Asegúrese de que se le escuche. Una voz muy suave puede ser percibida indicativa de falta de confianza. Y es seguro que si no pueden escucharlo, no pueden aceptar lo que dice. Mire los videos de sus tribunales ficticios para ver si usted tiene otros hábitos que pueden distraer al jurado.
2. *El atuendo, el pelo y el maquillaje deberían ser serios y discretos.* Sea visible por su experiencia, no por su apariencia. Esto es mucho más difícil para las mujeres que para los hombres, pues los hombres pueden confiar en el traje y la corbata para exponer su grado de seriedad. Las mujeres deberían estudiar el atuendo de las mujeres ejecutivas y políticas, y escoger a una para emularla. Los trajes son perfectos en el Tribunal Federal, pero son demasiado para el Tribunal Superior. Una chaqueta en un color tenue (el negro, el azul marino o el café) pueden complementar un atavío sin que se vea muy rígido. Asegúrese de que cualquier accesorio como las bufandas o joyas estén bien aseguradas, de modo que usted no tenga que jugar con ellas o ajustarlas. Piense en cualquier desastre potencial como, por ejemplo, la forma en la cual se sienta en estrado de testigos y la forma en la cual su gran dije oscila hacia delante y choca con el micrófono, creando un sonido ensordecedor. Y, en definitiva, vista "zapatos cómodos". Los zapatos cómodos denotan seriedad y aterrorizan a los abogados.
3. *Sea cauteloso con el abogado incompetente o engañoso,* independientemente de los pocos que puedan haber. Él o ella lo harán ver a usted como un tonto al hacerle preguntas tontas y después culparlo por verse como un tonto. Esté preparado para esto.

4. *Sea muy cuidadoso al no cambiar su lenguaje corporal* cuando comience el interrogatorio. He mirado a testigos cruzarse de brazos y verse contenciosos. Solamente tenga presente que usted es un testigo imparcial. También le puede ayudar el recordar el contenido de la sección número 3.
5. *Escuche cuidadosamente la pregunta.* Los abogados a menudo formulan una pregunta que se escucha como una pregunta familiar, mas la pregunta tiene una implicación muy distinta. O a veces lo confunden todo y preguntan una cosa cuando ellos realmente piensan en algo más. Responda lo que se le pregunta. Si la pregunta es complicada, usted evita una trampa. Si la pregunta es confusa, el abogado se ve mal. Esto es igualmente verdadero para ambos lados. Si la pregunta contiene múltiples preguntas, pida que le sean separadas. Si la pregunta es larga e intrincada, pida que le sea repetida. Incluso si usted la entiende, el jurado puede haberla no entendido. Si el abogado está vendiendo humo, no será capaz de repetir la pregunta. Si la pregunta es releída por el taquígrafo, la pregunta queda expuesta dado a que se trata de un chanchullo.
6. *Si usted no sabe la respuesta a una pregunta, diga que no sabe.* Los jurados esperan que usted conozca su materia, pero no esperan que usted sea omnisciente. Los abogados pueden fabular algunas cosas muy desenfrenadas para preguntarle. Sea directo y no deje que lo hagan ver defensivo por no saber algo. Este es un error que muchos expertos cometen. Creen que no pueden admitir que no lo saben todo, así que hablan tonterías. Los jurados se dan cuenta de eso. Esto hace que el experto se vea pretencioso y puede poner en duda otros puntos que él o ella pueda haber hecho. Si una respuesta no es muy extensa, vuélvase hacia el jurado para pronunciarla. Ellos son el blanco. Busque a uno o dos que parezcan estar interesados y haga contacto visual. Es muy difícil aprender a hacer esto, como es natural entrar en un intercambio con la persona que está haciendo las preguntas. Puede sentirse muy incómodo al principio, pero a los jurados les gusta mientras que los abogados de contra-interrogación lo detestan.
7. *No responda demasiado rápido.* Está bien hacer una pausa y verse pensativo. Esto también permite que haya tiempo para una objeción. Se ve mejor si usted no es interrumpido por una objeción.
8. A veces usted tendrá una pregunta legal durante el testimonio. Puede ser que usted sospeche que la respuesta a una pregunta puede sacar a relucir información inadmisible o algo similar. Los abogados del otro lado pueden estar distraídos en ese momento. Técnicamente, no es su culpa si usted responde y causa un juicio

nulo, pero todos lo culparán, en especial los abogados. ¿Qué debe hacer usted? *Consulte con su representante legal designado, o sea, el juez*. El juez es el representante legal designado de cualquier testigo. Alce la vista y diga: "su Honor, puedo consultarle sobre un asunto legal?". Después, haga lo que él o ella le diga.

9. *Acuérdese del taquígrafo judicial y tenga piedad de él o ella*. Si usted deja el estrado de testigo para hacer una demostración, asegúrese de que su espalda no esté hacia el taquígrafo. El jurado y el taquígrafo son su audiencia; todas las demás personas se pueden reacomodar. Deletréele las palabras científicas a él o ella. Eso desacelera las cosas un poco y le da tiempo al jurado para que absorba términos que no le son familiares. Eso también crea un registro exacto.
10. *Obtenga y lea tempranamente la transcripción de su testimonio dado*. Busque hábitos de expresión que requieran ser templados. Todas las personas tienen pequeñas muletillas que emiten de forma habitual mientras sus pensamientos se encuentran en otro lugar. Algunas muletillas están bien e incluso son cautivadoras; otras son irritantes. Deshágase de estas últimas.
11. *Cuando se esté refiriendo a los documentos u objetos de la corte, use tanto el número del documento como el descriptor*. "Tengo en mis manos el Objeto 4, un martillo de carpintero". Describa exactamente de lo que usted habla para que alguien que esté leyendo el registro escrito pueda entender lo que usted está diciendo sin tener la evidencia física. Usted no puede decir: "Esto cuadra con eso". Tiene que ser de esta forma: "Este agujero en el Objeto A, el zapato, cuadra con el punto que aparece en el Objeto B, el punzón". Es muy difícil prepararse a sí mismo a hacer esto y parece muy forzado e incómodo, pero usted estará creando un mejor registro escrito. Afortunadamente, no suena tan tormentoso como parece. Hay una verdadera diferencia entre el español hablado y el español escrito. El español escrito se oye bien cuando se lee en voz alta, pero el español hablado suena vago y confuso cuando se escribe.
12. *Utilice algunas gráficas, si es posible*. Todo el mundo adora las fotografías, pues hacen que todo sea más interesante. Antes de que usted acuda a la corte, muéstrele sus gráficas a una persona que no sea experta para cerciorarse de que le sean claras a las personas inexpertas. Los expertos pierden la capacidad de ver las cosas de la misma forma que lo hacen las personas ordinarias. Busque a alguien que vea sus gráficas de la misma forma que lo hará el jurado. Use la reacción de esa persona para preparar su discurso para el jurado.

13. *Si usted sí usa representaciones gráficas, intente entrar a la sala de la corte durante un receso para ver la configuración.* Decida cómo es que usted va a organizar sus representaciones gráficas tomando en cuenta la línea de visión del jurado, el equipo disponible y la ubicación del taquígrafo. Si necesita equipo audiovisual, asegúrese que su cliente haya hecho los arreglos necesarios para tenerlo ahí. Un poco de alboroto mientras usted lo monta aumentará el suspenso; tome en cuenta que mucho alboroto hará que usted se vea desorganizado. Si usted usa representaciones gráficas grandes, envuélvalas en papel y cárguelas con alguna suerte de cubierta. Usted se ve preparado y esto lo protege si el juez dictamina que usted no las puede utilizar. Usted no le ha dado a la defensa oportunidad para decir que usted ha "contaminado" al jurado. Pero asegúrese que los carteles salgan fácilmente. Selle las envolturas con cinta adhesiva.
14. *Aprenda a evaluar lo crucial que sea su testimonio para el caso y adapte adecuadamente su testimonio y las representaciones gráficas.* A veces usted es el testigo más importante, y en otras ocasiones usted sólo está ahí por razones procesales. Usted puede evaluar esto por lo general en base a cómo es que se le trata de antemano. Si a usted se le da mucha deferencia y consideración, usted es un testigo clave; haga una presentación detallada. Si nadie está previamente muy interesado en usted, es probable que su testimonio no sea tan importante para el caso; haga la presentación mínima y váyase. El jurado tiene mucho que absorber; no obstruya sus puertos de entrada.
15. *Explique los términos y conceptos científicos en un lenguaje ordinario.* No lo simplifique demasiado, pero sí explíquelos. No le hable con altivez al jurado, pero asegúrese que entiendan. Las analogías son muy útiles. Usted puede hablarle con altivez a los abogados que sean tozudamente obtusos. Es un estratagema que ellos a veces usan con la esperanza de que el jurado se identifique con ellos. Después de que usted haya pasado por esto unas cuantas veces, usted puede salirse con la suya al ser dulcemente condescendiente, con la tentativa de tratar de ayudar. El jurado por lo general se divertirá un poco; el abogado, por otra parte, puede no darse cuenta de ello.
16. Un estratagema común de los abogados es el de proponer un escenario estrafalario que explique la evidencia física, proponiendo que esto constituye una "duda razonable". El deseo es tratar de desestimarlo todo, pero, en realidad, usted puede explotarlo. *Acéptelo, pero agregue más cosas improbables que se requerirían para explicar toda la evidencia.* "Bueno, sí, pudo haber sido una pandilla de

motociclistas, pero, espere, ellos tendrían que haber tenido una llave porque no hubo una entrada forzada…”. Continúe agregando cosas que se necesiten para confluir con el caso hasta que usted tenga un conjunto absurdo de condiciones. El abogado puede seguirlo en esta ruta, siendo incapaz de creer su propia suerte.

17. Otra estrategia es que el abogado de contra-interrogación repita algo que usted haya dicho antes, pero use un lenguaje ligeramente diferente. A menos que usted le ponga atención cuidadosa, puede que usted no note el cambio. Entonces él o ella consigue que usted admita que usted lo dijo. Después se vuelve a preguntar una y otra vez, cada vez con un tono diferente, hasta que deje de ser lo que usted dijo. *Esté consciente de esto y adhiérase a su expresión original.* Usted la escogió por una razón. Dígales eso.
18. Los abogados a veces ondearán libros o artículos y le preguntarán si usted reconoce a tal y tal persona como una autoridad en la materia. Si usted las reconoce, diga que sí. Si usted no reconoce el nombre o si reconoce el nombre pero no considera a esa persona como una autoridad en la materia, dígalo. En cualquier caso, *pida que le muestren el libro o artículo.* Usted tiene el derecho a verlo. Sea cortés pero firme. Rehúse contestar cualquier pregunta que esté basada en una publicación hasta que la haya visto. El término “artículo” puede ser tan sólo un accesorio.
19. *Nunca caiga en la provocación.* Si usted se enoja, ha perdido el caso. Los abogados contrarios montarán ataques personales venenosos con la esperanza de irritarlo. No es placentero, pero aguántese. Acuérdese que un abogado que hace esto no tiene nada más que eso. Es una medida desesperada. Ser mujer es una ventaja aquí porque a nuestra cultura no le gusta ver que las mujeres sean atacadas; los hombres también pueden burlar esta táctica al permanecer indiferentes.
20. Un abogado de contra-interrogación a veces tratará de describirlo a usted como un novato pagado o un matón contratado. *No sea defensivo,* pero dé a entender en el intercambio que a usted le pagan exactamente lo mismo independientemente de cuáles sean los resultados. Ser mujer en una agencia policial es una ventaja aquí, porque las agencias de policía son percibidas sobre todo de forma masculina. Nos da alguna separación. A los hombres no les causarán problemas, sin embargo, si ellos no se ponen defensivos. Los abogados pueden señalar que a ellos los contratan en ambos lados.
21. *No deje que lo saquen de su área de especialización.* Por lo general, un abogado u otro se opondrá a esto, pero si no lo hacen, se rehusarán a abordarlo. Incluso si usted sabe la respuesta, puede crear una situación complicada y usted no podrá resolverla.

22. *No ofrezca información*. Hacer esto lo puede meter en problemas a usted con ambos lados y el juez. Deje que las cosas se desdoblen. No obstante, si al fin de su testimonio usted siente que el tribunal ha sido engañado, pida una conferencia con el juez.
23. *Conozca la ley que le sea pertinente a su área de especialización*. Nunca haga ningún tipo de comentarios sobre la ley en el tribunal, pero ármese con información para su propia protección. Le será útil en las conferencias previas al juicio o al evitar inconvenientes en la corte. Algunos clientes ocupados incluso están agradecidos de que usted les ahorre el trabajo de tener que buscar citas pertinentes sobre cómo hacerle para que se admita cierta evidencia. El conocimiento de la ley de citación también le será muy útil si usted alguna vez tiene citatorios en conflicto u otros conflictos.
24. Si usted trabaja para una agencia gubernamental, *no se resista a ser llamado como testigo por un abogado de defensa*. No conllevará a ningún error judicial, y se verá muy bien en su *curriculum vitae*.
25. *Siempre diga la verdad con exactitud*. Usted es un testigo imparcial, así que no deje que lo vean como si fuera parte del "equipo", ya sea de la fiscalía o la defensa, del demandante o demandado. No trate de esconder lo más mínimo en el caso. Esto no es sólo honesto, sino también útil. Algunos abogados no están preparados para lidiar con esto. Cuando usted preste ese juramento, en verdad piense en él y deje que salga su respuesta: "LO JURO". Eso establecerá el tono de su testimonio entero.
26. *Nunca hable con nadie que no conozca acerca del caso fuera de la sala del tribunal* mientras está esperando para testificar y *tampoco permita que alguien le hable a usted sobre el caso*. Los observadores pueden iniciar u oír por casualidad esto, provocando reclamaciones posteriores de discusión inapropiada del caso. Una vez que la Regla de Exclusión ha sido invocada, como casi siempre lo es, no es apropiado que usted discuta el caso con ninguno de los probables testigos.
27. *Cortésmente evite a los miembros del jurado que sean vagos*. Ellos llevan etiquetas puestas para que usted los pueda ver, pero usted no sabe en cuál caso están ellos. Asuma que es su caso. No entre al elevador con ellos, y espere hasta que ellos hayan salido del baño. Si se le ve teniendo cualquier tipo de interacción con un miembro del jurado, podría haber una petición de anulación del juicio. Trate a los miembros del jurado de la misma forma que trataría a otras personas agradables que son portadoras de enfermedades altamente contagiosas e incurables.

28. *Usted puede discutir sus conclusiones con el lado contrario si lo desea y si su cliente y las reglas lo permiten.* Ellos saben acerca de lo que usted dijo y a veces están genuinamente buscando información. Yo preferiría que ellos obtuvieran la información de mí que de alguien más que les puede dar cosas gratuitas que pueden utilizar en mi contra. En los asuntos civiles, uno puede hablar con ellos después de notificar al cliente de su petición. Las reglas y las expectativas para tales discusiones pueden ser diferentes en asuntos civiles y criminales, y en distintos países.
29. *Nunca entre a la sala del tribunal hasta que se le indique que lo puede hacer.* Cuando usted llegue, haga que el alguacil o alguien más le diga al abogado que usted está ahí o sólo espere. Si usted se cuela, usted puede estar en violación del la Regla de Exclusión. Entonces no se le permitirá que usted testifique.
30. *Luche para que su testimonio no se escuche rutinario y memorizado.* Le puede parecer a usted que es rutinario después de unas cuantas veces, pero haga el intento de no dejarlo que se escuche así. Todo es nuevo para el jurado. Ellos no estarán impresionados si a usted se le escucha aburrido o desinteresado. La nota que usted quiere resaltar es: "Hago esto con frecuencia porque es parte de mi trabajo, y soy bueno para ello. Pero lo tomo muy en serio".
31. *Nunca se refiera a usted mismo como un experto,* y disuada a otros de que lo hagan. Esa es una definición legal y se oye pretenciosa. Señale que la designación como un experto es algo que el juez y el jurado deben decidir. El parecer engreído o pedante puede hacer que pierda al jurado rápidamente. Ahora, puede ser que *perito* suene menos pretencioso como autoreferencia porque se refiere más a la proficiencia del especialista.
32. *Cuando haya terminado de testificar, pregúntele al juez si usted está excusado.* Si a usted simplemente se le dice que se baje, se le puede pedir que usted se quede hasta que el juicio haya terminado, y no lo puede discutir con nadie. Hacer que lo excusen específicamente a usted lo libera de ese peso. Cuando le pregunte al juez, hágale claro que usted está planeando dejar el edificio, como en "su Honor, puedo estar excusado para regresar al laboratorio?". Eso lo protege cuando el abogado de contra-interrogación se acuerde de todas las cosas que se le olvidó preguntar. Algunos jueces se acordarán de excusarlo, así que usted no tendrá que preguntar.
33. *Evite quedarse en la sala del tribunal después de que usted haya sido excusado.* Esto lo hace ver como si usted tuviese algo en juego en cómo sale a la luz el caso, y puede hacer que usted se vea parcial. Si hay un experto del otro lado que usted quiere ver, consiga a un colega que le sea desconocido al jurado para que asista y

le informe. De vez en cuando, a su cliente no se le puede convencer para que se le deje asistir al testimonio contrario, de modo que usted puede tener que obedecer.

34. *Averigüe todas las posibles peculiaridades que un juez en particular pueda tener antes de testificar en su tribunal.* Algunos jueces prefieren cierta fraseología y objetan a algunas expresiones. El saber de antemano puede hacer que las cosas marchen más suavemente y le pueden evitar un posible bochorno a usted. No haga enfurecer al juez. Recuerde que el juez es el único árbitro de su tribunal. Si él o ella quiere ser irrazonable, él o ella puede serlo. Sobre todo, pues, encontrará a jueces que son provechosos y bien dispuestos hacia usted. A ellos les gustan los testigos honestos y bien organizados, ya que son dos características raras e incluso inexistentes en muchos tribunales.
35. *Fíjese en los abogados que llegue a conocer.* Sus colegas probablemente le pueden decirle algo a usted sobre ellos. Busque lo que usted pueda sobre los abogados contrarios, y lo que ellos puedan conocer sobre su especialización.
36. *Todas estas cosas pueden parecer triviales, pero póngase usted mismo en los zapatos del jurado.* Ellos están viendo un desfile de testigos que presentan grados variados de veracidad. Ellos sólo tienen poco tiempo y datos limitados a través de los cuales deben decidir qué tanto peso darle a su testimonio. Ellos van a usar todas las pistas que puedan encontrar. Todas estas sugerencias se sumarán para hacer que usted se vea profesional y pulido. En general, los jurados son como los científicos y la gente que tienen algo interesante que decir. Todo lo que usted tiene que hacer es no desvanecer esa buena voluntad.
37. *Al lidiar con los abogados antes y durante el testimonio, es bueno tener en cuenta que ellos tienen un acercamiento fundamentalmente diferente a la evidencia que difiere de la que tienen los científicos: ellos son defensores.* Los científicos intentan tan fuerte como les es posible de remover la parcialidad de sus conclusiones; los abogados la reciben con los brazos abiertos. Los científicos recogen datos y sacan una conclusión de ellos. Los abogados comienzan con la conclusión y reúnen datos para respaldarla. Los abogados buenos reconocen esta diferencia y tratan de darle la vuelta. Los abogados despistados no podrán ser capaces de entender por qué no se podrá adaptar la evidencia para que siente bien con su teoría del caso. El obstruccionismo es la mejor forma de lidiar con ellos; no desperdicie oxígeno valioso tratando de explicarlo. Ellos no lo entenderán. Sólo diga "no" al perjurio.

Otra diferencia muy interesante es cómo los abogados y los científicos ven las fuentes de autoridad. Los científicos aceptan como un principio influyente lo último que se haya escrito sobre una materia que ha sido verificado y examinado; los abogados se basan en el precedente más antiguo. Usted puede ver el conflicto. Si los doctores fueran abogados en vez de científicos, todavía nos estaríamos preocupando sobre si nuestros humores estaban fuera de balance o si nos tendríamos que cubrir las heridas con excremento de vaca. Hipócrates, no el Director General de Salud Pública, sería la autoridad. Tarde o temprano, algún abogado va a producir un tomo mohoso con el forro deteriorado y lo va a contra-interrogar a usted sobre cuántos cuartos de pinta de esa sustancia es que usted necesita para el estudio. Condúzcalo gentilmente al siglo XXI. Invoque su derecho a ver el libro y busque la fecha de publicación. Sugiérale que el conocimiento sobre esa materia pudo haber avanzado desde 1899 o lo que sea.

38. Esas son cosas generales. *Aquí hay algunas cosas específicas*: No se caiga precipitadamente en el estrado. No coma nada que lo nausee antes de acudir al tribunal. Mantenga su ropa interior fuera del alcance de los insectos. No vuelque un vaso de agua para que fluya a lo largo del estrado y le caiga sobre las piernas. No le prenda fuego a una pieza de evidencia en el proyector para que todos lo vean y se diviertan. Todas estas sugerencias pueden parecer estrafalarias, pero todas ellas me han pasado a mí, y todavía estoy aquí para contárselas. Pues bien, cuando termine de testificar y camine con seguridad de la sala del tribunal, sólo para encontrar el dobladillo de su falda metido enganchado a la parte posterior de sus pantimedias, recuerde que no es el fin del mundo.
39. *Sobre todo, pásesela bien*. Testificar es una oportunidad de enseñarles a algunas personas que son receptivas sobre nuestro interesante trabajo. Si el abogado contrario decide enfrentarlo a usted, recuerde esto: 1) usted sabe más sobre la materia que el abogado; 2) a los jurados les gustan los científicos más que los abogados; 3) no hay ningún deporte que sea más grande que conseguir que un abogado se enrede hasta que no sepa si va o viene, y desee haber tomado el trabajo de control de calidad en una fábrica de pegamento.

PARTE III

La estilística forense

CAPÍTULO 4: EL ESTILO

CAPÍTULO 5: LA ESTILÍSTICA FORENSE

CAPÍTULO 4

El estilo

4.0 INTRODUCCIÓN

Hubo una vez una audiencia judicial de un tribunal federal estadounidense. El demandado fue acusado de haber escrito comunicaciones intimidantes. Evidencia relacionada a la autoría de los escritos le fue presentado a la Corte por un agente del FBI, un perito no de lingüística sino de la técnica del perfil criminológico.

Resultó que el agente había citado la *estilística forense* como la base teórica de su opinión pericial acerca de la autoría de las comunicaciones dubitadas, y la Corte, por ingenuidad propia o por falta de los incautos abogados ante ella, falló a favor de permitir la presentación de los datos, pero de denegar lo más importante: la opinión pericial misma del agente. En su fallo (*U.S. v. Van Wyk 2000*: II.B.2.) la Corte explicó que no pudo determinar que el análisis forense del estilo lingüístico fuera una técnica "autovalidada" por el autor de la monografía referenciada (McMenamin 1993) o no.

El comentario de aquel juez motiva entonces este y el próximo capítulo, cuyo propósito es de presentar la validación de la teoría y técnica de la estilística forense para asegurar que jamás aparezca tal comentario en otro fallo judicial. Por ende, pretendo presentar aquí la respuesta a esta incertidumbre en detalle suficiente para evitar una futura reacción judicial parecida, y para borrar de una vez por todas la impresión equivocada de que el análisis del estilo es algo novedoso.

La estilística forense se fundamenta en el concepto del estilo, oral y escrito, y así forma la base de la práctica que estudia y soluciona, dentro de lo que puede, los casos de autoría dubitada. Considero aquí entonces el marco teórico y funcional a base del análisis lingüístico del estilo así como se ha desarrollado dentro de la larga y productiva tradición románica del estudio de la estilística hispánica.

Tal investigación dicta que se enfoque de uno en uno en el *estilo*, la *estilística*, y la *estilística forense*, cuyos estudios se representan tanto en la tradición filológica románica e hispánica como en sus investigaciones lingüísticas y literarias recientes. Se verá que el principal enfoque bibliográfico del presente capítulo será, en cuanto sea posible, sobre la investigación académica de los estudios del estilo y de la estilística españoles y, hasta el punto de haberlos anticipado o estado en paralelo, las investigaciones francesas.

En sus clases universitarias sobre la variación lingüística, el profesor William Labov solía decirles a sus alumnos que cada quien debía de saber más que cualquier otra persona sobre el tema de su investigación propia en el curso, haciéndose "el experto más capaz del mundo" sobre la materia. Ahora, al relacionar su reto semestral laboviano al estudio del estilo, lo encuentro cuando menos desafiante. El estilo es un concepto de muchas piezas móviles en cuanto a su desarrollo histórico, sus varias acepciones y su aplicación práctica al análisis estilístico. Por consiguiente, advierto desde el comienzo que se dará aquí una modesta reseña con la esperanza de que avance el entendimiento de los aspectos relacionados a la definición del estilo y a su aplicación en la estilística.

4.1 EL ESTILO EN GENERAL

Comencemos una consideración aun somera del significado general que aporta el concepto del estilo, dado que en la plática cotidiana nos encontramos opinando, casi sin pensar, del estilo sartorial, artístico y musical. Como se ha dicho,

> Se habla de un estilo de vida, de un estilo de decir, de un estilo artístico, de un estilo de muebles, de un estilo incluso de amar, morir o luchar (Montes 1975:11).

Claro está, se puede penetrar más en el concepto que nos concede Buffon en su muy conocida máxima, "el estilo es el hombre", la cual será el punto de partida más amplio para luego llegar a definiciones más estrechas y útiles. Pistas para los próximos pasos se encuentran en el estudio del estilo lingüístico; dijo Campillo y Correa (1865:12) hace un siglo y medio, "... el estilo es la manera de presentar los pensamientos", y más recientemente se ha dicho que el *estilo* se refiere a nada más ni menos que una manera de hacer algo (Tannen 1981:383) (1).

El concepto actual del estilo abarca el estilo del individuo y del grupo: el estilo personal frente a, por ejemplo, el estilo de una escuela de arte. El estilo aparecía en la retórica clásica de los antiguos (Platón, Aristóteles, Cicerón, Quintiliano, *et al.*) para designar la forma de expresión apropiada, y también la expresión propia de un escritor. Luego más hacia la época moderna el concepto se extiende a las artes plásticas y visuales, la acepción del estilo de un grupo de artistas permanece vigente, y la del estilo como carácter inherente a la obra que la hace superior a otras se añade a ella.

El mundo artístico descubrió también la utilidad clasificatoria de considerar el estilo como un conjunto de características compartidas por un grupo de obras o de artistas, una idea ya aprovechada en la crítica literaria a principios del siglo pasado. Buen ejemplo de ello es el comentario del conocido historiador del arte francés, Henri Focillon, quien define el estilo como "un desarrollo, un conjunto coherente de formas unidas por una conveniencia recíproca, pero cuya armonía se busca, se hace y se deshace por medio de la variedad" (Focillon 1934:7) (2).

Se cierra el círculo entre los mundos de la lengua y del arte en el momento en que el estudioso del lenguaje, Antoine Albalat, volvió al arte para aclarar la naturaleza del estilo. Interesa su alusión metafórica a la "arquitectura de oraciones", ésta tomada prestada quizás de los tres tomos de la gramática prescriptiva *Arquitectura de las lenguas* de Benot (1888), y hace al lingüista pensar cómo se aplicaría al lenguaje su distinción entre el estilo *amplio* y *conciso*:

> Desde el punto de vista de la estructura y de la arquitectura de oraciones, ciertos autores han dividido el estilo en estilo *amplio* y en estilo *conciso* (Albalat 1956:277) (3).

Es de interés notar también que se amplía la metáfora de Alabat en la frecuente referencia actual al hablante o escritor como él que realiza la "construcción de estilo".

Se ve desde luego que son varias las acepciones del estilo, esto es, las tradicionales y las actuales: la expresión personal frente a la del grupo; forma de conducta expresiva apropiada (lo que implica una norma); característica de una obra percibida como superior a otras; y un conjunto de características que tiene en común una persona o un grupo de personas.

4.2 EL ESTILO EN EL LENGUAJE ESCRITO

4.2.1 *El vocablo* estilo

Es preciso hacer breve mención de la relación entre el estilo que se estudia aquí y el instrumento físico del que se origina la palabra misma: *stilus*, el punzón que servía para escribir. Fueron los estiletes empleados por los antiguos mesopotámicos para marcar el cuneiforme en sus tabletas de arcilla, por los egipcios para dibujar sus jeroglíficos, y por los romanos para escribir en sus tabletas de cera. Ahora, se quisiera que fuera igual de fácil describir el concepto de estilo.

4.2.2 *El estilo, ¿es un* **cajón de sastre?**

No es tarea fácil tener control sobre el concepto del estilo. Por ejemplo, Paz Gago (1993:7) presenta un detallado resumen histórico de las varias escuelas de la investigación estilística y sobre el análisis del estilo como método de crítica literaria, y reacciona así a algunos de los estudios: "La estilística se convierte de este modo en un término confuso . . . como si tratase de un *cajón de sastre* . . .". La meta aquí es entonces reconocer y reconciliar los pasos difíciles en el desarrollo teórico del concepto del estilo. Se espera llegar a rescatar al lector con los avances actuales en la teoría y en su aplicación a la estilística lingüística, y así eliminar el usual juego de palabras al poner en algún orden el *cajón desastre*.

Enseguida se pueden considerar las posturas en los límites extremos del continuo definidor del estilo. Por un lado, dice Enkvist (1974:50), "No hay lenguaje sin estilo", lo que quizás no sea tan extremo dada la posibilidad del estilo no marcado. Marcado o no, Closs-Traugott y Romaine (1985:9) confirman ". . . que no existe el enunciado sin estilo, el cual sea puramente referencial y que sirva de punto de partida para que el hablante cree significados sociales" (4).

Al otro lado, se propone que el concepto del estilo tiene tantas definiciones que queda sin resolver la cuestión. Dice Gray (1969:14), "Aunque queda ignorado y en mayor parte no reconocido, no existe un concepto del estilo compartido y fundamental"(5). Pues, si fuera necesario algún consuelo mínimo, tal pesimismo no se limitaría al lenguaje. En el mundo artístico, Olivier Picasso (2003:364), nieto de Pablo Picasso, relata que su abuelo una vez había lanzado el reto: "¡Abajo el estilo! ¿Acaso Dios tiene un estilo?".

Dirigiéndonos ahora al lenguaje, a la vez que la lingüística se acercaba a una gramática del estilo, se reconocía la dificultad de tal iniciativa. Por ejemplo, Hockett (1958:556) comenta, "No es fácil definir de manera precisa el término 'estilo' ". También dice Spillner (1974:7), "El 'estilo' de los textos lingüísticos es una de las categorías más complicadas y discutidas, aunque más fascinantes, de la lingüística", y Sebeok (1960:4) se refiere al "sutil y elusivo *puzzle* de la fluida y disonante noción que es el estilo", seguido por Gariano (1968:14) quien observa, "Qué es la estilística no es cosa fácil de definir". Y unos años después, Yllera (1974:150) comenta, "La estilística lingüística carece a su vez, de una concepción univocal de 'estilo' . . . .", y Hymes (1974:433) hace eco norteamericano del mismo carácter polisémico del *estilo* al calificarlo como *proteico*.

A pesar de tales cautelas, a través de los años del desarrollo continuo de indagación intensa, se ha logrado una teoría multifacética del estilo, la cual se presta a la identificación, descripción y medida del estilo. En sus términos más generales, el estilo lingüístico constituye una "manera de expresar el pensamiento por intermedio del lenguaje... la utilización del léxico y de las estructuras gramaticales" (Guiraud 1967:11). Para desenredar los detalles callados por esta generalización, hay unas consideraciones previas al estudio de la naturaleza del estilo: la observación del estilo en el lenguaje hablado y escrito; los respectivos enfoques de la crítica literaria y de la lingüística; y la importancia del texto escrito.

4.2.3 *El lenguaje hablado y escrito*

A consecuencia de que el hablar y el escribir son distintas capacidades lingüísticas, se tiene que preguntar qué efecto tienen estas diferencias en los estilos de un mismo hablante-escritor. Por un lado, hay que considerar que las distintas maneras de la producción lingüística disponibles son una posible causa de la respectiva variación observada. Con respecto a esto, al clasificar los tipos de variables extralingüísticas que se asocian con la variación lingüística (temporal, espacial, social y situacional), Garrido-Medina (1997:67) añade, "una dimensión adicional, la del medio oral o escrito".

Por otro lado, los estudios literarios y lingüísticos que presentan la base teórica y la práctica del análisis estilístico tratan de manera igual el estudio de la variación lingüística en los datos hablados y escritos. Por ejemplo, en su reciente y valioso libro sobre la variación lingüística, Tagliamonte (2012:1) explica el concepto de la variación estructurada comenzando, "Todos los días hablamos, y escribimos, y usamos un sistema complejo y estructurado para comunicarnos, pero a la vez el sistema se está desarrollando"(6). Se ha dicho también de manera más directa que el análisis del estilo del hablante es paralelo al del escritor porque "coinciden en este aspecto la comunicación oral y la escrita" (Garrido Medina 1997:19), y porque el estilo es una cualidad de todos los datos lingüísticos hablados o escritos, literarios o no (Closs-Traugott y Romaine: 1985:8).

Es aún más convincente el tratamiento empírico de la cuestión del análisis de la variación escrita y hablada que se encuentra en Biber (1988). Él identifica las varias *dimensiones* situacionales y funcionales, las cuales se definen por continuos de la variación en el lenguaje. Los datos demuestran que el hablar y el escribir no son distintas dimensiones, sino que es el lenguaje en sí lo que varía:

> Ninguna distinción absoluta [entre el lenguaje] hablado/escrito se identifica en este estudio (Biber 1988:24) (7).
>
> En el presente estudio, ninguna diferencia absoluta se observa; respecto a cada dimensión, traslapan los textos escritos y hablados (Biber 1988:160) (8).

4.2.4 *El estilo literario y lingüístico*

Los conceptos actuales del estilo tienen su origen en la antigua retórica grecolatina y en los estudios hispánicos sobre el estilo y la estilística desde el comienzo de la escuela española a fines del siglo XIX, hasta la cautelosa unión de los críticos literarios con los lingüistas, los cuales se encontraban a menudo en laderas opuestas (Enkvist 1974:19, entre otros). Desde entonces ha habido un creciente interés en la estilística lingüística, lo cual queda evidenciado por las muchas investigaciones sobre el estilo español, tanto peninsulares como hispanoamericanas, y por las traducciones al español de los estudios logrados en las comunidades académicas angloamericana y francesa.

4.2.5 *La importancia del texto*

El texto mismo es la base de toda observación estilística porque "el estilo se da en el texto y no en otra unidad" (Garrido Medina 1997:22), y por eso es única toda indagación estilística. En primer lugar, hay acuerdo en cuanto a la base teórica: la variación es algo inherente a la naturaleza del lenguaje (e.g., Labov 1969:728, Lope Blanch 1977:600); la variación se observa como una heterogeniedad ordenada (e.g., Tagliamonte 2015); y frente a las posibles variedades, el estilo es intrínseco a la lengua (Garrido Medina 1997:13). Dice Castagnino (1974:247) que el estilo se forja en el objeto de la obra, siendo lo característico de ella, y citando de nuevo a Garrido Medina (1997:129), "... el texto [es] el lugar de actuación del cúmulo de factores que se suelen señalar para el estilo ...".

Se puede considerar que es señalar lo obvio, pero la importancia del texto se enfatiza porque se le ha olvidado a alguno que otro estudioso del estilo, quizás los que no tengan un conocimiento adecuado del análisis de la variación, que la primera regla de la lingüística empírica sugiere que los datos son los que impulsan el análisis, y no algo "a priori exterior a la obra" como dice Spitzer (citando a Guiraud):

> La crítica [literaria] debe seguir siendo inmanente a la obra de arte y extraer de ella sus propias categorías (Spitzer 1962:125, traducción al español de Guiraud 1967:84).
>
> Repito que la estilística debe tomar la obra de arte concreta como punto de partida, y no algún punto de vista a priori exterior a la obra (Spitzer 1962:172, traducción al español de Guiraud 1967:84).

Resultado de este difícil requisito metodológico es que todo estilo y su análisis es tan distinto como sea su creador, algo que reconoció Dámaso Alonso desde hace mucho: para cada estilo hay una indagación estilística única, siempre distinta, siempre nueva cuando se pasa de un estilo a otro (Dámaso Alonso 1981:11, de la *Introducción* de la edición de 1950).

4.3 LA TRADICIÓN PRESCRIPTIVA DE LA RETÓRICA CLÁSICA

Una revisión abreviada de la antigüedad clásica aclara bien que los fundamentos históricos de la estilística actual, por prescriptivos que fueran, se originaron desde hace algo más de dos mil años, y fueron expresados de manera elaborada y clara.

Algunos de los importantes gramáticos de la antigüedad son *Aristóteles* (siglo IV AEC), *Cicerón* (c. 45 AEC), *Cornificio* (c. 80 AEC), *Quintilano* (c. 95 EC), *Hermógenes* (c. 160 EC) y *San Agustín* (c. 400 EC). Además, de la temprana edad media se estudia el gran compendio de *Isidoro de Sevilla* (c. 630 EC), y al llegar a la edad moderna se encuentra *Fray Luis de Granada* (1576).

4.3.1 *Aristóteles*

Aristóteles propone el tema del estilo como *lexis*. El estilo se trata de lo que dice o escribe el orador, abarcando las distintas maneras de decir la misma cosa. Aristóteles señala la *claridad* como el criterio del buen estilo porque la comprensión del mensaje exige que esté claro, y sin esa comprensión el oyente o el lector no se quedará convencido. Sin embargo, dado que las expresiones claras pueden dar la impresión de ser triviales, el escritor debe evitar este riesgo utilizando palabras y frases dignas, elevadas o poco comunes, pero no hasta el punto de que el escrito pierda la virtud estilística de claridad. Asimismo, se debe asegurar que la selección de la expresión elevada sea apropiada para el tema del escrito, lo que el escritor logra encontrando el punto medio entre un estilo insípido frente a uno digno en exceso.

4.3.2 *Cicerón*

Se le atribuye a Cicerón por dirigir la lengua latina cotidiana hacia el lenguaje versátil, serio y literario de los oradores y autores clásicos. Cicerón (y después Quintiliano) se dio cuenta de los elementos aristotélicos en sus obras y enseñanzas, interpretando la característica de la claridad ahora en cuatro criterios distintos del buen estilo, el cual debe ser claro, digno, apropiado y correcto en cuanto al uso del griego y latín.

4.3.3 *Cornificio*

Quinto Cornificio es conocido como el probable autor de los cuatro libros de su *Rhetorica ad Herrenium*, obra que después solía citar Quintiliano. Uno de los libros trata la *elocutio* o estilo, que es "la prenda de vestir el pensamiento", siendo conciso y breve en la selección de palabras apropiadas.

4.3.4 *Quintiliano*
Marco Fabio Quintiliano, calagurritano de la antigua Hispania, era una primera fuente ibérica que reconocía que "son varios los estilos", y reconoció a "los autores latinos que más se diferencian entre sí" (Quintiliano XII:10:1). Quintilano tomó a Cicerón como su modelo, y dedica al estilo (*de genere orationis*) el Capítulo 10 del Libro XII de su *Instituciones oratorias*, en el cual introduce las bases teóricas y metodológicas de la retórica para los escritores del griego y latín.

4.3.5 *Hermógenes*
Hermógenes de Tarso escribió *Sobre las formas del estilo* en la tradición clásica de aclarar las virtudes del estilo, así como Cicerón, Quintiliano y otros. Su esquema del estilo ha influido a muchos estudiosos posteriores del estilo. Hermógenes identificó tres discursos distintos (deliberativo, judicial y político), dentro de los cuales el escritor desarrolla un estilo combinando los tres elementos de actitud, dicción y redacción. Se presentan entonces varios estilos posibles: claro, indignado, sincero, rápido, abundante (de pensamiento), áspero, vehemente, floreado, solemne, brillante, fuerte y bello (Sancho Royo 2002:275).

4.3.6 *Agustín*
San Agustín, quien presenta una especie de teoría del lenguaje, presenta la distinción entre cosa (*res*) y signo (*signum*), anticipando así la distinción moderna entre signo y significado, lo que adelanta el concepto actual del estilo en cuanto a que el signo formal agustiniano abarca el significado y las distintas formas de ello que afectan al lector.

4.3.7 *Isidoro*
Isidoro de Sevilla, arzobispo y santo, fue un escritor y compilador, y conservó todo lo que consideraba conocimiento desde la antigüedad romana hasta sus días en su obra enciclopédica, *Etimologías*, la cual contiene libros sobre gramática, retórica, lenguaje y etimologías. En el libro II se encuentran sus comentarios sobre la elocución, es decir, el estilo:

> EN LAS ELOCUCUONES convendrá utilizar los términos que sean apropiados al tema, al lugar, al momento y a la persona que escucha. No debe mezclarse lo profano con lo religioso, lo desvergonzado con lo púdico, lo ligero con lo grave, lo frívolo con lo serio, lo ridículo con lo triste. Hay que expresarse con pureza latina y con claridad. Habla con pureza latina quien utiliza las palabras apropiadas y genuinas sin apartarse de la manera de hablar y de la elegancia propia de la época en que vive. Al que de tal manera se expresa no le resulta suficiente considerar qué es lo

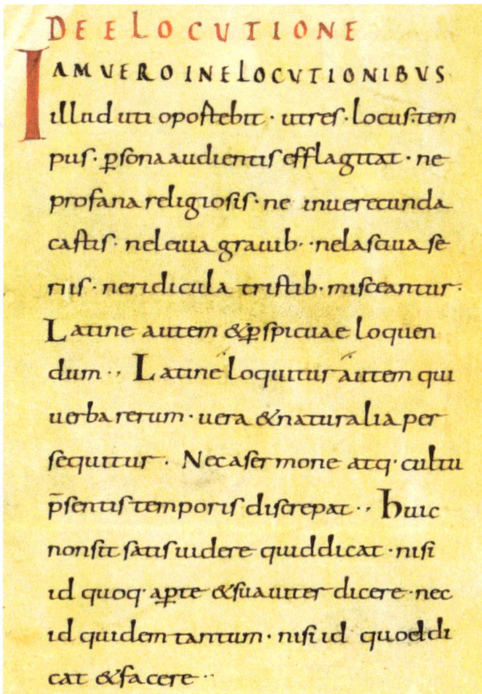

De elocutione
Iam vero in elocutionibus
illud uti oportebit, ut res, locus, tem-
pus, persona audientis efflagitat, ne
profana religiosis, ne inverecunda
castis, ne levia gravibus, ne lasciva se-
riis, ne ridicula tristibus misceantur.
Latine autem et perspicue loquen-
dum. Latine loquitur autem qui
verba rerum vera et naturalia per-
sequitur, Nec a sermone atque cultu
praesentis temporis discrepat. Huic
non sit satis videre quid dicat, nisi
id quoque aperte et suaviter dicere, nec
id quidem tantum, nisi id quod di-
cat et facere.

FIGURA 4.1. Isidoro arzobispo de Sevilla, *Etymologiae*, Libro II, *De rethorica eiusque nomine*, manuscrito de c. 880–890 del Monasterium Sancti Galli, Suiza (Isidorus 880–890). *Publicada con el permiso de* Stiftsbibliothek St. Gallen.

> que dice, sino que, además, lo dirá con claridad y de manera grata; y no solo esto, sino que llevará a la práctica lo que dice (Isidoro de Sevilla 2004).

El trozo del manuscrito de *Etimologías* (Isidorus 880–890) se encuentra en la **Figura 4.1**, el texto bilingüe latín-español en Isidoro de Sevilla (2004:369).

4.3.8 Luis de Granada

Fray Luis de Granada en su *Rhetórica Ecclesiastica* de 1576 sigue la pauta de los antiguos. Dice Menéndez Pidal:

> Así, utilizando continuamente las doctrinas de Aristóteles, Cicerón o Quintiliano, cree que la elocuencia debe provocar la admiración de los oyentes, . . . [y] antes que aquella admiración, el que enseña debe buscar el provecho del oyente; nada importa la pureza del lenguaje si no es bien comprensible . . ." (Menéndez Pidal 1999:5).

4.4 LA TRADICIÓN PRESCRIPTIVA LITERARIA MODERNA

El enfoque prescriptivo de los antiguos delimitó el estilo del lenguaje según su valor *estético* y su uso *apropiado* y *correcto,* caracterización que quedó firme a medida que pasó el tiempo hasta la edad moderna.

4.4.1 Estilo como valor estético

Justo entrando en la edad moderna se encuentra el escritor del siglo XVI, Juan de Valdéz (1535). Rafael Lapesa (1988a:75) recuerda las características del estilo de buena prosa encontradas en su *Diálogo de la lengua*: "claridad que impida anfibologías; discurso fluido, sin torpeza de nexos ni conjunciones superfluas; atención al encuentro de sonidos, para evitar cacofonías. La concisión es cualidad primordial: 'todo el bien hablar castellano consiste en que digáis lo que queréis con las menos palabras que pudiéredes' ".

Una actitud es que el valor estético proviene de lo que Amado Alonso designa los "humores subjetivos con que nace empapada la palabra"(Amado Alonso 1932:9). Sin embargo, en la crítica literaria es la obra escrita la que demuestra las muchas referencias al estilo tanto de la obra misma como del autor.

Hay términos descriptivos del tipo de estilo, como *cervantino, romántico, poético,* pero se ha dado más atención a la valoración estética del autor, por ejemplo, las oposiciones binarias, descriptivas del estilo, propuestas por Wellek y Warren (1959:213): *conceptual-sensorial, conciso-prolijo, sustancial-hiperbólico, preciso-vago, tranquilo-agitado, bajo-elevado, sencillo-exonerado, tenso-flojo, plástico-musical, suave-áspero, desviado-vistoso.*

En su "pequeño trabajo" de 1865, *Del estilo y sus diversas clases,* representada aquí en la **Figura 4.2**, Narciso Campillo y Correa se mete en la retórica antigua para identificar las tres clases tradicionales de estilo: grave, mediano, y sencillo. A través de todo el folleto especifica, de la manera subjetiva de la época, varios estilos literarios, por ejemplo:

> árido, llano, limpio, elegante, florido, delicado, gracioso, conciso, mediano, difuso, sutil, vivo, enérgico, patético, vehemente, dulce, armonioso, grandilocuente, premioso, duro, pobre, pintoresco, descarnado, rápido

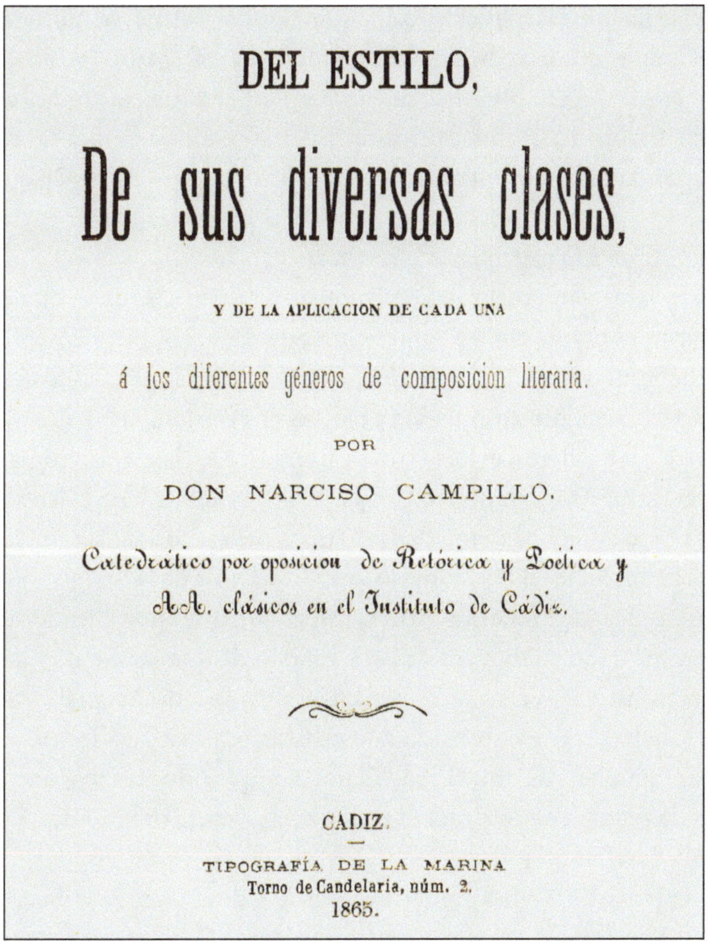

DEL ESTILO,

De sus diversas clases,

Y DE LA APLICACION DE CADA UNA

á los diferentes géneros de composicion literaria.

POR

DON NARCISO CAMPILLO.

Catedrático por oposicion de Retórica y Poética y AA. clásicos en el Instituto de Cádiz.

CADIZ.

TIPOGRAFÍA DE LA MARINA
Torno de Candelaria, núm. 2.
1865.

FIGURA 4.2. Portada de *Del estilo y sus diversas clases* de Narciso Campillo y Correa (1865). *Publicado con el permiso de la* University of California San Diego Library, Special Collections and Archives.

Al comentar que el estilo es la manera de presentar los pensamientos, observa que el estilo se reconoce "en sus modificaciones infinitas" y que existe "la diversidad infinita de estilos", los cuales se distinguen y dividen "por épocas, por naciones, por escuelas, o por individuos" (Campillo y Correa (1865:22).

Asimismo, Santos Alonso caracteriza el estilo de Gracián como breve, conciso, y casi epigramático. Define su lenguaje conciso "no como fin en sí mismo sino como medio . . . [de] transmitir la mayor información posible y el mayor número de mensajes utilizando el menor número de elementos lingüísticos" (Santos Alonso 1981:98). De parecida manera, Bello Vásquez dice de Pío Baroja, "Existe en la literatura española un estilo llamado 'barojano', las notas primitivas de este estilo siendo la sencillez, la visión directa, la espontaneidad, el párrafo breve y la frase corta" (Bello Vásquez 1988:23).

4.4.2 *Estilo como uso apropiado y correcto*

Un estilo *apropiado*, como recordó San Isidoro, se refiere a las elocuciones apropiadas al tema, al lugar, al momento y a la persona que escucha, pues como dice Hockett (1958:556) mucho más tarde, ". . . en muchos casos hay ciertos estilos especiales que se sienten particularmente apropiados a ciertas circunstancias" (9).

El estilo *correcto* se refiere a evitar errores gramaticales, las "evitaciones de vicios" tal como las caracteriza Amado Alonso (1965a:340), y emplear bien el lenguaje según las reglas dadas por los muchos manuales prácticos del estilo, o sea, por "las Academias del idioma, la Etimología, el Diccionario de la Academia de la Lengua, los libros de los puristas", según dice (de manera algo más impresionante) José Luis Martín (1973:30). Claro, nos hemos dado cuenta desde hace mucho de que, como dice Martín (*ibid.*), ". . . la distinción entre lo *correcto* e *incorrecto* es una de índole social", e interesa notar que, después de haberse establecido la estilística descriptiva frente a la estilística prescriptiva tradicional, las 'autoridades' (por ejemplo, Montes 1975:12), ahora hablan de una segunda manera de estudiar el estilo, una manera pragmática, consistente en el estudio para escribir mejor.

Desde el comienzo de la edad moderna, Juan de Valdés (1535:142) dice, "Estilo llamamos a la manera de decir buena o mala, áspera o dura". Se refuerza de manera explícita lo apropiado y correcto en el siglo XVIII al igual que hoy en la meta de la *Real Academia Española* (RAE), la cual considera tan importante la unidad de la lengua española que vela por ésta prescribiendo las normativas lingüísticas necesarias para lograrla.

Aún casi un siglo antes en 1635, nació *l'Académie Française*, ésta misma inspirada en turno por un previo "tribunal intransigente de la lengua italiana" según Hagège (1996:66). El objetivo de *l'Académie* era de vigilar "le bon et le mauvais usage" de la lengua francesa, y sirvió de modelo a la RAE para proteger de igual manera la lengua española. Comenta así Hagège a medianos del siglo XVI:

> Hacia el medio del siglo XVI, porque el orden de Villers-Cottrêts venía estableciendo firme y definitivamente el francés como la lengua de la realeza, los escritores y poetas, comprometiéndose en la así indicada dirección de poder, quieren liberar la lengua de su inutilidad litúrgica y medieval (Hagège 1996:55) (10).

Buen ejemplo que presenta Hagège es del poeta, François de Malherbe, miembro del grupo fundacional de *l'Académie Française*. Malherbe consideraba infalibles las reglas que dominaban la lengua. Hubo para él dos categorías de palabras: "... il y a désormais les mots nobles et les mots bas", y entre las bajas, los préstamos, las palabras dialectales, los términos técnicos, los elementos extranjeros y los neologismos" (Hagège 1996:60).

Se tiene que observar que los avances de la lingüística actual exigen una sana perspectiva sobre los respectivos papeles complementarios del estilo prescriptivo frente al descriptivo. Nos damos cuenta de las tempranas gramáticas prescriptivas como, por ejemplo, la voz bien instructiva y viva de los tres tomos de Benot (1888). Además, les convendrá a los escritores especializados considerar los manuales del estilo dirigidos a ellos para que se mantenga entre diversos individuos una homogeneidad estilística, facilitando así la comprensión del lector. Se señala esto en uno de los muchos manuales disponibles, el de Fuentes *et al.* (sin fecha:4), en que reconocen la posible desventaja de estilos individuales:

> La lengua escrita está regida por reglas gramaticales .... No obstante, además de las reglas oficiales que establecen las academias, existe un conjunto de posibilidades de uso del lenguaje y de sus signos que pueden ser establecidos por quien escribe, ya sea una persona a título individual o un colectivo, definiendo así un estilo propio de redacción (Fuentes, Antoja y Castiñeiras, sin fecha:4).

A propósito, se puede hacer mención de varios manuales para aprender a escribir bien. Aunque no son objeto del presente estudio (y no se incluyen en la bibliografía), se reconocen por sus títulos de índole pedagógico. Ejemplos son *La formación del estilo: libro del alumno; Manual de estilo para el uso de la juventud; Libro de estilo para universitarios*, etc.

4.4.3 *Dos estilos, uno del* **bosque mágico lleno de princesas encantadas**

Como se habrá anticipado, hace relativamente pocos años, los críticos literarios se juntaron con los lingüistas y, una vez reunidos, vieron la necesidad de ampliar las pistas desarrolladas ya por los literatos (especialmente de la *Escuela española* y afines) hacia una definición del estilo que evolucionara un entendimiento más sistemático y objetivo, es decir, que existiera la posibilidad de mezclar la ciencia del lenguaje "con todas las ciencias del espíritu", como le dijo Amado Alonso al "querido Alfonso" en su muy estudiada *Carta a Alfonso Reyes sobre la estilística* (Amado Alonso 1965b:78).

Varios estudiosos del estilo se pusieron a buscar una descripción más exacta y objetiva del lenguaje, motivados por lo que explica Riffaterre de esta manera:

> El impresionismo subjetivo, la retórica normativa, la apreciación estética a priori han dificultado hasta el presente el desenvolvimiento de la estilística como ciencia de los estilos literarios (Riffaterre (1976:35).

Pero antes de aventarse cumplidamente al estudio de un estilo enteramente formal, se da cuenta del interés en una visión combinada. Amado Alonso (1965b:81) le propone a Reyes que la estilística como ciencia de los estilos tiene como base la "otra estilística que estudia el lado afectivo, activo, imaginativo y valorativo de las formas de hablar fijadas en el idioma". Se explica otra vez de manera quizás más clara:

> La estilística estudia la obra literaria como una construcción poética, y esto en sus dos aspectos esenciales: *cómo está construida*, formada, hecha, tanto en su conjunto como en sus elementos, y qué *delicia* estética provoca . . . . (Amado Alonso 1965c:89).

Este cuasi-anhelo alonsiano también se compartía por otros, de los cuales doy dos ejemplos. Guiraud (1967:49) pretende abandonar la subjetiva crítica tradicional del estilo como apreciación retórica o estética, postulando dos estilísticas: una que se emparenta con la crítica literaria y otra que "considera las estructuras y su funcionamiento dentro del sistema de la lengua: es, pues, descriptiva". En segundo lugar, incluyo a Vossler por ser partidario tan original, digamos, de la metáfora psicológica que apunta de manera indirecta a las dos estilísticas conflictivas del escritor:

> . . . Siempre que en una lengua se desarrolla un uso firme, es decir, una regla gramatical cualquiera, surge para el hablante una posibilidad de conflicto, y álzase un muro detrás del cual todo lo que es no se puede decir por ahora, dormita como un bosque mágico lleno de princesas encantadas (Vossler 1932:58).

Parece que también llegó Dámaso Alonso a la misma perspectiva de una doble estilística, no sin cierta dosis de ansiedad en camino. Dice lo siguiente en la "Introducción" a su clásica *Poesía española*:

> Hay que advertir que yo me enteré algo tarde de que existía una técnica o una ciencia . . . que tiene ese nombre tan feo—Estilística . . . y comencé a usar esa palabra, que realmente aborrezco (Dámaso Alonso 1950:11).

Y después de elaborar más de 400 páginas de la misma obra, se encuentra más calmado con esta meditación:

> Este estudio del habla como creación individual abarcaría toda la complejidad creativa del habla misma (. . . la reducción de la estilística al estudio de lo afectivo en el lenguaje, nos parece una equivocadísima limitación). Entre los dos campos, el de la estilística lingüística y el de la literaria, hay múltiples relaciones y aun una zona común (Dámaso Alonso 1950:428).

Esta transformación de Alonso señalará la desaparición de la posibilidad de conflicto entre dos supuestas estilísticas. No habrá tal conflicto parecido, digamos, al dilema del concursante de *Atínale el precio*. No importa el muro que encierre el bosque mágico metafórico de Vossler porque, literato o lingüista, todos recibiremos con brazos abiertos a sus princesas encantadoras.

4.5 EL ESTILO LINGÜÍSTICO DESCRIPTIVO

Pronto se ve una transformación investigativa hacia un énfasis sobre la objetividad ofrecida por la descripción de la forma lingüística, un cambio que corresponde aproximadamente a la transición de la filología tradicional a la lingüística moderna: "un análisis del estilo enteramente en términos de una investigación objetiva de los rasgos textuales" (Enkvist 1974:28).

4.5.1 *La diversidad lingüística del español*

Es notable de forma inmediata la tremenda variación lingüística por todo el mundo hispánico. Afirma Garrido Medina (1997:11) lo que fácilmente se observa: "La lengua española, como todas las lenguas, se caracteriza por su diversidad: hay modos diferentes de hablarla". Dicho de otra manera, el español demuestra muchísimos y variados sistemas lingüísticos ligados a época, región, cultura, estrato social, etc., y es sistemática esa variación lingüística porque reconocemos que las variables asociadas con ella son significativas para la realización de los estilos colectivos e individuales.

Sin embargo, buscar una definición del estilo dentro de tal diversidad supone preguntar, "¿En dónde se ubica el estilo?", pauta dada por Closs-Traugott y Romaine (1985:8), quienes indican que el estilo consiste en una agrupación de alternativas expresivas codificadas dentro de los repertorios individuales y comunitarios (*ibid.*:29).

En términos más específicos, hay múltiples estudios de la variación que demuestran que el estilo no es independiente del evento del habla, el cual se caracteriza por cuatro ejes: el *tiempo*, el *origen regional* del escritor/lector, su *clase social* (grupo étnico, sexo, redes sociales, ocupación, educación, influencias culturales, religión, etc.), y el *contexto situacional de escribir* (género textual, mensaje, tema, escritor, lector previsto, forma convencional del escrito, medio de escribir, etc.).

Vale notar que varía algo esta clasificación dimensional entre investigadores. Describe Garrido Medina, por ejemplo, una interesante jerarquía de las dimensiones de la diversidad, desde más hasta menos inclusivas: temporal > regional > social >

situacional > individual. Se interpreta de esta manera el rol del estilo dentro de la inclusión graduada de las otras dimensiones: diferencias observadas de los primeros cuatro tipos son características de grupos enteros de hablantes. En cambio, el estilo se da en todos y en cada uno de los miembros de cualquier grupo: "... lo característico del estilo es que se trate de opciones compartidas por todos los hablantes de una variedad dada" (Garrido Medina 1997: 68,101,107).

La dimensión que tiene quizás la mayor influencia sobre la variación individual es la situacional. Se encuentra una muy completa especificación de la situación y las funciones del habla situacional en el trabajo empírico de Biber (1988). Los posibles componentes de la situación de la lengua hablada o escrita son los roles y las características de los participantes; las relaciones entre los participantes; el contexto físico y temporal; el tema; el propósito; la interacción entre contexto, tema y propósito; la evaluación social del evento y contenido; las relaciones de los participantes al texto; y el medio de comunicación, hablado o escrito (Biber 1988:30). Las posibles funciones del habla son las ideacionales, textuales, personales, interpersonales, contextuales, de procesamiento y estéticas (Biber 1988:35).

4.5.2 *El estilo como objeto de estudio*

Al averiguar el objeto de estudio, se ve que *el estilo* tiene varios puntos de referencia. Una manera elemental de enfrentarlos es simplemente prestar atención a las distintas perspectivas y múltiples intenciones del concepto: el estilo individual de un autor, o el estilo colectivo de una escuela, una época, en género, etc. Por ejemplo, repito las palabras de Campillo y Correa (1865:22), quien habla, aún en su época, de una "infinita diversidad de estilos, ya que distingan y dividan por épocas, por naciones, por escuelas, o por individuos...". Y Amado Alonso (1965c:90) observa, "La estilística estudia, pues, el sistema expresivo de una obra, o de un autor, o de un grupo pariente de autores".

Se da luego un paso algo más avanzado que propone distinguir entre estas perspectivas, señalando una relación de dependencia entre los estilos colectivos y el individual. En un primer nivel, Alonso Pedraz (1975:398) dice, "Hay que distinguir entre los estudios estilísticos de un idioma y los que se relacionan con un escritor", y más allá de esto algunos estudiosos indican que el estilo tiene primero una referencia colectiva y que su referencia individual proviene de la manera en que el individuo maneje el estilo del grupo.

Por ejemplo, Criado de Val (1953:15), al observar que el análisis verbal puede señalar distintos "índices verbales" que consideran la época determinada, el género lingüístico o literario, la región y el autor, opina que al eliminar los primeros tres, "... quedan numerosos datos estrictamente individuales que forman la 'huella' o índice verbal único e inimitable de cada autor". Pero nos advierte Menéndez Pidal (1957:383) del posible peligro de ir más allá hacia lo individual, diciendo que debemos "ponernos sobre aviso contra los errores del individualismo que no distingue el estilo tradicional del estilo individual y quiere juzgar las obras del arte colectivo como las del arte individual...".

4.5.3 *El estilo del individuo frente al del grupo*

La diversidad lingüística observada se asocia a la vez con uno y varios escritores, debido a los múltiples sistemas extralingüísticos y lingüísticos que todo escritor individual comparte con las comunidades de las cuales sea miembro. La interdependencia entre el estilo individual y el colectivo establece una íntima relación entre el individuo y el grupo, la cual Lozano Ramírez (refiriéndose al apodo colombiano) sintetiza de manera significativa:

> Individuos que para su comunicación han ido creando, recreando y utilizando una forma de expresión rica en matices lingüísticos, propios o extraños, que muestran la procedencia o influencia de las formas castellanas, aborígenes o extranjeras en sus modalidades diatópicas, diastráticas o diafásicas, que confluyen en el hablar de la ciudad capital de los colombianos (Lozano Ramírez 1999:18).

En cuanto a los distintos sistemas *extralingüísticos* del escritor, se vio anteriormente que Closs-Traugott y Romaine (1985:29) mantienen que el estilo, por individual que sea, siempre abarca relaciones sociales más amplias que la interacción diádica entre escritor y lector. Closs-Traugott y Romaine llegan a explicar la relación entre el individuo y el grupo, sintetizando sus hallazgos y proponiendo que el estilo siempre se relacionará en cierta medida con las variables del evento de habla:

> ... una definición provisoria del estilo es verlo primeramente como una relación entre los participantes de eventos del habla quienes, como individuos, negocian los actos de habla y de esta manera generan estratégicamente los "estilos", pero quienes son también modelos de roles sociales y tienen relaciones en las instituciones sociales más grandes más allá del marco de la interacción diádica, e.g., las redes sociales (Closs-Traugott y Romaine: 1985:29) (11).

Asimismo, los distintos sistemas *lingüísticos* del escritor introducen la dificultad metodológica de desenredar la variación estilística individual de la variación generada por las reglas variables de códigos más generales. Enkvist (1974:39), por ejemplo, señala el problema de separar los rasgos "únicos e individuales" de un estilo determinado de todos los otros rasgos presentes en el texto, dado que no son individuales los rasgos estilísticos compartidos por grupos de variados tamaños.

La solución queda en el entendimiento de la relación misma, la cual compara Riffaterre (1976:40) a la relación del lenguaje al habla, diciendo "... la formas individuales son al estilo lo que el habla es al lenguaje". Spencer dice lo mismo de manera más específica:

> El estilo de un escritor puede ser considerado como la utilización individual y creativa de los recursos de la lengua, dentro de una época, un dialecto elegido, un género y un propósito (Spencer 1974:15).

En términos paralelos, enfoca Gariano (1968:16–17) la distinción saussuriana de Bally (1951) entre una estilística de la lengua y otra del habla. La primera "analiza las formas de la expresión determinadas en un sistema lingüístico por la actividad ... del grupo hablante". La segunda destaca el elemento individual del habla, "... pues estudia la actividad del individuo al emplear los materiales lingüísticos colectivos".

Hay acuerdo general, pues, en cuanto a la presencia y la naturaleza de la relación entre los dos tipos de rasgos estilísticos en el texto: cada escritor individual comparte el sistema lingüístico con los demás hablantes y escritores de su comunidad de habla, y a la vez lo desarrolla a su manera. Considérense las aclaraciones parecidas de otros:

> Criado de Val (1953:12) señala el sistema sintáctico como "una estructura general impuesta al individuo, pero que es modificada y seleccionada por él".
>
> Los estilos individuales ["las peculiaridades estilísticas de distintos escritores"] están relacionados al estilo general de escribir de una lengua en cuanto los primeros son alguna especie de especialización dentro de los límites del segundo (Hockett 1958:560) (12).
>
> Granger (1968:8) propone que el estilo se define "... comme *modalité d'intégration de l'individuel dans un processus concret qui est travail ...*".
>
> El uso particular que el escritor hace de la lengua general o local en sus obras, dándole ese matiz distintivo y personal ... (Martín 1973:25).
>
> Cada individuo, esteta o no, creador artístico o simple hablante, hace un uso particular, diferenciado, del instrumento expresivo común que es el lenguaje (Castagnino 1974:244).
>
> Tener un estilo es hablar en medio de la lengua común un dialecto particular, único e inimitable, que, sin embargo, es a la vez la lengua de todos y la de un solo individuo (Gourmont 1916:9, traducción al español de Enkvist 1974:39) (13).
>
> El estilo es diferente de las otras variedades. En lugar de ser una dimensión más de la variación, el estilo es la variación interna a cada hablante, mientras que las otras dimensiones son externas al hablante ... (Garrido Medina 1997:102).

Eugenio Coseriu (1967:97) logra aclarar más el papel que juega el individuo (frente al grupo) al ampliar la distinción entre lengua y habla a favor de una distinción tripartita reflejando "la realidad unitaria del lenguaje": el *hablar* (actos concretos de producción lingüística), la *norma* social e individual y el *sistema*. En el proceso de argüir la insuficiencia de la dicotomía saussuriana, introduce la función de dos normas, una individual y otra social, que mejor enfocan tanto la relación entre el individuo y el grupo como los papeles que juegan en el cambio lingüístico.

Coseriu (1967:99) explica que en su actividad lingüística, el individuo tiene su propio conocimiento relativo de la norma, y en cuanto conozca la norma, puede repetirla dentro de sus límites, o rechazarla, luego aprovechándose de las otras posibilidades que dispone el sistema. Al obedecer o no la norma, sigue manteniéndose entre las posibilidades del sistema, de esta manera:

> El individuo, pues, cambia la norma, quedando dentro de los límites permitidos por el sistema.... De esta manera, el individuo hablante aparece como punto de partida también del cambio en el sistema, que empieza por el desconocimiento o la no aceptación de la norma (Coseriu 1967:107).

Es necesario también considerar la teoría aún más elaborada de Ervin-Tripp (1972:220), quien estudia cómo el hablante o escritor elige una opción entre alternativas, "... asumiendo que dos individuos podrían tener distintos procesos de decisión o interpretación entre todas las alternativas sociolingüísticas ...". Ervin-Trip (1972:214) introduce la distinción entre la *alternancia* y la *ocurrencia simultánea* de formas (distinción que se me hace se origina con André Martinet). La alternancia se relata a la opción entre alternativas colectivas, y la ocurrencia simultánea a las opciones presentadas por la(s) alternativa(s) ya seleccionada(s).

Ervin-Tripp no presenta su análisis teórico como modelo del proceso de la secuencia directa de las decisiones del hablante o escritor (*ibid.*:209), sino que se nos presta para aclarar de manera formal la relación estilística entre el estilo colectivo frente al individual, porque enfoca lo que ella denomina el proceso involuntario subyacente de las reglas de selección: el escritor elige primero las formas exigidas por una o más de las variedades colectivas que comparte, y luego elige otras formas dentro de o entre éstas.

Garrido Medina (1997:15–17) interpreta la propuesta de Ervin-Tripp acerca del estilo individual de tal manera que un hablante, al igual que todos hablantes de su misma variedad, dispone de opciones complementarias a las opciones ya disponibles al escritor en cada variedad social, territorial o histórica que él o ella domine:

> ... en la medida en que se elige [una forma en vez de otra], es una opción de estilo: si se escoge, es estilo. No es, pues, rasgo de pertenencia a un grupo social, sino una opción que puede adoptar cualquier individuo del conjunto de hablantes (de la variedad en cuestión) (Garrido Medina 1997:15).

Y finalmente se puede señalar que, a pesar de enfatizar la presencia del estilo del individuo, habrá casos excepcionales de su ausencia, o sea, contraejemplos. Un interesante ejemplo histórico es el estilo colectivo y dinámico de la obra tradicional aljamiado-morisca.

Porque los textos se sometían a una perpetua re-elaboración y re-creación por autores inaccesibles al público, "El papel, pues, del individuo, en la génesis de una obra tradicional, desaparece inmerso en una tipología colectiva" (Galmés de Fuentes 1981:424).

4.5.4 *El estilo como opción y selección*

La identificación más básica del estilo es que representa la capacidad del lector de seleccionar una forma entre dos o más opciones equivalentes. Dentro del marco de estilo como opción y selección, se han investigado varias cuestiones relacionadas: la naturaleza de la opción; los posibles motivos de la selección; el grado de consciencia de la selección; y la supuesta equivalencia entre las opciones.

4.5.4.1 *Estilo como* **opción**

Para seleccionar una forma se le tiene que presentar al autor una opción: la posibilidad de elegir entre dos o más alternativas. Por eso, mantiene Ullman (1968:122) que la *elección* es un concepto clave de la estilística: la posibilidad de elegir entre dos o más alternativas ("variantes estilísticas") que significan la misma cosa pero no la exponen de la misma manera. Juan Lope Blanch, por ejemplo, observa lo siguiente:

> ... las variantes concurrentes aparecen ... y estas variantes están dadas por el sistema y forman parte de él, y ... su realización es posible precisamente porque la lengua se las ofrece al hablante para su libre elección (Lope Blanch 1977:599).

Otros investigadores confirman la importancia del concepto de elección, entre ellos Marouzeau:

> ... se puede definir la lengua como la suma de los modos de expresión de que disponemos para dar forma al enunciado, el estilo como el aspecto y la cualidad que resultan de la opción entre aquellos modos de expresión (Marouzeau 1950:10) (14).

Asimismo, se nota que Mougeon considera ligada la competencia lingüística con la posibilidad de ejercer toda opción estilística, diciendo lo siguiente:

> Nosotros definiremos aquí la noción de estilo como el modo de expresión individual que el locutor selecciona para adaptar su discurso a su interlocutor; el interlocutor realiza los parámetros de la situación comunicativa. La variación estilística es por ende observable al nivel del individuo y representa un proceso de selección entre un número de usos (Mougeon 1998:72) (15).

Junto con sus propuestas teóricas, estos mismos estudiosos presentan varios ejemplos de la elección. Ullman (*ibid.*) propone la inversión discrecional del sujeto en las oraciones. Baroja (1983:342) considera la elección del párrafo largo (de origen latino, formado de varias oraciones unidas) frente al párrafo corto. Se extienden también los ejemplos desde los elementos estructurales hasta los discursivos y funcionales:

> Arreglamos todo en nuestra lengua materna en un repertorio estilístico que incluye suficientes variantes léxicas, morfosintácticas, y prosódicas como para permitirnos usarlas según la función de la situación. Se entiende fácilmente que la competencia lingüística está ligada a la posibilidad de ejercer toda opción lingüística (Mougeon 1998:68) (16).

4.5.4.2 *Estilo como* selección

El proceso de redacción representa una cadena continua de selecciones:

> El escribir es seleccionar. Sólo para comenzar un escrito se tiene que escoger una palabra y solamente una de entre un millón en el lenguaje. Ahora siga escribiendo. ¿Cuál es su próxima palabra? ¿Su próxima oración, párrafo, sección, capítulo (McPhee 2015:44) (17)?

También observa Enkvist (1974:44) que el estilo resulta en seleccionar determinadas alternativas, y la estilística consiste en la tabulación de las frecuencias y probabilidades de éstas. Castagnino (1974:248) opina que el concepto de estilo como *selección* procede de Ortega y Gasset (1916) en su ensayo sobre Baroja: "El estilo de un escritor, es decir la fisionomía de su obra, consiste en una serie de actos selectivos que aquél ejecuta".

Otros estudiosos han llegado a especificar más el significado de la *selección*. Por ejemplo, de Kock *et al.* (1983:10-Tomo II) dice, "A la noción de 'variación' está vinculada la de 'selección' entre dos o más alternativas en el nivel morfosintáctico, léxico o semántico . . .", y Young (1978:5) amplia la *selección* a incluir la combinación y distribución de elementos: ". . . el escritor literario tiene que estilizar—seleccionar, combinar y distribuir—los elementos lingüísticos dentro del texto creado . . .".

La *selección* parece también ser inherente en los estudios que hablan de las *preferencias* del autor. Alonso Pedraz (1975:389), por ejemplo, dice, "Hay frases que prefiere el escritor y frases que destierra". Otro ejemplo de preferencia:

> . . . los llamados procedimientos estilísticos . . . [son] aquellos recursos formales utilizados preferentemente por un escritor y que caracterizan su particular manera de escribir, la idea del estilo que comúnmente manejamos todos (Paz Gago 1993:8).

La selección estilística es distinta a las opciones 'fijas' presentadas por la gramática misma. Observa Enkvist (1974:35–36) que la selección gramatical "distingue entre lo posible y lo no posible", mientras que la selección estilística implica "alternativas gramaticalmente opcionales, ya que eligen entre diferentes posibilidades gramaticalmente permitidas" que significan más o menos lo mismo. Lo dice de esta manera:

"La selección estilística . . . implica la selección de los indicadores de estilo, mientras que la no estilística implica la selección entre elementos estilísticamente neutros" (Enkvist 1974:53).

4.5.4.3 *La consciencia de la selección*

La selección de alternativas estilísticas se extiende desde lo inconsciente hasta lo consciente. La selección se ve inconsciente en el uso de la lengua cotidiana. Por ejemplo, Ervin-Tripp (1972:214) se refiere a "los procesos involuntarios subyacentes de las reglas de selección", y Granger (1968:206) a una diferenciación *pasiva* ("leur différenciation puisse toujours apparaître comme une *individuation* passive"). Asimismo, Garrido Medina se refiere a la "opacidad" del estilo, diciendo:

> El fenómeno de estilo puede muy bien escaparse a la percepción del interlocutor: puede muy bien pasar desapercibido, en la medida en que el interlocutor no se dé cuenta de la existencia de otras expresiones entre las cuales elegir (Garrido Medina 1997:18).

Sin embargo, se nota bastante ambigüedad acerca de la cuestión de la consciencia. Claro está, algunas selecciones son conscientes en la deliberada redacción asociada con la literatura o los informes formales y escritos parecidos. Dice Criado de Val (1953:12) que ". . . es particularmente intensa la acción del individuo", en contraste con la pasividad sugerida por Granger, pero a la vez Criado de Val (*ibid.*) mantiene que ". . . el autor es incapaz, por su parte, de una falsificación premeditada y sustancial" de los sistemas interiores del lenguaje. Desconfía aún más Ullman (1968:159) al decir que la distinción entre la elección consciente y la inconsciente es "válida en teoría, con harta frecuencia es inaplicable en la práctica" porque hay casos "en que no sabemos si la elección fue plenamente consciente, semiconsciente, inconsciente o incluso subconsciente".

Por consiguiente, es evidente que el nivel de consciencia en la selección de una forma sobre otra se va a comprender sólo con una creciente indagación empírica sobre la cuestión. Mientras tanto, habrá que utilizar otras pruebas analíticas sobre qué motiva la alternación sistemática entre variantes, e.g., la fuerza del hábito demostrada en los datos.

4.5.4.4 *Motivos de la selección*

El primer motivo de selección es que no se puede evitar. El mero acto de escribir impone, digamos, una selección obligatoria, porque al punto de escribir no es posible que el autor no elija un estilo. Como explica Garrido Medina:

> . . . con respecto al estilo: es obligatorio elegir uno. El hablante tiene que escoger entre las opciones; no puede evitar hacerlo. . . . Al emplear una determinada expresión, se está rechazando las alternativas existentes. . . . El carácter obligatorio que se propone para el estilo se fundamenta . . . en que el estilo se concibe como propiedad constitutiva de la lengua (Garrido Medina 1997:15).

En segundo lugar, las selecciones se determinan por lo que sepa el escritor del lenguaje y de las variedades que éste gobierne, y también por las limitaciones inherentes a estos mismos sistemas:

> Las elecciones que un escritor puede hacer están limitadas por los recursos expresivos de la lengua, por el número y naturaleza de las alternativas que se le abren en una situación dada (Ullman 1968:168).

En cambio, en cuanto a las elecciones disponibles al autor, se han estudiado algunas estrategias que motivan la selección de formas del escritor. Closs-Traugott (1983:11–26) cita estos ejemplos: es posible que el autor se quiera acomodar al patrón lingüístico del lector (Giles 1973), o que quiera controlar el marco comunicativo entre escritor y lector (Sacks 1971), o que quiera insinuar un cierto acto del habla (Brown 1976).

4.5.4.5 *Motivos conscientes de la selección*

Aparte de la selección sistemática e inconsciente de formas variantes, como se ha dicho, no es imposible que se realice la elección decidida de un estilo en vez de otro. Presento aquí un ejemplo (entre los varios posibles) del intento consciente del escritor que causa ciertas elecciones estilísticas en vez de otras: el de responder a las presuntas expectativas de ciertos lectores observadores manipulando estilísticamente el contenido del texto, lo que puede suceder en la redacción de los libros de texto.

Bresler Rockmore (2015) revela que las editoriales encargadas por el Estado de Texas de relatar la historia norteamericana llegaron a la cuestión difícil de documentar la historia de la esclavitud en el país. Éstas vieron su tarea como bipartita y por eso problemática: tenían que enseñarles la historia a los alumnos tejanos sin incomodar a la vez a los políticos conservadores de puntos de vista en desacuerdo con la verdadera historia conocida y aceptada de la esclavitud norteamericana.

Fue entonces en ese momento decisivo que los autores optaron por seleccionar formas gramaticales que ofuscaban la brutalidad de la esclavitud. De tal manera el lenguaje del libro de texto iba a reflejar las creencias ideológicas de los políticos de la mesa directiva estatal más que de los verdaderos hechos históricos y de su sensata investigación académica. Por ejemplo, aparece *los esclavos* como sujeto de la oración sólo cuando se encuentran contribuyendo a la agronomía de una creciente economía, o cantando y contando leyendas, o expresándose por medio del arte y baile. No aparece este mismo sujeto en oraciones que indicaban que los agentes de la acción trabajaban sin sueldo, o sin ayuda, o cuando se encontraban los esclavos encerrados, castigados o muertos.

Otro ejemplo enfocado por Bresler Rockmore (*ibid.*) es que, al hablar de los "beneficios" de la esclavitud (ropa, comida, vivienda), los autores utilizaron oraciones activas con sustantivos personales como sus sujetos (oraciones 1 y 2):

1. *"Algunos dueños les aportaron comida y ropa adecuadas a sus esclavos".*
2. *"Algunos esclavos reportaron que sus dueños los trataron bien".*

En cambio, al referirse a la venta, a la golpiza, al hierro, a la tortura, a la violación o a la separación de familias, desaparece la voz activa con su sujeto personal (oración 3):

3. *"Sin embargo, golpizas, hierros, y aún peores torturas fueron todos parte de la esclavitud americana".*

Se ha documentado el efecto de tal uso de la voz pasiva en inglés y en español, en especial en cuanto a los respectivos significados gramaticales y funcionales de sus elementos. No es sólo que se pierda el sustantivo personal como sujeto de la oración, sino que es el uso de la voz pasiva que resulta en la pérdida total el actor responsable en forma del sujeto gramatical ausente.

Sería necesario entonces que el lector permitiera aquí una breve desviación de repaso. Se ve desde luego el sujeto como *agente* y el complemento como *paciente* en la oración activa (oración 4), pero al invertir los elementos para expresar sus cuasi equivalentes pasivas, se dan las oraciones 5 y 6:

4. *El ciclista* conquistó *la montaña.*
5. *La montaña* fue conquistada por *el ciclista.*
6. *La montaña* fue conquistada.

La oración pasiva (oración 5) sugiere los conceptos claves: *la montaña* viene siendo el sujeto-paciente (combinación de las nociones sintáctica de *sujeto* y semántica de *paciente*), y *el ciclista* el complemento-agente (combinación de las nociones sintáctica de complemento y semántica de agente (RAE 2009:2539). La oración pasiva (oración 6) es igual en cuanto demuestra el sujeto-paciente, pero suprime el complemento-agente.

Ahora, volviéndonos a las oraciones de los libros de texto, considérense estas tres opciones sintácticas de las oraciones 7–9, las primeras dos (7–8) no utilizadas, y la tercera (9) sí utilizada:

7. ***Los dueños*** *destrozaron* ***las familias*** *de los esclavos cuando ellos le vendieron a un miembro de la familia a otro dueño.*
8. ***Las familias*** *fueron destrozadas por* ***los dueños*** *cuando un miembro de la familia se le fue vendido a otro dueño.*
9. *"**La familias** fueron destrozadas cuando un miembro de la familia se le fue vendido a otro dueño".*

La oración 7, no utilizada, expresa el sujeto, *los dueños,* como agente y el complemento, *las familias de los esclavos,* como paciente, por tanto dándoles a los alumnos lectores una idea clara de quién hizo qué a quien.

La oración 8, tampoco utilizada, demuestra la debilidad pragmática de *las familias* como sujeto-paciente de la voz pasiva, pero por lo menos deja presente dentro de la oración la expresión explícita del agente en *por los dueños.*

La forma de oración 9 es la que apareció en el texto. En ella *las familias* constituye de nuevo el sujeto-paciente gramatical, pero se desaparece por completo el complemento-agente, *los dueños.* De tal manera el autor se aprovecha de la opción sintáctica que le permite dejar totalmente fuera del enfoque del lector a quiénes efectuaron las maldades que sufrieron los esclavos, tanto que es posible que el maestro de historia reciba la pregunta ahora muy razonable, ¿Quién hizo tal cosa?

4.5.4.6 La equivalencia entre opciones

Hay algún acuerdo en relación con que las opciones formales que se le presentan al escritor sean iguales en cuanto a contenido semántico y pragmático. Cito de nuevo a Garrido Medina:

> ¿En qué consiste entonces el estilo? Los datos observables del fenómeno del estilo consisten en la existencia de dos o más expresiones que sirven para representar un mismo dato (Garrido Medina 1997:18).

Y Ullman propone como ejemplo de la equivalencia la elección presentada por la inversión discrecional del sujeto en las oraciones:

> . . . está el concepto clave de la estilística, la idea de *elección*: la posibilidad de elegir entre dos o más alternativas—"variantes estilísticas", según han sido llamadas [por Guiraud 1954]—que significan la misma cosa, pero no la exponen de la misma manera (Ullman 1968:122).

Sin embargo, desde luego se ven las grietas en el muro teórico. Hockett (1958:556), por ejemplo, se refiere a una igualdad aproximada:

> . . . dos enunciados de la misma lengua que transmiten aproximadamente la misma información, pero cuyas estructuras lingüísticas son distintas, se pueden considerar distintos en estilo (Hockett 1958:556) (18).

Y Closs-Traugott y Romaine (1985:10–12) identifican la dificultad en apoyar el requisito de igualdad referencial especialmente en los niveles más altos que la fonología, o sea en la morfología, sintaxis, y pragmática.

A pesar de los problemas asociados con el requisito de que una selección sea entre formas idénticas, se puede averiguar qué tan importante es la identidad absoluta. La solución práctica ha sido una de relajar tal requisito teórico dado que el hablante o el escritor esté seleccionando entre opciones no iguales durante todo el curso de construir un estilo.

Considérese la perspectiva interesante que simplemente sugiere que se separe el estilo del contenido, obviando así la necesidad de considerar la cuestión de equivalencia de formas. Dámaso Alonso (1981:21), por ejemplo, vuelve a la idea saussuriana del signo lingüístico, que es el conjunto de significante ('imagen acústica') y significado ('concepto'), y a base de esto propone dos perspectivas de la forma lingüística: *forma exterior*, la relación que va de significante hacia significado; y *forma interior*, la relación que va de significado hacia significante. Dice entonces lo siguiente:

> Los estudios de estilística, y los míos propios . . . están hechos preferentemente con la perspectiva de la "forma exterior", sencillamente porque es lo más fácil, porque en ésta se parte de realidades concretas fonéticas" (Dámaso Alonso 1981:33, de la *Introducción* de la edición de 1950).

De manera parecida, Labov (1972:271) observa que, al adaptar su lenguaje al contexto inmediato del acto del habla, se supone que el hablante está optando por decir la misma cosa de distintas maneras; es decir, ". . . estas variantes son idénticas en cuanto a su valor referencial o real, pero opuestos en su significado social y/o estilístico" (19).

4.5.5 *El estilo como* desviación

La definición del estilo a menudo comprende el concepto de *desviación*, o sea, una divergencia por parte del escritor individual de una norma dada: "El estilo es la desviación de una norma del individuo" (Osgood 1960:293).

La desviación no se refiere a la diversidad estilística en general, ni a las diferencias entre autores. En cambio, abarca dos conceptos básicos dentro de la estilística lingüística, una *cualitativa* y otra *cuantitativa*. Los estudios básicos del estilo aluden a la desviación como cualidad del lenguaje. Saporta (1958:50), por ejemplo define el estilo por las desviaciones de una norma, postulando que el análisis estilístico es fundamentalmente clasificatorio. Afirman lo mismo otros investigadores:

> La investigación estilística se trata de descubrir cómo se aparta el escritor de los hábitos normales, a que . . . corresponde también en el lenguaje un desvío del uso normal (Spitzer 1932:91)

> . . . la gramática es antecedente de la estilística, pues aquélla fija la norma y ésta la desviación (Gariano 1968:21).
>
> . . . las definiciones del estilo como desviaciones de una norma nos ofrecen un buen punto de partida para las comparaciones estilísticas (Enkvist 1974:41).

El desvío no sólo se encuentra en forma de un error, sino las varias desviaciones posibles forman un continuo, desde *peculiaridad* y *anomalía* hasta *incorrección* del lenguaje.

Por ejemplo, en el borde "peculiar" del continuo, Menéndez Pidal (1958:30) se refiere a "las peculiaridades principales de la lengua" al caracterizar el lenguaje de Cristóbal Colón. Asimismo, Amado Alonso (1965b:85) mantiene que la estilística es un procedimiento de estudio "de la peculiaridades idiomáticas de un autor"; Robb (1978:15) comenta, "¿Tendrá un ensayista un estilo, . . . es decir, un modo peculiar de expresión artística?"; y Lapesa (1988a:154,171) caracteriza el estilo de Calderón por una larga lista de "las peculiaridades más destacables del lenguaje y estilo calderianos".

En el borde "incorrecto" del mismo continuo se encuentra el ejemplo de Bello Vásquez (1988:113), quien tiene un largo capítulo entero (Cap. III) llamado *Incorrecciones Lingüísticas del Autor*, las cuales son las denominadas deficiencias gramaticales, transgresiones gramaticales, voces no académicas, neologismos, y barbarismos constituyentes del estilo de Pío Baroja. Sin embargo, es interesante que Bello Vásquez crea que éstas sean las estructuras lingüísticas innovadoras de "el iniciador más destacado de la revolución lingüística operada en España a principios de siglo". El estudio de esta lista demuestra la concreta definición del estilo como desviación de una norma en forma de expresiones incorrectas, y también una interesante sugerencia acerca del papel que éstas podrían jugar en el cambio lingüístico del español.

Otra acepción de *desviación* en el análisis del estilo se relata a la distribución cuantitativa de los rasgos estilísticos y sus respectivas distancias relativas de una norma dada. Riffaterre (1976:162), por ejemplo, distingue entre la desviación gramatical y la divergencia estadística, diciendo que la causa de los efectos estilísticos se busca en las divergencias con respecto a la norma.

Otros que proponen analizar la desviación en los pasos sucesivos de desviación y divergencia son Bloch, Saporta, Osgood y Enkvist:

> Saporta (1958:50) cita a Bloch: El estilo de un discurso es el mensaje que lleva las frecuencias de distribución y las probabilidades transicionales de sus caracteres lingüísticos, en especial cuando difieren de aquellas que tienen los mismos rasgos en el lenguaje en conjunto (Bloch 1953:40).
>
> El estilo se define como la desviación individual de las normas en las situaciones en que alguien codifica [un mensaje] en el supuesto de que esas desviaciones pertenezcan a las propiedades estadísticas de aquellos rasgos estructurales . . . (Osgood 1958:293, traducción de Enkvist 1974:42).

Una importante ventaja de la cuantificación del desvío estilístico es lo que logra Labov al cuantificar la variable lingüística: la capacidad de observar grados de divergencia. Asimismo, Enkvist explica así el concepto de 'grados':

> Siendo el del estilo un asunto de frecuencias, no sólo de apariciones frente a no apariciones, la exclusión mutual y absoluta no constituye el único esquema distribucional con pertinencia estilística. La tendencias estadísticas nos proveen también de muchos indicadores de estilo (Enkvist 1974:59).

Afirma la utilidad del enfoque cuantitativo de Kock, quien explica que la lengua se caracteriza por reglas estructurales que difieren dentro de lo que la lengua permite, y concluye lo siguiente:

> ... hay que rechazar la distinción entre dos categorías, una desviante o anormal, y otra regular o normal, y referirse más bien a una continuidad en la cual se sitúan tipos de textos numerosos a la par que distintos (de Kock 1983:11-Tomo II).

Hay varias críticas de la definición del estilo como desviación. Una es que mezcla lo descriptivo con lo prescriptivo. Riffaterre (1976:116, 128) examina el concepto del idiolecto en cuanto esté basado en la definición del estilo como divergencia de una norma, mencionando "el peligro de pasar insensiblemente de la gramática descriptiva a la gramática normativa ..." (Riffaterre 1976:128). Una respuesta será que todos rasgos, sean descriptivos o normativos, pueden ser características estilísticas; es posible que se aclare esto al analizar la norma en la próxima sección.

Otra crítica es que el análisis del desvío implica utilizar recursos lingüísticos independientes del texto mismo, los cuales son los datos de una norma descrita. Con respecto a esto, dice Spitzer, "Repito que la estilística debe tomar la obra de arte concreta como punto de partida, y no algún punto de vista a priori exterior a la obra (Spitzer 1962:172, traducción del inglés de Guiraud 1967:84) (20). A esto se puede contestar que los indicadores del estilo sí se observan en el texto mismo, y una vez identificados, se investigan al lado de sus respectivas frecuencias relativas en uno o más corpora representativos del contexto de escribir del escrito en cuestión.

Una posible objeción adicional es que describir la desviación no alcanza a caracterizar al autor. Guiraud (1967:105), por ejemplo, al citar a Paul Valéry decir que el estilo es esencialmente una desviación de una norma, dice (de la reacción de Ullman): "... aunque uno vacile en equiparar el estilo con la desviación ..., está claro que no cabe evaluar la destreza lingüística y la originalidad de un autor ..." (Ullman 1968:183). En el caso de la estilística lingüística, no es cuestión de poder apreciar la destreza u originalidad del autor, sino que es tener una meta descriptiva y no evaluadora.

Sin embargo, será quizás Spillner (1974), citado por Fónagy (2000:615), quien objete más a la teoría de lo que denomina la estilística de desviación: 1. Permite la existencia de textos sin estilo; 2. Ni "norma" ni "desviación" se puede definir con precisión; 3. Hay desviaciones que son estadísticamente irrelevantes; y 4. Las desviaciones pueden resultar en que el analista no toma en cuenta la estructura general del texto.

Responde Fónagy (*ibid.*) que 1. El texto siempre va a presentar un estilo; 2. Las definiciones en la lingüística y literatura (e.g., de "norma" y "desviación") nunca van a tener la precisión de los conceptos matemáticos. 3. Las desviaciones triviales constituyen "ruido" y no tienen nada que ver con el estilo; y 4. El análisis distribucional se extiende a menudo al texto entero.

4.5.6 La norma

Como se ha dicho arriba, definir el estilo como desviación implica algo de lo que se desvía. Como dice claramente Garrido Medina (1997:24), "El estilo como desvío, como particularidad, exige que haya una pauta de la que desviarse . . .", y de Kock (por un ejemplo) llega a referirse a tal pauta como *norma*:

> Otro problema planteado por el término "desviación" es el de la "norma" que presupone. ¿De qué base comparativa se puede partir? Hay varias maneras de definir la "norma" con respecto a la cual un fenómeno desvía o es divergente (de Kock 1983:11-Tomo II).

La *norma* se refiere a la norma lingüística así como se representa en los varios contextos definidos en que se encuentre el escritor, así como la caracteriza Martín (1973:30): "Está en la calle. Está en el pueblo, en todo el pueblo. Está en el idioma hablado por todos. Está en la lengua viva, dinámica y evolucionante". Desde el punto de vista lingüístico, la norma abarca las reglas normativas de las gramáticas prescriptivas, lo que también deja bien claro y resuelto Martín (1973:30): "Pero bien sabemos que la norma no está . . . en esas autoridades [las Academias del idioma, la Etimología, el Diccionario de la Academia de la Lengua, los libros de los puristas]".

Y aún en esa época, Enkvist (1974:47) adelanta la metodología actual de utilizar un *corpus* como base de comparación entre las características de un texto dado y las respectivas frecuencias de los correspondientes elementos lingüísticos de un *corpus* que es paralelo al texto en su contexto de escribir. Explica Enkvist:

> Sin duda, para captar [los rasgos de un estilo individual], el investigador debe comenzar la laboriosa tarea de organizar un *corpus* de referencias, con objeto de hallar la norma o normas de que difiere un texto dado (Enkvist 1974:40).

Se identifica como marca estilística o una variación lingüística que cae *dentro* de una norma dada, o una desviación lingüística que se encuentra *fuera* de ella. En todo caso, existe la necesidad de determinar la *norma* dentro o fuera de la cual se va a ubicar las dos o más variantes observadas dentro de una variable lingüística operativa.

Sin embargo, no es tarea fácil identificar y manejar el concepto de norma. El concepto de norma lingüística comúnmente abarca dos acepciones amplias: la *norma descriptiva,* es decir una norma modelo, realizada y aceptada en su contexto de uso regional, social, situacional y temporal; y a la vez (y de manera tradicionalmente ligada a la lengua escrita) la *norma prescriptiva,* la que representan los diccionarios y gramáticas normativos que abarcan los criterios y las reglas para el uso correcto de formas y expresiones de la lengua culta estándar.

Entonces, la pregunta viene siendo, ¿Cuál de las dos normas se usa como base de comparación al desarrollar una estilística lingüística empírica? En su extenso y profundo estudio de la norma, Luis Fernando Lara sí reconoce esta "polisemia que encierra el término *norma*" al decir que, "Se trata de la idea de que hay 'normas objetivas', reales en el habla de la comunidad y contrarias a las "normas prescriptivas" sobreimpuestas . . ." (Lara 1976:124).

Por su parte entonces, Lara define la norma de esta manera:

> Entiendo por norma un modelo, una regla o conjunto de reglas con cierto grado de obligatoriedad, impuesto por la comunidad lingüística sobre los hablantes de una lengua, que actúa sobre las modalidades de actualización de su *sistema* lingüístico, seleccionando de entre la ilimitada variedad de posibles realizaciones en el uso, aquellas que considera *aceptables* (Lara 1976:110).

Se nota desde luego que esta definición logra integrar el aspecto normativo del lenguaje a la norma de uso lingüístico. Lara llega a rechazar la dualidad del concepto de *norma* a favor de proponer que la norma se encuentra en un solo continuo de obligatoriedad que abarca las reglas de uso de más a menos obligatorio. Postula Lara que la norma "prescriptiva" no se diferencia de la "objetiva" por el material de estudio, sino por el modo de tomar en cuenta la naturaleza social del lenguaje (Lara 1976:92), y concluye observando que la oposición entre las supuestas dos normas ". . . tiene que eliminarse de la discusión, pues apenas representa una manera cómoda de establecer diferencias de grado entre las normas"(Lara 1976:124). Queda efectivamente aún más especificada esta perspectiva en su obra posterior (Lara 2004) en la cual aboga por una jerarquía que armonizara la unidad de la lengua española en forma de una norma panhispánica, con su raíz popular en forma de las diversas normas nacionales y regionales (Lebsanft 2006:620).

El resultado que da esta perspectiva de la norma es un concepto analítico más robusto y funcional que el análisis convencional, que opone la norma prescriptiva a las normas de uso cuando se ve que todas constituyen distintos puntos en la escala de una sola norma.

Al comenzar esta sección le advertí al lector que era menester tener claro el concepto de *norma* al cual se refiere el analista que lo aplicará. Lo hice porque nosotros los que laboramos dentro de alguna área de la lingüística aplicada sí reconocemos que el *sine qua non* para una solución práctica a cualquier aplicación será una teoría lingüística bien desarrollada y aceptada. Agrego aquí entonces que importa definir la norma y fijarla en cuanto sea posible al momento de utilizar el concepto para fines de las aplicaciones a mano, siendo para Lara la lexicología, y para la determinación de la autoría de escritos dubitados en el presente caso.

En cuanto a la lexicología, se ve desde luego que la teoría propuesta por Lara (1976 y 2004) se pone a prueba y se comprueba en su aplicación lexicográfica en el *Diccionario del español usual en México* (Lara 1996). El *Diccionario* propone sus categorías del uso del lenguaje: el estándar, seguido por las demás, marcadas según su uso social, regional, gramatical, técnico o jergal. De esta manera, se le introduce al usuario la distinción *marcado/no marcado*, la cual proviene de la teoría de marcación (*markedness*) y que se demuestra en las marcas descriptivas léxicas, explicadas y utilizadas para los vocablos del *Diccionario* mismo: las entradas no marcadas del *Estándar: lengua culta*, frente a las demás, que son marcadas, como *Estándar: lengua coloquial*, *Popular*, *Grosero*, y *Ofensivo*.

La aplicación lingüística de presente interés que depende de la definición precisa de la norma es la determinación de la autoría de escritos dubitados. Así como el diccionario, la estilística se aprovecha de la distinción entre marcado y no marcado. Explica Biber (1988:37) que, por un lado, la noción del estilo no marcado se refiere al género más frecuente, y por otro, el hablar o escribir que tiene las características estereotípicas.

Algunas críticas de la estilística forense (que se tienden a presentar en el conflictivo contexto pericial) son éstas: que sus técnicas de análisis radican en la identificación de errores de la gramática prescriptiva; que sus análisis se basan en ideas erróneas acerca del uso individual del lenguaje; y que el análisis viola los principios teóricos de la lingüística moderna.

Pues bien, muy al contrario, se ha visto aquí que no se rechaza la inclusión de marcadores autoriales relacionados a una norma prescriptiva porque una misma norma continua se presta a la identificación de todo tipo variación, sea error o no; la observación sistemática del uso individual del lenguaje se ha reconocido desde siglos atrás hasta hoy en día; y los principios y métodos modernos del análisis de la variación lingüística presentan el marco teórico más que adecuado para el análisis científico de la variación lingüística.

4.5.7 *El estilo como* conjunto de selecciones

A fin de cuentas, el estilo de un escritor se demuestra como "una congruencia de fenómenos individuales", tal y como lo define Kainz (1927:115), es decir un conjunto estructurado de componentes que se integran por las múltiples selecciones del autor. Garrido Medina (1997:128) caracteriza el estilo como un determinado conjunto de marcas, más o menos completo y prototípico, que establece una cierta relación entre autor y lector.

Hay acuerdo general que es el conjunto de características que constituye el estilo. Por ejemplo, Enkvist (1974:46) se refiere al estilo como un *conglomerado* o una *constelación* de elementos lingüísticos, referencias analógicas para el concepto *conjunto*:

> Los indicadores de estilo que aparecen en el mismo texto forman un conjunto estilístico para dicho texto (Enkvist 1974:60).

Entre los acordantes del estilo-como-conjunto están varios estudiosos que se refieren al *conjunto* y a sus sinónimos, como *serie* o *agrupación*:

> Cada mensaje diferente sería definido sólo en términos de un determinado conjunto de esas características concretas (Saporta 1958:48).
>
> El estilo de un discurso es el mensaje que llevan ... los mismos rasgos en el lenguaje en conjunto (Bloch 1953:40 citado por Saporta 1958:50).
>
> El estilo representa una serie de reglas gramaticales y retóricas, que sirven o pretenden servir para dar forma literaria a un escrito (Baroja 1983:330).
>
> El estilo consiste de una agrupación de alternativas expresivas codificadas dentro de los repertorios individuales y comunitarios (Closs-Traugott y Romaine 1985:29).

Otros simplemente demuestran el conjunto sin declarar el principio explícito del conjunto. Menéndez Pidal (1958:30) se refiere a "las peculiaridades principales de la lengua" al caracterizar el lenguaje de Cristóbal Colón, y Lapesa (1988a:171) habla de "las peculiaridades más destacables del lenguaje y estilo calderianos" al describir el estilo de Calderón con una larga lista de características.

4.5.8 *El estilo individual*

Es de acuerdo general también que el estilo refleja el lenguaje individual. Como observa Castagnino (1974:250), las distintas corrientes de la estilística coinciden en cuanto a varios asertos, uno de ellos siendo "la individualidad del estilo ...".

Esta individualidad se expresa en referencia al lenguaje o al autor. Típicas alusiones al *lenguaje* individual son éstas: el estilo es la congruencia de fenómenos individuales (Kainz 1927:115); la estilística se especializa en lo individual en contraste con el enfoque social de la crítica tradicional (Amado Alonso 1965b:84); el estilo se fundamenta en los recursos formales que un escritor prefiere y utiliza y que caracterizan su particular manera de escribir (Paz Gago 1993:8); y una preocupación de la estilística es establecer el habla individual de los escritores (Alonso Pedraz 1975:380).

Las referencias complementarias al *escritor* individual sostienen también la misma individualidad de estilo "en la expresión corriente, en el lenguaje común familiar o en la creación literaria", así como observa Castagnino (1961:15). Por ejemplo: ". . . hay tantos estilos como autores" (Fernández 1972:17); "Cada individuo que usa el lenguaje hace de él un uso particular . . ." (Castagnino 1974:253); y ". . . el *estilo literario* de un autor es su personalísimo modo de expresarse como artista de la palabra escrita" (Martín 1973:24).

4.5.9 *El idiolecto*

La variación estilística se refleja en el respectivo *idiolecto* de los individuos que comparten una misma variedad de una lengua, y así demuestra los rasgos individuales de los hablantes y escritores. El idiolecto se puede definir como "la totalidad de los hábitos de habla de una persona singular en un tiempo dado" (Bloch 1948:7, traducción de Ullman 1968:141).

Los varios estudiosos del estilo están de acuerdo de que el alcance de la variación lingüística de una sola persona se identifica como su estilo idiolectal. Hockett (1958:231) opina que el punto de partida más firme para la dialectología diacrónica es el idiolecto porque una lengua sólo se observa como una colección de idiolectos. Ullman (1968:142), citando la definición de Hockett del idiolecto, observa que es lo que manifiestan las obras escritas de un autor. Alonso Pedraz (1975:390) también cita la definición de Hockett y se refiere al *ideodialecto* o lenguaje individual como el estilo del individuo, el cual "es tan particular como sus huellas dactilares". Lope Blanch (1977:593) define el polimorfismo (la libre alternación de dos o más formas lingüísticas) como función del sistema dialectal y del "habla individual (sistema idiolectal)". Asimismo, en su estudio de la variación española, Penny (2000:18) sostiene "el idiolecto de un individuo" comentando que cada individuo hace uso de un juego de unidades lingüísticas en cada situación distinta del habla. Coulthard (2004) presenta el concepto general del idiolecto y su aplicación forense. Turell (2010) y Turell y Gavalda (2013) dan el siguiente paso al explorar la posibilidad de medir las diferencias entre estilos idiolectales.

De igual manera se utiliza el concepto del idiolecto en la lingüística angloamericana. Coulthard (1994:30) observa que "... el concepto que todo el mundo tiene una forma del lenguaje personal y diferente, un *idiolecto*, es un principio básico de la lingüística ..." (21). Bolinger y Sears mantienen que existe "la comunidad de uno":

> Cada hablante tiene un idiolecto, así como cada colectividad de hablantes tiene un dialecto. Los idiolectos se difieren de los dialectos así como los dialectos se difieren de la lenguas: el alcance en cualquiera de los dos casos es más estrecho [en comparación con el grupo más grande] (Bolinger y Sears 1981:194) (22).

Guy (1980:1) observa que hay unas ciertas variaciones que no se explican por el dialecto, y "... la variación se encuentra en todas partes del lenguaje, aun al nivel del idiolecto" (23). Y más hacia la actualidad, Tagliamonte (2012:108) nota que, aunque se ha demostrado que los individuos reflejan el grupo al que pertenecen, "cada persona tiene su propio idiolecto".

Aparte de los que nombran *idiolecto* el lenguaje individual, hay varios estudios en que se hace referencia indirecta al idiolecto. Criado de Val (1953:15), por ejemplo, señala las combinaciones verbales que se organizan en lo que denomina el esquema estilístico verbal del individuo: "... numerosos datos estrictamente individuales que forman la "huella" o índice verbal único e inimitable de cada autor". Sigue comentando así:

> Las formas verbales se entretejen en un infinito número de combinaciones hasta el punto de poder afirmarse que, no sólo cada autor literario, sino cada individuo definitivamente formado en su idioma, utiliza un esquema verbal con características propias y diferenciales ... (Criado de Val 1953:12).

Hay varios investigadores que identifican el idiolecto de manera indirecta parecida:

> Tener un estilo es hablar en medio de la lengua común un dialecto particular, único e inimitable, que, sin embargo, es a la vez la lengua de todos y la de un solo individuo (Gourmont 1916:9, traducción de Enkvist 1974:39).
>
> ... los llamados procedimientos estilísticos ... [son] aquellos recursos formales utilizados preferentemente por un escritor y que caracterizan su particular manera de escribir ... (Paz Gago 993:8).
>
> Paradójicamente hay un género en cada individuo ... (Montes 1975:17).

Ha habido mención de las dificultades asociadas con la noción del idiolecto. Véase, por ejemplo, las limitaciones sugeridas por Tim Grant (2010:514), quien opina que hay dos teorías conflictivas del idiolecto, una que intenta pero no logra explicar diferencias individuales y otra que las describe pero no las explica. A consecuencia de estas deficiencias, Grant sugiere un análisis de autoría dubitada que se fundamenta más en la base empírica del análisis estilométrico que en la base teórica del idiolecto. Closs-Traugott y Romaine (1985:29) sostienen que el estilo no coincide con el idiolecto porque el estilo depende de otros factores no individuales. También ofrece Riffaterre

(1976:116, 128) una crítica del concepto del idiolecto de un autor basado en la definición del estilo como divergencia de una norma, mencionando, por ejemplo, "el peligro de pasar insensiblemente de la gramática descriptiva a la gramática normativa . . .".

Uno que parece haber argüido en contra de considerar el idiolecto como objeto de estudio es Willaim Labov, quien mantiene que se estudia la variación dentro de la comunidad de habla y sólo así se puede interpretar el habla del individuo (Labov 1971). Pero esta postura no niega la realidad del idiolecto, sino que simplemente ordena los pasos para esudiarlo. Dice Labov:

> La coherencia empírica de mis propios estudios . . . se origina en el principio de que la comunidad es conceptual y analíticamente previa al individuo (Labov 2016:598) (24).

De hecho, Labov y sus estudiantes han investigado el habla individual en muchos estudios (Bell *et al.* 2016:405), y uno de estos estudios fue un conocido caso de lingüística forense. Labov (1997) relata el testimonio que dio en una corte de California en el caso de un neoyorkino a quien fue acusado de haber sido el hablante en unas amenazas telefónicas. Labov estableció que la voz de las llamadas amenazantes no fue de un hablante de Nueva York sino representaba un acento proveniente de Boston.

Aunque no es fácil siempre distinguir dialecto de idiolecto, es posible separar hasta cierto punto las rasgos estilísticos del grupo frente a los del individuo y especificar de manera práctica los del individuo como su idiolecto. Se puede también designar el idiolecto como todo el conjunto de características, sabiendas de que algunos de los individuos no pertenecen a los mismos grupos dialectales ni saben o utilizan todas las características de los dialectos que comparten. Además, se puede argüir que no importa que una divergencia de la norma sea descrita o prescrita. Toda divergencia parte de un punto de una sola norma continua, y esta desviación se combina con otras selecciones del autor para rendirse diagnóstica del idiolecto del escritor.

4.6 HACIA UNA DEFINICIÓN FUNCIONAL DEL ESTILO

La estilística forense se sustenta en el concepto del estilo, oral y escrito. Dado que la estilística y la estilística forense se basan en el análisis de la variación y del estilo, es crucial aclarar bien la teoría del estilo lingüístico para que el analista se encuentre operando bajo principios teóricos aceptados y defendibles al aplicarlos en contextos judiciales, que por su naturaleza son conflictivos.

Lo complicado de la materia ha generado exasperados comentarios como que los procedimientos de la estilística reflejan el desorden del metafórico cajón de sastre. Hasta encontramos a Pablo Picasso renegando del estilo artístico, "¿Acaso Dios tiene un estilo"? En cuanto al estilo lingüístico, los filólogos, literatos y lingüistas expresan su desilusión diciendo que *estilo* es un término confuso y proteico; que no es fácil definir; que es una de las categorías más complicadas y discutidas; que es un *puzzle* sutil y elusivo, una noción fluida y disonante; y que carece de una concepción unívoca.

Dámaso Alonso (1981:11, *Introducción* a la edición de 1950) comenta que el estudio estilístico es difícil: ". . . que para cada estilo hay una indagación estilística única, siempre distinta, siempre nueva cuando se pasa de un estilo a otro". Hasta dice en esta época inicial que pretendía mostrar que no existía la "feliz idea" de una técnica estilística, que dejaba "a los cándidos obreros de la técnica del cuentahílos su inocente manía", y que la técnica tenía "ese nombre tan feo—Estilística" (*ibid.*).

Pues bien, frente a tal grado histórico de pesimismo sobre la posibilidad de llegar a una definición adecuada y útil del estilo, será preciso preguntar si es aún posible una definición frente al aparente caos: ¿Se le puede dar orden al supuesto cajón de sastre? Contesto que sí porque en realidad es otra la pregunta apropiada: ¿Es necesaria una sola definición del estilo? Propongo aquí que los conceptos del estilo forman una firme base teórica en cuanto se complementan uno al otro en su aplicación.

En primer lugar, se puede decir desde luego lo que *no* cuenta por una definición del estilo lingüístico. No se refiere al estilo general de forma de conducta, ni al aprendizaje o adquisición del estilo. Tampoco es el estudio de cómo escribir bien o mejor, o del valor estético del lenguaje, o de su uso apropiado y correcto.

En cambio, lo que se saca de los estudios previos que caracteriza el estilo lingüístico es lo que sí sabemos, a saber: no hay lenguaje sin estilo; se puede observar tanto el estilo colectivo de una comunidad de habla o de una escuela, época, o género, como el estilo individual de un autor; la estilística lingüística aporta una descripción más exacta y objetiva del lenguaje y por ende un entendimiento más sistemático y objetivo de los rasgos textuales.

A pesar de las cautelas mencionadas arriba, las muchas investigaciones revisadas en el presente capítulo demuestran que, desde el siglo primero hasta la actualidad, se ha logrado la capacidad teórica de observar y describir el estilo en el mundo hispánico. Tales observaciones constituyen un entendimiento funcional del estilo que sí se presta muy bien a la identificación, descripción y medida del estilo.

Tampoco es nuevo abordar así la naturaleza del estilo. Desde el punto de vista teórico, observa Closs-Traugott y Romaine (1985:9) que ". . . las perspectivas unitarias y binarias son demasiado reductivas, y que el "estilo" se enfoca mejor desde un punto de vista pluralístico" (25).

Y desde el punto de vista funcional, Enkvist propone como primer paso una definición bastante convencional del estilo:

> Debemos hacer . . . una definición del estilo que sea funcional. El estilo de un texto está en función de la relación que existe entre las frecuencias de sus elementos fonológicos, gramaticales y léxicos y las frecuencias de esos mismos elementos en una norma relacionada contextualmente (Enkvist 1974:45).

Pero a la vez, Enkvist reconoce que se puede trabajar bien con lo mucho que ya se sabe del estilo, sin enredarse en el difícil desarrollo a largo plazo de una teoría completa:

> . . . puesto que me preocupo particularmente de la lingüística aplicada, me interesa aquí, de modo especial, delinear unos procedimientos que conduzcan a una visión práctica del estilo y a un método para el análisis estilístico, y no construir una teoría lingüística completa sobre la base de una progresión perfecta y lógica de postulados (Enkvist 1974:45).

De igual manera, Bruneau (1987) habla de una "estilística aplicada", y John Haynes (1995) llega a la misma conclusión en su obra *Style*, la cual caracteriza él como una "introducción práctica" al estilo. En vez de intentar una definición del estilo, opta por investigar los fenómenos que se han observado tales como el estilo. Es una solución práctica y funcional porque los fenómenos observados, ligados como están el uno al otro, servirán de una base firme y teóricamente sólida como para aplicarla al análisis forense de la autoría dubitada.

4.7 RESUMEN DE LOS CONCEPTOS BÁSICOS

La teoría y la práctica del análisis estilístico se prestan tanto al lenguaje escrito como al hablado. El estilo del lenguaje escrito se da en el texto bajo consideración y no en otros datos.

El estilo representa la selección del escritor entre las opciones que le ofrezca la lengua, sean pocas o muchas. Si la opción seleccionada cae dentro de lo que se considera la norma, resulta una *variación* estilística.

Si la selección se encuentra fuera de lo que se considera la norma, resulta una *desviación* estilística. La desviación cualitativa se refiere a una divergencia gramatical de la norma, y la cuantitativa representa una divergencia estadística. Son complementarias las dos, pues una descripción estilística idealmente ocupa las dos; la identificación cualitativa del desvío facilita su descripción lingüística, y su cuantificación permite la observación objetiva de grados de divergencia.

La norma se tiene que especificar porque definir el estilo como desviación provoca la pregunta: ¿desviar de qué? El concepto de norma lingüística abarca la *norma descriptiva* y la *norma prescriptiva*, pero es aquí en donde se puede aprovechar de la propuesta de Lara (1976) de encontrar en la norma un continuo de obligatoriedad entre el aspecto normativo y la norma de uso del lenguaje. Viendo las normas como distintos puntos en la escala de una sola norma tanto avanza la teoría cuanto facilita su aplicación: el concepto de norma resulta ahora más robusto y funcional que el análisis convencional que oponía la norma prescriptiva a las normas de uso. En palabras más sencillas, para el análisis estilístico de la autoría dubitada, no importa que las respectivas variables lingüísticas se denominen *variación* o *desviación*.

Se desarrolla un *corpus* paralelo al contexto de escribir del texto en cuestión para establecer la norma apropiada, y se analizan los rasgos estilísticos de un texto dado frente esta norma. Los hallazgos de tal comparación van a incluir las características estilísticas del texto junto con las respectivas frecuencias de los correspondientes elementos lingüísticos del corpus. Esta comparación facilita la más estrecha identificación de las marcas estilísticas del texto.

El estilo de un escritor se demuestra como una congruencia de rasgos individuales, es decir, un conjunto estructurado de componentes integrados. Es el *conjunto* mismo de características que refleja el estilo individual y que es idiosincrático. Tal variación estilística individual se ha denominado el *idiolecto* del escritor: la totalidad de los hábitos de habla de una persona singular en un contexto dado.

4.8 CODA AL CAPÍTULO: *U.S. V. VAN WYK*

Al iniciar este capítulo, hice referencia al fallo judicial, *U.S. v. Van Wyk*, el cual me motivó a demostrar (en quizás demasiado detalle) la larga y profunda historia del desarrollo del concepto del estilo (y el análisis de ello en el siguiente capítulo), y a consecuencia evidenciar que ni el concepto del estilo ni su análisis son autovalidados por este u otro autor.

El hecho de que el perito, un agente del FBI, no le fuera permitido testificar sobre su conclusión acerca de la identidad del autor de unos escritos desconocidos, tiene el resultado de que la decisión *Van Wyk* de la Corte federal se cita con frecuencia en los casos de autoría dubitada. Por eso, vale la pena explicar por qué falla como un precedente legal que se utilizara para argumentar en contra de la estilística forense.

En primer lugar, el perito que testificó en *U.S. v. Van Wyk* no era un lingüista, sino un agente de gobierno encargado de desarrollar perfiles criminales. Además, intentó dar testimonio lingüístico en otro caso posterior a *Van Wyk* (*U.S. v. Zajac, 748 F. Supp. 2d 1340*), y la cuestión ante la Corte en *Zajac* se centró en que si dos cartas dubitadas tenían un solo autor (el demandado) o no. Después de una audiencia sobre la admisibilidad del testimonio pericial, la Corte falló de manera igual que la Corte en *Van Wyk*, o sea, decidió permitir que el perito testificara sobre las similitudes entre las dos cartas sin dejarle ofrecer "la última opinión de que las dos cartas fueron escritas por la misma persona".

El problema del fallo *Van Wyk* es que sostiene que la estilística forense deja de cumplir con varios requisitos de evidencia científica. A saber, las opiniones erróneas del fallo y las respuestas a ellas:

1. *La Corte se refiere a este tratado (McMenamin 1993) al entregar su decisión sobre el testimonio pericial.*

   En ningún momento estuvo presente el autor del tratado en la sala para ofrecer testimonio sobre la estilística forense.
2. *La Corte no tiene manera de determinar si el tratado es autovalidado.*

   No puede ser autovalidado un tratado de 250 páginas con unas 830 citas bibliográficas, lo que da un promedio de 3.3 citas por página.
3. *No hay sistema para acreditar al lingüista como perito.*

   Se requieren grados y credenciales académicos para ejercer como perito. La Corte no califica al experto sin la experiencia y los grados necesarios. A la fecha del juicio, se habían calificado como peritos un número elevado de lingüistas en muchas causas. Hay también individuos quienes tienen una aprobación gubernamental profesional. Por ejemplo, la *Secretaría de Educación Pública* de México autoriza el derecho de ejercer la profesión, como es el caso mío.
4. *El método no tiene evaluación significativa de pares.*

   El tratado mismo que le fue presentado a la Corte (McMenamin 1993) fue dictaminado por pares por *Forensic Science International* y también por la editorial, Elsevier Science Publishers. Los demás estudios de este autor y los muchos de otros investigadores se habían evaluado por pares.
5. *Tampoco hay previa aprobación judicial apropiada.*

   Existía plena aprobación judicial antes del año 2000 del fallo. Entre todos los casos judiciales pertinentes previos a *Van Wyk*, hubo en la experiencia de un solo perito (el autor mismo) 17 tribunales que habían admitido como válido el testimonio basado en la estilística forense, y cuatro de ellos llegaron a ser confirmados y documentados por tribunales apelativos. Con el hecho de que la

Corte no tuviera acceso inmediato a esos casos queda la responsabilidad de que el procurador federal que no los investigó antes de presentar la pericia a la Corte.

6. *La Corte cita una frase del tratado sobre las conclusiones que rinde el análisis estilístico: "conclusiones que 'no son tanto objetivas como intersubjetivas' ", comentando que ésta no permite mucha confianza en la fiabilidad del método.*

   La Corte no leyó bien las palabras que cita, y tampoco tomó en cuenta el contexto de la procedencia de las palabras citadas, encontradas en el tratado (McMenamin 1993:170). Una lectura más cuidadosa demostrará que el autor del tratado está citando las palabras de *otro autor* para entonces llegar a su punto.

En conclusión, se ve que la decisión *Van Wyk* no se presta a ser utilizada como precedente judicial en contra de la estilística forense. Conviene mencionar también que un argumento del lado de la defensa en el caso *U.S. v. Zajac* (posterior a *Van Wyk*) fue que el análisis del perito del gobierno no resultó fiable porque el protocolo de McMenamin (1993) no fue utilizado.

CAPÍTULO 5

La estilística forense

Todo el mundo sabe que el lenguaje es variable. Dos individuos de la misma generación, que viven en un mismo lugar, que hablan un mismo dialecto y que pertenecen al mismo ambiente social, nunca coinciden por completo en sus hábitos lingüísticos. . . . En cierto sentido, cada uno de esos dos individuos, más que emplear exactamente la misma lengua, habla un dialecto derivado de esa lengua, dialecto que difiere en ligera proporción del empleado por el otro (Sapir 1921:169).

5.0 INTRODUCCIÓN

La estilística es el estudio del estilo. Para comprender bien la estilística, es preciso adelantar cualquier comentario repasando los conceptos que son integrales para su entendimiento: el lugar de la estilística lingüística dentro del amplio marco de la lingüística general y el papel que juega en la atribución de autoría.

El *lenguaje* es el sistema interno que los hablantes y escritores desarrollan y utilizan para comunicarse. Un *dialecto* es una variedad del lenguaje que aparece en un grupo de hablantes que desarrollan patrones delimitadores en torno al uso del lenguaje, a los cuales se les denomina "características de clase" en la ciencia forense. El *idiolecto* es una variedad del lenguaje desarrollado por un hablante individual, y es el cúmulo único de características lingüísticas observadas en su uso del lenguaje.

La *lingüística* es el estudio de la naturaleza, el desarrollo y el uso del sistema interno del lenguaje dentro de sus contextos comunicativos. La *variación lingüística* es el área de estudio necesario para el entendimiento del análisis estilístico. La diversidad del grupo proviene de sus miembros individuales, quienes crean sistemas de conducta verbal similares a los sistemas de los grupos con los cuales se identifican. Sin embargo, estos mismos individuos pueden divergir de la norma colectiva a causa de varios factores extralingüísticos: la necesidad por la singularidad; las rupturas en las redes de comunicación; el variante proceso individual de la adquisición del lenguaje (Labov 2002); o lenguas de adstrato, influencias cultas y subsistemas en contacto (Lope Blanch 1977).

El estilo, visto en detalle en el capítulo previo, se observa como aquella parte del comportamiento humano que refleja la variación individual en las actividades que de otra manera son invariables. El *estilo lingüístico* se observa en los elementos del lenguaje que permiten la comunicación entre todos los miembros de una comunidad de hablantes, el cual hace que el hablante o escritor seleccione, de una gama entera de posibilidades, una que otra entre las muchas opciones de elementos lingüísticos disponibles al grupo entero.

El desarrollo del estilo se relaciona con la continua adquisición del lenguaje. En el lenguaje, como en todos los ámbitos de la actividad humana, el estilo se adquiere tempranamente por los niños y, una vez adquirido, tiene un poder de permanencia significativo.

El estilo en el lenguaje del escritor es la suma de las elecciones hechas en el proceso recurrente de escribir. El estilo refleja tanto la respuesta consciente del escritor a los requisitos del género y contexto cuanto sus elecciones habituales e inconscientes de los elementos gramaticales adquiridos a través del largo proceso experiencial de escribir.

5.1 LA ESTILÍSTICA LINGÜÍSTICA

Amado Alonso (1942:9) le atribuye el inicio de la estilística a Charles Bally, afirmando que fue "el primero en sistematizar el estudio de estos humores subjetivos con que nace empapada la palabra. Y a la nueva disciplina la llamó *Estilística*".

La estilística lingüística nació como un método analítico y objetivo que evitara los hallazgos y términos impresionistas. Esta estilística estudia el habla tanto corriente como literaria, mediante el análisis descriptivo y cuantitativo, dos metodologías complementarias que hacen posible la caracterización del estilo del idioma y del autor.

La estilística descriptiva se enfoca en las características de la escritura, es decir, "... los medios de expresión disponibles a una lengua" (Yllera 1974:14). Las investigaciones cuantitativas del estudio de la variación en español *vis-à-vis* las frecuencias de las variables aisladas se están desarrollando con el creciente acceso a computadoras y con la mejor comprensión teórica de la variación lingüística.

Hay ejemplos contemporáneos de la descripción estilística, basados en la lingüística de corpus, la traducción, la sintaxis, el análisis de discurso y la sociolingüística. Véase, por ejemplo, la colección de San Segundo y Nieto Caballero (2016).

5.2 LA VARIACIÓN LINGÜÍSTICA

Uno de los lingüistas más productivos en la investigación de la variación española es Juan Lope Blanch, quien se puso a hacer estudios empíricos con un alcance geográfico y social tan extenso que pronto llegó a referirse al "acusado polimorfismo" de las lenguas mexicanas (Lope Blanch 1977:593). Sería difícil mejorar la manera en que Lope Blanch aclara la teoría y práctica del análisis de la variación lingüística, a la cual denomina *variación polimórfica, polimorfismo,* y de modo metafórico, la *efervescencia lingüística.*

Le presento al lector un breve resumen de los hallazgos teóricos de Lope Blanch como punto de partida para una investigación propia más a fondo de las investigaciones del profesor Lope Blanch y de los otros muchos estudios que se han elaborado sobre la variación española. Lope Blanch ofrece esta definición del *polimorfismo*:

> ... emplearé el término polimorfismo, con un sentido muy amplio, como la concurrencia de dos o más formas lingüísticas—ya sean fonéticas, gramaticales o léxicas ...—que alternan libremente para desempeñar una misma función, tanto dentro de un sistema dialectal (habla local) cuanto en el habla individual (sistema idiolectal) (Lope Blanch 1977:593).

Importantemente, Lope Blanch no vacila en su entendimiento del polimorfismo como "fenómeno inherente a la naturaleza misma de toda lengua viva" (Lope Blanch 1977:600), aún comentando más tarde, "El hecho de que la naturaleza misma de las lenguas sea fundamentalmente polimórfica me parece incuestionable" (Lope Blanch 1992:221). Identifica los tipos de polimorfismo "no sólo dentro del habla dialectal en su conjunto ... sino también dentro del habla de un mismo individuo en una misma conversación y en una misma palabra o en referencia a un mismo concepto (Lope Blanch 1977:593), pues reconoce que se encuentran grados de variación en distintos dialectos o idiolectos:

> El polimorfismo podrá ser más o menos acusado según las etapas particulares de la historia de cada lengua; según qué circunstancias extra-lingüísticas determinen una mayor o menor rigidez o autoridad en la norma de prestigio; según qué otros factores externos—lenguas de adstrato, influencias cultas, nivelación entre subsistemas en contacto, etc.—favorezcan o moderen esa natural efervescencia lingüística (Lope Blanch 1977:599)

Algunos ejemplos del polimorfismo mexicano se dan en este mismo estudio (*ibid.*:600):

> La expresión del futuro verbal: "Mañana se lo *digo/diré/voy a decir*".
> La subordinación dubitativa: "No sé si *está/estará/esté* bien así".
> El orden interno de ciertos sintagmas: "Voy a explicár*selo* bien/*se lo* voy a explicar bien".
> La expresión léxica: *marido/esposo, tonto/menso, petaca/maleta, ruletero/taxista, carro/coche*

5.2.1 *La variable lingüística*

La *estilística lingüística* es la interpretación sistemática de la variación observada en la forma de la variable lingüística. Tales variables se han denominado *marcadores estilísticos* en el lenguaje escrito, y son identificados, descritos y a veces medidos en el lenguaje de grupos e individuos. Los marcadores estilísticos son "aquellos elementos tangibles que la estilística denominará 'indicios'" (Castagnino 1974:253), el resultado observable de las elecciones habituales e inconscientes que un autor realiza en el proceso de escribir. Hay dos tipos generales de marcadores estilísticos:

La elección de formas opcionales:

Te doy mi corazón. A tí te doy mi corazón. Te doy a tí mi corazón. Te doy mi corazón a tí.

La desviación de una norma:

Ella quería que la acompañaras, frente a *Ella quería que la acompañes.*

La variación estilística se realiza en las características colectivas que se observan en la forma de escribir de distintos grupos sociales y geográficos, y en características individuales que se observan en el idiolecto de los escritores individuales que comparten un lenguaje o dialecto. Dentro de las características colectivas más comunes están aquellas que aparecen como desviaciones de la norma, y éstas son comunes en los escritores descuidados o menos cultos. Buen ejemplo se encuentra en los que confunden lo que el *Diccionario de autoridades* (RAE 1964) hace años llamaba "la letras litigiosas" de *s/c* o *b/v*. Por otro lado, los marcadores estilísticos del individuo o grupo pueden simplemente demostrar variaciones de forma que no se consideran errores.

El paso más importante para la observación sistemática, tanto en la descripción como en su subsiguiente medida de la variación lingüística, es la identificación de las variables lingüísticas que sean de interés. El analista aísla las unidades lingüísticas estructurales que cargan un significado con respecto al estilo de la escritura individual o grupal. Las variables preferidas, tal como fueron caracterizadas por Labov (1966a, 1966b), son aquellas que son de *alta frecuencia, inmunes a la supresión consciente, codificables* (y contables), y *ampliamente distribuidas* a lo largo de una cierta población (o individuo).

Se distinguen *variable* y *variante*. La *variable* lingüística (dependiente) es una clase de variantes ordenadas a lo largo de una dimensión continua determinada por una o más variables extralingüísticas (independientes), siendo una de las cuales un autor en particular. La *variante* lingüística es una instancia específica de la variable dependiente; un cambio en la distribución de las variantes refleja un cambio en los factores extralingüísticos que afectan la variable (Labov 1966a, 1966b), como es el caso, por ejemplo, de diferentes autores cuando se aplica al análisis estilístico. Labov lo indica aún más:

> La variable es, desde luego, una abstracción. En textos reales, nos encontramos ante variantes solamente. Sin embargo, el movimiento de una *variante* a una *variable* es el paso básico que se debe tomar aquí. Esto implica que la representación del habla del individuo o del grupo se explica mejor a través de la suposición de un continuo lingüístico subyacente en el cual se forman, reforman y disuelven las categorías (Labov 1966a:21) (1).

5.2.2 *Ejemplos de variables lingüísticas*

Antes de considerar datos específicos de la variación, hay que tomar en cuenta dos consideraciones. Primero, los rasgos estilísticos no codificables, por muy interesantes que sean, difícilmente funcionan como variables lingüísticas. Son, por ejemplo, las características del estilo de "buena prosa" recordadas por Rafael Lapesa del *Diálogo de la lengua* de Juan de Valdéz (1535) del siglo XVI:

> ... claridad que impida anfibologías; discurso fluido, sin torpeza de nexos ni conjunciones superfluas; atención al encuentro de sonidos, para evitar cacofonías. La concisión es cualidad primordial: 'todo el bien hablar castellano consiste en que digáis lo que queréis con las menos palabras que pudiéredes' (Lapesa 1988a:75).

El requisito de que sea precisa la variable está presente tanto en los estudios actuales como en los tradicionales. Dice Pío Baroja desde su primera edición de *La intuición y el estilo* de 1948 que "en la cuestión del estilo hay elementos concretos y fáciles de analizar ..." (Baroja 1983:330).

En segundo lugar, las posibles variables no están limitadas a las categorías lingüísticas típicas de la lengua hablada. Hubo, por ejemplo, un estudio forense que incluía, entre otros, los siguientes rasgos:

1. La forma de escribir el año de la fecha: *el 2 de enero de 2010* / ... de *2.010*
2. La manera de puntuar frases citadas a fin de oración: ... *palabra.*" /... *palabra*".
3. La forma de escribir los títulos y subtítulos de un texto extenso y complejo

En la ocasión de presentar su informe contrario, el lingüista observó que estos marcadores no fueron rasgos lingüísticos, sino simplemente "rasgos del escribir", porque no tenían relación con las características lingüísticas normalmente estudiadas, como el vocabulario o la estructura de la oración. Pues, falla este argumento porque se sabe que el lenguaje escrito se refleja en toda unidad que aparezca escrita sobre la página, y ésta (a veces colocada con otras) puede ser un marcador estilístico siempre y cuando se den suficientes instancias para demostrar el patrón de uso estilístico.

Buen ejemplo de la mezcla de variables es el estudio del género textual de Kessler *et al.* (1997), quienes proponen una teoría de género basada en la identificación de haces de *facetas* que se correlacionan con varias *señales* superficiales del texto. Tales señales sirven para identificar el género del texto igual que lo identifican sus propiedades estructurales más profundas. Las señales incluyen las siguientes: *señales estructurales* (oraciones pasivas, nominalizaciones, oraciones topicalizadas, y recuentos de categorías gramaticales); *señales léxicas* (términos para nombrar a las personas, y fechas); *señales al nivel de signos y letras* (puntuación, signos utilizados para separar o delimitar frases, cláusulas y oraciones); y *señales derivadas* (medidas y proporciones derivadas a base de las otras señales: palabras por oración, letras por palabra, palabras por tipo de palabra, etc.).

Ahora bien, se puede proceder a los ejemplos. Pretender aislar ejemplos de los cientos de estudios sobre la variación española, sea histórica, geográfica o social, es soplar el diente de león de la estilística hispánica. Sin embargo, me atrevo señalar algunos con la idea de abrirle el apetito del lector para una investigación propia.

Se han investigado varios *parámetros* específicos de la variación en la lingüística actual, y uno puede empezar a enfocarlos estudiando cómo atienden a la variación unos estudios generales como la *Gramática descriptiva de la lengua española* de Bosque y Demonte (1999) o la *Nueva gramática de la lengua española* (RAE-ASALE 2009). Ésta, por ejemplo, pretende reflejar "la unidad y la diversidad del español, y muestra el español de todas las áreas lingüísticas con sus variantes geográficas y sociales. Registra "aquellas variantes conversacionales de la lengua no estándar atestiguadas en el mundo hispánico", y "atiende a las diferencias que se establecen en función de áreas dialectales, niveles de lengua y registros".

Se dan tambíen muchos casos del polimorfismo en la filología y dialectología tradicionales. Enkvist (1974:48) enfoca las varias categorías analíticas: morfología, sintaxis (e.g., complejidad oracional), léxico, puntuación, uso de mayúsculas, comienzo de frase o de párrafo, etc. Los estudios más interesantes se enfocan en las variaciones mismas: fonéticas (ortográficas), morfológicas, sintácticas y del discurso.

Al nivel ortográfico, Menéndez Pidal (1958:30) se refiere a "las peculiaridades principales de la lengua" al caracterizar el lenguaje de Cristóbal Colón, unos 29 tipos de grafías (a causa del contacto con el portugués) que él caracteriza como "anomalías" como las siguientes:

diptongo *ue* → *oe*	*soerte, coerpo*
diptongo *ie* → *e*	*pensamento, ventre*
ultracorrecciones:	*depiende, espiero*
forma arcaica de *llevar*:	*lebar, lebado*
diptongos portugueses:	*tesoyrero*
vacilación entre *o* y *u* acentuada:	*soma* [suma] *custa* [costa]

A nivel morfológico, se ha notado la característica morfosintáctica y pragmática del uso de los diminutivos en la prosa del escritor mexicano, Juan Rulfo:

> ... su función afectiva tanto hacia el objeto afectado (miedo, interés, desprecio, etc.) como hacia el interlocutor y la relación entre los dos (e.g., una de poder, cortesía o manipulación); y su función de intensificar o disminuir el efecto de lo dicho (Gutiérrez Marrone 1978:116).

Otro ejemplo del polimorfismo morfológico es la complejidad del verbo español, que hace posible la coexistencia de varias formas con significados y usos similares, denominadas "formas verbales competentes" por Criado de Val, quien las ejemplifica con las formas del imperfecto del subjuntivo, del futuro hipotético y del condicional: *amara, amase, amare, amaría* y sus formas respectivas compuestas (Criado de Val 1953:13).

Abundan también estudios tradicionales de la variación sintáctica. Galmés de Fuentes (1996) ejemplifica bien el estilo asociado con el género, la época y el efecto de las lenguas en contacto: las influencias estilísticas del árabe en la prosa medieval castellana. Aún después de la revisión del enmendador cristiano, algunos arabismos sintácticos aparecen en los textos romances traducidos del árabe. Una de las características señaladas es "... el estilo paratáctico de oraciones coordinadas machaconamente mediante la copulativa *e*", o sea varias cláusulas cortas yuxtapuestas y separadas sólo por la conjunción *e*. Aunque la parataxis aparece en otros textos románicos (como en la prosa francesa), Galmés de Fuentes (1996:188) opina que es un rasgo de origen árabe.

En contraste con las generalidades citadas arriba de Juan de Valdéz, Rafael Lapesa ofrece ejemplos concretos de los rasgos estilísticos en su volumen, *De Ayala a Ayala: estudios literarios y estilísticos*. Por ejemplo, en su estudio del lenguaje de Santa Teresa, señala las respectivas estructuras de invocaciones, apóstrofes, series exclamativas e interrogativas, esquemas amplificatorios, contraposiciones y contradicciones, reiteración de frases y palabras, y el léxico vulgar que aparece en algunos manuscritos (Lapesa 1988b:152–168).

También abundan ejemplos sintácticos actuales ligados al libre orden y/o presencia optativa de elementos en el español. Uno de los más observados se ve en las oraciones de sentido pasivo e impersonal. Aparte de cualquier consideración teórica (si *se* es pronombre reflexivo o no, con o sin referencia anafórica, etc.), se observa en los letreros de un vendedor de caña al lado de la carretera ejemplo de su frecuente variación de uso: al llegar al lugar cerca de Visalia, California, se encuentra el letrero, *Se venden cañas*, y partiendo el sitio atrae la mirada uno pintado de igual manera que dice, *Se vende cañas*. Otro ejemplo y una de las variables más estudiadas es la expresión del pronombre sujeto (Cerrón-Palomino 2016).

A nivel discursivo, se pueden considerar "las voces narrativas de otros", o sea, un estilo directo o indirecto (Verdín Díaz 1970). Describen estos estilos de esta manera Verdín Díaz (1970) y Hengeveld (1994): los estilos *directo, indirecto puro*, e *indirecto libre*.

El *estilo directo* reproduce, con comillas o con el guión de diálogo, las palabras exactas del hablante, introducidas por dos puntos: *Yo le dije: "Ella lo va a entregar mañana".*

El *indirecto puro* permite al escritor adaptar el enunciado del hablante por medio de una subordinación sintáctica; la cláusula principal tendrá un verbo introductor (*decir, pensar, preguntar,* etc.), el cual puede demostrar transformaciones (cambios estilísticos) de persona y tiempo verbales, de adverbios de lugar y de tiempo, y de los pronombres personales: *Yo le dije que ella lo iba a entregar mañana.*

El *indirecto libre* permite al autor insertar en la voz del hablante enunciados propios sin reproducir sus palabras exactas, ahora sin verbos introductores y la subordinación que los sigue: *Yo le dije: lo entregaré mañana.*

Asimismo, se encuentran muchos estudios contemporáneos de la variación lingüística en el extenso panorama de los análisis lingüísticos. Por ejemplo, el tomo de Díaz-Campos (2011) junta varios estudios actuales de la variación española. De especial interés son los estudios sobre la variación fonológica y morfosintáctica, peninsular y americana, y los estudios de la variación que resulta de las lenguas que están en contacto con el español.

Los ejemplos más enfocados son casi infinitos, ejemplos de los cuales que pronto vienen a la mente son los de Juan Lope Blanch del español mexicano y de Beatriz Lavandera del español argentino. Los estudios de Lope Blanch (e.g., Lope Blanch 1992) abundan de datos de sumo interés, e.g., el fonema /d/ final de palabra realizado como [ð], [ᶞ], [θ], [∅] [d], [t]: [salúð, salúᶞ, salúθ, salú, salúd, salút].

Las variables lingüísticas estudiadas por Lavandera (1984) son varias: hay variación morfológica y semántica reflejada en la alternación del tiempo y modo del verbo de las oraciones condicionales: "*Si **tengo** tiempo*" frente a "*Si **tuviera** tiempo*". Aparte de que tales cambios de modo entre subjuntivo e indicativo se usan como estrategia del discurso, resultan en el eventual debilitamiento del modo subjuntivo. También al nivel del discurso, Lavandera señala la tensión entre lo impersonal y lo personal en cuanto a los pronombres usados.

De interés variacional es el estudio de Lavandera (*ibid.*) de la variación en el *cocoliche,* la variedad del español argentino y uruguayo usada por los inmigrantes italianos, la cual se caracteriza como variedad *reducida,* o sea, carente de algunas formas de la lengua estándar. Por ejemplo, a nivel fonológico, se dan tres posibles realizaciones de /s/: [s], [h], [∅]. En la morfología verbal se alternan el presente de indicativo, el condicional, y el imperfecto del subjuntivo: "*Si **tengo** tiempo . . .*"/ "*Si **tendría** tiempo . . .*"/ "*Si **tuviera** tiempo . . .*". En el discurso indirecto de instrucción, dirección o consejo, hay variación entre el imperfecto y el presente del subjuntivo: "*Nos ordenó que nos **quedáramos** quietos*", frente a, "*Nos ordenó que nos **quedemos** quietos*". Y a nivel del discurso, se da más el discurso directo que el indirecto: "Bueno, dije, no **cambiamo** y no **vamo** a dormir y yastá".

Tampoco hacen falta ejemplos contemporáneos de la variación estilística. Por ejemplo, Moyna y Rivera-Mills (2016) coordinan varios estudios sobre las complicadas formas apelativas de tratamiento personal. Las investigaciones tratan la variación diacrónica, regional, pragmática, etc., de la forma nominal, pronominal y verbal de segunda persona, y de las variedades que demuestran dos variantes competidoras que a veces se encuentran revueltas de una manera muy compleja.

Se ha coordinado también un conjunto de estudios (de Benito Moreno y Octavio de Toledo y Huerta 2016), sobre el *haber* del español, caracterizado por su variación y sus cambios morfosintácticos: "el haz entero de construcciones en las que, a lo largo de la historia, ha participado el auxiliar más conocido del español, HABERE > haber".

Otro ejemplo es la costumbre actual de textear que presenta la posibilidad de que se efectue un cambio fundamental en el lenguaje escrito. Se encuentra una interesante individualidad en los textismos, e.g., las abreviaturas, la jerga, y la mezcla bilingüe de lenguas (Michael *et al.* 2016). Considere en la **Figura 5.1** la variación presente en un breve texto que acabo de recibir:

FIGURA 5.1. La variación de un texto de pocas palabras

El *Bilingual Youths Corpus* (*www.byts.commons.gc.cuny.edu*) es un corpus bilingüe inglés-español de mensajes de texto de la ciudad de Nueva York. El corpus contiene c. 45,000 textos escritos por los jóvenes urbanos nacidos fuera del país cuyo lenguaje dominante es el español.

5.3 LA DESCRIPCIÓN DEL ESTILO

El análisis *cualitativo* del estilo consiste en identificar y describir de manera sistemática los rasgos estilísticos del escrito, y es de suma importancia la advertencia de Enkvist

(1974:45) de la necesidad de "... delinear unos procedimientos que conduzcan a una visión práctica del estilo y a un método para el análisis estilístico...".

El paso identificador es "fundamentalmente clasificatorio", como observa Saporta (1958:50), y la descripción sistemática analiza "... aquellos recursos formales utilizados preferentemente por un escritor y que caracterizan su particular manera de escribir, la idea del estilo que comúnmente manejamos todos" (Paz Gago 1993:8). En términos lingüísticos, los "recursos formales" del escritor serán los rasgos distintivos de las alternativas seleccionadas por el escritor (Saporta 1958:56).

El análisis del estilo se lleva a cabo utilizando un modelo o una combinación entre los tres modelos desarrollados por Wachal (1996). Son los modelos de *semejanza*, *consistencia* y *población*.

El *modelo de semejanza* se utiliza cuando los factores externos reducen el número de posibles autores candidatos de tal manera que la tarea de la autoría sea la de excluir o identificar a un solo escritor o a unos cuantos escritores.

El *modelo de consistencia* se utiliza para determinar si varias obras fueron escritas por el mismo autor. Establecer la consistencia de un grupo de escritos es con frecuencia el primer paso en un caso de semejanza cuando las circunstancias no permiten que se realice una suposición sobre la autoría de los escritos cuestionados.

El *modelo de población* es el uso seguido del modelo de semejanza, en un autor después de otro, hasta que todos estén excluidos. Se utiliza en los contextos forenses cuando las circunstancias no permiten delimitar a todos los autores candidatos.

El resultado del análisis descriptivo será lo que Saporta (1958) denomina "una tipología" del estilo:

> La finalidad de un análisis estilístico parecería ser una tipología que indicase los rasgos compartidos por un cierto tipo de mensajes, así como aquellos que pudiesen ser divididos más adelante en subclases. Cada mensaje diferente sería definido sólo en términos de un determinado conjunto de esas características concretas (Saporta 1958:48).

Conviene incluir datos de la estadística descriptiva en el análisis descriptivo, los cuales sirven para complementar la clasificación y la descripción verbales. También, las tablas de frecuencia, por ejemplo, anticipan su uso posterior en las pruebas de la probabilidad estadística de su incidencia.

Sin embargo, hay que tener en cuenta lo que pasa a menudo, que los resultados descriptivos son en sí más "demostrables" que los resultados cuantitativos porque apelan al sentido de probabilidad estructurado, si no matemático, que sostienen los jueces y los jurados (Cohen 1977).

En fin, se puede resumir así el rigor necesario para el análisis descriptivo: requiere un estratagema cuidadoso de preguntas de investigación, de observación sistemática,

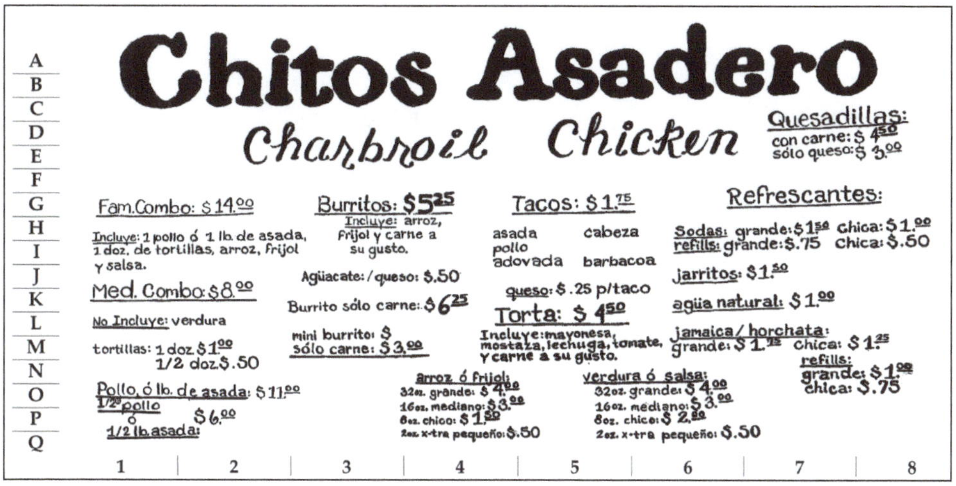

FIGURA 5.2. Menú de *Chitos Asadero*

de datos derivados de la observación, de métodos confiables de descripción y de análisis, de interpretación válida de resultados, y de una declaración sobre la base de cada conclusión (Johnstone 2000). La descripción del estilo antecede a su medida: conduce naturalmente a la medida porque la estilística es un proceso de comparación de formas, y el papel de cualquier rasgo lingüístico utilizado en la dicha comparación depende de la frecuencia que aparece en el habla (Saporta 1958:56).

5.3.1 *Ejemplo abreviado de la descripción estilística*

Se puede considerar un breve escrito como ejemplo limitado de la identificación, clasificación y descripción del estilo. Se trata del menú de la **Figura 5.2** que aparece al lado exterior de *Chitos Asadero* en Lindsay, California.

En primer lugar hay que encontrar una manera de organizar los datos, lo que se hace normalmente identificando fecha, página, y renglón de cada dato. Sin embargo, en el caso del menú, pintado a mano sobre una tabla, faltaba el orden existente en los textos escritos convencionales, así que aquí se incorporó un esquema reticular cartográfico para facilitar la localización de datos: las letras A–Q para el eje vertical, y los números 1–8 para el eje horizontal.

Se resumen los datos de la **Tabla 5.1** observando seis rasgos estilísticos en el escrito:

A. La mezcla del inglés y español
B. La palabra *ó* con acento ortográfico
C. La vocal *ü* con diéresis

TABLA 5.1. RESUMEN DE DATOS DEL MENÚ DE *CHITOS ASADERO*

A. MEZCLA DE INGLÉS Y ESPAÑOL

1. A-3 *Chit**os***
2. E-2 ***Charbroil Chicken***
3. G-1 ***Fam. Combo***
4. K-1 ***Med. Combo***
5. I-6 ***refills:***
6. N-7 ***refills:***
7. I-1 *1* ***doz.***
8. M-1 *1* ***doz.***
9. N-1 *1/2* ***doz.***

B. Ó CON ACENTO ORTOGRÁFICO

10. I-2 *pollo* ***ó*** *1 lb de asada*
11. O-1 *Pollo* ***ó*** *lb. de asada*
12. O-4 *arroz* ***ó*** *frijol*
13. O-6 *verdura* ***ó*** *salsa*
14. P-1 *1/2 de pollo* ***ó*** *1/2 lb asada*

C. Ü CON DIÉRESIS

15. J-3 *Ag**ü**acate*
16. K-6 *ag**ü**a*

D. OPCIÓN LÉXICA

17. M-5 ***tomate***
18. Q-4 ***x-tra*** *pequeño*
19. Q-5 ***x-tra*** *pequeño*

E. ORTOGRAFÍA

20. J-4 *ado**v**ada*
21. K-5 ***p****/taco*

F. CANTIDADES DE DINERO

22. G-2 $\$\,14.^{\underline{00}}$
23. G-5 $\$\,1.^{75}$

F. CANTIDADES DE DINERO *(cont.)*

24. H7 $\$\,1.^{\underline{50}}$
25. H8 $\$\,1.^{\underline{00}}$
26. J-7 $\$\,1.^{\underline{50}}$
27. K-2 $\$\,8.^{\underline{00}}$
28. K-6 $\$\,1.^{\underline{00}}$
29. M-2 $\$\,1.^{\underline{00}}$
30. M-3 $\$\,3.^{\underline{00}}$
31. M-7 $\$\,1.^{75}$
32. M-8 $\$\,1.^{25}$
33. O-2 $\$\,11.^{\underline{00}}$
34. O-4 $\$\,4.^{\underline{00}}$
35. O-5 $\$\,4.^{\underline{00}}$
36. O-8 $\$\,1.^{\underline{00}}$
37. P-2 $\$\,6.^{\underline{00}}$
38. P-4 $\$\,3.^{\underline{00}}$
39. P-4 $\$\,1.^{\underline{50}}$
40. P-5 $\$\,3.^{\underline{00}}$
41. P-5 $\$\,2.^{\underline{00}}$

42. E-8 $\$\,4^{\underline{50}}$
43. E-8 ***$ 300***
44. G-4 ***$ 525***
45. L-4 ***$ 625***
46. L-5 $\$\,4^{50}$

47. I-7 ***$.75***
48. I-8 ***$.50***
49. J-4 ***$.50***
50. K-5 ***$.25***
51. N-2 ***$.50***
52. O-8 ***$.75***
53. Q-4 ***$.50***
54. Q-5 ***$.50***

D. Dos opciones léxicas: *tomate* y *x-tra*
E. Dos opciones ortográficas: *adovada* y *p/(por)*
F. Tres formas para representar montos de dinero en los precios

A. La mezcla del inglés/español se nota en los siguientes datos: *Chit**os*** es el posesivo del inglés, aunque falta el apóstrofe ante la *-s* final. Son palabras inglesas *Charbroil Chicken* y *refills*. La abreviatura inglesa *doz.* aparece en vez de la española *doc.* o *dna.*, lo que indica la posibilidad de que *lb.* y *oz.* sean también inglesas. Se interpretan *Fam. Combo* y *Med. Combo* como enunciados ingleses por su sintaxis inglesa, frente a la española que sería *Combo Fam.* (*Combo Familiar*) y *Combo Med.* (*Combo Mediano*).

B. La *ó* disyuntiva acentuada está ya casi fuera de uso, aun cuando aparece entre cifras. Es probable que el dueño del asadero la sigue usando quizás porque es lo que le fuera enseñado en la escuela. Lo importante de este marcador estilístico es que se repite, de tal modo que se considera sistemático y no un error aleatorio. (Véanse los datos 10–14, numerados según aparecen en la **Tabla 5.1**.)

C. La *ü* con diéresis (datos 15–16 de la **Tabla 5.1**) es una especie de ultracorrección por parte de un escritor demasiado cuidadoso, dado que la diéresis diacrítica aparece sobre la *-u-* de *-gu-* sólo ante vocal anterior, y sólo cuando *-gui-* y *-gue-* se pronuncian /gwi/ y /gwe/. Por ejemplo, las palabras *aguacate* y *agua* no exigen la *ü*, pero *agüita* sí.

D. El autor del menú escogió *tomate* entre las dos formas comunes, *tomate* y *jitomate*, y optó por *x-tra* en vez de *extra* y *xtra*.

E. El autor hizo la sustitución de *v* por *b* en *adovada* por *adobada*, y abrevió *por* en *por taco* a *p/taco*.

F. En los varios precios del menú, el autor utiliza tres formas para representar cantidades de dinero:

Forma 1: [$\$\ 1.^{\underline{75}}$]   Forma 2: [$\$\ 4^{\underline{50}}$]   [Forma 3: [$\$.75$]

Se notan las características distintivas de cada forma en la **Tabla 5.2**:

TABLA 5.2. FORMAS DE REPRESENTAR LOS PRECIOS

Características	*Forma 1*	*Forma 2*	*Forma 3*
	$\$\ 1.^{\underline{75}}$	$\$\ 4^{\underline{50}}$	$\$.75$
Espacio entre signo de dólar y primera cifra	+	+	–
Punto entre dólares y centavos	+	–	+
Centavos subrayados	+	+	–
Centavos como superíndice	+	+	–

Aparte de observar la tres formas distintas, importa también darse cuenta de que la Forma 3 está en una distribución complementaria con las Formas 1 y 2: el autor utiliza la Forma 3 sólo cuando la cantidad monta a menos de un dólar. El hecho de que no se encuentren en una distribución libre se puede considerar parte de su importancia como marcador estilístico.

5.4 LA MEDIDA DEL ESTILO

El análisis *cuantitativo* del estilo consiste de aislar ciertos indicadores y medir, de una forma estadísticamente apropiada, sus respectivas frecuencias relativas en, por ejemplo, una colección de escritos frente a otra.

Las medidas encontradas ahora en las varias investigaciones actuales se suelen denominar *estilometría,* término general que conviene, pero que a veces se evita porque a la vez abarca más de una metodología y existe también un específico método epónimo. Cabe señalar que los protocolos metodológicos del análisis exigen que se complementen en lo posible los métodos cualitativos y cuantitativos en la tarea de identificar, describir y luego medir la presencia o ausencia de marcas estilísticas en los estudios de la autoría.

En cuanto funcione la medida de la variación lingüística como complemento de la descripción, se logra utilizar la incidencia de unidades lingüísticas para sacar conclusiones estadísticamente válidas en cuanto se relacionen a la autoría dubitada. La cuantificación de los datos hace que las decisiones relacionadas a una hipótesis dada sean más precisas, y que cumplan con los requisitos lingüísticos (científicos) y judiciales (evidenciales) de producir resultados fiables y conclusiones válidas.

Varios investigadores han estado trabajando en los aspectos de la cuantificación de elementos textuales, en especial aquellos relacionados con la selección y el significado de los marcadores estilísticos (e.g., McMenamin 1993). Quedan también delineadas las pruebas básicas para evaluar el significado de la relación de variables entre escritos de comparación en una previa publicación mía (McMenamin 2002:137–161). Ahora se ven también buenas presentaciones de la estadística para el análisis lingüístico por el enfoque actual de la lingüística empírica en los métodos cuantitativos, por ejemplo, Davis (1990), Eddington (2015), Scrivner y Díaz Campos (2016), y Rico-Sulayes (2011) para el español. Considero el método cuantitativo como el más prometedor por el uso de los datos de un corpus apropiado para establecer normas de uso de las variables estilísticas. Se presenta más adelante (en 5.4.2) un breve ejemplo de la cuantificación.

5.4.1 *La lingüística de corpus*

El uso y análisis de un corpus de lenguaje tiene su origen en la lexicografía de siglos pasados; el diccionario fue preparado a base de las fichas (papelitos) coleccionadas para juntar ejemplos de palabras. Ahora con la llegada de la computadora, el lenguaje se observa por medio de un corpus mucho más extenso y manejable (Bennett 2010). La lingüística de corpus abarca la investigación empírica de la variación formal y funcional de lenguaje.

El *corpus lingüístico* es una colección de muestras del lenguaje auténtico, la cual se diseña según ciertas características del contexto de escribir: escritor, tema, propósito, lector previsto, género y medio. Sirve el corpus como base analítica para la identificación empírica de unidades lingüísticas (léxicas, ortográficas, morfológicas, sintácticas, etc.) y ciertas secuencias de unidades. También sirve para establecer los patrones característicos de una cierta variedad frente a otra (Bennett 2010). Ejemplos de varios usos actuales del corpus lingüístico se encuentran en López Couso *et al.* (2016).

Por ejemplo, Douglas Biber (2009) distingue entre dos enfoques de la lingüística de corpus: estudios basados en el corpus y estudios impulsados por el corpus. Los primeros descubren y analizan la variación por unidades lingüísticas ya definidas por una que otra teoría. Los estudios conducidos por el corpus son más inductivos en el sentido de que los patrones lingüísticos se originan del corpus mismo.

El corpus facilita el estudio, por ejemplo, de las frecuencias de palabras y locuciones de varias palabras; los tiempos verbales; las palabras funcionales de clase cerrada, como artículos, preposiciones, conjunciones y pronombres; el léxico asociado con un registro frente a otro; los modismos; la proporción *type/token* (tipos de palabras usadas frente a incidentes de ellas); la posición variable de sujetos, verbos, adverbios, posesivos, etc.; y la influencia sintáctica de otra lengua. En cuanto a secuencias de palabras, se analizan *colocaciones* de palabras (las que tienden a ocurrir juntas), *haces léxicos* de palabras que forman locuciones fijas, y *secuencias preferidas* de palabras (Bennett 2010).

El procesamiento informático y estadístico de los datos del corpus requiere una anotación de su lenguaje, lo que resulta en el *corpus anotado*. Así, otras áreas de investigación de la lingüística de corpus son la creación y evaluación de sistemas de anotación, los métodos de anotación automáticos y manuales, y cómo representar los datos lingüísticos anotados.

El diseño, la construcción y el uso del corpus representa una metodología introducida al contexto forense por Malcolm Coulthard (1994), quien propone, para los casos de autoría cuestionada, que el lingüista analice el escrito dubitado frente a "un corpus apropiado, limitado y específico al caso, recopilado para propósitos comparativos" (Coulthard 1994:30). El primer paso es comparar el escrito dubitado a un corpus de textos conocidos del autor cuestionado, y el segundo es comparar el escrito dubitado a otro corpus de textos escritos por otros posibles autores con la finalidad de excluirlos.

Tal análisis sirve para mejorar la calidad y fiabilidad de la metodología analítica estilística porque juega un papel al determinar (1) si hay suficientes diferencias o similitudes para excluir o identificar a un posible autor, y (2) la probabilidad de que un conjunto de semejanzas sea única e idiosincrática.

El diseño del corpus será general o especializado. El *corpus general* suele ser de tamaño bastante grande como para representar muchos contextos de escribir, por ejemplo, *El Corpus del Español Actual* (Subirats y Ortega 2012). Los corpora del español son varios y fáciles de encontrar y utilizar en línea. Algunos ejemplos son los siguientes:

AnCora: Es un corpus constituido de textos periodísticos del catalán y español. Contiene medio millón de palabras de cada lengua con diferentes niveles de anotación: lema y categoría morfológica; constituyentes y funciones sintácticas; estructura argumental y papeles temáticos; clase semántica verbal; tipo denotativo de los nombres deverbales; sentidos de WordNet nominales; entidades nombradas; y relaciones de correferencia. *http://clic.ub.edu/corpus/es*

Corpus del español: Son dos corpora. El uno es un corpus de 100 millones de palabras procedentes de más de 20.000 textos del español de los siglos XIII al XX, y el otro se ha ampliado al incluir el español del siglo XXI hablado en 21 países distintos con dos mil millones de palabras. Se buscan palabras exactas o frases, comodines, etiquetas, lemas, categoría gramatical más sus combinaciones, y colocaciones de hasta diez palabras. También se puede hacer búsquedas de frecuencia de uso por registro (género) o por período histórico. *http://www.corpusdelespanol.org*

Corpus del español actual: El CEA contiene 540 millones de palabras y está tematizado y etiquetado con información morfológica y categorial. El CEA está integrado por los siguientes textos: la parte española del corpus paralelo español-inglés Europarl, el módulo en lengua española del Wikicorpus, y la sección en español de un corpus integrado por resoluciones de las Naciones Unidas. *http://spanishfn.org/tools/cea/spanish*

Corpus de referencia del español actual: El CREA representa el banco de datos actuales de la Real Academia Española. Se presta a la consulta interactiva de su recurso léxico de más de 200 millones de palabras del idioma español. El CREA ofrece una muestra representativa del español estándar utilizado en el mundo actual. El corpus está estructurado en varios módulos: *cronológicos*: los veinticinco años 1975–1999; *geográficos*: textos españoles y americanos; *medio*: textos publicados (libros, revistas, periódicos, transcripción oral); y *temáticos*: ciencia, política, vida cotidiana, economía, ficción. *http://corpus.rae.es/creanet.html*

Corpus diacrónico del español: El CORDE representa el banco de datos diacrónicos de la Real Academia Española. El CORDE se presta a la consulta interactiva de un corpus escrito de texto completo. Recoge un conjunto de 125.000.000 de palabras de la lengua, desde los inicios del idioma hasta el año 1975. El corpus está estructurado según diversos parámetros: *cronológicos*—se divide en las tres etapas de Edad Media, Siglo de Oro y Época Contemporánea; *geográficos*—recoge el español de todas las partes del mundo en que se habla, pero por su perspectiva diacrónica, el español peninsular representa el 74% y el resto del mundo el 26%; y *de modalidad y género*—se divide en dos grupos, uno de ficción (verso y prosa) y otro de no ficción (prosa estructurada, por ejemplo, didáctica, científica, de sociedad, de prensa y publicidad, religiosa, histórico-documental y jurídica). *http://corpus.rae.es/cordenet.html*

Corpus Diacrónico y Diatópico del Español de América: El CORDIAM es un corpus patrocinado por la Academia Mexicana de la Lengua y la Universidad Nacional Autónoma de México (entre otros). Fue concebido para enriquecer el conocimiento de la gramática histórica de español de las Américas. El corpus contiene 3.171.192 palabras en 3586 documentos escritos provenientes de los actuales 19 países americanos hispanohablantes más el sur y oeste de Estados Unidos, Jamaica, Haití y Guyana. Los documentos cubren los cuatro siglos entre el año 1494 del primer documento hasta el año 1905 del último, y son textos no literarios y no periodísticos que presentan una variedad comunicativa y discursiva. *http://www.cordiam.org/doc/presentacion.html*

Corpus paralelo de las Naciones Unidas: El recién salido corpus de las Naciones Unidas (Ziemski *et al.* 2016) se compone de los documentos y textos públicos de las Naciones Unidas, disponibles en corpora paralelos de sus seis idiomas oficiales: árabe, chino, español, francés, inglés y ruso. Fue realizado con la intención de dar acceso a un recurso lingüístico multilingüe y de facilitar el desarrollo del procesamiento del lenguaje natural, especialmente la traducción automática. *http://conferences.unite.un.org/UNCorpus/es*

El Grial: Este corpus es una interfaz computacional que permite tanto la realización de anotaciones morfosintácticas en textos planos en lengua española como la interrogación o consulta en forma de base de datos de los corpora allí reunidos. *http://elgrial.cl/*

El *corpus especializado*, en cambio, se construye para reflejar un cierto tipo de lenguaje, limitando las características del contexto de la escritura a fin de analizar una especie definida de lenguaje. La **Tabla 5.3** demuestra dos detalles de los datos relacionados a un tipo de corpus especializado, el *corpus escolar*, el cual se compone de textos producidos por o para estudiantes (véase, por ejemplo, Alonso-Ramos 2016 y la *International Journal of Learner Corpus Research*, ambos publicados por John Benjamins). El siguiente ejemplo representa una pequeña parte de un corpus de cuentos escritos por un niño mexicano recién llegado a los EE. UU. y quien apenas empezaba a aprender escribir a los nueve años de edad. Se notará la ausencia de la *h*, la forma no estándar de *haya*, y la confusión ortográfica entre las *s* y *c* homófonas.

Juntar así los datos parecidos del corpus le informará al maestro, de manera sistemática, de sus posibles objetivos pedagógicos: la *h* inicial ortográfica; la morfología estándar de *haya*; y las formas ortográficas del sonido /s/ del español:

Tabla 5.3. Datos estilísticos de un corpus escolar

4	pero cualquiera que **aiga**	sido
6	por mas feliz que **aiga**	sido un momento
17	no **ay**	muchas tortugas
36	para . . . lo que **isiera**	falta.
55	no fuera que **isieramos**	algo mas grabe que
62	lo que paso que **isiera**	lo que ise fue
62	que isiera lo que **ise**	fue

5.4.2 *Ejemplo abreviado de la medida estilística*

Buen ejemplo cuantitativo se da en las estimaciones de frecuencia, es decir, las expresiones numéricas de todos los escritores que demuestren el perfil estilístico presentado por un escrito, dubitado o no. Tal análisis estará basado sobre el cálculo de la probabilidad de la utilización conjunta de unidades lingüísticas identificativas, es decir, las *variables lingüísticas,* denominados *marcadores estilísticos* en el lenguaje escrito.

Primero se consulta un corpus paralelo al escrito en un contexto de escritura. Se calcula la probabilidad de ocurrir (p), identificando los casos (ocurrencias) de cada unidad ya descrita entre todas sus oportunidades de aparecer (ocurrencias + no ocurrencias):

$$p = \frac{\text{ocurrencias}}{\text{ocurrencias + no ocurrencias}}$$

Segundo, se calcula la probabilidad de la co-ocurrencia de varias variables (P) en forma del producto de sus probabilidades individuales:

$$P = p_1 \times p_2 \times p_3$$

Si se toma el ejemplo del breve escrito del menú de *Chitos Asadero* (**Figura 5.1**), se puede establecer la frecuencia relativa de ocurrencia en el español mexicano de las variables ya observadas en el menú, utilizando el CREA: *Corpus del español actual* (RAE 2015).

Es evidente que los datos del menú son pocos, y el CREA carece de muestras precisamente comparables con las del contexto de escribir del menú. Sin embargo, la ausencia actual del óptimo corpus no impide acudir al CREA para demostrar la manera en que se utilizan los datos de un corpus para establecer (1) la frecuencia relativa de cada variable y (2) la posible frecuencia de las variables en conjunto.

Se prestan a fácil cuantificación cuatro de las seis variables identificadas:

1. La palabra ***ó*** acentuada, frente a la palabra ***o*** sin tilde
2. La opción léxica: ***tomate***, frente a su variante ***jitomate***
3. La opción léxica: ***x-tra***, frente a sus variantes ***extra*** y ***xtra***
4. La vocal ultracorrecta ***-ü-*** en ***agüa/agüacate***, frente a la ***-u-*** sin diéresis

Debido a que el nivel socioeconómico de los respectivos escritores es distinto (e.g., la diferencia educativa entre los autores del corpus y el autor del menú), se puede corregir hasta cierto punto el desnivel suprimiendo la variable no estándar: la ***-ü-*** ultracorrecta. Entonces, se le hicieron al corpus consultas correspondientes a las tres variables restantes, utilizando los siguientes filtros del corpus en línea: escritos mexicanos, todos los temas, todos los medios escritos, y el período de los 30 años entre 1980 a 2010.

Resumen de datos para las tres variables aisladas del menú de Chito:

1. **La palabra *ó* acentuada** (frente a la palabra ***o*** sin acento ortográfico)
   a. **ó** = 219 casos
   b. **o** = 43.007 casos
   c. **o + ó** = **43.226 casos en total**
   d. 219/43.226 = **0.005** frecuencia relativa de **ó**
2. **La opción léxica: *tomate*** (frente a su variante ***jitomate***)
   a. **tomate** = 151 casos
   b. **jitomate** = 355 casos
   c. **tomate + jitomate** = **506 casos en total**
   d. 151/506 = **0.298** frecuencia relativa de **tomate**
3. **La opción léxica: *x-tra*** (frente a sus variantes ***extra*** y ***xtra***)
   a. **x-tra** = 0 casos
   b. **xtra** = 0 casos
   c. **extra** = 145 casos
   d. **x-tra + xtra + extra** = **145 casos en total**
   e. 0/145 = **0.000** frecuencia relativa de **x-tra**

Cálculo de la probabilidad de ocurrencia de cada variable:

$$\textit{ó} = \frac{219}{43{,}226} = \frac{1}{197} = \mathbf{0.0051}$$

$$\textit{tomate} = \frac{151}{506} = \frac{1}{3} = \mathbf{0.3333}$$

$$\textit{x-tra} = \frac{1}{145} = \frac{1}{145} = \mathbf{0.0069}$$

Cálculo de la probabilidad de coocurrencia de las tres variables:

0.0051	×	0.3333	×	0.0069	=	**0.0000117**

Se ve que la probabilidad de ocurrencia conjunta es de 1/85.695 , o efectivamente una probabilidad de cero.

5.4.3 *Cautelas para el enfoque judicial y forense en la metrología*

A pesar de la énfasis actual sobre la metrología en las ciencias forenses, siguen siendo de suma importancia los datos lingüísticos cualitativos:

1. La lingüística es cualitativa antes de que pueda ser cuantitativa porque tiene que haber datos descritos para contarse.
2. No son contables todos datos lingüísticos significativos.
3. El concepto de la probabilidad no se liga totalmente con la estadística (Cohen 1977).
4. La exclusión *de facto* del análisis cualitativo por algunos analistas forenses es una hipercorreción reactiva al reciente esfuerzo valioso de fortalecer la base científica de las ciencias forenses. Sin embargo, no se debe permitir que la cola de los deseos judiciales o forenses llegue a menear el perro de la ciencia lingüística.

5.5 LA ESTILÍSTICA FORENSE Y LA ATRIBUCIÓN AUTORIAL

La estilística forense pretende identificar el estilo de un autor o de un escrito. La atribución de autoría procura inferir la identidad del escritor a base de este análisis del estilo. El lingüista observa la variación lingüística dentro de un escrito, sea ésta del individuo o del grupo socio-geográfico del escritor. Tal como se suele hacer en las otras ciencias forenses (y como se ha dicho), el polimorfismo propio se denomina *rasgo individual* y el colectivo *rasgo de clase*.

Como se vio en el capítulo previo, se define el estilo único del individuo como el conjunto de rasgos individuales y colectivos demostrados por un solo autor. Es decir, la unicidad estilística del escritor no queda en la presencia de una característica idiosincrática (si fuera posible ésa) sino que se encuentra en el patrón creado por la matriz de los rasgos seleccionados de todos los hechos disponibles por el lenguaje del escritor. Se sabe pues que lo característico de un estilo es “el conjunto orgánico de los indicios de estilo” (Castagnino 1974:247).

En la discusión de los modelos de análisis para las cuestiones de la autoría, he utilizado los términos *dubitado* y *conocido*. En las ciencias forenses, hay una bala, una huella digital, una mancha de sangre, una fibra, un correo electrónico, etc., cuyo origen es cuestionado, es decir, es el elemento dubitado. El caso forense se torna viable siempre cuando se encuentre una posible fuente de referencia conocida para el artículo cuestionado (a saber, una pistola, una huella digital, una muestra de ADN, una pieza de ropa, una computadora proveniente de un posible sospechoso). Los mismos requisitos se deben cumplir en el análisis lingüístico del estilo: un escrito cuestionado, cuya autoría está en duda o es desconocida, se prueba en relación a ejemplares conocidos, escritos que dan fe de haber sido producidos por uno o más de los posibles autores.

Los lingüistas observan el lenguaje de grupos e individuos para estudiar la variación habitual representada en su habla y escritura. La constelación de las formas y los usos modelados del lenguaje de un individuo representa un conjunto único de características y, por lo tanto, se utiliza para identificar el lenguaje de sólo ese autor. Cuando se aplica a muestras del lenguaje escrito en disputa, al análisis de la variación lingüística se le denomina como la *estilística forense.*

Por lo tanto, la estilística forense se enfoca en la identificación de autores de escritos dubitados. Su metodología fue desarrollada primero para la investigación de obras literarias de dudosa autoría como, por ejemplo, la novela picaresca *Lazarillo de Tormes* (Domínguez 1977). Ahora los mismos métodos junto con otros nuevos se aplican a problemas forenses relacionados con escritos de origen desconocido. En casos tanto criminales como civiles existe a menudo la necesidad de determinar que hubiera un solo autor de una serie de escritos, o que uno de dos o más autores posibles hubiera redactado el documento en cuestión, o que un solo sospechoso pudiera ser excluido o identificado como autor del escrito.

Vale la pena mencionar dos actividades ostensiblemente relacionadas que no están incluidas en la estilística forense, a saber: la examinación de la escritura a mano, la escritura en máquina de escribir, la tinta, el papel, etc.; y la examinación del perfil psicológico en base al lenguaje. La primera actividad se considera ser la preocupación de la *examinación forense de documentos,* y la actividad posterior, la así denominada *psicolingüística forense.*

En resumen, los casos de autoría cuestionada típicamente le presentan al lingüista un escrito cuestionado para que sea primeramente contrastado, para la posible exclusión del autor, y después comparado, para la posible identificación del autor, con un conjunto de ejemplares conocidos del autor al cual se le sospecha de haber escrito el material cuestionado. El estilo del autor se exhibe en una muestra de escritura lo suficientemente extenso como para demostrar la variación individual que se encuentre presente en los patrones lingüísticos subyacentes que le son internos al lenguaje habitual utilizado por el autor.

La diferencias individuales en el estilo de la escritura se relacionan con las elecciones individuales de las formas alternativas puestas a disposición del autor por la vasta reserva de alternativas lingüísticas compartidas por todos los hablantes y escritores del grupo del autor, esto es, el lenguaje de la comunidad. Así, pues, la individualidad en el estilo de la escritura resulta de la posición determinada que ocupa el autor dentro del grupo, representada por su conjunto agregado de elecciones lingüísticas habituales.

5.6 ANÁLISIS INFORMÁTICO DEL ESTILO

Una interesante extensión de la metodología presentada aquí para el estudio de la autoría dubitada es la investigación sobre la autoría del lenguaje utilizado para la programación informática. Se puede analizar la variación lingüística del código escrito del programador para averiguar su grado de originalidad. Viene siendo importante este tipo de análisis porque los dueños de tales proyectos se quedan con los derechos del código como su propiedad intelectual.

Dentro de la codificación, existen distintos lenguajes de programación. El programador aprende uno o más de ellos y escoge el lenguaje más apropiado para el proyecto a mano. Entonces, paralelo al proceso que sigue el autor, el programador utiliza, muy a su manera, los elementos sintácticos del código, algo parecido a los que hace también el compositor de música. Claro, al igual que el escrito del lenguaje natural, se tiene que quedar a la vez dentro de las restricciones estructurales y funcionales impuestas por el lenguaje mismo como, por ejemplo, los denominados constantes, variables, comentarios, y estructuras de control. Así se explica en un artículo sobre la codificación:

> La desarrolladora se pone ante su editor de código de la misma forma que el autor enfrenta la página en blanco. Hay una idea de lo que se debe crear, y el conocimiento (intimidante) que hay mil millones de maneras posibles de efectuarla. Para ir adelante, cada quien depende de, por una parte, el entrenamiento y, por tres partes, su intuición creativa. . . . Seguramente, cada destreza [de escribir y de programar] requiere un dominio sobre el lenguaje y sus reglas de sintaxis (Hipps 2016) (2).

5.7 CUESTIONES METODOLÓGICAS

5.7.1 *La cuestión más frecuente*

La cuestión más recurrente es la de si existe una metodología para el análisis de la autoría que permitiera la replicación científica del proceso y que fuera bastante robusta como para automatizarlo. Contesto con una seguridad quijotesca que bien se permite la réplica, pero opino con la esperada sabiduría de Sancho que habrá poca posibilidad de automatizar el proceso en el próximo futuro.

Los que contestan que 'sí' es posible la automatización proponen un nuevo análisis *de arriba a abajo*. Se seleccionan marcadores cuya capacidad discriminadora no se determina a base de los escritos en cuestión. Por ejemplo, Chaski (2001) escoge una matriz de estructuras sintácticas para diferenciar entre cuatro autores. Una abarca los verbos auxiliares del inglés: verbos modales, progresivos, pasivos, perfectivos, negativos, invertidos, elípticos, y verbos con partículas. Resulta replicable que ciertas estructuras oracionales y unos patrones de puntuación acondicionados por la sintaxis, y a base de esto se consideran discriminadores comprobados de autoría.

Los que contestan que 'no', utilizan el análisis de variación *de abajo a arriba* que ya se ha comprobado desde hace mucho. William Labov señala (en numerosas investigaciones) que los hallazgos y conclusiones sólo se justifican si quedan bien con los hechos lingüísticos a mano. Los datos dirigen el análisis, cuyo primer paso es la identificación de las *variables de interés* dentro de los datos mismos. Lo dice de esta manera:

> ... Desarrollaría una lingüística empírica basada en lo que la gente dice en realidad. El término empiricismo, para algunas personas, implica un escepticismo acerca de las abstracciones y una aproximación firme a los datos, la cual no es la aproximación que he tomado. La idea es que la lengua es un objeto abstracto, y debe ser tratado con abstracciones. Así, pues, la pregunta es, ¿en cuál base de datos formulas tus conclusiones? (Labov en Gordon 2006) (3)

El principio de establecer la variación (descrita o medida) a base de la que se da en el escrito mismo siempre ha sido un criterio analítico. Véase la sección 4.2.5.

5.7.2 *El análisis* de abajo a arriba

El análisis *de abajo a arriba* dicta que el primer paso analítico es la descripción de la variación inherente en los datos a mano. Sólo después de identificar los marcadores estilísticos en el lenguaje que se presenta puede uno comenzar a contar y aplicar pruebas estadísticas apropiadas para determinar la similitud o diferencia entre distintos conjuntos de escritos. Y si no hay datos suficientes para apoyar cuentas y medidas, el análisis permanece en el nivel descriptivo, y el perito tiene que determinar el grado de opinión que se pueda sostener sólo a base de los datos descriptivos.

Sali Tagliamonte, por ejemplo, enfatiza que hay que conocer los datos y confiar en ellos para poder contar una historia informada por la lingüística y no por otra cosa (Tagliamonte 2015:118). Importa esto porque se ve ya la posibilidad de una ruptura profesional entre los investigadores enfocados más en los criterios evidenciales legales que en los datos lingüísticos empíricos de tipo suficientemente fidedignos como para realizar un análisis científico confiable.

Un efecto adverso del análisis de abajo a arriba es que a veces se critican los resultados por la falta de complejidad de los marcadores estilísticos identificados. Se entiende bien esta crítica porque como lingüistas estamos acostumbrados a querer investigar estructuras complicadas. Sin embargo, como se ha dicho, uno de los principios teóricos del análisis de la variación lingüística (y su aplicación al análisis de la autoría) es que se empieza el análisis con los datos presentados (de abajo a arriba) más que llegar a los escritos con un determinado conjunto de discriminadores que se aplicarán a los datos (de arriba a abajo). Se realiza el análisis de tal manera aunque las variables encontradas sean de tipo tan sencillo que el analista las ve indignas de sus agudas aptitudes analíticas.

El argumento propuesto aquí es que la investigación empírica de la variación lingüística que no demuestre un análisis de abajo a arriba se debe a que el analista no toma en cuenta la naturaleza de la variación lingüística. Claro, se puede complementar la investigación con datos relacionados con los primeros hallazgos, pero no se puede llegar a los escritos con un conjunto de variables lingüística escogidas *a priori* de previos estudios.

5.7.3 *Ejemplos de metodologías* **de abajo a arriba**

Las metodologías más prometedoras ahora son *de abajo a arriba*. Grant y Baker (2001), por ejemplo, proponen el *análisis de componentes principales* (ACP) como "un enfoque muy eficaz para la identificación de posibles marcadores o combinaciones de marcadores discriminadores en un caso concreto". El ACP se mueve a base de los datos identificando agrupaciones de autores según los marcadores. La ventaja de este enfoque es la fiabilidad de los hallazgos porque los marcadores provienen de los datos mismos. Claro, la desventaja es que los marcadores así identificados quedan específicos a un solo caso, haciéndolos así poco fiables para otros casos de autoría. Grant tiene también una descripción y justificación más recientes de la aplicación metodológica de abajo a arriba (Grant 2010).

Otra metodología *de abajo a arriba* (ya mencionada anteriormente) es la que fue introducida al contexto forense por Malcolm Coulthard (1994): el diseño, construcción y uso del corpus. Coulthard propone que, para los casos de autoría cuestionada, el lingüista analice el escrito dubitado frente a "un corpus apropiado, limitado y específico al caso, recopilado para propósitos comparativos" (Coulthard 1994:30).

Tal análisis sirve para mejorar la calidad y fiabilidad de la metodología analítica y es importante para determinar la probabilidad de que el conjunto de semejanzas sea única e idiosincrática y de que haya suficientes diferencias o similitudes para excluir o identificar a un posible autor.

Biber también emplea análisis estadísticos de abajo a arriba para describir la variación discursiva de distintos registros en datos de corpora. En un estudio previo (Biber 2004) identifica dimensiones ligadas a ciertos dominios del lenguaje hablado (conversacional). En su investigación más reciente (Biber 2016), se identifican dimensiones de registro que señalan una oposición fundamental entre el discurso oral (*phrasal discourse*) frente al discurso escrito (*literate discourse*) a través del español (entre otras lenguas). El método es aplicado por Gómez González (2016) al análisis multidimensional de las preguntas cortas (*tag questions*) que aparecen al final de las frases para pedir afirmación o negación de lo que se aserta. Aunque se ha empleado el análisis multidimensional para aislar formas y funciones lingüísticas de registro, no parece ser impedimento para su aplicación forense en la identificación de dimensiones ligadas a ciertos individuos.

5.8 LIMITACIONES LINGÜÍSTICAS

Las limitaciones lingüísticas a la teoría y la práctica de la lingüística forense han sido identificadas en años recientes, y han sido estudiadas durante mucho tiempo en la investigación de la atribución de la autoría (McMenamin 1993 y 2002). Las inquietudes específicas se centran alrededor de cuatro cuestiones principales:

1. *¿Es objetiva o arbitraria y subjetiva la selección de variables estilísticas?*

La selección de variables estilísticas es objetiva y se basa en la teoría del análisis de la variación desarrollada por William Labov y otros, y fue propuesta desde 1966. Labov (2008) describe el proceso para definir la variable lingüística:

Paso 1: Se nota la variación: las formas alternativas de decir lo mismo.

Paso 2: Se define el marco de la variación: el entorno más extensivo de la variación. Se acompañan los informes de las incidencias de una variante con informes sin incidencias de dicha variante. Se dejan al lado los casos neutrales: los entornos en los cuales no es posible distinguir las variantes. Se notan las exclusiones: los rasgos individuales que se comportan de una forma idiosincrática.

Paso 3: Se definen las limitaciones independientes en torno a la variable (e.g., el contexto de escribir o el autor).

2. *¿Puede ser bien definida estadísticamente la frecuencia de la incidencia de las variables lingüísticas?*

De hecho, la frecuencia de la incidencia está bien definida si se siguen los pasos descritos para codificar las variantes de las variables estilísticas. Las aproximaciones estadísticas exitosas al análisis del estilo se remontan a décadas (véase 5.4).

3. *¿Son lo suficientemente accesibles las normas lingüísticas para ser utilizadas como una base para el análisis de la variación dentro y fuera de las normas específicas?*

Se recuerda que las variables estilísticas representan un continuo polimórfico que aparenta dos tipos de variación: desviaciones de una norma y variaciones dentro de una norma. Los casos claros, los cuales a veces motivan la referencia a una autoridad externa (léxica o gramatical), son errores prescriptivos, e.g., desviaciones de una norma establecida. Sin embargo, muchos marcadores estilísticos útiles representan una variación dentro de una norma, o sea, múltiples formas de decir lo mismo sin error alguno.

Otra limitación lingüística pocas veces mencionada en la práctica actual de la atribución de la autoría es la incapacidad de diferenciar claramente la variación grupal (rasgos de clase) frente a la individual (rasgos individuales). Una primera recopilación de los marcadores estilísticos puede ayudar a identificar las variables del grupo, y después hacer posible que se le asignen éstas y las variables restantes a un conjunto de marcadores estilísticos individualizantes, identificación de los cuales se basará en sus frecuencias relativas en un corpus apropiado.

Con respecto a la necesidad de referirse a una norma de la comunidad para establecer la variación individual, hace mucho tiempo que está claro que dicho trabajo es indispensable para que sea exitoso el análisis del estilo. Como mencionó Labov (1966b) los sociolingüistas han establecido la comunidad como la unidad del lenguaje estable y sistemático frente a la cual la conducta de los individuos debe ser observada. Otros recuentos más detallados de la necesidad de utilizar los campos de la lingüística, en especial para describir y establecer las normas del grupo, se encuentran en Coulthard (1994), McMenamin (2004) y Solan y Tiersma (2004).

El reconocimiento de la necesidad de un campo de referencia no significa que el establecer una norma para cualquier análisis dado sea fácil. El campo para un caso dado debe encuadrar tanto como sea posible el contexto de la escritura de los textos considerados en caso de que todavía no exista un análisis representativo.

4. *¿Es posible determinar los niveles de intervención consciente en el proceso de la escritura si es que los marcadores más reveladores son aquellos cuyo uso es menos consciente?*

Como se ha dicho anteriormente (véase 4.5.4.3), la selección de alternativas estilísticas se extiende desde lo inconsciente hasta lo consciente. Por ejemplo, se refiere en la lengua cotidiana a "los procesos involuntarios subyacentes de las reglas de selección" (Ervin-Tripp 1972:214). Sin embargo, una cosa es señalar que hay procesos involuntarios y voluntarios, pero otra es averiguar para cada caso el nivel de consciencia en la selección de una forma u otra. Por útil que fuera el encontrar un método de evaluar el nivel de consciencia del escritor en cualquier momento determinado en su proceso de escribir, las variables relacionadas con el acto de escribir son tantas que siguen siendo un obstáculo para la investigación del grado de consciencia.

Aún así, se puede ejercer una medida de control investigativo sobre la consciencia redactora. El grado variable de consciencia del proceso de escribir depende de dos factores: la exigencia cognitiva de la tarea de escribir y las experiencias del escritor:

> Que la actividad metacognitiva opere en el nivel consciente o subconsciente depende de la naturaleza y complejidad de la tarea de escribir y de la base de experiencia y conocimiento del escritor (Montague 1990:30) (4).

Por lo tanto, en la actividad compleja que es el escribir se integran las capacidades cognitivas del escritor con otros *metacomponentes*, los cuales consisten en las experiencias de aprendizaje que haya tenido el escritor. Los procesos metacognitivos gobiernan los elementos como el tema, la organización textual y los aspectos técnicos de la redacción como la ortografía y puntuación (Montague 1990:28).

El control relativo sobre el proceso de escribir depende del grado de automaticidad con el cual responde el escritor a la tarea específica de escribir. La *automaticidad* se refiere a la capacidad del escritor de redactar sin percatación o atención consciente. Por ejemplo, la actividad de seleccionar una palabra o puntuar una oración varía según el grado de automaticidad adquirido para cada una (Montague 1990:30–31).

Se ha demostrado que el factor que influye más el grado de automaticidad es la frecuencia de la producción del lenguaje escrito para un contexto específico (Ammon 1985:80), y que, entre más automático se vuelve el proceso de escribir, más se ocupa el escritor de otros aspectos más difíciles del proceso de escribir (Montague 1990:30).

Dadas las múltiples variables presentadas por los varios posibles contextos de escribir, lo que se puede efectuar en el contexto forense es identificar textos de comparación que son muestras del tipo de escrito más frecuente o de la redacción más informal del autor. Por ejemplo, la investigación laboviana que se relaciona con los niveles del estilo, desde el casual al formal, ha demostrado que la variación es más consistente en el habla casual por ser menos consciente. Aunque el escribir se considera una actividad más consciente que el hablar, se pueden utilizar escritos agrupados en base a un bajo nivel de atención puesto al proceso de escribir, lo que resultaría en un texto informal y por lo tanto menos consciente.

5.9 LIMITACIONES LEGALES

Las limitaciones legales a la estilística forense se relacionan con los estándares para la admisibilidad de la evidencia científica. La estilística forense no presenta limitaciones significativas en jurisdicciones que confían en la prueba de *aceptación general* como la que se especificó en los Estados Unidos por la Corte de Apelaciones del Distrito de Columbia en el caso *Frye v. EE. UU.* (1923). En este caso la opinión del perito fue admitida porque fue basada en un procedimiento científico que le era generalmente aceptable a la comunidad científica relevante.

En la actualidad, comenzando con la decisión de la Corte Suprema de los Estados Unidos en el caso de *Daubert v. Merrell Dow Pharmaceuticals* (1993) y con otras decisiones subsecuentes, la fiabilidad de la evidencia científica se debe juzgar en base a cinco factores específicos no exclusivos en jurisdicciones federales (y cada vez más en las estatales):

Criterio 1: La teoría o la técnica *se puede probar de manera objetiva.*
Criterio 2: La teoría/técnica *se ha sujetado a evaluación por dictamen de pares.*
Criterio 3: La aplicación de la teoría/técnica *tiene una tasa de error conocida o potencial.*
Criterio 4: La teoría/técnica *se comporta a base de estándares y controles.*
Criterio 5: La teoría/técnica *tiene aprobación general la comunidad científica relevante.*

El análisis del estilo le hace frente a los criterios del caso de *Daubert* (Coulthard, 2004; McMenamin, 2004), aunque el área de investigación de necesidad inmediata es el establecimiento de los márgenes de error para el análisis estilístico. El hecho de que la estilística forense cumpla en mayor o menor medida con todos excepto uno de los criterios del caso de *Daubert* hace que el procedimiento sea viable aun cuando la investigación del margen de error se está llevando a cabo. De hecho, en la decisión posterior de *Kumbo Tire v. Carmichael* (1999), la Corte Suprema de los Estados Unidos hizo énfasis en la aplicación flexible por parte de la Corte de los criterios *Daubert* a diferencia de aplicar rígidamente cualquier criterio particular en un caso determinado.

Por otro lado, esto no significa que estos criterios judiciales caigan fuera de la disciplina académica de la lingüística forense. Muy al contrario, tales factores como los que se establecieron en el caso *Daubert* nos proporcionan el ímpetu para avanzar la metodología de la estilística forense. Por ejemplo, se ha observado correctamente que "debido a la presión americana [de *Daubert*] es probable que el número y la variedad de enfoques cuantificados incrementarán en el análisis forense de la autoría" (Grant 2007).

Además, me gustaría recalcar la importancia de resolver otro problema limitador: la aparente imposibilidad de reconciliar distintas aproximaciones investigativas a la identificación de marcadores estilísticos y al proceso del análisis resultante. Para que los requisitos judiciales se hagan realidad se tiene que acercar más a la aceptación general de la estilística forense en la comunidad científica lingüística.

Para lograr esto será necesario encontrar un punto medio entre aquellos que preseleccionan los marcadores estilísticos para el análisis en base a un conjunto de variables lingüísticas establecidas *a priori*, contra aquellos que sostienen que los marcadores estilísticos utilizados para el análisis de un conjunto particular de escritos deben ser observados primero como marcadores lingüísticos en esos mismos escritos.

Me he referido previamente a estas aproximaciones respectivas como *de arriba a abajo* en relación a *de abajo a arriba*, ésta última siendo mi posición personal y la de la comunidad científica entera que estudia la variación lingüística, a saber: los datos para el análisis lingüístico se derivan directamente del lenguaje hablado o escrito por los miembros de la comunidad de habla mientras que ellos se comunican el uno con el otro.

PARTE IV

Estudios de caso: Lengua escrita

CAPÍTULO 9: *CALIFORNIA CONTRA 'DEMANDADO'* (2011)

CAPÍTULO 6

California contra Armas (1997)

AUTORÍA

6.0 INTRODUCCIÓN

Se murió una niña como consecuencia de lesiones relacionadas o debido al abuso físico, según el procurador, o debido a una caída accidental por las escaleras, según el acusado. La posición del fiscal fue que la muerte no fue un accidente. En cambio, el acusado mantenía que estaba dormido cuando la niña sufrió las lesiones fatales, sugiriendo que un hermano de la niña la habría dejado (sin querer) caer por la escalera del edificio.

La interrogación policial duró una noche entera pero no fue grabada. Aunque el sospechoso insistía en su inocencia, apareció su confesión en la madrugada, y en base a ella se le acusó de asesinato. Su abogado defensor pidió un análisis lingüístico de la confesión sospechosa, queriendo saber si fue escrita por el acusado o no. El acusado convino que la firma era suya, pero que la confesión en sí no lo era.

La confesión impugnada del acusado se encuentra reproducida aquí en la **Figura 6.1**.

Un aspecto interesante e inquietante del juicio es el hecho de que las opiniones de los dos examinadores forenses de documentos resultaron contradictorias. El examinador del fiscal mantuvo que, "el autor (el demandado) escribió la firma que se encuentra en el documento impugnado. Asimismo, hay indicios sólidos de que el mismo autor escribió la letra de molde del documento". Por el contrario, el examinador de la defensa concluyó que, "la evidencia señala que hay algunas diferencias que indican la posibilidad de que el escrito impugnado fue preparado por otro autor".

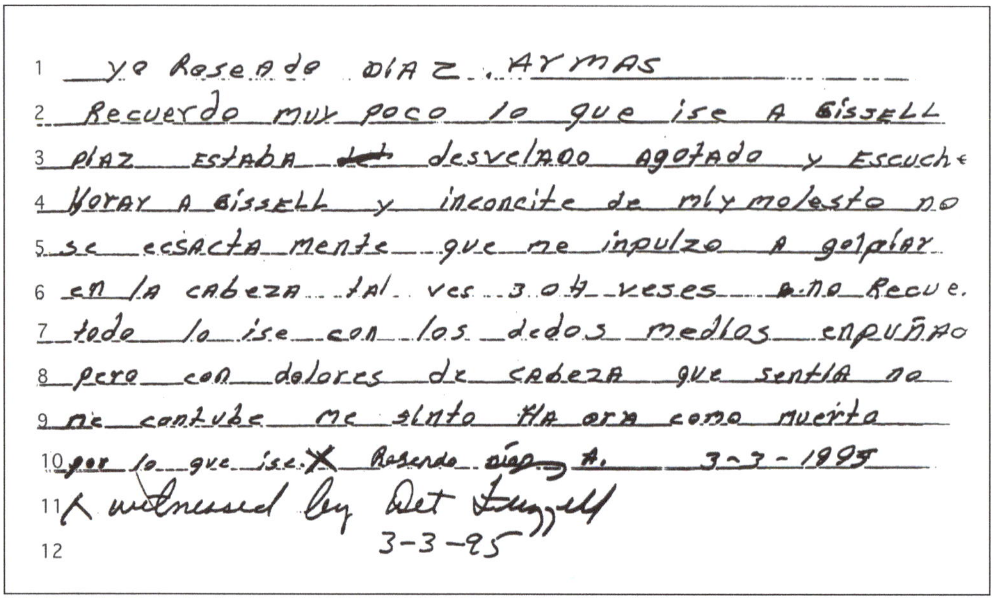
yo Rosendo DIAZ ARMAS
Recuerdo muy poco lo que ise a Gissell
Diaz estaba desvelado agotado y escuche
llorar a Gissell y inconcite de muy molesto no
se ecsacta mente que me inpulzo a golpiar
en la cabeza tal ves 3 o 4 veses no Recue.
todo lo ise con los dedos medios enpuñao
pero con dolores de cabeza que sentia no
me contuve me siento ya ora como muerta
por lo que ise. X Rosendo Diaz A. 3-3-1995
witnessed by Det [illegible]
3-3-95

FIGURA 6.1 Confesión impugnada original

6.1 EL ANÁLISIS LINGÜÍSTICO

Fueron estudiados la confesión y los escritos conocidos del demandado. Los escritos conocidos consistieron de dos tipos de textos: tres escritos "solicitados" en la forma de repeticiones escritas a mano de la confesión obtenidas del dictado, y dos escritos "naturales" de varias páginas en la forma de cartas escritas a familiares de antemano. La principal muestra lingüística presentada a la Corte y al jurado fue una comparación renglón por renglón de las formas léxicas de la confesión en relación a las mismas unidades en las tres confesiones dictadas, presentadas aquí con las diferencias sombreadas en la **Tabla 6.1.**

El análisis estilístico facilitó la identificación y el aislamiento de varios marcadores estilísticos diagnósticos de la autoría en la comparación y el contraste de la confesión impugnada *vis-à-vis* todos los escritos conocidos analizados en este caso. Se presenta un resumen de estas variantes en la **Tabla 6.2**, la que concuerda con los números de referencia presentes en la **Tabla 6.1**. Cinco de las variantes son marcadores de *similitud,* y 27 son marcadores de *diferencia* entre la confesión impugnada y las conocidas. Es notable que entre las 27 variantes de diferencia, se dan seis de ellas dos veces con el mismo patrón de variación; estos pares son los marcadores números 1/18, 2/19, 3/7, 4/8, 5/9, 14/22, lo que se ve en la **Tabla 6.2**.

Semejanzas: Con respecto a las similitudes entre la confesión cuestionada y los escritos conocidos del acusado, la falta de puntuación, la falta de acentos escritos, y la monoptongación de diptongos como *siento* → *sinto* (y palabras similares que contienen este y otros diptongos) son características bien documentadas en investigaciones sobre el español hablado y escrito por poblaciones mexicanas de bajo nivel educativo. La escritura del *-cs-* por *-x-* en *ecsactamente* es una forma conservadora de *-x-* documentada desde al menos el siglo XV (Jiménez Patón 1614), la cual todavía se presenta en la escritura de los autores mexicanos de limitada educación (y en áreas lingüísticamente conservadoras) debido a su uso frecuente documentado de formas lingüísticas más antiguas y debido a la conexión cercana del *-cs-* con el sonido real producido por la -x- en palabras como *exactamente*.

Diferencias: Con respecto a las diferencias entre la confesión cuestionada y los escritos conocidos del acusado, estos también son marcadores de frecuencia y tipo que marcan la escritura de los autores del español de limitada educación en México. Sin embargo, estas diferencias marcadas son más significativas que las similitudes ya discutidas por varias razones importantes.

En primer lugar, hay 26 marcadores: 5 similitudes y 21 diferencias (si se cuenta sólo una entre las seis que aparecen dos veces). Las diferencias son mayores en número, con sólo el 19% (5/26) de los marcadores siendo similitudes y el 81% (21/26) siendo diferencias.

En segundo lugar, es más probable que haya diferencias aleatorias entre dos autores distintos que en un solo autor. También es más probable que estas cinco similitudes se aparezcan juntas por casualidad en todos los escritos que los otros 21 marcadores se contrasten en los escritos de un mismo autor, sin importar qué tan común sea cada marcador estilístico en el español escrito.

Tabla 6.1. Confesión impugnada (CI) y las tres solicitadas conocidas (CS1-CS2-CS3)

Doc.	*Lín.*	*A*	*B*	*C*	*D*	*E*	*F*	*G*	*H*	*I*	*J*
CI	**1**	**yo**	**Rosendo**	**Diaz**	**Armas**						
CS1	1		Rosendo	Diaz	Armas	5-22-96					
CS2	1	yo	Rosendo	Diaz	Armas	5-22-96					
CS3	1	yo	Rosendo	Diaz	Armas						
							1		**2**		
CI	**2**	**Recuerdo**	**muy**	**poco**	**lo**	**que**	**ise**	**a**	**Gissell**		
CS1	2	Recuerdo	muy	poco	lo	que	hice	a	gisel		
CS2	2	Recuerdo			lo	que	hice		gisel		
CS3	2	Recuerdo	muy	poco		que	hice	a	gisel		
			3								
CI	**3**	**Diaz**	**estaba**	**desve-lado**		**agotado**	**y**	**escuche**			
CS1	3	Diaz	estava	desve-lado		agotado	y	escuche			
CS2	3	Diaz	estava	desve-lado	y	agotado	y	escuche			
CS3	3	Diaz	estava	desve-lado		agotado	y	escuche			
				4		**5**					
CI	**4**	**llorar**	**a**	**Gissell**	**y**	**inconcite**	**de**	**mi**	**y**	**molesto**	**no**
CS1	4	llorar	a	gisel	i	incon-siente	de	mi	y	molesto	no

CS2	4	llorar	a	gisel	y	incon-ciente	de	mi	y	molesto	no
CS3	4	llorar		gisel		incon-ciente	de	mi	y	molesto	no
			6			**7**		**8**			
CI	**5**	**se**	**ecsacta mente**	**que**	**me**	**inpulzo**	**a**	**golpiar**			
CS1	5	se	ecscta-mente	que	me	impulso	a	golpear			
CS2	5	se	ecsacta mente	que	me	impulso	a	golpear			
CS3	5	se	ecsacta mente	que	me	impulso	a	golpear			
				9		**10**	**11**	**12**			
CI	**6**	**en**	**la**	**cabeza**	**tal**	**ves**	**3 o 4**	**veses**	**no**	**recuerdo**	
CS1	6	en	la	caveza	tal	vez	3 - 4	vezes	no	recuerdo	
CS2	6	en	la	caveza	tal	vez	3 - 4	vezes	no	recuerdo	
CS3	6	en	la	caveza	tal	vez	3 - 4	vezes	no	recuerdo	
				13					**14**		
CI	**7**	**todo**	**lo**	**ise**	**con**	**los**	**dedos**	**medios**	**enpu-ñaos**		
CS1	7	todo	lo	hice	con	los	dedos	medios	empu-ñados		
CS2	7	todo	lo	hice	con	los	dedos	medios	empu-ñados		

(CONTINUADO, SIGUIENTE PÁGINA)

Tabla 6.1. (continuado)

Doc.	*Lín.*	*A*	*B*	*C*	*D*	*E*	*F*	*G*	*H*	*I*	*J*
CS3	7	todo	lo	hice	con	los	dedos	medios	empu- ñados		
						15					
CI	**8**	**pero**	**con**	**dolores**	**de**	**cabeza**	**que**	**sentia**	**no**		
CS1	8	pero	con	dolores	de	caveza	que	sentia	no		
CS2	8	pero	con	dolores	de	caveza	que	sentia	no		
CS3	8	pero	con	dolores	de	caveza	que	sentia	no		
			16	**17**	**18**	**19**		**20**			
CI	**9**	**me**	**contube**	**me**	**sinto**	**ha ora**	**como**	**muerto**			
CS1	9	me	contuve	mi	sinto	ahora	como	muerta			
CS2	9	me	contuve	mi	sinto	ahora	como	muerta			
CS3	9	me	contuve	mi	sinto	ahora	como	muerta			
					21						
CI	**10**	**por**	**lo**	**que**	**ise**	**3-3-1995**					
CS1	10	por	lo	que	hice						
CS2	10	por	lo	que	hice						
CS3	10	por	lo	que	hice						

TABLA 6.2. MARCADORES ESTILÍSTICOS EN TODOS LOS ESCRITOS

No.	*Ref. a Tabla 6.1*	*Marcador*	*Confesión impugnada*	*Confesiones conocidas 'solicitadas'*	*Escritos conocidos 'naturales'*
		SEMEJANZAS			
1		Puntuación	[No hay]	[No hay]	[No hay]
2		Tildes	[No hay]	[No hay]	[No hay]
3	6a	*x* ↔ *cs*	e**cs**acta mente	e**cs**acta mente	
4	6b	[Pal. dividida]	ecsact**a m**ente	ecsact**a m**ente	
5	18	*ie* ↔ *i* [siento]	s**i**nto	s**i**nto	s**i**nto
		DIFERENCIAS			
1	1a	h ↔ ∅	**i**se	**h**ice	
2	1b	*c* ↔ *s*	**i**se	**h**ice	
3	2a	*G* ↔ *g*	**G**issell	**g**isel	
4	2b	*s* ↔ *ss*	Gi**ss**ell	gi**s**el	
5	2c	*l* ↔ *ll*	Gise**ll**	gise**l**	
6	3	*b* ↔ *v*	esta**b**a	esta**v**a	esta**v**a
7	4a	*G* ↔ *g*	**G**issell	**g**isel	
8	4b	*s* ↔ *ss*	gi**ss**ell	gi**s**el	
9	4c	*l* ↔ *ll*	gise**ll**	gise**l**	
10	5	*inconsciente*	inconcite	inconciente	
11	7a	*s* ↔ *z*	inpul**z**o	impul**s**o	
12	7b	*m* ↔ *n*	i**n**pulzo	i**m**pulso	
13	8	*ea* ↔ *ia*	golp**ia**r	golp**ea**r	
14	9	*b* ↔ *v*	ca**b**eza	ca**v**eza	
15	10	*z* ↔ *s*	tal ve**s**	tal ve**z**	
16	11	*-* ↔ *o*	3 **o** 4	3 - 4	
17	12	*c* → *z* ↔ *s*	ve**s**es	ve**z**es	
18	13a	*h* ↔ ∅	**i**se	**h**ice	
19	13b	*c* ↔ *s*	i**s**e	hi**c**e	
20	14a	*d* ↔ ∅	enpuñ**ao**s	empuñ**ado**s	
21	14b	*m* ↔ *n*	e**n**puñaos	e**m**puñados	
22	15	*b* ↔ *v*	ca**b**eza	ca**v**eza	
23	16	*v* ↔ *b*	contu**b**e	contu**v**e	
24	17	*me* ↔ *mi*	**me** sinto	**mi** sinto	
25	19a	*ah* ↔ *ha*	**ha** ora	**ah**ora	**ah**ora
26	19b	[Pal. dividida]	h**a o**ra	**ahora**	**ahora**
27	20	*o* ↔ *a*	muert**o**	muert**a**	

En tercer lugar, *Gisel* está escrito con mayúscula, con doble *-ss-* y con doble *-ll-* en la confesión cuestionada, la cual es el deletreo más cercano a la forma inglesa o francesa. El acusado repetidamente lo escribe con minúscula y con la *-s-* y *-l-* solas. Deletrear *Gisel* con letras dobles es raro para un hablante o escritor cuyo español es su primer idioma, o quien haya visto el nombre en español. Además, deletrear el nombre propio de una niña conocida del mismo hogar sería inesperado en cualquier autor.

6.3 CONCLUSIONES

Estos resultados proporcionan bases demostrativas y observables para tres conclusiones. En primer lugar, es probable que las similitudes compartidas por la confesión impugnada y los escritos conocidos se deban a la coincidencia, dado su número mínimo (5) en relación con las diferencias (21), y su presencia como características de clase frecuentes en la redacción de autores mexicanos de educación mínima.

En segundo lugar, las diferencias entre el escrito impugnado y los escritos conocidos no se pueden atribuir a la casualidad debido a su gran número (21) y cantidad. En tercer lugar, el número y la calidad de las diferencias entre los escritos cuestionados y conocidos son suficientes para excluir al acusado, a más de un nivel de duda razonable, como el autor de la confesión cuestionada.

CAPÍTULO 7

'Compañía' contra 'Empleada' (1997)

AUTORÍA

7.0 INTRODUCCIÓN

Una mujer bilingüe en español e inglés mantenía que fue acosada en el trabajo por su capataz y, como resultado, demandó a la compañía que la empleaba. Una estrategia que utilizó ella para combatir el acoso fue enviarles cartas anónimas al capataz y a su esposa. Las cartas aparecieron en español, en inglés y mezcladas en ambas lenguas. Como parte de la resolución al caso, la compañía quería saber si, en efecto, las cartas fueron escritas y enviadas por la empleada.

7.1 RESULTADOS

Un gran número (40) de marcadores estilísticos resultaron del análisis de la variación bilingüe en las cartas impugnadas y en los escritos referenciales de la mujer. Las distintas variables resultan del lenguaje muy variado, el cual fue producido por un escritor bilingüe de limitada educación que no maneja bien ni una ni otra de sus dos lenguas. La **Figura 7.1** contiene unos pocos ejemplos de los mismos marcadores así como aparecen en los escritos impugnados y conocidos. De igual manera, la **Tabla 7.1** demuestra una muestra limitada de los marcadores estilísticos encontrados en los dos conjuntos de escritos.

FIGURA 7.1. Ejemplos de marcadores así como aparecen en los escritos

7.2 CONCLUSIÓN

Este caso fue resuelto sin llegar a la Corte a causa de que, al ver el alcance de la evidencia lingüística, la autora reconoció su error y lo confesó. Las partes llegaron a un acuerdo mutuo pero confidencial, es decir, no hubo manera de saber las consecuencias que sufrieron los dos empleados.

Tabla 7.1. Ejemplos seleccionados de las variables estilísticas de los escritos

Puntuación:
Punto después del código postal: **10166.**
Punto entre horas y minutos del tiempo: **1.15**
Abreviaturas Mr/Mrs/Ms sin punto: **Mr Smith**
Dos puntos por punto o por coma: **.** y **,** → **:**
Punto y coma por coma: **,** → **;**
Doble puntuación al final de la oración: **dos puntos/coma+punto**
Guión bajo para dividir la palabra al final del renglón: **im_ portant**
Contracciones sin apóstrofe: **cant**

Ortografía:
metátesis de letra: *-ht* → *-th* en *-ght* final-de-palabra: **right** → **rigth**
Pérdida de letra: **the** → **th**
Pérdida de letra: **with** → **wit**
Epéntesis de letra: **lose** → **loose**
Pérdida de letra (influencia del español): **respect** → **respet**
Confusión de letra/sonido: **rece** → **reze/rese; comience** → **comienze**

Morfología:
Sustitución del inglés "I'll" o "I" → "A": **"A see you".**
Sustitución del inglés "if" → "is": **if this continues** → **is this continue**
Sustitución del inglés "that" → "than": **"You did more that family wanted".**
Sustitución de adjetivo posesivo por pronombre subjetivo: **you reputation**
Unión de dos palabras separadas: **in the** → **inthe**
Neutralización de pronombres subjetivos *he/she*: → **"Your mother, he needs it".**
Separación de una palabra en dos: **porque** → **por que**
Normalización de formas irregulares: **lost** → **losted**
Pérdida de inflexiones: **-s** y **-ed** → ∅

Sintaxis:
Mezcla continua del español e inglés
Segunda persona singular del pretérito con *-s*: **dijistes**
Sintaxis del español en la negación "not" → "no": **"He is no supose to talk".**
Negación múltiple en inglés: **"I no want no help".**
Pérdida del verbo auxiliar "be" en inglés: **I was working** → **I working**

CAPÍTULO 8

María Aguinda et al. contra Chevron Corp. (2013)

AUTORÍA

8.0 INTRODUCCIÓN

8.0.1 Resumen histórico abreviado

La compañía petrolera Texaco fue parte del consorcio que exploró los campos de petróleo en el noreste de Ecuador desde el 1964 hasta el 1992. Desde entonces Texaco había dejado la explotación petrolera al gobierno ecuatoriano, y Chevron se encargó de la compañía Texaco. Desde el 1993 ha habido litigio legal casi continuo entre las partes relacionado a la remediación medioambiental del área, comenzando con la demanda contra Texaco en la Corte Federal de Nueva York, presentada por el grupo afectado de indígenas de la zona norte de la Amazonía ecuatoriana.

A partir de estos inicios y hasta hoy, los residentes de la región mantienen que, durante los 28 años que duró la concesión norteamericana allá, fueron utilizadas prácticas descuidadas de explotación en la extracción de crudo y gas natural. Se mantiene que la compañía provocó onerosos daños ambientales al ecosistema de la región, los cuales causaron graves impactos a la salud, la sociedad, la cultura, y la economía agrícola del las poblaciones indígenas que pueblan la región.

Aunque la cronología procesal incluye varios juicios, hay dos que son pertinentes a la comprensión de las cuestiones lingüísticas actuales. En primer lugar, en el 2002 la Corte de Apelación norteamericana decidió que el caso se debería decidir en el Ecuador, y los demandantes presentaron su demanda de nuevo en el 2003 a la Corte Superior de Nueva Loja, ciudad de la provincia de Sucumbíos en el noroeste amazónico del país. Luego en febrero del 2011, el juez *Nicolás Zambrano* de la Corte Provincial de Sucumbíos emitió la primera sentencia a favor de los demandantes, y la justificó en base al informe pericial del geólogo *Ricardo Cabrera* (El presente capítulo gira alrededor de los escritos de Cabrera y Zambrano.). En segundo lugar, y además de los juicios, Chevron realizó tres arbitrajes internacionales en base al acuerdo del tratado bilateral entre los Estados Unidos y el Ecuador de arbitrar cualquier conflicto tocante a las inversiones en el país.

8.0.2 La postura de los demandantes: Ecuador

Así entiendo la postura de los demandantes: los ecuatorianos se enfocan en el daño al medioambiente y a la población indígena de la región amazónica que fue causado por la compañía, el cual lo denominan como la *mano sucia* de Chevron. Alegan que Texaco (Chevron desde el 2001) no cumplió con sus responsabilidades de limpiar la selva y reparar las comunidades de lo que era selva virgen cuando la compañía salió de la región en el 1992.

Se sostiene que las comunidades indígenas de la región son víctimas del crimen medioambiental que fue ocasionado por Texaco. Estos pueblos han sufrido daños medioambientales que han afectado a su salud, sus aguas, sus tierras y su mera capacidad para trabajar y vivir en la región.

Se alega que, al ser condenado por la Corte Provincial de Sucumbíos en el 2012 a pagar una indemnización de 9.5 mil millones de dólares, Chevron negó la decisión judicial y la desprestigió presentando un recurso de casación y acudiendo también a la *Corte Permanente de Arbitraje de La Haya*, cuya competencia en el asunto no reconoce Ecuador.

Ecuador pretende rechazar lo que considera la dominación abusiva de las empresas multinacionales que se ensucian las manos destruyendo el medioambiente, y mantiene que Chevron es una de esas compañías que se ha ensuciado la mano de crudo negro.

8.0.3 La postura del demandado: Chevron

Así entiendo la postura del demandado: la compañía Chevron mantiene que la *Sentencia* de 9.5 mil millones de dólares a favor de los demandantes es injusta porque los demandantes pudieron manipular el resultado de la causa involucrando la ayuda de jueces, consultores y un experto dispuestos a participar. En consecuencia, los demandantes, por medio de su equipo legal, lograron la sentencia por una maquinación compleja de chantaje, corrupción y fraude, todo con el apoyo gubernamental.

Chevron se enfoca en el engaño en torno a la causa. En primer lugar, Chevron alega el fraude del informe pericial del Ing. Ricardo Cabrera, es decir, que el informe del perito no fue producto suyo sino que fue redactado por una compañía consultora coloradeña junto con el equipo legal de los demandantes. Los consultores estadounidenses *Stratus* ya han confesado que compusieron las recomendaciones de Cabrera (ahora después de lo sucedido y después de la entrega del informe mío). Primero, redactaron en secreto el primer informe del Ing. Cabrera: en inglés y en primera persona como si estuviera escrito por el perito. Después, y luego de entregar el informe a la Corte y de volver a recibirlo de la Corte, en el proceso de su revisión por las partes, se le pidió al equipo *Stratus* que comentara sobre sus deficiencias en cuanto a daños sugeridos, o sea, que *Stratus* aparentara una crítica del informe que sus propios consultores habían escrito. Por último, se le pidió a *Stratus* que le preparara al Ing. Cabrera las respuestas a las preguntas que se le hicieron acerca del informe. En este *Informe Complementario* ellos (a nombre de Cabrera) "aceptaron" las recomendaciones del informe original pero aumentaron los daños monetarios.

En segundo lugar, Chevron alega el fraude de la *Sentencia* del juez, el abogado Nicolás Zambrano, un fallo corrompido desde el principio por el informe pericial fraudulento que se le había entregado a él. Aunque es ilegal en el Ecuador que otra persona que no sea el juez redacte o asista al juez a redactar la sentencia, Chevron sostiene que los demandantes le pagaron a otro juez inactivo, pero ya habituado a y contratado en secreto para escribir las sentencias de Zambrano, a que escribiera una *Sentencia* a favor de los demandantes que pareciera como si hubiese sido escrita por Zambrano.

Se sostiene que los demandantes, así como el perito, utilizaron la misma táctica engañosa para escribir la sentencia a que se pareciera una sentencia escrita por el juez. Otro juez ya excluido del oficio, el verdadero redactor, testificó de lo sucedido que había escrito el borrador de la sentencia, y se encontraron varios documentos fuera del alcance de la Corte que fueron también utilizados en su redacción. Por ejemplo, se encuentran en la *Sentencia* impugnada de Zambrano errores idénticos a los presentes en unos documentos internos de los demandantes que nunca fueron vistos por la Corte.

Aviso de divulgación completa: el autor fue uno de varios lingüistas contratados por los abogados de la compañía petrolera Chevron.

8.1 AUTORÍA DE LOS ESCRITOS PERICIALES DEL ING. CABRERA

En primer lugar, se pidió que se determinara, dentro del alcance posible, la autoría de dos corpora de documentos impugnados:

CORPUS 1: Escrito 1: el *Informe Sumario del Examen Pericial y Anexos* del Ing. Richard Cabrera ("*Informe Cabrera*")
Escrito 2: las *Respuestas a las Preguntas de la Parte Demandante Relacionadas con el Informe Pericial* del Ing. Cabrera ("*Informe Complementario*").

CORPUS 2: Un conjunto de 17 presentaciones judiciales en forma de *Sentencias* y *Providencias* del Ing. Cabrera ("*Presentaciones Cabrera*")

8.1.1 *Dictámenes*

CORPUS 1: Primero, es muy probable que (1) Richard Cabrera no sea el autor del *Informe Cabrera*, y que (2) el Ing. Cabrera tampoco sea el autor del *Informe Complementario*.
Segundo, es muy probable que (1) el grupo consultor *Stratus Consulting de Colorado*, en conjunto con los consultores en Quito *("Stratus y Quito")*, sean los autores conjuntos del *Informe Cabrera*, y que (2) *Stratus y Quito* sean los autores conjuntos del *Informe Complementario*.

CORPUS 2: Es muy probable que, del conjunto de 17 de las presentaciones de Cabrera impugnadas, presuntamente escritas por el Ing. Cabrera, 15 de ellas estén escritas por el; representante legal de los demandantes.

8.1.2 *Método: Corpus 1 (***Informe Cabrera** *y su* **Informe Complementario***)*

Los escritos del Corpus 1 revisados y analizados son los siguientes:

Escritos Impugnados: el *Informe Cabrera* y el *Informe Complementario*

Escritos Conocidos: diversos mensajes de correo electrónico y documentos generados durante el transcurso de la redacción de informes, y de respuestas y borradores.

Leí y analicé el lenguaje (español e inglés) de todos los escritos con el fin de determinar su(s) autor(es). No había escritos ejemplares autenticados del Ing. Cabrera, así que no se pudo comparar y contrastar los escritos impugnados respecto a los escritos conocidos del Ing. Cabrera.

Así pues, la primera tarea del análisis consistió en excluir o identificar a los consultores técnicos de *Stratus y Quito* como autores de los escritos impugnados. Para lograr esto, realicé observaciones sistemáticas de dos clases de datos lingüísticos: (1) el lenguaje de los escritos redactados en inglés junto con el lenguaje de sus traducciones en español, y (2) las meta-discusiones por correo electrónico en torno a la creación de esos escritos y sus traducciones al español.

8.1.3 Método: Corpus 2 (Presentaciones Cabrera)

Los escritos del Corpus 2 revisados y analizados son los siguientes:

> **Escritos Impugnados**: las *"Presentaciones Cabrera"*
>
> **Escritos Conocidos**: un conjunto de dieciséis escritos por el director del equipo legal de los demandantes en Quito (*"Escritos del abogado"*)

Primero, examiné los escritos impugnados para determinar si sus respectivas características de estilo interno indicaban una autoría singular o múltiple. Utilicé los escritos conocidos (*Escritos del abogado*) a fin de determinar si el licenciado podría ser o bien excluido o identificado como el autor de las *Presentaciones Cabrera* impugnadas.

8.1.4 Hallazgos del Corpus 1: Autoría del Informe Cabrera

El análisis del *Informe Cabrera* y sus *Anexos* demuestra que el Ing. Cabrera no fue el autor del informe, y que *Stratus y Quito* fueron quienes efectivamente redactaron el informe.

Hay pruebas internas y externas que avalan esta conclusión. Las *pruebas internas* se relacionan exclusivamente con las características lingüísticas del lenguaje utilizado dentro del informe mismo. Las *pruebas externas* se refieren a los hallazgos lingüísticos y no lingüísticos que se relacionan con la redacción de los borradores del informe y las comunicaciones por correo electrónico que giraron en torno al informe.

8.1.4.1 Pruebas internas de la autoría del *Informe Cabrera*

Análisis de errores: El lenguaje del *Informe Cabrera* contiene errores de gramática que se encuentran correlacionados por patrones en cuanto conforman un conjunto identificable, y se suceden uno tras otro a lo largo del informe, lo que se ve en la Figura 8.1.

Los errores del español en el *Informe Cabrera* son desviaciones gramaticales que posibilitan dos observaciones acerca del lenguaje utilizado en el *Informe Cabrera*: (1) la mayoría de los errores son del tipo que un hablante nativo de español con formación universitaria no reflejaría en su redacción, y (2) muchos de estos errores de español reflejan la influencia subyacente de la estructura sintáctica del idioma inglés.

Las observaciones anteriores conducen a una o ambas de las siguientes conclusiones: (1) el español del *Informe Cabrera* fue escrito o por un hablante o escritor no

Texto del *Informe Cabrera*	Forma precisa	Variación
Costa Estimado	Costa **Estimada**	CONCORDANCIA sustantivo-adjetivo
ambos partes	**ambas** partes	CONCORDANCIA sustantivo-adjetivo
Los resultados...presenta,	Los resultados **presentan**	CONCORDANCIA sujeto-verbo
viven las persona	viven las **personas**	MORFOLOGÍA -s del plural ausente
hablemos	cuando **hablamos** de la operaciones	SINTAXIS VERBAL subjuntivo por indicativo
por remediación	cubiertas por **la remediación** propuesta	SINTAXIS NOMINAL artículo ausente
Compensación para pérdidas:	Compensación **por** pérdidas	SINTAXIS PREPOSICIONAL *para* por *por*
más alto que 1000	más alto **de** 1000 ppm	SINTAXIS PREPOSICIONAL *que* por *de*
no presenta un problema.	no presenta **ningún** problema	SINTAXIS ORACIONAL *un* por *ningún*
sus ropas	burlas sobre **su ropa**	SINTAXIS NOMINAL forma plural (del inglés)
Perdidas	**Pérdidas** (4x)	Ortografía acento ausente
esta relacionado	**está** relacionado	Ortografía acento ausente
cuándo	para evaluar **cuando** el suelo	Ortografía acento presente
éste aspecto	Sobre **este** aspecto	Ortografía acento presente

FIGURA 8.1. Ejemplos de los errores presentes en el *Informe Cabrera*

nativo de español, o por uno con bajo nivel educativo, o bien (2) el *Informe Cabrera* fue redactado en inglés y luego fue traducido al español por traductores que habrían tenido una competencia traductora menos que aceptable. Una revisión de los *Anexos* del *Informe Cabrera* demuestra errores similares a los encontrados en el *Informe Cabrera* en sí mismo.

Después de haberse llevado a cabo y presentado este análisis independiente, se me facilitó el informe de la profesora Teresa Turell del 24 de marzo del 2010: "Dictamen pericial sobre la autoría impugnada del texto: *Informe Sumario del Examen Pericial*". Advierto que la profesora Turell también descubrió que había partes significativas del *Informe Cabrera* que "definitivamente no habían sido escritas de primera mano por un hablante nativo de español", lo que mantiene coherencia con estos hallazgos independientes míos.

Identificación pronominal del redactor: El autor del *Informe Cabrera* narra lo que se hizo para satisfacer el pedido de la Corte utilizando en forma consistente los pronombres y verbos de primera persona singular para describir su labor en el informe mismo (e.g., *lo que fue **mi** labor, cómo **encaré mi** trabajo,* y *lo que **yo describí** en el informe*), así como también para decir lo que implicó su investigación (e.g., *aquello en lo que **yo me centré**, lo que **evalué**, los datos que **revisé**, los datos que **analicé**, los informes técnicos de los demás peritos que **revisé**, los datos que **consideré** importantes, aquello en lo que **yo basé mi** análisis,* y *lo que **yo mismo** efectivamente **analicé***).

A lo largo de todo el *Informe Cabrera* se observan aún más ejemplos de las referencias pronominales y verbales en primera persona:

> la cual **he considerado** cuidadosa y
> . . . **me he basado** en los datos . . . .
> **Me concentré** en la contaminación del suelo . . . .
> **me basé** en la ayuda [de] . . . otros expertos para
> **He estudiado** la contaminación ambiental . . . .
> **evalué** la contaminación ambiental causada
> . . . . **evalué** los daños . . . .
> Primero **describo** . . . las fuentes, migración, ...
> Cuidadosamente **revisé** la información ambiental
> . . . . Finalmente **analicé** el proceso de remediación . . . .
> En base a **mi revisión** de los informes técnicos
> Durante **mi** . . . trabajo de campo **fui** testigo de la
> . . . **me basé** . . . en la información recopilada por
> la información . . . de la que **yo recopilé** durante el
> **Yo,** Richard Cabrera, también **llevé a cabo** un estudio
> . . . **Recolecté** muestras . . . .

Semejante autorreferencia tan frecuente implica que el Ing. Cabrera realizó todo o gran parte de la investigación destinada al informe y por cierto lo escribió, si bien esto resulta contradictorio respecto de las demás pruebas revisadas en el presente trabajo.

Da entonces la apariencia de que *Stratus* realizó al menos esfuerzos indirectos para ocultar su propia autoría del *Informe Cabrera* haciéndolo parecer como si hubiera sido escrito por el Ing. Cabrera, a pesar de que el autor haya sido en realidad *Stratus y Quito* colaborando dentro de un plazo que probablemente no haya permitido ni su revisión ni su corrección por parte del Ing. Cabrera. Por cierto, no existen de hecho cambios entre el último borrador del *Informe Cabrera* de Quito y el *Informe Cabrera* presentado.

Aparece también al menos un ejemplo del uso de un adjetivo posesivo de tercera persona *"his"*, que indica un redactor que no fuera el Ing. Cabrera, el cual probablemente haya pretendido hacer de recordatorio editorial temporario:

Informe Cabrera, borrador en inglés: "I, Richard Cabrera, . . . [**his** credentials]"
Informe Cabrera, borrador en español: "Yo, Richard Cabrera, . . . [**sus** credenciales]"

La revisión de los Anexos del *Informe Cabrera* también demuestra el uso de la primera persona similar al encontrado en el mismísimo *Informe Cabrera*.

Observaciones lingüísticas del equipo técnico Quito: Tal como se señala, el lenguaje del grupo consultor *Stratus* demuestra la ausencia significativa de la objetividad descriptiva. Resulta significativo que el propio equipo Quito también haya reconocido esto como una deficiencia del *Informe Cabrera* en sus comentarios a *Stratus* posteriores a su presentación. Entre las diversas observaciones formuladas por el grupo Quito se encontraban estos dos concernientes al lenguaje del *Informe Cabrera*:

> "El lenguaje nota una traducción."
> "El lenguaje es tendencioso, no es imparcial."

8.1.4.2 Pruebas externas de la autoría del *Informe Cabrera*

En primer término, las comunicaciones de *Stratus* ilustran un proceso elaborado para gestionar la confección del *Informe Cabrera*, desde sugerir el contenido hasta delinear el alcance y la secuencia de la redacción, las asignaciones de trabajos, los cronogramas, los plazos y los requisitos de cumplimiento urgente.

En segundo término, existen múltiples indicios de que *Stratus* pretendía reasignar la autoría del informe al perito. Formulan declaraciones directas en el sentido de que Cabrera fue quien lo redactó. Asimismo, les comentan a los potenciales revisores que el informe se escribió primero en español y luego fue traducido al inglés, cuando en realidad sucedió al revés. Por último, y de la manera más aberrante, *Stratus* no reveló este *proceso de redacción* a los potenciales pares revisores.

En tercer término, existen mensajes de correo electrónico que demuestran que *Stratus* pretendía ocultar la verdadera autoría del informe. Y, en cuarto término, en algunos correos electrónicos del director de *Stratus* alienta a su equipo a terminar el informe de tal manera que desplazó el esperado asesoramiento técnico y neutral por asumir el rol de apoyo irrestricto de defensor de los demandantes.

Siguen aquí unos pocos ejemplos encontrados en los correos:

Indicios de que el informe no fue escrito por el Ing. Cabrera:

1a. El contenido del *Informe Cabrera* indica que no fue escrito por el Ing. Cabrera

> "Hay otro conjunto [de anexos] que redactamos en inglés, los hicimos traducir al español hasta aquí, luego enviamos las versiones en español a Quito. . . . algunas de las versiones en español que enviamos fueron usadas tal como estaban, ya que son fáciles".

1b. Stratus asigna trabajos para la construcción del informe.

"Considero que es mejor que ustedes se pongan en contacto con el autor de ese anexo. Su nombre es [CB]".

1c. Stratus establece líneas de tiempo, modificaciones del texto y fechas límite.

"Tenemos que escribir, en las próximas 2 a 3 semanas, el que probablemente sea el documento técnico más importante del caso... Hemos (los abogados del caso, el equipo del caso en Quito y Stratus) armado una descripción muy ambiciosa para este informe".

"¡Necesitamos ese informe! Tenemos un grupo de personas que están trabajando muchísimo para tener todo terminado para la presentación al juez y realmente necesitamos ese informe. ¿En qué están?"

Indicios de que Stratus tenía la intención de reasignar la autoría:

2a. Stratus indica a posibles revisores que Cabrera redactó el *Informe Cabrera*.

"Gracias por aceptar revisar el informe elaborado por el perito de oficio en el caso ecuatoriano Aguinda y otros contra Chevron Texaco".

"Como usted recuerda, un perito de oficio redactó un informe en el cual se analiza la información técnica del caso y se incluyen recomendaciones para el juez sobre cómo debería proceder".

"El perito técnico de oficio recabó su propia información mediante extensos muestreos ambientales, revisó toda la evidencia científica generada durante el juicio e hizo recomendaciones al juez . . .".

2b. Stratus indica a posibles revisores que el informe fue escrito primero en español.

"Adjuntamos el informe resumido redactado por el perito de oficio del caso de Ecuador, tal como se especifica en el contrato. . . . Es una traducción al inglés del original en español, y algunas partes de la redacción resultan toscas y pesadas".

2c. Stratus no revela a posibles revisores el verdadero origen del informe.

[Hay varios correos electrónicos de Stratus que reflejan pedidos de revisión por colegas sin revelar la autoría original y el lenguaje del *Informe Cabrera*, los que es un engaño por omisión moral, legal y perjudicial tanto para Stratus como para su inocente destinario.]

Indicios de que Stratus tenía intención de ocultar la autoría:

"Hay otro conjunto [de anexos] que fue redactado en inglés, que hicieron traducir al español aquí, y luego esas versiones en español fueron enviadas a Quito. . . . luego podemos continuar y usar nuestra versión en inglés como si fuera una traducción. En los casos en que las diferencias son mayores, vamos a tener que cambiar nuestra versión en inglés para que corresponda a la versión en español que fue incluida como Informe Cabrera para que sea una traducción al inglés de la versión en español ¿Se entiende? . . . algunas de las versiones en español que enviamos fueron usadas directamente como estaban, ya que son fáciles. Otras aparentemente tenían cambios en los números (¡por Dios!), y/o se les habían agregado secciones enteras de texto".

Indicios de una postura no científica (tendenciosa) por parte de Stratus:

[Director a todo el "Grupo Científico" de Stratus] "Estamos trabajando para un grupo de personas que son, esencialmente, los demandantes en un juicio de acción de clase en contra de Chevron. ... Cuanto más trabajo en este proyecto, más creo que tenemos una oportunidad única de hacer verdaderamente una diferencia en el mundo".

"Stratus Consulting está trabajando en nombre de los grupos comunitarios indígenas y locales que viven en la selva de la Amazonía Ecuatoriana".

Indicios de que Stratus entendió la verdadera tarea del perito:

"... el juez ecuatoriano que actualmente entiende en la causa designó un perito técnico para que resuma y analice los datos y la información técnicos acerca del caso y para que extraiga conclusiones acerca de los impactos ambientales y humanos de las actividades de exploración y producción de petróleo".

"Por lo tanto, el Sr. Cabrera actúa en calidad de "perito" neutral de oficio, y su función es ayudar al juez a evaluar la información científica y técnica que fue reunida y compilada para el caso. En el sistema judicial de los Estados Unidos, el Sr. Cabrera sería denominado Juez Auxiliar Técnico".

En conclusión, los escritos de Stratus indican que actuó como defensor de los Demandantes a lo largo del proceso de redacción, presentación, reacción crítica, respuesta a sus propias críticas respectivas y, en última instancia, pretensión de hacer revisar por pares el *Informe Cabrera*. No obstante, también resulta claro, a partir de sus propios escritos, que (1) *Stratus* sabía lo que representaba su habitual rol técnico y lo que debería haber sido en este asunto, tal como lo indicara el director de *Stratus* al alentar a su personal para que evitara redactar en su habitual manera técnica en este juicio, y (2) tenía conocimiento del cargo impuesto por la Corte al perito Cabrera para que fuera neutral e imparcial. Con respecto a esto último, *Stratus*, en unos "Comentarios" comunicados públicamente, comparó el rol del Ing. Cabrera con el de Juez Auxiliar Técnico en los tribunales federales de los EE.UU.

8.1.4.3 Alcance y secuencia de la producción del *Informe Cabrera*

Le advierto al lector que estoy muy consciente de la confusión que le ocasione en este momento la comlejidad que suponía la realización de los informes periciales. Los historiadores de la revolución francesa (e.g., Moreau Zanelli 2000) suelen utilizar el término *le magouillage* para referirse a los esquemas complejos y de múltiples niveles que subyacen a muchos de los episodios trágicos de la Francia a finales del siglo XVIII.

El contexto parecido que rodea los escritos del *Informe Cabrera* me lleva a proponer *magouillage* como el mejor análogo descriptivo para las circunstancias lingüísticas. Lo que sigue a continuación es mi interpretación de los hechos, deducida únicamente a partir de los escritos leídos y revisados durante el transcurso del juicio:

1. La Corte designa a un perito para que sea imparcial y resuelva algunas cuestiones;
2. Los demandantes buscan a *Stratus Consulting*, una compañía de consultores;
3. Stratus se compromete a colaborar con el perito en cuanto a tareas técnicas;
4. En algún punto, Stratus se convierte en el defensor de los demandantes;
5. Stratus interpreta el informe del perito y las recomendaciones en inglés;
6. Stratus luego traduce el informe al español;
7. Stratus envía el informe traducido al equipo legal de los demandantes para su revisión;
8. El perito presenta el informe final en español ante la Corte;
9. Stratus prepara las primeras respuestas al informe del perito;
10. Stratus luego prepara las segundas respuestas a las primeras;
11. Stratus procura conseguir una revisión positiva por pares del informe pericial;
12. Stratus les cuenta a los revisores que el perito y su equipo técnico redactaron el informe;
13. Stratus les cuenta a los revisores que el informe original fue redactado en español;
14. Los revisores anglohablantes piden una traducción al inglés del informe pericial;
15. Stratus actualiza el inglés de los borradores para que refleje el español del informe final;
16. Los revisores utilizan las primeras versiones en inglés, "traducciones" del informe.

Estos hallazgos, apoyados por la evidencia lingüística (interna y externa), fueron declarados en noviembre del 2011, y sucede que apenas cuatro meses después los investigadores principales de *Stratus* los confirmaron repudiando los resultados y las conclusiones del proyecto entero (Beltman 2013 y Maest 2013):

> Asimismo, la evaluación de daños del Informe Cabrera y la Respuesta de Cabrera está viciada. Por lo tanto, repudio todas y cada una de las observaciones y conclusiones de todos mis informes y testimonios en el Proyecto Ecuador. Lamento profundamente haber permitido que mi empresa y yo fuéramos usados en el juicio de Lago Agrio del modo que lo fuimos, como detallo a lo largo de esta declaración (Beltman 2013:28).

8.1.5 Hallazgos del Corpus 1: Autoría del **Informe Complementario**

Una vez entregado el *Informe Cabrera* a la Corte, las partes tenían un plazo para reaccionar a ello. Sí, ahora se le da la tarea a *Stratus* de planear las primeras respuestas de los demandantes al informe del perito Cabrera, supuestamente escrito por él pero escrito en realidad por el equipo que ahora va a hacer parecer que responden al informe del perito.

El director de *Stratus* preparó un plan de trabajo para elaborar las primeras respuestas al *Informe Cabrera* antes de la fecha límite establecida por la Corte. En ello especificó los pasos: los argumentos de Chevron; "lo que nosotros los demandantes deberíamos hacer"; el responsable de la elaboración; fecha de borrador; y fecha de entrega.

Los escritos relacionados con el *Informe Complementario* son también suficientes como para confirmar el proceso de redacción de Stratus:

Paso 1: Stratus planea unas segundas respuestas a sus primeras respuestas
Paso 2: Stratus prepara el esbozo en inglés para las segundas respuestas.
Paso 3: Stratus prepara los borradores en inglés de las segundas a las primeras respuestas de los Demandantes al *Informe Cabrera*.
Paso 4: Stratus luego traduce estos al español para el equipo de Quito.
Paso 5: Los consultores de Quito de los demandantes hacen agregados y supresiones de lenguaje y contenido a los borradores de Stratus.

El Ing. Cabrera presentó su *Informe Complementario* ante la Corte. El análisis de ello demuestra que el Ing. Cabrera no fue el autor de ello. Al igual que con el *Informe Cabrera*, hay dos tipos de evidencias lingüísticas que avalan esta observación: las características lingüísticas internas de su lenguaje, y los hallazgos externos relacionados con los correos electrónicos atinentes al proceso de redacción.

Existe un considerable material escrito en el *Informe Complementario* que sigue el patrón de actividad laboral similar al utilizado por *Stratus* para confeccionar el *Informe Cabrera*, esto es, que el lenguaje y el contenido esencial de la respuesta fue producido en inglés, luego traducido al español y, por último, editado en cuanto a su contenido y redacción en español por el equipo legal de Quito.

Las versiones en inglés y español del *Informe Complementario* están escritas en primera persona al igual que el *Informe Cabrera*:

> Me gustaría revisar la estimación...
> En mi análisis original, incluí el coste...
> ... utilicé costes de una 1985 encuesta de residuos...
> No incluí costes para disponer de residuos...
> Utilicé los costes ..., que es constante

El lenguaje del *Informe Complementario* contiene errores de gramática española que son consistentes con los tipos de errores del mismo *Informe Cabrera*. Resulta significativo que, de los múltiples tipos de errores lingüísticos que los escritores o los traductores podrían cometer, el mismísimo conjunto de tipos de errores mucho más restringido concurren en ambos conjuntos de escritos: el *Informe Cabrera* y el *Informe Complementario*. Esto significa que es muy probable que estos escritos en español fueran redactados o traducidos por las mismas personas que redactaron o tradujeron el *Informe Cabrera*.

Asimismo, los errores de español del *Informe Complementario* son similares a los del *Informe Cabrera* en tanto y en cuanto que demuestran desviaciones gramaticales que apuntan más bien a una o ambas de las siguientes hipótesis: (1) un hablante nativo de español con bajo nivel educativo, y/o (2) un hablante o escritor de español como segunda lengua cuyas traducciones reflejan la influencia subyacente del inglés, fenómeno a menudo referido como *interferencia bilingüe*.

Se darán aquí unos ejemplos de construcciones inglesas en el español del informe:

Texto del informe	*Forma precisa*
La **majoridad**...	La **mayoría**...
equivale **10 por ciento** de la inversión	equivale **al 10 por ciento** de la inversión
utilicé costes de **una 1985 encuesta**	utilicé costes de **una encuesta de 1985**
costes son presentados por **pozo profundidad**.	costes son presentados por **la profundidad del pozo**.
Sin embargo, Texpet no hizo **tan**.	Sin embargo, Texpet no hizo **tal cosa**.
el alcance de lo que me solicitó la corte **hacer**.	el alcance de lo que me solicitó la corte **que hiciera**.
información sobre tecnologías **remediar** a sitios	información sobre tecnologías **que remedian** sitios

La presencia de los mismos tipos de errores conduce a la conclusión de que el *Informe Complementario* fue redactado en inglés y luego traducido al español por traductores poco competentes.

8.1.6 Hallazgos del Corpus 2: Autoría de las Presentaciones judiciales de Cabrera

Hay un conjunto de marcadores que comparten las *Presentaciones* impugnadas de Cabrera con los escritos conocidos del abogado demandante. Cada uno de estos marcadores se trata y se enumera junto con ejemplos limitados de los datos, y en total indican que el abogado es el autor de las *Presentaciones* impugnadas de Cabrera. Se incluyen rasgos estilísticos de formato, ortografía, puntuación y sintaxis:

Formato: lugar y fecha al comienzo de la página; forma de dirigirse a la Corte; títulos de párrafos y apartados; forma de la fecha; forma de la hora; párrafo en bloque sin interlineado; interlineado de tres espacios o más entre secciones; mayúsculas intratextuales utilizadas para dar énfasis; estructura de las secciones y apartados.

Ortografía: variación entre mayúscula y minúscula para usted: *Usted/usted*; tilde sobre adjetivos demostrativos: *este/éste, esta/ésta*; omisión de tildes; omisión de letras.

Puntuación: punto y coma en lugar de coma; coma intrusiva; punto y coma + *y* + coma: e.g.: *... operaron; y, no ....*

Sintaxis: falta de concordancia gramatical; oraciones periódicas.

Sigue a continuación una breve explicación y ejemplos de cada variable:

8.1.6.1 Lugar y fecha al comienzo de la página

Se observa que la forma del lugar y de la fecha escritos al comienzo de la página es igual en todas las *Presentaciones* del subconjunto de los 17 pero distinta en las demás *Presentaciones* del conjunto entero. El hecho de que sean iguales en el subconjunto cuenta como un indicio de una autoría común, y de que éstas sean distintas a las demás es indicio de que las *Presentaciones* de Cabrera no fueron escritas por un autor único.

Presentaciones impugnadas del subconjunto Cabrera
Nueva Loja, 12 de julio del 2007
Nueva Loja, 23 de Julio del 2007

Otras presentaciones del conjunto entero Cabrera
el día 19 de Marzo de 2007
el día 19 de marzo de 2007
a veinte y seis de Febrero del dos mil ocho
jueves 16 de noviembre de 2006

8.1.6.2 Forma de dirigirse a la Corte

El modo en el que el autor de las *Presentaciones* impugnadas de Cabrera se dirige a la Corte presenta una estructura uniforme, así como algunas diferencias. El conjunto más extenso de *Presentaciones* de Cabrera muestra incluso aún más diferencias. Debe tenerse en cuenta que las redacciones conocidas del abogado se corresponden con la mayoría de los títulos de las impugnadas de Cabrera.

Presentaciones impugnadas del subconjunto de Cabrera
SEÑOR PRESIDENTE DE LA CORTE SUPERIOR DE JUSTICIA DE NUEVA LOJA

Otras presentaciones del conjunto entero de Cabrera
SEÑOR PRESIDENTE DE LA CORTE SUPERIOR DE JUSTICIA DE NUEVA LOJA
Señor PRESIDENTE CORTE SUPERIOR DE JUSTICIA NUEVA LOJA
Señor Doctor PRESIDENTE DE LA CORTE SUPERIOR DE JUSTICIA DE NUEVA LOJA
Señor PRESIDENTE CORTE SUPERIOR DE JUSTICIA NUEVA LOJA
Señor PRESIDENTE SUBROGANTE DE LA CORTE SUPERIOR DE NUEVA LOJA
Señor PRESIDENTE DE LA CORTE SUPERIOR DE JUSTICIA DE NUEVA LOJA
Señor. PRESIDENTE DE LA CORTE SUPERIOR DE JUSTICIA DE NUEVA LOJA
Dr. Juan Núñez PRESIDENTE DE LA CORTE SUPERIOR DE JUSTICIA DE NUEVA LOJA

Escritos conocidos del abogado
SEÑOR PRESIDENTE DE LA CORTE SUPERIOR DE JUSTICIA DE NUEVA LOJA

8.1.6.3 Títulos de párrafos y apartados

La similitud de estilo en los títulos de los párrafos en las *Presentaciones* impugnadas de Cabrera en relación con los escritos conocidos del abogado radica tanto en las formas utilizadas para marcar el título como en su variedad de estructura. Por ejemplo, la mayoría están escritos en mayúsculas o en minúsculas en negrilla, y los títulos terminan con una puntuación variada: punto, coma, punto + guión, o nada.

8.1.6.4 Forma de la fecha

Hay dos puntos en los que se observan diferencias en las fechas: el mes con mayúscula inicial o no, y el año precedido por *de* o *del. La* marca de estilo del autor consiste de la alternación entre ambas opciones en todos los escritos, tanto los impugnados como los conocidos, dándose cuatro combinaciones posibles para la forma de la fecha.

Presentaciones impugnadas del subconjunto Cabrera

Mes con minúscula + de + año:	22 de **m**arzo **de** 2007
Mes con minúscula + del + año:	22 de **m**arzo **del** 2007
Mes con mayúscula + de + año:	22 de **M**arzo **de** 2007
Mes con mayúscula + del + año:	22 de **M**arzo **del** 2007

Escritos conocidos del abogado

Mes con minúscula + de + año:	22 de **m**arzo **de** 2007
Mes con minúscula + del + año:	22 de **m**arzo **del** 2007
Mes con mayúscula + de + año:	22 de **M**arzo **de** 2007
Mes con mayúscula + del + año:	22 de **M**arzo **del** 2007

8.1.6.5 Forma de la hora

El conjunto extenso de *Presentaciones* de Cabrera presenta diferentes formas escritas de la hora del día. La forma principal de la hora presente en las *Presentaciones* impugnadas de Cabrera y en los escritos conocidos del abogado es la misma: 17H13.

8.1.6.6 Párrafo en bloque sin interlineado

La forma de párrafo utilizada en todos los escritos analizados es la de párrafos en bloque con una separación de una línea entre párrafo y párrafo.

8.1.6.7 Interlineado de tres espacios o más entre secciones

La forma de párrafo utilizada en todos los escritos analizados es la de párrafos en bloque con una separación de dos líneas entre párrafo y párrafo. Hay casos en las *Presentaciones* impugnadas de Cabrera y en los escritos conocidos del abogado en los que el autor deja de guardar el espaciado de dos líneas entre los párrafos.

8.1.6.8 Mayúsculas intratextuales utilizadas para dar énfasis

El autor de las *Presentaciones* impugnadas de Cabrera y de los escritos conocidos del abogado utiliza las mayúsculas para dar énfasis.

> *Presentaciones impugnadas del subconjunto Cabrera*
> TREINTA DÍAS TERMINO
> NUNCA HA CELEBRADO UN SOLO CONTRATO . . .
>
> *Escritos conocidos del abogado*
> TREINTA MIL AFECTADOS
> NUNCA TERMINE,

8.1.6.9 Estructura de las secciones y apartados

Hay muchas formas estilísticas para dividir y subdividir el texto a que se organicen visual y lógicamente los escritos extensos sobre material complejo. Las *Presentaciones* impugnadas de Cabrera y los escritos conocidos del abogado presentan los mismos tres formatos básicos (entre los muchos disponibles). Los tres formatos son los siguientes:

Formato 1: Párrafo (**P**) con sangría antes del apartado **a.**
P
    a.
Formato 2: Párrafo (**P**) con sangría antes del apartado **1.**
P
    1.
Formato 3: Formato 2 con sangría antes del apartado **a.**
P
    1.
        a.

8.1.6.10 Variación entre mayúscula y minúscula para usted: *Usted/usted*

Aunque el autor de las *Presentaciones* impugnadas de Cabrera utiliza las dos formas, *Usted* y *usted*, lo escribe con mayúscula cuando aparece en la fórmula del primer párrafo. El abogado demuestra el mismo patrón de uso.

8.1.6.11 Tilde sobre adjetivos demostrativos: *este/éste, esta/ésta*

Los demostrativos *este* y *esta* no se tildan cuando se los utiliza como adjetivo antepuesto al sustantivo; por ejemplo: *este libro* o *esta mujer*. Por el contrario, cuando se omite el sustantivo y el adjetivo demostrativo pasa a sustituirlo, lleva tilde la palabra para señalar su uso como sustantivo: *este libro* → *éste*, o *esta mujer* → *ésta*. La variación que se presenta, y que constituye una marca de estilo que aparece en todos los escritos, es la repetitiva colocación del acento escrito sobre los adjetivos *este* y *esta*, e.g., *ésta ciudad*.

Presentaciones impugnadas del subconjunto Cabrera
éstos hechos, éstas perforaciones, éste estudio, éste escrito, éste reto, ésta investigación, ésta ciudad, éstos hechos, éste escrito, ésta información, éste caso, ésta razón, éste particular, ésta presión, ésta información, ésta razón, éste proceso, éste componente, ésta pregunta, éste hecho, éste hecho, éste hecho, ésta vez, ésta ocasión, éste particular, éste ámbito, éste caso, ésta respuesta, éste particular, ésta acusación, éste litigio, éste juicio, éste punto, éste juicio, ésta naturaleza, éste escrito

Escritos conocidos del abogado
éste mes, éste juicio, ésta información, ésta queja, éste caso, éste e-mail, éste juego, éstos falsos argumentos, éste propósito, ésta diligencia, ésta ocasión, éste juicio, ésta orden, éste juicio, éste hecho, éste juicio, ésta inspección, éste caso, éste día, éste hecho, ésta ilegal petición, éste hecho, éste punto de vista

8.1.6.12 Omisión de tilde

Tanto las *Presentaciones Impugnadas* de Cabrera como los escritos conocidos del abogado contienen palabras en las que se omiten las tildes correspondientes.

Presentaciones impugnadas del subconjunto Cabrera
cuestiono (cuestionó), causo (causó), no se (sé), que (qué), para que (para qué)

Escritos conocidos del abogado
el (él), rubrica (rúbrica), ratifique (ratifiqué), no se (sé), Es mas (más), quedo claro (quedó)

8.1.6.13 Omisión de letras

Tanto las *Presentaciones Impugnadas* de Cabrera como los escritos conocidos del abogado contienen palabras en las que se omiten letras.

Presentaciones impugnadas del subconjunto Cabrera
a (ha), pericia (pericial), en los escrito (escritos), d (de), cuyos currículo constan (currículos),

Escritos conocidos del abogado
d (de), e (él), in embargo (sin), sen (sean), trabajo presentad (presentado), Lugo (Luego), hace acepta (aceptar)

8.1.6.14 Punto y coma en lugar de coma

Hay casos en los que en las *Presentaciones Impugnadas* de Cabrera y en los escritos conocidos del abogado se utiliza el punto y coma cuando debería utilizarse la coma.

Presentaciones impugnadas del subconjunto Cabrera
Fue tal el miedo que vivió la señora; que para los siguientes días

Escritos conocidos del abogado
Pese a esta comunicación; ahora en forma . . . .

8.1.6.15 Coma intrusiva

Hay casos en los que en las *Presentaciones Impugnadas* de Cabrera y en los escritos conocidos del abogado se utiliza la coma sin necesidad aparente ni razón gramatical:

Presentaciones impugnadas del subconjunto Cabrera
en el cual, se pudo observar que ya | los trabajadores de Chevron, emiten sendos insultos | Tomo estas medidas precautelatorias, a fin de evitar | mi enérgico rechazo, a las graves acusaciones | dejo constancia, que mi trabajo lo he realizado | en los cuales constaban, fotos, informes de expertos | entregué ante la Corte, varias aclaraciones

Escritos conocidos del abogado
ha indicado que, el NO VA A PERMITIR | En el fondo creo, que la demandada | yo había dialogado con el Presi, sobre la posibilidad | Ahora el Presi, dice que | el Dr. Serrano, no está interesado en | actualizar de la ADAT, sobre | el Dr. Cristóbal Bonifaz, incumplió con su | Los actores, consideran que | Es asombroso, ver cómo los abogados | el pedido de prueba, no es prueba. | la parte actora, es solo un pedido | un grupo de abogados ecuatorianos, procedió a elaborar | Dichos profesionales, no han hecho | más que dar luces, sobre aspectos | es lógico que el amicus curiae, no lo acepte | ha alegado tanto, sobre mi comparecencia | debe usted tener en cuenta, la distancia | lo pertinente, es que se permita | solicito a usted, que se digne en | que el señor perito, anexe los justificativos

8.1.6.16 Punto y coma + y + coma: . . . *operaron; y, no* . . .

Esta es una secuencia de puntuación muy inusual: punto y coma + *y* + coma, seguido por una frase o cláusula. Aparece en las *Presentaciones Impugnadas* de Cabrera y en los escritos conocidos del abogado.

Presentaciones impugnadas del subconjunto Cabrera
la lista de mi plan; y, en otros campos, | para mi estudio; y, que los trabajos | el trabajo de campo; y, de manera especial | mi cargo como perito; y, el día 1 de abril | es pasajero; y, el juicio

Escritos conocidos del abogado
que ellos operaron; y, no en lugares que | de la parte demandada; y, a su vez se

8.1.6.17 Falta de concordancia gramatical

Hay varios casos de falta de concordancia en todos los escritos; por ejemplo, sujeto-verbo, sustantivo-adjetivo, etc.

Presentaciones impugnadas del subconjunto Cabrera
mi vida, la vida de . . . , la vida de . . . , **está** en un grave peligro. | usted y las partes las **podrá** observar | Dicha relación de nombres **estarán** a disposición | que fue ella **mismo** la que sugirió

Escritos conocidos del abogado
las tres inspecciones judiciales que tenemos **pendiente** | la falta de pruebas **nuestra** | sobre de **lo** dirimentes | buscar **algún** mecanismos | varias comunicaciones, en **la cual** le solicitaban | **ese** fecha | los **mismo** | las mismas **infraestructura** | pozos o estaciones en **las** cuales | a **usted** mismos

8.1.6.18 Oraciones periódicas

Las denominadas oraciones periódicas representan la construcción gramatical más larga que una oración que no llega a ser párrafo. Las oraciones periódicas se caracterizan por el uso de una sucesión de cláusulas como modificadores de su cláusula independiente, como desplegándose gradualmente a su alrededor. La oración periódica, por común que sea en español, no se encuentra en otras *Presentaciones* de Cabrera, pero sí se encuentra en las *Presentaciones Impugnadas* de Cabrera, así como en los escritos conocidos del abogado.

Presentaciones impugnadas del subconjunto Cabrera
. . . sus criterios, eso sería parcializarme | . . . de las partes, no se las formas técnicas | . . . han sido tomadas, yo no puedo dar fe | . . . de este caso, en consecuencia le solicito | . . . de Nueva Loja, no obedezco a ninguna | . . . de las partes, yo obedezco a las disposiciones | . . . de la Corte, no puedo estar expuesto | . . . de Quito, sobre éste particular yo informé | . . . y documentos, muchos de los cuales son imposibles | . . . de las partes, me he limitado a informar | . . . con mi trabajo, he cumplido con | Todo mi trabajo ha sido público, No he ocultado | . . . sobre mi dictamen, Si fuese oculto, nadie tuviera acceso | . . . de muestreo, no los es de los estudios | . . . posteriores, esos ya están | . . . de muestrear, asumo entonces que fue | . . . tomadas debidamente", las muestras se tomaron | . . . en mi contra, le solicito a usted se llame | . . . no es mi culpa, yo solo me limité

Escritos conocidos del abogado
. . . cometió varias irregularidades, actuó en forma | . . . del Juicio de Lago Agrio, desde ese momento | . . . el caso está probado, no es necesario | Es como su nombre lo indica, es un pedido de prueba. | . . . en el proceso, por ende no se requiere | Revisen esa providencia, ellos la tedrán | Ellos ponen el lugar, creo que se realizará en el Gran Hotel de Lago.

8.2 AUTORÍA DE LA SENTENCIA DEL JUEZ NICOLÁS ZAMBRANO

8.2.1 Objetivo

La tarea consistió en determinar, en la medida de lo posible, la autoría de la *Sentencia* judicial en *Aguinda y otros contra Chevron*, entregada por el juez Ab. Nicolás Zambrano Lozada de la Corte Provincial de Sucumbíos el 14 de febrero del 2011. La tarea consistía de dos objetivos: uno de evaluar la consistencia estilística interna de la *Sentencia Impugnada* para determinar si tuviera un solo autor o múltiples autores; y otro de determinar si el juez Zambrano se puede excluir o identificar como el autor de ésta.

8.2.2 Dictámenes

En primer lugar, es *muy probable* que la *Sentencia Impugnada* tenga múltiples autores. En segundo lugar, también es *muy probable* que Nicolás Zambrano no sea autor de una porción significativa de la *Sentencia Impugnada*.

TABLA 8.1. SUBTÍTULOS PARA LA DIVISIÓN DEL TEXTO DE LA *SENTENCIA* IMPUGNADA

Sentencia Impugnada						*Sentencias Conocidas*
PRIMERO.-						**PRIMERO.-**
SEGUNDO.-						**SEGUNDO.-**
TERCERO.-						**TERCERO.-**
3.1.-						1.- 2.- 3.- 4.- 5.-
1)	2)	3)	4)			**CUARTO.-**
1.	3.	4.	5.	6.	7.	**QUINTO.-**
8.	9.	10.	11.	12.	13.	
a)	b)					**PRIMERO:**
1.-	2.-	3.-				**SEGUNDO.-**
3.2.-	3.3.-	3.4.-	3.5.-	3.6.-	3.7.-	**TERCERO.-**
CUARTO.-						**CUARTO.-**
4.1.						**QUINTO.**
1.)	2)	3)				**SEXTO.-**
4.2.						
a)	B)	C)	e)			PRIMERO:
4.3.-	a.	B.				SEGUNDO.-
4.4.-	4.5.-	4.6.-				TERCERO.-
QUINTO.-						CUARTO.-
SEXTO.-						QUINTO.-
1)	2)					SEXTO.-
SEPTIMO.-						
1.-	2.-					PRIMERO:

8.2.3 Método

Se hizo un análisis estilístico de la *Sentencia* del 14 de febrero del 2011 y de un conjunto de 36 escritos conocidos de Zambrano: 31 *Providencias* y 5 *Sentencias* que fueron escritas por él. Una vez descritos los estilos de todos los escritos, se pudo comparar los respectivos estilos para llegar a conclusiones respecto a los objetivos del estudio.

8.2.4 Hallazgos

El análisis de los escritos exhibe un conjunto colectivo de ocho marcadores estilísticos que se repiten y demuestran un patrón definitivo tras todos los escritos:

Títulos para la división del texto largo y complejo
Formas de representar cantidades de dinero
Forma de escribir el año en fechas: *con/sin punto para marcar millares*
Forma de abrir una cita: *comillas con/sin espacio ante palabra*
Forma de cerrar una cita: *punto fuera/dentro de comillas*
Elipsis: *puntos suspensivos con/sin corchetes*
Forma de escribir el mes en fechas completas: *con/sin mayúscula*

TABLA 8.1. *(CONTINUADO)*

Sentencia Impugnada	*Sentencias Conocidas*
OCTAVO.-	SEGUNDO.-
1. 2.	TERCERO.-
NOVENO.-	CUARTO.-
9.1	QUINTO.-
9.2.-	
1) 2) 3)	PRIMERO.-
1. 2. 3. 4.	SEGUNDO.-
9.3.-	TERCERO.-
1. 2.	CUARTO.-
1. 2. 3.	QUINTO.-
DÉCIMO.	SEXTO.-
10.1.	SÉPTIMO.-
1.- 2.- 3.- 4.-	OCTAVO.-
1.- 2. 3.- 4.-	NOVENO.-
10.2. 10.3	DÉCIMO.-
1. 2. 3.	DÉCIMO PRIMERO.-
DECIMO PRIMERO.-	DÉCIMO SEGUNDO.-
DECIMO SEGUNDO.-	DÉCIMO TERCERO.-
DECIMO TERCERO.-	DÉCIMO CUARTO.-
(1) (2) (3)	DÉCIMO QUINTO.-
DÉCIMO CUARTO.-	DÉCIMO SEXTO.-
DECIMO QUINTO.-	DÉCIMO SÉPTIMO.-
a) b) c) d)	DÉCIMO PRIMERO.-
i. ii. iii. iv. v.	

8.2.4.1 Subtítulos para la división textual de la *Sentencia Impugnada*

La extremada variación en los subtítulos que se usan para estructurar el texto, por largo y complejo que sea, demuestra múltiples e inconsistentes subtítulos presentes en la *Sentencia Impugnada*, en pleno contraste con la variación mínima y consistente de las *Sentencias Conocidas* de Zambrano, de las cuales sólo una contiene subtítulos.

Se nota en la **Tabla 8.1** el uso casi categórico de un solo nivel divisionario en *Sentencias Conocidas* de Zambrano, el de los ordinales escritos como palabras, unos en negrilla y otros no. Sólo una sentencia contiene subtítulos de números cardinales escritos como cifras uniformes. Los muchos y variados subtítulos de la *Sentencia Impugnada* indican la actividad de múltiples escritores intercalando los varios métodos asistemáticos utilizados para organizar el texto de la *Sentencia*.

8.2.4.2 Formas de representar cantidades de dinero

La observación de la variación de cómo se representan cantidades de dinero permite dos observaciones relacionadas a la autoría de la *Sentencia Impugnada*: las múltiples variaciones dentro de una forma dada indican que hubo escritores múltiples metiendo cifras y palabras de manera inconsistente por todo el texto de la *Sentencia*.

En cambio, relativamente pocas variaciones de montos de dinero aparecen en las *Sentencias Conocidas* de Zambrano, lo que presenta en la **Tabla 8.2** un contraste casi total entre las formas respectivas de los dos conjuntos de escritos. Esta diferencia indica que el grupo de autores de las cantidades encontradas tras la *Sentencia* probablemente no incluye al juez Zambrano.

8.2.4.3 Forma de escribir el año de fechas: *con o sin punto para marcar millares*

Este marcador refleja la variación observada en la forma escrita del año en fechas completas de día, mes y año. Una variante marca la división en millares: *2.011*. La otra no utiliza el punto: *2011*.

La *Sentencia Impugnada* contiene 224 años integrados en fechas escritas, y sólo uno (0.4%) de ellos se escribe con punto. El que se da con punto será excepcional porque aparece en el lenguaje de la plantilla inicial. En cambio, las presentaciones judiciales conocidas de Zambrano contienen 759 años escritos, y unos 600 (79%) de ellos se escriben con punto.

8.2.4.4 Forma de abrir una cita: *comillas con o sin espacio ante palabra*

Este marcador refleja la variación observada en la manera de comenzar el texto después de abrir una cita con comillas. Una variante comienza el texto luego de las comillas, y la otra coloca un espacio entre las comillas y el comienzo del texto.

La *Sentencia* impugnada contiene 478 oraciones que empiezan con citas, y de estos 87 (18%) colocan el espacio después de las comillas iniciales. En contraste, las presentaciones judiciales conocidas de Zambrano demuestran un uso casi total de comillas iniciales sin espacio; de las 136 citas iniciales 134 (el 98.5%) aparecen sin espacio. La distribución variada dentro de la *Sentencia* indica múltiples autores en sí y, teniendo en cuenta que la costumbre casi exclusiva de Zambrano es la de no separar las comillas de la palabra que sigue, también indica la probabilidad de que él no fuera el único autor de la *Sentencia*.

Tabla 8.2. Formas de representar cantidades de dinero

Sentencia impugnada	*Sentencias Conocidas*
diez a cuarenta dólares	doscientos treinta i tres mil ochenta i tres 39/100 dólares
nueve millones y medio de dólares	
	cuatrocientos dólares americanos
40 dólares	sesenta i ocho dólares de los Estados Unidos de Norte América
183 y 547 dólares	
365 dólares	ochenta i un dólares
2698'.080.000 dólares	
874 y 1700 millones de dólares	5 dólares de los Estados Unidos de América
10 millones de dólares	5 dólares de los Estados Unidos de América
100 y 119 dólares	7 dólares de los Estados Unidos de América
7 millones de dólares	
	$ 39.654,00 dólares
$ 100 Billones	$ 25.644,00 dólares
$487 millones	$ 7.965,44 dólares
$949 millones	$ 7.965,44 dólares
USD 850.000	300 dólares
USD 13.631	114,93 dólares
	12.000 dólares
USD 30.312,00	
USD 27.625,00	17.008.47 dólares
USD 331.272,00	24.644,00 dólares
USD 500.000,00	
SEISCIENTOS MILLONES DE DÓLARES (USD$600'000.000,00)	
CINCO MIL TRESCIENTOS . . . SESENTA MIL DÓLARES (USD$5.396'160.000,00)	
MIL CUATROCIENTOS MILLONES DE DÓLARES (USD$1.400'000.000,00)	
CIEN MILLONES DE DÓLARES (USD$100'000.000,00)	
OCHOCIENTOS MILLONES DE DÓLARES (USD$800'000.000,00)	
DOSCIENTOS MILLONES DE DÓLARES (USD$ 200'000.000,00)	
CIENTO CINCUENTA MILLONES DE DÓLARES (USD$ 150'000.000,00)	

8.2.4.5 Forma de cerrar una cita: *punto fuera o dentro de comillas*
Este marcador refleja la variación observada en la colocación de la puntuación al final de la oración (el punto en la mayoría de los casos) cuando aparece alrededor de las comillas al final de la cita. La posible variación es colocar el punto dentro o fuera de la comillas.

La *Sentencia* impugnada contiene 132 oraciones que terminan en citas, y de éstas unos 87 (66%) colocan el punto fuera de las comillas y 45 (34%) dentro, al estilo común norteamericano. En contraste, las presentaciones judiciales conocidas de Zambrano demuestran una completa conformidad con la convención gramatical española de colocar el punto fuera de las comillas. La distribución variada dentro de la *Sentencia* indica múltiples autores en sí teniendo en cuenta que la costumbre exclusiva de Zambrano es la de usar una sola forma. Además, esta única forma de Zambrano indica que, si él hubiera redactado algo de la *Sentencia Impugnada,* no podría haber sido su único autor.

8.2.4.6 Elipsis: *puntos suspensivos con o sin corchetes*
Este marcador refleja la variación observada en los puntos suspensivos elípticos acotados o no por corchetes: . . . o [. . .]

La *Sentencia Impugnada* contiene 37 elipses, 26 (70%) de estos con corchetes y 11 (30%) sin corchetes. Además, todos los elipses tienen tres puntos suspensivos. En contraste, las presentaciones judiciales conocidas de Zambrano demuestran un total de 13 elipsis, todos sin corchetes, y dos de ellas son de dos puntos. La distribución variada de las elipsis dentro de la *Sentencia* indica múltiples autores en sí y también teniendo en cuenta que la costumbre exclusiva de Zambrano de no usar corchetes, la cual también indica la probabilidad de que él no fuera el único autor de la *Sentencia.*

8.2.4.7 Forma de escribir el mes de fechas completas: *con o sin mayúscula*
Este marcador refleja la variación observada en el uso variado de mayúscula o minúscula para el mes del año cuando aparece en fechas completas.

La *Sentencia Impugnada* contiene 229 fechas que incluyen el mes, e.g., *03 de febrero del 2011*. De ellos 208 (91%) tienen mayúscula, y sólo 21 (9%) aparecen con minúscula.

En contraste, las presentaciones judiciales conocidas de Zambrano demuestran un total de 748 fechas y todos los meses (100%) se escriben con minúscula. El hecho de que aparezca la mayúscula aún en el 9% de casos posibles es indicación de una autoría múltiple porque los 21 casos no pueden ser errores tipográficos y porque el hábito de uso de Zambrano no varía en lo mínimo. La distribución variada de la mayúscula dentro de la *Sentencia* indica múltiples autores en sí y, teniendo en cuenta que la costumbre exclusiva de Zambrano es la de usar siempre la minúscula, también indica la probabilidad de que él no fuera el único autor de la *Sentencia*.

Los siete marcadores considerados arriba constituyen características variadas de la *Sentencia impugnada* y también diferencias entre ésta y los escritos conocidos del juez Zambrano (*Sentencias conocidas*). Véase la siguiente **Tabla 8.3** que resume los datos. Un conjunto de siete variables es significativo en cuanto a su capacidad de observar la falta de consistencia interna de la *Sentencia impugnada* y de describir sus diferencias de estilo frente a las *Sentencias conocidas* de Zambrano.

Cabe mencionar aquí la posibilidad de que se considere que tales marcadores tengan poco potencial discriminatorio como rasgos lingüísticos por su falta de complejidad lingüística. Sí, uno siempre quisiera enterarse a través de datos y análsis teoréticamente más interesantes, pero recomiendo al lector que revise la sección anterior 5.7.2 en que se explica que los datos del escrito dirigen el análisis, sean complicados o sencillos, estimulantes o tediosos.

8.2.5 Conclusiones

Los tres hallazgos de (1) la *heterogeneidad* de variantes dentro de la *Sentencia* impugnada, (2) la *homogeneidad* de las mismas variantes dentro de los escritos conocidos de Zambrano, y (3) el contraste distintivo de éstas entre los respectivos conjuntos de escritos lleva a dos conclusiones: en primer lugar, la *Sentencia Impugnada* fue redactada por múltiples autores, dadas la ocurrencia y presencia asistemática de siete variables lingüísticas tras las 188 páginas del escrito entero. En segundo lugar, el juez Nicolás Zambrano no es el autor de porciones significativas de la *Sentencia* impugnada, dado el contraste extremado de la variables lingüísticas entre la *Sentencia* y sus escritos conocidos.

8.3 EL PODER JUDICIAL

Me dirijo finalmente a la cuestión de que si fueron o bien aberraciones excepcionales o anomalías sistemáticas las deficiencias del sistema judicial reveladas por la evidencia lingüística del caso Chevron-Ecuador. Por este motivo, se busca evidencia objetiva de que si esta experiencia inesperada con la judicatura se ha observado en otras causas y por otros litigantes ecuatorianos.

TABLA 8.3. RESUMEN DE DATOS DE LOS MARCADORES DE ESTILO EN LA *SENTENCIA IMPUGNADA*

	VARIABLE	*VARIANTES*	*FORMAS*		*Sentencia Impugnada*		*Sentencias Conocidas*	
	Marcador	***Formas distintas***	***Ejemplos***		***n***	%	***n***	%
a	Títulos	Títulos para dividir texto	Varias		n/a		n/a	
b	Dinero	Cantidades de dinero	Varias		n/a		n/a	
c	El año	Marca miles sin punto	**2009**		223	**99,6**	158	**20,8**
		Marca miles con punto	**2.009**		1	**00,4**	600	**79,2**
			Total		224	100,0	758	100,0
d	Abrir cita	Comillas sin espacio	**“Palabra**		391	**81,8**	134	**98,5**
		Comillas con espacio	**“ Palabra**		87	**18,2**	2	**01,5**
			Total		478	100,0	136	100,0
e	Cerrar cita	Comillas + punto	**palabra”.**		81	**55,9**	21	**95,5**
		Punto + comillas	**palabra.”**		64	**44,1**	1	**04,5**
			Total		145	100,0	22	100,0
f	Elipsis	Puntos sin corchetes	**...**		11	**30,0**	14	**100,0**
		Puntos con corchetes	[...]		26	**70,0**	0	**00,0**
			Total		37	100,0	14	100,0
g	Mes de año	Mes sin mayúscula	**octubre**		208	**90,8**	756	**100,0**
		Mes con mayúscula	**Octubre**		21	**09,2**	0	**00,0**
			Total		229	100,0	756	100,0

El convenio entre los países latinoamericanos se formaliza en el tratado multilateral de la OEA (1969) sobre los derechos humanos. El primer párrafo del Artículo 8 de este pacto, *Garantías Judiciales*, declara lo siguiente:

> Toda persona tiene derecho a ser oída, con las debidas garantías y dentro de un plazo razonable, **por un juez o tribunal competente, independiente e imparcial**, establecido con anterioridad por la ley, en la sustanciación de cualquier acusación penal formulada contra ella, o para la determinación de sus derechos y obligaciones de orden civil, laboral, fiscal o de cualquier otro carácter (OEA 1969), [énfasis del autor].

Al observar la falta de integridad demostrada por las instituciones judiciales ecuatorianas en el presente caso, se puede preguntar ¿cómo puede tener confianza la población del país en ellas? La respuesta es que la población latinoamericana que menos cree en su poder judicial es la ecuatoriana. El informe sobre el Ecuador de la *Comisión Interamericana de Derechos Humanos* observa una desconfianza general en las instituciones públicas del país, agravada por una fuerte percepción de corrupción en el país: "Los ecuatorianos piensan que 82 de cada 100 funcionarios públicos son corruptos", (OEA 2005:párrafo 131). Y en cuanto al sistema judicial en particular, la Comisión informa lo siguiente:

> Apenas un 30% piensa que la justicia ecuatoriana, aún cuando tarda, es capaz de impartir justicia, de nuevo el índice de confianza más bajo en América Latina (OEA 2005:párrafo 130).

El informe de la Comisión destaca entonces la corrupción judicial:

> . . . la Comisión ha recibido múltiples denuncias en las que se alegan prácticas de corrupción por parte de funcionarios judiciales. Tales prácticas incluyen desde la realización de cobros a los litigantes para acelerar la tramitación de los casos, hasta sobornar para que los magistrados decidan de una u otra forma (OEA 2005:párrafo 170).

La Comisión observa que, para recuperar la confianza de la población en sus instituciones judiciales, el Ecuador tiene que balancear la independencia judicial con las limitaciones éticas, y que, "De otra manera se produce un desgaste en la credibilidad de estas instituciones, lo cual causa la erosión de los cimientos del Estado de Derecho y la estructura democrática" (OEA 2005:párrafo 171).

Si algo se puede asimilar del litigio Chevron-Ecuador, es esto. Lo problemático que sea la devastación medioambiental y humana amazónica, y lo problemático haya sido atribuir culpas, tanto los demandantes como el demandado están obligados a procurar un estado de orden judicial para cumplir con la ley en el difícil proceso del litigio. Es lo menos que la gente sufrida de la Amazonía ecuatoriana podría esperar tanto de los litigantes y como de su gobierno.

CAPÍTULO 9

California contra 'Demandado' (2011)

COMPRENSIÓN DE LECTURA

9.0 RESUMEN DEL CASO

En *California contra demandado (2011)* se le acusa al demandado con incumplimiento del requisito que estipula que un agresor sexual debe actualizar su información personal cada año y dentro de un período de cinco días hábiles posteriores a su cumpleaños, tal como lo especifica el *Código Penal de California* (CPC 290-2006).

Cuestión: La Oficina del Defensor Público ha solicitado un análisis de las circunstancias lingüísticas que pudieran haber afectado el incumplimiento del acusado al momento de registrarse, esto es, los posibles determinantes lingüísticos que hayan contribuido al incumplimiento de los requisitos de registro que requiere el CPC 290. La cuestión planteada en este asunto se relaciona con la comprensión lectora del acusado y el resultante grado de entendimiento que tuviera con respecto a los requisitos de comparecer y hacer el informe anual.

Opinión: Es dudoso que el demandado haya entendido su deber al momento de registrarse como agresor sexual dentro de un período de cinco días hábiles posteriores a su cumpleaños, tal como lo requiere la ley.

Resultados: Los resultados sugieren que existe una duda razonable con respecto al conocimiento que el demandado tenía sobre las particularidades de cuándo debía comparecer, y esto se evidencia por medio de cuatro razones:

1. No hay ninguna verificación en el propio formulario ni ninguna otra indicación en el expediente que indique que el demandado haya entendido los requisitos necesarios para comparecer en el momento en el cual rellenó el formulario.

2. Las revisiones que se realizaron en enero del 2011 del formulario anterior de enero del 2010 reflejan que se dio cuenta entonces de que el formulario del año anterior (el cual llenó el acusado) era deficiente con respecto a la verificación del conocimiento de los requisitos de comparecencia.
3. El requisito del CPC 290 y el formulario S8102S que requieren que los requisitos de comparecencia sean leídos y firmados por el acusado no son suficientes para garantizar el entendimiento de los requisitos de comparecencia:
    a. Los requisitos de comparecencia no están escritos en un *lenguaje claro*, cuya definición se determina por ley estatal y nacional.
    b. Los requisitos de comparecencia están escritos en letra pequeña de baja calidad y en papel amarillo, lo cual produce deficiencias físicas de impresión que, en conjunto, hacen que el formulario de comparecencia sea casi ilegible y, por lo tanto, menos comprensible, en especial para los dos grupos de lectores que forman parte del caso del demandado: los hablantes no-nativos del inglés y los lectores mayores de edad.
    c. El nivel de legibilidad de los requisitos de comparecencia es demasiado alto y, por ello, excede el nivel de lectura del demandado.
4. Las capacidades lingüísticas (productivas y receptivas) que el demandado tiene en el inglés oral son limitadas, prueba de ello siendo las respuestas que proporcionó durante su interrogatorio policial.

9.1 LA LEY

El Código Penal de California requiere que una persona que esté sujeta a la *Ley de Registro de Agresores Sexuales* se registre y actualice su información personal cada año y de por vida mientras resida en California. Hay tres requisitos básicos de la comparecencia:

1. El agresor sexual se debe registrar con el jefe de policía de la ciudad en la cual él o ella reside, o con el alguacil del condado si él o ella reside en un área no incorporada o en una ciudad que no cuenta con un departamento de policía.
2. La comparecencia se debe hacer dentro de un período de 5 días hábiles, ya sea al ingresar o al cambiar su residencia dentro de cualquier ciudad, condado o ambos.
3. Una vez que el agresor se ha registrado inicialmente con una agencia, el agresor entonces debe actualizar su información personal anualmente y dentro de un período de cinco días hábiles posteriores a su cumpleaños.

En el presente caso se acusa al demandado con el delito de no haber cumplido con el requisito #3: la actualización anual de su registro durante un plazo de cinco días hábiles posteriores a su último cumpleaños.

9.2 CUESTIÓN

El acusado en este caso es un hombre de 67 años de edad, proveniente de Tonga, un archipiélago de 170 islas en el Sur del Pacífico que se sitúa entre Hawái y Nueva Zelanda. La cuestión, la cual se plantea por los cargos penales, se basa en los requisitos de comparecencia del agresor sexual especificados en el CPC 290: ¿conocía el acusado los requisitos de comparecencia para los agresores sexuales?

La Oficina del Defensor Público de su condado de residencia en California pidió una examinación de las circunstancias lingüísticas que pudieran haber estado directamente relacionadas con el incumplimiento de comparecencia por parte del acusado. La respuesta a si entendía los requisitos está ligada a las capacidades lingüísticas y comunicativas del acusado, en especial a su aptitud para: (1) leer el formulario de comparecencia; (2) comprender el lenguaje del formulario; y (3) hablar y leer en inglés.

9.3 OPINIÓN

Es *muy probable* que el acusado no haya entendido que tenía la obligación legal de registrarse como agresor sexual dentro de un plazo de cinco días hábiles posteriores a su cumpleaños.

9.4 MÉTODO

Para evaluar el conocimiento de los requisitos de comparecencia que el acusado tenía, comencé por revisar el testimonio policial con respecto a los procedimientos utilizados por el departamento de policía para llenar el formulario de comparecencia S8102S. Luego, repasé el formulario de comparecencia del 2010 del acusado con el propósito de evaluar si se cercioró de que el agresor tuviese un entendimiento del formulario de comparecencia, y también para evaluar la lecturabilidad del formulario. También pedí un formulario en blanco del S8102S (véase el sitio web: *introlingforen.net*) con el objetivo de evaluar la legibilidad de la letra (por ser un factor de lecturabilidad). Observé (tal como lo hizo el analista forense de documentos cuestionados) que el formulario en blanco era una revisión del 2011 de la versión previa del 2010 del formulario que había llenado el acusado.

Por último, ya que las instrucciones que aparecen en el formulario requieren que el agresor lea el formulario y firme con sus iniciales todas las secciones, me enfoqué en la lecturabilidad del formulario. Se hace desde luego la distinción terminológica entre los conceptos de *lecturabilidad* y *legibilidad*, el primero siendo la capacidad lectora, y el último la de descifrar las letras. Para evaluar la lecturabilidad se tomaron en cuenta tres aspectos: su conformidad con los requisitos de California sobre la *claridad* del lenguaje en los documentos del estado; su *legibilidad* (Flynn 2011); y su *lecturabilidad* (Thomason 2011), todos documentos que se encuentran en el sitio web del libro: *introlingforen.net*.

Después realicé una evaluación aproximada del habla del acusado, tal y como aparece en el interrogatorio posterior a su arresto, tomando en cuenta que el acusado estaba encarcelado y no disponible para llevar a cabo una evaluación lingüística formal.

9.5 RESULTADOS

Los resultados del análisis lingüístico aparecen aquí en el orden ya especificado:

9.5.1 ***No se verificó la comprensión del acusado de los requisitos de comparecencia.***

No se verificó que el acusado hubiera entendido los requisitos de comparecencia cuando se rellenó el formulario. Las instrucciones de procesamiento que se encuentran en el formulario S8102S firmado por el demandado especifican que se debe verificar que el acusado haya entendido los requisitos de comparecencia, pero no especifica cómo efectuar tal verificación. La siguiente instrucción aparece (en inglés) en la parte superior de la primera página:

> *FAVOR DE SEGUIR ESTAS IMPORTANTES INSTRUCCIONES DE PROCESAMIENTO:*
> —Verifique que el agresor entienda los requisitos (1).

La testigo del departamento de policía declaró que ella fue la oficial que mantenía los registros de los agresores sexuales del departamento, y que estaba familiarizada con el proceso de registro. Ella testificó que a los agresores se les "da el formulario y se les pide que lo completen. Y que, una vez que hayan repasado el formulario con el especialista de la policía, los agresores firman el formulario que leyeron y entendieron".

Esto, pues, indica que la práctica de este departamento radica en hacer que el agresor lea y firme los requisitos de comparecencia sin que se verifique el entendimiento de los requisitos, a menos que el acto indefinido de "repasar el formulario con el especialista de la policía" sirva como una verificación del entendimiento por parte del acusado.

9.5.2 *La revisión del formulario del 2011 indica conciencia de la deficiencia en el formulario del 2010*

La revisión del 2011 del formulario de comparecencia anterior del 2010 refleja que existe un entendimiento por parte del Departamento de Justicia de California (DOJ) de que el formulario anterior (el cual llenó el acusado) era deficiente con respecto al requisito de verificación sobre el entendimiento de los requisitos de comparecencia por parte del agresor. El formulario del 2010 coloca la declaración de entendimiento en su primera página, anterior al listado de los 20 requisitos de comparecencia:

> Se me ha notificado sobre la responsabilidad de registrarme como agresor sexual de acuerdo a las secciones 290-290.023 y 190.01 del Código Penal. He leído, comprendido y firmado cada requisito de registro especificado en la página 2 de este formulario. Entiendo que conocer los requisitos de registro es mi responsabilidad, lo que incluye cambios a la ley que se puedan hacer después de que firme este formulario. Testifico que la información provista es verdadera y exacta. Entiendo que el incumplimiento de los requisitos de registro, el proporcionar información falsa en el formulario o no proporcionar información exacta es punible como un delito penal (2).

La revisión del 2011 del formulario de comparecencia incluye también esta misma declaración al final de la segunda página después de la lista de los mismos 20 requisitos de comparecencia y justo antes de la firma del signatario.

Claro está, esta certificación no mitiga las limitaciones lingüísticas e impresas del formulario de registro de la manera en la cual se describen abajo, porque el hecho de firmar la certificación, así como firmar las secciones del formulario, no garantiza o verifica que exista una comprensión de los requisitos de comparecencia.

De hecho, dada la ausencia de especificación de un procedimiento de verificación viable, la sección de certificación (colocada dondequiera) parece funcionar sólo como un protector *de jure* de la verificación de comprensión de los requisitos de comparecencia.

No obstante, el cambio de lugar del lenguaje de la certificación del formulario de comparecencia del 2011 sí indica que existe un grado mínimo de concienciación por parte de quienes aplican la ley en relación al reto de cómo verificar el entendimiento de los requisitos en los formularios.

9.5.3 Lectura de los requisitos de comparecencia y la firma con iniciales no garantizan su entendimiento.

Los requisitos del CPC 290 y el formulario S8102S que requieren que el agresor lea y firme los requisitos de comparecencia no son suficientes para cerciorarse de que el agresor los haya entendido. Las instrucciones de procesamiento que aparecen en el formulario S8102S del DOJ que firma el acusado especifican que el agresor leyó y firmó los requisitos de comparecencia. La parte superior del formulario incluye las siguientes instrucciones (en inglés):

> *FAVOR DE SEGUIR ESTAS IMPORTANTES INSTRUCCIONES DE PROCESAMIENTO:*
> —Haga que el agresor lea y firme los requisitos de registro en la página 2 de este formulario (3).

Depender sólo de la lectura propia de los requisitos de comparecencia que aparecen en el formulario S8102S hizo que el acusado se enfrentara ante cuatro obstáculos para comprender dichos requisitos:

9.5.3.1 Los requisitos de comparecencia no están escritos en un *lenguaje claro.*

Existe un creciente esfuerzo por preparar material de lectura para personas cuyo inglés es su segundo idioma, tal como lo es el acusado, al escribir de una forma clara, lo cual significa que es necesario utilizar una gramática y tiempos verbales simples, así como una terminología consistente. A esta variedad del inglés se le conoce como *inglés simplificado, inglés básico o inglés fundamental* (Albin 1998:121). Albin lo explica de la siguiente forma:

> Un enfoque que permite resolver el dilema de la comunicación que existe entre dos o más grupos lingüísticos ha sido desarrollar vocabularios y reglas gramaticales para subconjuntos controlados del inglés estándar. . . . La meta de este enfoque es hacer que lectores no-nativos del inglés entiendan el material en inglés, de modo que compañías, agencias e instituciones eviten el problema de tener que encontrar traductores calificados . . . (Albin 1998:124) (4).

Los dos grupos lingüísticos que requieren de una "traducción" en el presente contexto son quienes escriben el formulario de comparecencia para los agresores sexuales y quienes deben leer y entender dicho formulario. El objetivo del estado al adoptar dicha práctica radicaría en asegurarse que la lectura del formulario sea un medio más viable a través del cual el infractor pueda llegar a comprender los requisitos de comparecencia.

Más que sobre cómo se relaciona el lenguaje con la ley actual de California, el enfoque del *inglés simplificado* para el lector no-nativo del inglés surge dentro de la ley como una obligación, ya que requiere la utilización de un *lenguaje claro* (*'plain language'*) para el beneficio de todos los lectores. Y es obvio que se aplicaron muy pocos de los criterios lingüísticos establecidos o los requisitos legales del estado en relación al *inglés claro* al crear el formulario de registro para los agresores sexuales.

Para llevar a cabo un análisis específico del *inglés claro o sencillo* que aparece en la forma de comparecencia, vea la *Declaración* de la lingüista Hannah Thomason (Thomason 2011) que se incluye en el sitio web de libro (*introlingforen.net*). Thomason observa que dos terceras partes de los criterios del *inglés claro* que ella analizó raramente se utilizan en el formulario de registro. La *Tabla 9.1* contiene los datos resumidos de su *Declaración* (Thomason 2011:4):

TABLA 9.1. CARACTERÍSTICAS DEL *LENGUAJE CLARO* TAL COMO APARECEN EN EL FORMULARIO DE COMPARECENCIA S8102S

Nivel de utilización	*Siempre*	*Bastante*	*Poco*	*Nunca*
LENGUAJE CLARO				
1. Voz activa		√		
2. Imperativos			√	
3. Verbos modales comunes			√	
4. Oraciones sencillas			√	
5a. Oraciones cortas			√	
5b. Párrafos cortos	√			

9.5.3.2 Los requisitos de comparecencia del formulario S8102S son casi ilegibles. Las características físicas de la letra impresa que aparecen en el formulario de los requisitos de comparecencia son significativas. El texto está escrito en una letra de baja calidad, esto es, con tamaño de fuente pequeño y en un papel amarillo. En conjunto, estas deficiencias de impresión que aparecen en el formulario hacen que sea menos legible y menos comprensible, en especial para los dos grupos de lectores que representa el acusado: los hablantes no-nativos del inglés y los lectores que son mayores de edad.

La legibilidad del texto se relaciona con la capacidad que tiene el lector de reconocer las letras en la página:

> La legibilidad, en su sentido más estricto, aplica a los aspectos visuales del texto que aparece en la página. Para que el texto se pueda leer fácilmente, hay que manipular variables tipográficas—tales como el tamaño del papel, el tipo y tamaño de la letra, el espacio entre las palabras y las letras, las uniones con guiones, el contraste, los espacios en blanco y los márgenes—para ayudar a que el lector navegue por la página sin que se pierda (Albin 1998:120) (5).

La legibilidad y lecturabilidad de la fuente tipográfica son aspectos interrelacionados en la medida que la fuente debe ser legible y leíble. Mientras que la legibilidad del tipo afectará la capacidad del lector de reconocer las letras, la lecturabilidad de un texto está relacionada con la facilidad que tiene un individuo para interpretar el significado de esas letras cuando se utilizan en las palabras y oraciones (Tracy 1986). Por lo tanto, la lecturabilidad de una página escrita está determinada en parte por lo legible que es.

El texto de los requisitos de comparecencia que figura en el formulario del acusado sí cumple con algunos de los criterios del formato de legibilidad que se requiere en textos simplificados. Por ejemplo, los requisitos de comparecencia se presentan en una lista vertical, y muchos de ellos se asemejan entre sí tanto en su estilo como su forma. Albin observa que las listas verticales que se asemejan en estilo y en forma son más fáciles de ojear y leer. Ella explica que "el paralelismo en estilo significa que todas las secciones que aparecen en una lista tienen la misma construcción gramática" y que, "como regla general, todas las secciones deberían ser frases u oraciones completas, y no se deben mezclar" (Albin 1998: 121) (6).

No obstante, la legibilidad del formulario del acusado queda disminuida por cinco factores influyentes:

1. Los 20 requisitos de comparecencia están impresos con la fuente Arial.
2. Los 20 requisitos están impresos con una fuente de tamaño de 6.5 puntos.
3. Este acusado es un "lector mayor de edad".
4. El texto impreso es de baja calidad.
5. El contraste entre la letra y el color del papel no es óptimo.

En primer lugar, las fuentes serifadas como son las de Times New Roman, Garamond y `Courier` son más fáciles de leer que las fuentes no serifadas como es la Arial (Albin 1998:120).

En segundo lugar, una fuente que tenga un tamaño de 6.5 en el formulario de comparecencia afecta su legibilidad (Flynn 2011). El tamaño de la letra es un factor importante para determinar la legibilidad. El sentido común se apoya en investigaciones que demuestran que una letra más grande es mucho más legible que una letra más pequeña (Reynolds 1984 y Tinker 1963), y esto es especialmente relevante para los lectores de avanzada edad (Vanderplas y Vanderplas 1980). Considere los comentarios de Reynolds con respecto al tamaño de la letra:

> Es posiblemente correcto decir que el tamaño de la letra produce un mayor efecto en la legibilidad que cualquier otro factor tipográfico, y muchas investigaciones se han dedicado a estudiar la relativa legibilidad de los diferentes tamaños de las fuentes que se utilizan y aparecen en materiales

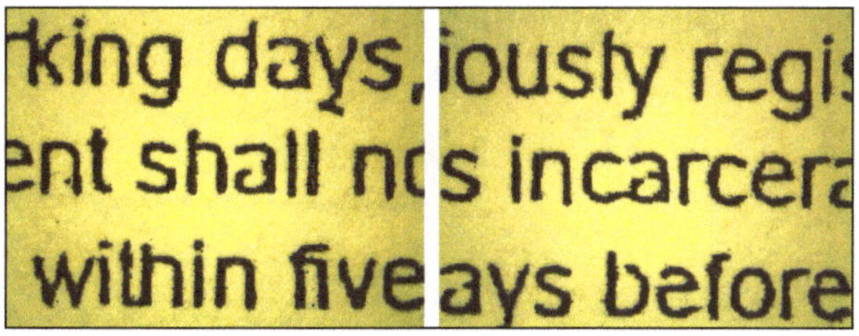

FIGURA 9.1. Dos microfotografías del texto del formulario S8102A

impresos. Las investigaciones más fiables sugieren que los tamaños de fuentes más comúnmente utilizados, los cuales varían entre el tamaño de 9 y 12 puntos, y son igualmente legibles a una distancia normal de lectura (Tinker 1963:102). El tamaño óptimo se encontrará entre 10 y 11 puntos... la legibilidad de fuentes más pequeñas como lo es la de 6 puntos afectará y dificultará la capacidad de discriminar las letras y de reconocer las palabras (Reynolds 1984: 200) (7).

En tercer lugar, considere lo que Vanderplas y Vanderplas concluyen en su investigación sobre el efecto que el tamaño de la letra ejerce en los lectores que son adultos mayores:

Estos resultados se pueden comparar con los resultados de los estudios que utilizan personas más jóvenes, para así sugerir que las recomendaciones con respecto a los tamaños de las fuentes que se deben utilizar para adultos mayores, ya que bien se podrían incluir tamaños más grandes de los que generalmente se recomiendan para adultos más jóvenes. La recomendación más común en relación al tamaño de la letra para los jóvenes es un tamaño mínimo de 8 puntos, pues se espera que esto produzca muy poco o ningún efecto en la mejora del rendimiento en la lectura en tamaños superiores a 11 puntos (Vanderplas y Vanderplas 1980: 930) (8).

En cuarto lugar, se presentan los resultados del examen forense de documentos, tal como los describe Flynn (2011), y que se incluyen en el sitio web (*introlingforen.net*). El texto que está impreso en el formulario de comparecencia contiene caracteres rotos, letras incompletas, y letras que se han mezclado con otras letras adyacentes, lo cual ha causado que el examinador de documentos concluyese que "todos estos atributos físicos se combinan para hacer que el texto sea más difícil de discernir" (Flynn 2011). Considere las microfotografías del examinador Flynn en la **Figura 9.1**.

Y en quinto lugar, el examinador de documentos observa, "Siempre y cuando que se utiliza un color de fondo que no sea el blanco, se reduce el contraste entre el texto y el fondo, y esto también lo hace más difícil de leer" (Flynn 2011). Esta observación es consistente con la investigación sobre el tipo de fuente y el color del papel: Bix (2002:15) cita estudios que indican, "La letra negra sobre fondo blanco se ha resultado en la combinación más fácil de leer para todos los grupos de diferentes edades que fueron evaluados...".

9.5.3.3 El nivel de lecturabilidad del formulario S8102S excederá la capacidad de leer del acusado.

En la actualidad existen muchas medidas automatizadas de lecturabilidad. Una de las medidas más comúnmente utilizadas en inglés es la medida de Flesch-Kincaid. Rudolph Flesch dio inicio al estudio de un "estilo de fácil lectura" a mediados del siglo pasado (Flesch 1949).

Ha habido parecidos intentos de medir la lecturabilidad del español, por ejemplo los de Spaulding (1951 y 1956), quien desarrolló una fórmula basada en una medida *sui generis* de la densidad léxica y la longitud de las oraciones, medidas por el número de palabras. Sin embargo, más que nada se ha adaptado el cálculo de Flesch al español por José Fernández Huerta (Fernández Huerta 1959), con sus varias interpretaciones tras los años (García 1976, Gilliam 1980, Rodríguez Trujillo 1980, Vari Cartier 1981, y Crawford 1984).

La fórmula de la *facilidad para leer* de Flesch se basa en la longitud de la palabra (sílabas por palabra) y la longitud de la oración (palabras por oración); el texto más fácil de leer contendrá palabras y oraciones más cortas. La *facilidad para leer* se mide en una escala del 1 al 100 con el resultado de que 0–29 refleja un *nivel de lectura universitario,* y 90–100 refleja un nivel aproximado al del *cuarto año escolar.* La escala se divide de esta manera:

90–100	Muy fácil
80–89	Fácil
70–79	Medio fácil
60–69	Estándar
50–59	Medio difícil
30–49	Difícil
0–29	Muy difícil

Como parte de la presente investigación, entregué el texto del formulario con las 20 preguntas de los requisitos de comparecencia a cuatro sitios de internet y, además, usé la utilidad interna a MS Word, dado que todos basan sus respectivas medidas de lecturabilidad en la investigación original de Flesch. Pese a que hay variaciones entre los resultados obtenidos de cada sitio, lo cual se debe probablemente a cómo se cuentan las palabras y las sílabas, las cinco medidas proporcionan un rango suficientemente consistente en relación a *la facilidad para leer* y al *nivel escolar* que aparecen en los requisitos de comparecencia del formulario: el nivel que mide la *facilidad para leer* es de 24 a 43 (muy difícil o difícil), y el *nivel escolar* es del grado 12 a 17. Refiérase a los resultados en la Tabla 2 que aparece a continuación:

TABLA 9.2. EL ALCANCE DE LAS CALIFICACIONES DE LA *FACILIDAD DE LECTURA* Y EL CORRESPONDIENTE *NIVEL ESCOLAR* DE LA MEDIDA FLESCH-KINCAID PARA EL FORMULARIO DE COMPARECENCIA

Origen del cálculo 1 a 5:*	1	2	3	4	5
Flesch-Kincaid: Facilidad de lectura	40,9	24,0	36,5	43,4	25,4
Flesch-Kincaid: Nivel escolar de lectura	13,6	15,0	17,2	12,6	12,0

*Origen del cálculo 1 a 5:
1. http://www.readabilityformulas.com/freetests/six-readability-formulas.php
2. http://www.standards-schmandards.com
3. http://www.editcentral.com/gwt1/EditCentral.html
4. http://www.joeswebtools.com/text/readability-tests/
5. Microsoft Word 2011

Hoy en día, la necesidad de automatizar la simplificación de textos ha provocado un interés en lo que respecta la medición de la lecturabilidad. Como se ha visto ya, la simplificación textual es el proceso de reducir la complejidad lingüística del texto pero mantener a la vez el significado del contenido original. Hasta ahora ha sido un proceso manual, pero se han empezado investigaciones acerca de cómo automatizarlo (e.g., Stajner *et al.* 2015). Desde luego se ve la relación entre la simplificación de textos y la medida de su lecturabilidad, tema que se enfoca en el número especial del *International Journal of Applied Linguistics*: "Recent Advances in Automatic Readability Assessment and Text Simplification" (2015:165:2).

9.5.3.4 La capacidad limitada del acusado para hablar y entender el inglés oral.
La entrevista del acusado realizada por la agente de policía refleja un intercambio controversial entre ella, el acusado y otras personas que estaban presentes. Durante el transcurso del interrogatorio, el acusado muestra una dificultad significativa para entender y hablar en inglés.

En primer lugar, las respuestas del acusado resultaron inaudibles o no inteligibles, mucho más a menudo que las expresiones de las otras personas que estuvieron involucradas en su interrogatorio policial. Sus murmullos y su inevitable incomprensibilidad por parte del transcriptor se pudieran atribuir tanto al conocimiento limitado del inglés del acusado como a la baja calidad de la grabación.

Los resultados de la grabación son estos: de todas las expresiones que el transcriptor del interrogatorio policial registró como 'inaudibles' o 'no inteligibles', dos tercios de ellas fueron del acusado, mientas que el otro tercio fue de las otras siete personas que estuvieron presentes. El transcriptor registró un total de 140 expresiones designadas (con asterisco*) como 'inaudibles' o 'no inteligibles'. De este total, 93 (66%) de ellas fueron enunciadas por el acusado, y 47 (34%) fueron enunciadas por la agente de policía o las otras seis personas presentes (Estas cifras excluyen las 19 expresiones no inteligibles del despachador, ya que no estuvo presente físicamente.).

En segundo lugar, y más importante aún, existe evidencia directa con respecto al dominio limitado que el acusado posee del inglés, ya que la transcripción contiene varias instancias de *expresiones no-gramaticales, respuestas que demuestran poca comprensión de las preguntas realizadas*, y *respuestas no receptivas (incoherentes)*.

Algunos ejemplos de dichas declaraciones y respuestas del acusado son los siguientes:

1:15 I (*) the only girls are living there.
2:24 I live in uh, it's (*), you know Village.
3:01 Because I (*) around—I (*) around I (*) she uh, that's (*) I, I guilty because I know (*).
3:07 —because I work inside uh, the what do you call—basement, you know basement—my little (*) carry around my (*)—
4:17 Yeah, they're my, my, my guy I working with, he's, he's working yeah, but they—I think that (*).
4:25 But the guy is a (*) guy, he work inside the house, fix my uh, my floors uh, Ruby boyfriend.
7:20 It's my birthday—oh yeah, (*) you know I'm old and I'm—just forget about sometimes.
10:06 —you know? (*) register (*) my birthday then I, I, I, didn't know, (*) my mind (*)—why you ask and now I know that I have to do that on my birthday.
10:19 Yeah, yeah, I, I, I didn't uh know—I think I remember they said, but I think maybe that's enough for right, uh, right now, you know, (*) or something like that.
11:18 Because I have a lot of daughters, the (*) is, is my, my, my stepdaughter I have (*).
24:21 (*), in the part of there, you, you (*) zipper, you (*) there.
27:04 (*)—yeah, cut sharp too. (*) I (*) to cut the (*).

9.6 CONCLUSIONES

Es dudoso que el acusado supiese en realidad que tenía la responsabilidad de registrarse como agresor sexual dentro de un plazo de 5 días hábiles posteriores a su cumpleaños. Se basa esta conclusión en las siguientes razones: no se verificó que tuviese un entendimiento de los requisitos de comparecencia como lo requiere la ley; el hecho de firmar el formulario de comparecencia no es evidencia *de facto* que demuestre que haya comprendido su contenido; los requisitos de comparecencia del formulario no están escritos en un *lenguaje claro*, tal como lo requiere la ley; los requisitos de comparecencia que aparecen en el formulario de registro no son del todo legibles; el nivel de lecturabilidad del formulario de comparecencia es mucho más alto que el nivel de lecturabilidad de la población general de California, de su población carcelaria, y del propio demandado; y es limitada la capacidad del acusado para hablar y entender en inglés.

9.7 CONSIDERACIONES CULTURALES NO PRESENTADAS ANTE LA CORTE

Como parte inicial del informe para la Corte, le propuse a la abogada defensora que se consideraran dos factores adicionales relacionados con el trasfondo cultural del acusado, y cómo es que estos factores pudieran haber afectado su comportamiento original: la incidencia del incesto en Tonga, su país de origen, y el concepto del tiempo que se tiene en la cultura tongana.

Al fin de cuentas, decidí que estos factores, a pesar de que proporcionan un entendimiento más profundo del caso, no tenían suficiente relación directa con el asunto procesal, es decir, con la capacidad lingüística que posee el acusado para comprender los requisitos de comparecencia. Además, no deseaba permitir que su mención se percibiera como una introducción de pretextos que justificasen la conducta criminal.

Sin embargo, en el contexto distinto del presente estudio, estimo valiosas estas consideraciones, así se incluyen aquí a pesar de que no fueron incluidas en la declaración final para la Corte.

9.7.1 La incidencia del incesto en la cultura tongana

La ya pasada primera condena del acusado fue por incesto. Es de interés saber que Tonga cuenta con una historia de incesto, y que el incesto continúa siendo un problema persistente en las islas. Recalco esto con el propósito de desarrollar un entendimiento más amplio sobre la historia del asunto en cuestión, y con la advertencia de que se entienda que la acusación original no tiene ninguna asociación directa con los cargos penales del caso presente.

Para ser claro, el incesto se rechaza fuertemente en la sociedad tongana (Fanua Bloomfield 2002:29). La ley tongana prohíbe el incesto bajo su *Ley de Delitos Criminales* y prescribe una condena de 10 años de prisión por intento de incesto (Emberson-Bain 1998:41–42).

Sin embargo, "se conocía el incesto en la Tonga antigua, en particular entre el círculo caciquil" (Fanua Bloomfield 2002:29). En la actualidad, el abuso sexual infantil es un asunto sensible en Tonga del cual no se suele hablar ni se reconoce públicamente. El reporte de 2005 del gobierno tongano cita el informe anterior de 2002 de Tonga en relación a la *Convención de los Derechos de los Niños*, en el cual se descubrió lo siguiente:

> ... [que] existe prueba sustancial que demuestra que el abuso sexual infantil y el incesto son prevalentes a través de Tonga. A falta de datos concretos, se cree que la existencia de dicho abuso es más frecuente en las islas aledañas a Tonga (Government of Tonga 2005:20) (9).

Emberson-Bain (1998:18) explica que el abuso sexual infantil no se ve como un problema social, y que "se envuelve en sigilo como una fuente de vergüenza". Emberson-Bain describe cómo se trata el abuso sexual infantil de la siguiente forma:

> Incidentes conocidos usualmente inducen al chisme o a la discusión discreta dentro de la comunidad y se resuelven a través de una reconciliación tradicional. El abuso sexual comúnmente adopta la forma del incesto y envuelve a padrastros, tíos y otros miembros de la familia extensa (Emberson-Bain 1998:18) (10).

La misma autora relata que muy pocos casos de violación e incesto se reportan cada año en un distrito policial (para el cual hay datos), pero la mayoría de los casos no se reporta por razones personales, sociales y culturales (Emberson-Bain 1998:41). Ella dice esto al respecto:

> La reticencia de reportar los casos de violación e incesto también se relaciona con el ambiente socio-cultural. Esto se puede ver en casos de incesto donde los controles culturales claramente definidos han regulado tradicionalmente ciertas relaciones entre el sexo opuesto dentro de la familia (las relaciones padre-hija y hermano-hermana, por ejemplo). Estos tabúes probablemente aumentarían el sentimiento de vergüenza familiar que se siente cuando se comete un delito sexual (Emberson-Bain 1998:41) (11).

El mismo reporte continúa y menciona que el abuso sexual en todas sus formas es una preocupación de prioridad para el país y que, por ello, se están tomando medidas como las de la creación de talleres educativos, programas de concienciación, asesoramiento para las víctimas y el establecimiento de un centro para manejar y aminorar la crisis causada por el abuso sexual (Emberson-Bain 1998:76).

Esta breve incursión realizada sobre el problema socio-histórico del país del cual proviene el acusado no exime un acto que representa un crimen tanto en su país como en los Estados Unidos. Sin embargo, puede permitir que se tenga una mayor comprensión acerca de cómo es que un hombre, el cual no ha tenido ningún contacto con el sistema judicial desde que cometió el crimen original, se metiera en líos en la primera instancia, y luego tuviera problemas posteriores con los requisitos legales de comparecencia.

9.7.2 *El concepto del tiempo en la cultura tongana*

El concepto polinesio del tiempo es muy distinto al sentido del tiempo norteamericano. Es un factor cultural importante que pudo haber causado que el acusado se confundiera con una regla expresada en términos temporales, ya que esto pudo haber afectado su grado de *voluntad* al momento de incumplir con su registro.

En este asunto, el requisito específico que requiere que se comparezca anualmente se expresa en términos de tiempo lineal: registrarme "dentro de un plazo de cinco días hábiles antes o después de mi cumpleaños", y "las actualizaciones anuales comienzan con mi primer cumpleaños que sea posterior al registro inicial o a un cambio de dirección".

Es posible que el acusado esté todavía operando, en mayor o menor medida, de acuerdo con el concepto polinesio del tiempo, ya que se trata de un paradigma socio-cultural y temporal diferente al de los Estados Unidos. Para una persona nativa de Tonga, la diferencia puede dificultar la internalización de las reglas establecidas en base a los términos norteamericanos del tiempo lineal, por ejemplo, "dentro de un período de cinco días hábiles posteriores a su cumpleaños".

Existe una gran cantidad de investigaciones que abordan los asuntos relacionados con los contrastes de la comunicación intercultural. Un estudio representativo sobre la educación de los isleños asiáticos del Pacífico que residen en los Estados Unidos es el de Gary Huang, del *Columbia Teachers College*. Huang comenta lo siguiente:

> La comunicación intercultural es una cuestión fundamental en la educación de los IAP [isleños asiáticos del Pacífico], ya que ellos tienen distintas normas de comunicación que son notablemente diferentes de las normas que caracterizan a los americanos nativos y a otros inmigrantes. Los problemas de comunicación que existen entre los educadores y los estudiantes IAP, de no enfrentarse con ellos de manera cuidadosa, pueden desarrollarse hasta llegar al punto de causar conflictos entre las instituciones educativas y los estudiantes IAP (Huang 1993:1) (12).

Con respecto a la noción del tiempo, Huang señala que, además de las normas culturales abiertas y conocidas, también existen dimensiones encubiertas de la cultura: los patrones inconscientes de percepción y de comportamiento de la interacción social cotidiana, los cuales son determinantes ocultos pero decisivos para la conducta comunicativa (Huang 1993:1). Una dimensión importante pero oculta de la cultura es el concepto del tiempo:

> Los isleños y los asiáticos del sudeste del Pacífico cuentan con un marco temporal policrónico (tiempo-P), en contraposición con el tiempo monocrónico occidental [el tiempo-M] (Hall, 1977). El tiempo-P permite que ocurran distintas interacciones sociales al mismo tiempo. El tiempo-M exige una programación lineal de eventos. Los maestros se pueden irritar cuando los padres de estudiantes IAP llegan tarde a una cita y no se disculpan, o se pueden ofender cuando los estudiantes IAP están inatentos a lo que dicen los maestros. Debido a que los asiáticos perciben el tiempo como un proceso simultáneo, no son conscientes de la programación linear del maestro. De forma parecida, algunos estudiantes IAP, como lo son los hmong, creen que el tiempo *per se* puede resolver los problemas de una manera mejor que la intervención humana. Ellos deducen que uno no debe apresurarse con prisa, sino que uno debe dejar que los eventos tomen

> su curso natural. . . . Tal comprensión de una noción tan distinta del tiempo puede contribuir a que se facilite la comunicación entre los maestros, los padres de familia y el personal educativo (Huang 1993:3) (13).

Con respecto a la cultura tongana en particular, el antropólogo Tēvita Ka'ili (Ka'ili 2011) confirma en la cultura tongana la norma temporal policrónica, y también explica que los tonganos no siempre se adhieren al "tiempo del reloj" porque no conduce a condiciones socio-espaciales armoniosas (Ka'ili 2009:180). Otro antropólogo tongano, el doctor 'Okusitino Māhina, explica esta relación que el tiempo tiene con el espacio:

> Hay conflictos inherentes que surgen de las. . . dimensiones del tiempo y del espacio. . . en su disposición transcultural a través de las culturas. . . . En el caso de Tonga, por ejemplo, se considera menos importante el tiempo que el espacio. . . . Este sentido colectivista del tiempo y del espacio se opone más a menudo a su disposición individualista de las sociedades occidentales, en particular a las culturas democráticas y capitalistas en las cuales los individuos se sitúan espacialmente dentro de espacios temporales muy rígidos (Māhina 2002:307) (14).

Teniendo en cuenta el concepto del tiempo tongano, no nos debería sorprender que los cumpleaños sean a menudo de poca importancia en la cultura tongana. Los tonganos tradicionalmente sólo festejan los cumpleaños importantes:

> Las personas entregan regalos entre sí, y también a miembros de otros grupos de familiares . . . durante momentos importantes como lo son el cumplir un año, dieciséis años, y veintiún años (Addo 2012:13) (15).

Considere las angustiadas respuestas que el acusado le proporcionó a la policía cuando mantuvo que se le había olvidado registrarse porque era viejo y olvidadizo:

OFICIAL:
"You just told me you last registered . . . last year."

ACUSADO:
. . . oh, see that's my mistake, I forgot that, I forget
. . . that the, that it's on my . . . , that's my birthday.
It's my birthday . . . oh yeah, . . . you know I'm old and I'm . . . just forget about sometimes.
Oh, my birthday I supposed . . . I forget I, I do . . . is good enough, you know
. . . . I . . . this is crazy because I, I, I forget that I supposed to do it on my birthday.
Yeah, I'm old, you know and . . . forgettable, forgettable. I forget many things. Uh, sixty-seven.
I start to forgettable . . . now I will always do that. . . . you know?
. . . register . . . my birthday then I, I, I didn't know, . . . my mind
. . . why you ask and now I know that I have to do that on my birthday.
. . . I remember that, I'll never forget that.
. . . It's my birthday, I'll never forget to . . . , now it's a problem . . . ."

Es plausible sostener que no se trata de que el acusado sea viejo u olvidadizo, sino que él simplemente no ha logrado asimilar las normas del tiempo lineal norteamericano, con respecto particular a la celebración de los cumpleaños. Es posible que él no comprenda una regla expresada en términos del cumpleaños dentro de un tiempo lineal, tal como lo es la sección del formulario que requiere que él actualice su información de registro cada año "dentro de un período de cinco días hábiles antes o después de su cumpleaños". El nivel de su comprensión será equivalente al de un nativo norteamericano que reside en un país latino a quien se le pide que se reporte o comparezca dentro de un período de cinco días antes o después del día de su santo. Pocos cumplirían con dicho requisito, pues varios anglohablantes no llevan nombres de santo, o no saben que los llevan, y los demás no saben la fecha de su día onomástico o no lo festejan.

9.8 LA OBLIGACIÓN SOCIAL Y PROFESIONAL DEL PERITO

En la mayoría de las profesiones existe la obligación de realizar una cuota razonable de trabajo *pro bono público*, y este caso se llevó a cabo sobre esta base a petición de la defensora pública. El perito debe tener en cuenta que existe la necesidad de aceptar dicho trabajo y reconocer a la vez la responsabilidad de trabajar con la misma diligencia con la cual trataría cualquier otro caso contratado.

Además, el trabajo *pro bono* puede traer beneficios significativos. En el presente asunto la defensora estuvo de acuerdo en permitir a una lingüista, aún todavía alumna del posgrado, que testificara ante la corte por primera vez. Sin embargo, ya que el caso se resolvió antes del juicio, la alumna después participó como perita en un juicio simulado en el cual el lingüista-perito, la lingüista-estudiante, y el examinador de documentos presentaron su testimonio durante la interrogación y una fuerte contra-interrogación, con la participación adicional de la defensora pública misma, un fiscal, un juez (cada uno desempeñando su verdadero rol profesional), y un 'jurado' de unos cien conferenciantes. Este ejercicio resultó en una experiencia educativa para todos, en especial para la alumna del postgrado.

PARTE V

Estudios de caso: Lengua hablada

12.2.3 La Corte sostiene que la inculpada entendía sus derechos.

12.2.3.1 La Corte considera irrelevante el testimonio del perito.

12.2.3.2 La Corte opina que no hay relación entre el nivel de educación y la comprensión del lenguaje.

12.2.3.3 La Corte opina que no hay correlación entre la educación y la comprensión de los derechos *Miranda*.

12.2.4 La Corte responsabiliza a la sospechosa por no comprender los derechos.

12.2.5 La Corte no está sola en su comprensión limitada de la capacidad lingüística.

12.3 La corte opina que la renuncia se realizó de forma *inteligente*.

12.3.1 La Corte dictamina que las respuestas verbales de la sospechosa indican que sí entendió sus derechos.

12.3.2 La Corte opina que hubo un seguimiento significativo a la lectura en inglés de los derechos *Miranda*.

12.3.3 La Corte sostiene que el lenguaje corporal de la sospechosa indica que entendía sus derechos.

12.3.3.1 Los asentimientos con la cabeza

12.3.3.2 El encogimiento de hombros

12.3.3.3 La expresión facial

12.3.3.4 Las pausas

12.4 La corte opina que la renuncia se realizó de forma *voluntaria*.

12.4.1 La Corte falla que no hubo intimidación ni coerción.

12.4.2 Sí, hubo intimidación física significativa durante la interrogación.

12.4.3 Sí, hubo intimidación verbal significativa durante el interrogatorio.

12.4.3.1 Los detectives insistían en que la inculpada hablara en inglés.

12.4.3.2 El detective hispanohablante desempeñaba una doble función conflictiva.

12.4.4 La Corte sostiene que a la Srta. Ceja se le permitió hablar en español.

12.4.5 La Corte critica al perito por proponer que se le hubiera interrogado en español a la sospechosa.

12.4.6 La Corte coloca la responsabilidad de obtener asistencia de interpretación sobre la sospechosa.

CAPÍTULO 10

California contra 'Demandado' (1996)

ADVERTENCIA DE DERECHOS

10.0 INTRODUCCIÓN

Un campesino hispanohablante monolingüe fue arrestado por el asesinato de un compañero de trabajo. El abogado defensor del agricultor solicitó un análisis lingüístico del interrogatorio policial posterior a su detención en el cual dio una confesión. El objetivo del análisis era el de analizar el lenguaje del interrogatorio y la confesión para determinar si los derechos *Miranda* del acusado se le habían explicado y si los había entendido suficientemente bien como para renunciar a ellos.

Los datos estudiados incluyen la grabación de audio de la interrogación en español y la transcripción de ella. Se hizo una comparación entre la lectura de los derechos hecha por el oficial y el lenguaje preciso de la *tarjeta Miranda* que utilizó para leérselos al sospechoso, y se identificaron seis secciones del interrogatorio relacionadas con los derechos del acusado.

10.1 OPINIÓN

El acusado no entendió ni renunció a sus derechos *Miranda*.

10.2 LA INTERROGACIÓN

10.2.1 La lectura de los derechos **Miranda**

El oficial demostró una fluidez en español, tal como se observó a lo largo de la grabación, pero se observaba en su español hablado elementos lingüísticos equivocados e ininteligibles debido a la ausencia de ciertos sufijos, formas verbales y estructuras sintácticas más complejas.

Se da cuenta también que el estilo del lenguaje del oficial durante el interrogatorio fue muy diferente al lenguaje que empleó para leerle sus derechos al acusado. Durante el cuestionamiento, el detective varió su velocidad, a veces hablando lentamente, repitiendo preguntas, pausando y hablando alta y claramente en muchas ocasiones. En cambio, en la lectura de los derechos, el detective habló rápidamente, en una voz más suave y baja, usando un lenguaje poco claro e incomprensible en al menos tres instancias.

Además, como se observa en la **Tabla 10.1**, los derechos *Miranda*, tal como aparecen traducidos al español en la tarjeta oficial, contienen una variedad de formas lingüísticas complejas. La competencia lingüística limitada del detective frente a la complejidad del español de la tarjeta lo conllevan a dos formas de compensación: hizo algunos cambios, quizás para simplificar el lenguaje o para él o para el oyente, y comenzó a murmurar en un habla incomprensible en ciertas partes breves de la lectura. Hay que notar también que la tarjeta en sí no le ayudó con respecto a la falta de tildes, lo cual podría cambiar tanto la pronunciación como el significado.

Hay tres puntos del posible cambio de significado:

1. "Cualquier cosa que usted diga, puedes usar [*ininteligible*] . . ."
2. ". . . y sí [o si] usa en contra de usted en una corte de leyes".
3. ". . . se le nombrará uno . . . durante los preguntes".

Hay también tres puntos del habla ininteligible:

1. ". . . puede escuchar sus derechos que usted [*ininteligible*]".
2. "Cualquier cosa que usted diga, puedes usar [*ininteligible*] . . ."
3. ". . . se le nombrará uno gratis [*ininteligible*] . . ."

Otras diferencias entre la tarjeta *Miranda* misma y su lectura por el detective fueron ciertos cambios léxicos de menor importancia. Sin embargo, sí hubo una disparidad importante, o sea, que no se le pidió al sospechoso la renuncia de los derechos: *Teniendo en cuenta estos derechos suyos, ¿desea usted hablar con nosotros ahora?*

Tabla 10.1. La advertencia *Miranda* que le fue leída al sospechoso

Hablante		*Advertencia* Miranda *que fue grabada*	*Advertencia* Miranda *que aparece en la tarjeta*
Oficial		"Ese, vamos a hablar de, de este caso".	
Acusado		"Umhm".	
Oficial		"La ley dice que puede escuchar sus derechos que usted [**ininteligible**]. Ok?"	
Acusado		"Ok".	
Oficial	1	"Ok, bien, primero, usted tiene el derecho de quedarse callado".	*Usted tiene el derecho de no decir nada.*
Acusado		"Ok".	
Oficial	2	"Cualquier cosa que usted diga, **puedes usar** [**ininteligible**] y **sí usa contra de usted** en una corte de leyes".	*Cualquier cosa que usted diga puede usarse contra usted y se usará contra usted en una corte de leyes.*
Oficial	3	"Usted tiene derecho de hablar con un abogado, y de tenerlo presente antes y durante los preguntes".	*Usted tiene el derecho de hablar con un abogado, y de tener un abogado presente antes y durante cualquier interrogación.*
Oficial	4	"Si usted no tiene dinero para contratar un abogado, se le nombrará uno gratis [**ininteligible**] antes y durante los preguntes".	*Si usted no puede pagarle a un abogado, uno le será nombrado gratis para que le represente a usted antes y durante la interrogación.*
Acusado		"Umhm".	
Oficial	5	"¿Entiende usted cada de los derechos que expliqué ahorita?	*¿Entiende usted cada uno de los derechos que acabo de explicarle a usted?*
Acusado		"Umhm".	
Oficial		¿Sí o no?"	
Acusado		"Sí, pero ¿por qué me detienes a mí?"	
Oficial	6		*¿Teniendo en cuenta estos derechos suyos, desea usted hablar con nosotros ahora?*

10.2.2 *El oficial le pide una primera confirmación de comprensión de los derechos.*

Después de un descanso en el interrogatorio, un segundo oficial intentó confirmar con el acusado que se le habían explicado sus derechos. La segunda pregunta que le hizo al acusado contenía las palabras en español de "en efectivo" en contraposición a "en efecto", y terminó ininteligiblemente.

Oficial: "Antes cuando hablemos, eh, expliqué sus derechos, eh, ¿éste es verdad?"
Acusado: "Uh, uh".
Oficial: "Y, . . . también, sabe que esos derechos está en efectivo por [ininteligible] ¿Ok?"
Acusado: [*respuesta inaudible*]

10.2.3 *El oficial pide una renuncia indirecta a los derechos.*

Luego de regresar al interrogatorio después del descanso, el primer oficial que conducía el interrogatorio le preguntó al acusado:

Oficial: "[Apellido], este, ¿podemos seguir hablando? ¿No problema?"
Acusado: "No problema".

10.2.4 *El sospechoso pide representación legal por primera vez.*

Inmediatamente después de este intento de confirmar una supuesta renuncia, el acusado hizo su primera petición para contar con un abogado, y se le dijo que podía tener uno sólo cuando llegara a la corte:

Oficial: "Bueno, ¿ya lo pensaste, [*ininteligible*]?"
Acusado: [pausa, ininteligible]
Oficial: "Ok, ¿qué fue los que pasó?"
Acusado: "¿Sí puedo agarrar un abogado yo, no?"
Oficial: "Sí, la corte, cuando llegas a corte, la corte no te va a dejar sin abogado, que no tiene dinero.
Acusado: [pausa de medio minuto] "Ok".

Cuando el oficial respondió que "sí" a la petición del acusado, lo hizo con una entonación elevada, indicando así duda o sorpresa. Cuando el acusado final y calladamente dijo algo que se escucha como "Ok", fue después de una pausa de 25 segundos, lo cual es una fuerte indicación de una falta de comprensión y acuerdo.

10.2.5 *El sospechoso pide representación legal por segunda vez.*

Ya llegando al fin del interrogatorio, al acusado, una vez más, pidió un abogado:

Oficial: "OK, ¿hay alguna otra cosa que nos quieres decir acerca de [ininteligible]?"
Acusado: "No, pues, ya no más, pues como fue por defensa propia, no más quiero un abogado".

10.3 POSIBLES FACTORES EN LA COMPRENSIÓN DE LOS DERECHOS

Hay varios factores presentes en el entorno del interrogatorio que podían haber afectado negativamente su capacidad para comprender sus derechos suficientemente bien como para renunciar a ellos:

El lenguaje del oficial: Los errores del oficial y sus lapsos momentáneos al hablar en español se convirtieron en un habla a veces ininteligible durante la lectura de los derechos *Miranda*. Además, la primera petición del oficial en torno a la comprensión de los derechos por parte del acusado contenía errores en español y expresiones murmuradas, afectando así la comprensión.

La lectura en sí: El estilo de la lectura de los derechos *Miranda* del detective fue rápido, grave y sin pausas, y por eso menos inteligible que su estilo normal de hablar e interrogar que aparece en el resto de la grabación.

La renuncia a los derechos Miranda: La última pregunta directa que sigue a los derechos *Miranda*, la que se relaciona específicamente con la renuncia del acusado a sus derechos no se le hizo: ¿Desea hablar con nosotros ahora?" No hubo renuncia.

El intento de confirmar la supuesta renuncia a los derechos: Es probable que, después de una pausa, el propósito del oficial al preguntarle al acusado, "¿Podemos seguir hablando? ¿No (hay) problema?", era para renovar lo que se había tomado previamente como su acuerdo a renunciar a sus derechos y aceptar hablar. Sin embargo, debido a la posible falta de entendimiento inicial del acusado y a esta ausencia de referencia específica a la lectura inicial de sus derechos, no hay indicación en la conversación de que la probable intención del oficial haya constituido un entendimiento mutuo entre él y el acusado. La respuesta del acusado, "No (hay) problema", habría sido un indicador verbal de su disposición para continuar con el proceso, reflejando así un entendimiento sólo del imperativo discursivo del momento. La falta de entendimiento de la pregunta del acusado se confirma por su pausa subsiguiente después de otra pregunta por parte del oficial que conducía el interrogatorio, luego de su primera petición para contar con un abogado.

La comprensión del interrogado: El acusado puso a prueba su propio entendimiento de sus derechos en dos ocasiones durante el interrogatorio cuando pidió representación legal y no la recibió. Su primera petición fue recibida con la respuesta "sí", con una entonación alta y elevada, indicando duda o sorpresa, mas no con una respuesta de afirmación. Luego se le dio la respuesta efectiva a la pregunta: "Sí, la corte, cuando llegas a corte, la corte no te va a dejar sin abogado ...", lo que le dio a entender que no tenía derecho a tener abogado en ese momento, aun cuando el oficial le había dicho previamente, "usted tiene derecho de hablar con un abogado y de tenerlo presente antes y durante los preguntes [sic]". Luego, después de esta respuesta por parte del oficial, el acusado se detuvo por 25 segundos antes de farfullar "Ok", indicando así con la pausa una probable incomprensión del derecho que tenía a contar con un abogado durante el proceso del arresto e interrogatorio.

La segunda petición del acusado para tener un abogado no provocó ninguna respuesta del oficial. El resultado de los dos intentos fallidos del sospechoso para tener un abogado le pudieron haber indicado (en la primera petición) y confirmado (en la segunda petición), que no había entendido bien sus derechos, cuando en realidad sí entendió bien que él podía tener un abogado en cualquier momento del interrogatorio.

10.4 CONCLUSIONES

Las circunstancias del interrogatorio policial del acusado son suficientes para conducir a tres conclusiones:

1. Los factores que afectaron negativamente la comprensión del acusado son objetivamente demostrables.
2. El acusado demostró su probable falta de comprensión en formas múltiples y significativas.
3. Es altamente probable que los derechos *Miranda*, de la forma en la cual le fueron leídos al acusado, no le fueron comprensibles.

CAPÍTULO 11

California contra 'Demandado' (2001)

ADVERTENCIA DE DERECHOS

11.0 INTRODUCCIÓN

Este es el caso de un ciudadano mexicano monolingüe que enfrentaba cargos relacionados con el abuso sexual de una menor de edad. El detective del caso preparó una "sinopsis" del interrogatorio sobre la cual realizó dos afirmaciones suyas que fueron claves para apoyar los cargos que el estado presentó en contra del demandado:

1. "Lo siguiente es una sinopsis del interrogatorio grabado y llevado a cabo en español".
2. "Le informé (al acusado) de sus derechos *Miranda* en español".

El abogado defensor pidió una opinión de si estas declaraciones del oficial eran consistentes con lo que en realidad se dijo en el interrogatorio policial, aclarando su petición con tres preguntas relacionadas más específicas.

11.1 ¿COMPRENDIÓ EL DEMANDADO SUS DERECHOS?

El objetivo de los derechos *Miranda* es que el sospechoso entienda sus derechos. Este acusado indicó que no entendió sus derechos. Cuando se le preguntó directamente por primera vez, él dijo que no sabía mucho de eso:

Oficial: "Tiene derecho de permanecerse callado, ¿entiendes?"
Acusado: "No sé mucho de eso. Yo nunca estaba así, en estas cosas".

No se hizo nada en ese momento para detener la conversación o para aclarar de otra manera su aparente falta de entendimiento. De hecho, el oficial reportó en su sinopsis que "... él declaró que entendía cada uno de sus derechos".

11.2 ¿RENUNCIÓ EL DEMANDADO DE FORMA CONSCIENTE A SUS DERECHOS?

La ley exige que el sospechoso dé una renuncia deliberada e inteligente de sus derechos. El discurso entre el oficial y el acusado indica que el acusado no renunció a sus derechos. Considérese la interrogación en sí:

Oficial:	"Bueno, sí, tiene derecho de quedarse callado o no decir nada. Ah, tiene derecho a quedarse silencio, silencioso ... [*no inteligible*]. ¿Entiende eso?"
Acusado:	Uh, uh.
Oficial:	¿Sí?
Acusado:	[*no inteligible*]
Oficial:	"Cualquiera cosa que diga se puede usarse en su contra en una corte, ¿entiendes?"
Acusado:	"Um, hum."
Oficial:	"Díme sí o no, por favor."
Acusado:	"Sí."
Oficial:	"Tiene el derecho de tener un abogado antes que y mientras que hagaren cualquier preguntas, ¿entiendes?"
Acusado:	"Sí."
Oficial:	"Si no tiene con que pagarle a un abogado se le daré uno sin costo antes que hague cualquier preguntas, ¿entiendes?"
Acusado:	"Um hum."
Oficial:	"¿Entiendes?"
Acusado:	"Sí."
Oficial:	"Ok, ¿y sí gusta hablar con nosotros de por qué estuvo arrestado?
Acusado:	"Pues, sí me gustaría saber por qué. Yo no sé por qué, me cae de sorpresa, verdad.

El discurso del interrogatorio demuestra varias formas y funciones problemáticas del lenguaje:

1. El acusado dio tres respuestas mínimas (*uh, uh* o *um, hum*), y se ha demostrado que las respuestas mínimas no siempre indican que haya entendimiento.
2. Como resultado, al acusado se le tuvo que pedir tres veces que respondiera *sí* o *no*.
3. En una instancia, después de que el oficial insistía con "¿sí?", el sospechoso no dio una respuesta audible.

4. Cuando el acusado respondió con *sí* (tres veces), no quedó claro a que respondía el *sí*, o sea, si era a la pregunta o a la insistencia de decir *sí* o *no*.
5. Los errores gramaticales en el español del oficial hacen que sea difícil entender lo que dice, por ejemplo: el intercambiar las formas verbales de *tú* y *usted*, y expresiones como *quedarse silencio, mientras que hagaren, se le daré*, y *antes que hague*.
6. Cuando se le preguntó directamente si quería hablar de su arresto, el acusado dijo que quería saber por qué.

11.3 ¿ENTENDIÓ EL DEMANDADO LAS PREGUNTAS QUE LE HICIERON?

La ley requiere que se le interrogue al acusado en una lengua que hable y entienda. En este caso se ve desde luego que el oficial no hablaba español lo suficientemente bien como para llevar a cabo un interrogatorio de este tipo. Cometió repetidos errores gramaticales y léxicos en español, muchos de ellos dificultando la interpretación del significado de lo que estaba diciendo. A veces él hablaba en inglés cuando no conocía un término o era incapaz de formar una frase u oración en español.

Por otro lado, el acusado no hablaba inglés. En otras ocasiones el oficial farfullaba de manera ininteligible cuando no podía encontrar el término o la frase que buscaba en español. También él le hizo preguntas al acusado sobre cómo decir ciertas cosas en español, en especial términos relacionados con las partes del cuerpo y el coito.

El ejemplo más obvio entre los muchos problemas observados por parte del oficial fue el uso múltiple del muy conocido cognado falso de *molestar.* (Cabe recordar que en inglés *molest* quiere decir *violar*, pero en español *molestar* quiere decir *irritar.*) El oficial le dijo al acusado, por ejemplo, que la presunta víctima de abuso indicó que "*él la estuvo molestando*", y el acusado sin entender respondió, "*¿ . . . que la estuve molestando hace una semana . . . ?*", como si preguntara por qué sería arrestado por molestarla.

11.4 CONCLUSIONES

La "sinopsis" del interrogatorio policial provisto en el reporte del oficial es, en el mejor de los casos, impreciso debido a su falta de competencia en el español. En el peor de los casos, es simplemente falso.

Las graves consecuencias de una situación como ésta se pueden evitar haciendo desde el principio una transcripción en español del interrogatorio policial antes de que se haga la traducción en inglés para la corte. Aparte de los problemas relacionados con el discurso que se describieron arriba, el acusado en este caso negó repetidamente haber penetrado a la víctima, lo cual no está reflejado en la "sinopsis" policial. Se requiere la preparación cuidadosa de una transcripción del interrogatorio policial en la(s) lengua(s) habladas durante el interrogatorio. Para la protección de todas las partes (la víctima, el acusado, la policía), se puede establecer la exactitud de tal registro, de modo que todas las demás traducciones, sinopsis, etc., puedan provenir de y estar verificadas por la transcripción original del discurso.

CAPÍTULO 12

California contra Ceja (2013)

ADVERTENCIA DE DERECHOS

12.1 INTRODUCCIÓN

Este capítulo es una respuesta a la Corte. En ello relato mis observaciones sobre una acción policial y judicial que considero injusta: por parte de la policía, el haberle negado a la sospechosa hispanohablante la asistencia de un intérprete durante su interrogación custodial; y por parte de la Corte, el haber validado la interrogación a pesar de la decidida ausencia del intérprete.

12.1.1 Para entender el capítulo

El lingüista testificó a favor de la defensa en este caso criminal. Una breve revisión de la secuencia de los eventos ayudará a clarificar el propósito de esta respuesta.

En primer lugar, el lingüista analizó el lenguaje de la acusada, quien habla español y es algo bilingüe en inglés, y presentó un dictamen por escrito sobre el entendimiento que ella pudiese haber tenido de la advertencia *Miranda* al comienzo de su interrogatorio policial.

En segundo lugar, el lingüista declaró en una audiencia previa al juicio a favor de una petición de la defensa para que se suprimieran las declaraciones hechas por la demandada durante su interrogatorio custodial.

En tercer lugar, la Corte negó la petición de la defensa para suprimir las declaraciones realizadas durante el interrogatorio de la detenida.

Y en cuarto lugar, la acusada fue luego juzgada y declarada culpable de homicidio premeditado y secuestro. Después del juicio y la sentencia, el lingüista se animó a preparar una respuesta a la decisión previa al juicio en la cual la Corte que admitió las declaraciones realizadas durante el interrogatorio inicial de la condenada. El presente capítulo explora esta respuesta.

Puede que el lector desee referirse a la declaración inicial del perito en la materia, y también a la decisión de la Corte de no suprimir las declaraciones custodiales, la cual fue preparada por la taquígrafa judicial. Se pueden encontrar estos documentos viendo el sitio web del libro (*introlingforen.net*): *Declaration of Gerald R. McMenamin* (2012) y *Reporter's Transcript, Ruling on Motion, Friday, April 12, 2013* (McCabe 2013).

12.1.2 El asunto: Estado de California contra Ceja *(2013)*

En 2013, María Teresa Ceja fue condenada por el homicidio de una mujer y el secuestro de su niño en Merced, California. Fue un caso estremecedor porque se mantenía que la Srta. Ceja y su novio asesinaron a la mujer para quedarse con el niño y criarlo como si fuera su propio hijo, y el cuerpo quemado de la mujer fue descubierto más tarde por trabajadores agrícolas en un huerto cercano. El bebé fue encontrado con vida en el umbral de una casa cercana. La Srta. Ceja fue sentenciada a cadena perpetua sin libertad condicional. Informó el periódico que el juez que condujo el caso comentó, "La Corte jamás ha visto u oído tal acumulación de hechos en un caso tan extraño, retorcido, enredado e inhumano, y es probable que nunca vuelva a ocurrir".

La lengua materna de la sospechosa es el español, y su segundo idioma es el inglés. Ella tiene dos años de educación primaria en México y menos de un año de asistencia intermitente en la secundaria en los Estados Unidos. Ella fue inicialmente interrogada por casi tres horas por los oficiales del departamento del alguacil del Condado de Merced. El abogado defensor contrató al lingüista como perito en el asunto para que determinara si las circunstancias que rodearon el interrogatorio, en particular las limitaciones del inglés de Ceja, la acusada, afectaron su entendimiento de los derechos *Miranda* en contra de la autoincriminación y su subsiguiente capacidad para renunciar libremente a esos derechos.

El caso presenta tres preguntas principales: (1) ¿Habla y entiende el inglés la Srta. Ceja? (2) ¿Proporciona el discurso de su interrogatorio antes, durante, y después de la advertencia *Miranda*, algún contexto adicional para determinar la validez de la renuncia implícita a sus derechos *Miranda*? (3) y en última instancia, ¿fue *deliberada, inteligente* y *voluntaria* la implícita renuncia a sus derechos *Miranda*, tal como lo requiere la ley?

Se observó el lenguaje de la acusada durante su interrogatorio en la estación de policía por medio de una videograbación, y también durante una observación del lenguaje natural, el cual fue llevado a cabo por el lingüista en el lugar de su encarcelamiento.

Durante la hora que duró esta entrevista, se observaron el lenguaje y el discurso de su español e inglés.

A la inculpada no se le facilitó un intérprete certificado durante su interrogatorio bajo custodia. La advertencia *Miranda* sólo se leyó en inglés, y después se le preguntó si había entendido la lectura de la advertencia *Miranda*. Su primera respuesta, la cual fue "mejor en español", fue ignorada. Los oficiales de la policía prosiguieron repetidamente requiriendo que la sospechosa respondiera a su interrogatorio en inglés, pese a que la inculpada hizo varias peticiones inútiles para hablar y para que se le hablara en español.

El lingüista concluyó que la renuncia implícita de la sospechosa a sus derechos *Miranda* no fue *deliberada, inteligente,* ni *voluntaria,* lo cual, junto con otras cuestiones, conllevó a que el abogado defensor introdujera una petición para suprimir las declaraciones realizadas por la inculpada en el interrogatorio bajo custodia.

En pleno contraste con el testimonio lingüístico, el interrogatorio del fiscal sugirió que la sospechosa estuvo fingiendo su incapacidad para hablar y entender en inglés. En abril de 2013, la Corte emitió su fallo sobre la petición de la defensa para que se excluyeran de su próximo juicio las declaraciones que ella le dio a la policía, determinó que la acusada sabía inglés lo suficientemente bien como para no necesitar la asistencia de un intérprete profesional calificado durante su interrogatorio en la estación de policía, y dictaminó que la renuncia implícita a sus derechos *Miranda* fue, por lo tanto, *deliberada, inteligente* y *voluntaria.*

12.1.3 *Método de análisis*

Los datos analizados consisten del discurso del interrogatorio de la sospechosa bajo custodia. La transcripción del discurso incluye los tres hablantes representados por una gráfica parecida a la partitura orquestral, formato utilizado a menudo para el análisis del discurso. En este caso, cada renglón horizontal consistía de cuatro elementos verticales:

Det-1= El habla del oficial monolingüe inglés
Det-2= El habla del oficial bilingüe inglés/español
DEF= El habla de la sospechosa
[Eng]= [traducción al inglés]

El renglón horizontal representa el habla de los tres respectivos hablantes. Fue incluido un cuarto renglón [entre corchetes] para cualquier traducción al inglés que fuera indicada. El tiempo se mide pasando de izquierda a derecha. Junto con la grabación de video, esta transcripción fue coordinada y realizada entre dos analistas para efectuar el análisis del discurso entre los dos oficiales y la Srta. Ceja. La Figura 12.1 es la pág. 3 de la transcripción del interrogatorio entero.

12.1.4 *Resumen del testimonio directo del perito*

La decisión de la Corte Suprema de los Estados Unidos sobre el caso *Miranda v. Arizona* (1966) estaba destinada a proteger el derecho que un presunto criminal tiene en contra de la autoincriminación, tal como lo provee la Quinta Enmienda de la Constitución de los Estado Unidos. La decisión se refería específicamente a los derechos que el sospechoso tiene a guardar silencio y a contar con asesoramiento legal antes de ser interrogado, y requería que la renuncia a sus derechos constitucionales se hiciera deliberada, inteligente y voluntariamente por parte del inculpado. (Para contar con un análisis competente de la historia e importancia del caso *Miranda v. Arizona*, véase Bravo Aguilar 2001.)

12.1.4.1 ¿Habla y entiende el inglés la inculpada?

La cuestión es: ¿habla inglés lo suficientemente bien la sospechosa como para entender la lectura oral de sus derechos *Miranda*? Las *conclusiones* del testigo indicaron que la sospechosa sí habla y entiende el inglés, pero sólo en el nivel más básico de la comunicación interpersonal altamente contextualizada. La *opinión* del testigo, por ende, apuntó a que la inculpada no tiene un dominio de las destrezas lingüísticas que son cognitivamente más exigentes, es decir, las mismas que se necesitan para comprender el inglés hablado pero no contextualizado.

12.1.4.2 ¿Fue *deliberada* su renuncia implícita a los derechos *Miranda*?

La cuestión es: ¿estaba consciente la sospechosa de sus derechos *Miranda*? Las *conclusiones* del testigo indicaron que a la inculpada se le dieron a conocer sus derechos sólo en inglés, y que ella no posee el dominio necesario del inglés como para entender la advertencia *Miranda* si ésta se leyó sólo en inglés. La *opinión* del testigo apuntó a que la sospechosa no estaba consciente de sus derechos *Miranda*, y que lo que se interpretó como una renuncia implícita de sus derechos no cumple con el requisito de que la renuncia a los derechos *Miranda* debe ser *deliberada*.

12.1.4.3 ¿Fue *inteligente* su renuncia implícita a los derechos *Miranda*?

La cuestión es: ¿entendió la inculpada la lectura de sus derechos *Miranda* hasta el punto de comprender cuáles eran esos derechos, y de saber lo que significaba renunciar a ellos? Las *conclusiones* del testigo indicaron que a la inculpada se le informó de sus

Det-1	I just want you to know thank you for coming down here and talking to us. Hope it's not too much of a inconvenience.
Det-2	
DEF	
[Eng]	
- - - - -	- -
Det-1	But we have some questions for you So, I'm sorry?
Det-2	
DEF	Está bien. Está bien. Oh. . .it's OK.
[Eng]	It's OK. It's OK.
- - - - -	- -
Det-1	Oh, OK. Um, but I have to tell you: You have the right to remain silent. Anything you say may be used against you in court. You do have the right to the presence of an attorney, and if you cannot afford an attorney one will be provided to you free of charge before any questioning if you wish. Do you understand these rights as I've explained ?
Det-2	
DEF	
[Eng]	
- - - - -	- -
Det-1	
Det-2	
DEF	Mmhmm.
[Eng]	
- - - - -	- -
Det-1	You understand? Is there anything you don't understand about that? What I. . .what I just read to you?
Det-2	
DEF	
[Eng]	
- - - - -	- -
Det-1	
Det-2	Do you understand it? Enten. . .etendistes?
DEF	Um, mejor en español.
[Eng]	Um, it'd be better in Spanish.
- - - - -	- -
Det-1	
Det-2	OK, pero sí entendistes lo que te dijo?
DEF	Sí entiendo poquito pero no entiendo tanto.
[Eng]	Yes I understand a little bit but I don't understand a lot.
- - - - -	- -
Det-1	
Det-2	
DEF	Pues que sí ten. . .tengo derecho de [inaudible] callada y a un abogado, no? OK
[Eng]	Well that I have. . .have the right to remain silent and to an attorney, no? OK.

FIGURA 12.1. Página ejemplar de la transcripción del interrogatorio

derechos sólo en inglés, y que ella no posee el dominio necesario del lenguaje para entenderlos, de modo que ella, por lo tanto, no pudo haber entendido lo que significaba renunciar a sus derechos sin haber comprendido primero cuáles eran sus derechos. La *opinión* del testigo apuntó a que la sospechosa no tenía el conocimiento suficiente de los derechos *Miranda* como para estar consciente de las consecuencias de renunciar a ellos, y que la renuncia implícita a sus derechos *Miranda*, por ende, no cumple con el requisito de que tal renuncia debe ser *inteligente*.

12.1.4.4 ¿Fue *voluntaria* su renuncia implícita a los derechos *Miranda*?

La cuestión es: ¿fue la renuncia de la sospechosa a sus derechos *Miranda* una decisión libre y deliberada, o el producto de la intimidación, la coacción, o el engaño? Las *conclusiones* del testigo indicaron que los detectives utilizaron elementos significativos de intimidación y de coacción en el interrogatorio. La *opinión* del testigo apuntó a que la intimidación y la coacción se utilizaron para extraer sus declaraciones, y que la interrogación, por lo tanto, no cumple con el requisito de que sus declaraciones deben ser el producto de una decisión libre y deliberada.

12.2 LA CORTE SOSTIENE QUE LA RENUNCIA FUE DELIBERADA.

12.2.1 Considere la lectura de los derechos Miranda *en sí misma.*

Un detective anglohablante y monolingüe le leyó sus derechos *Miranda* a la inculpada:

> *You have the right to remain silent. Anything you say may be used against you in court. You do have the right to the presence of an attorney, and if you cannot afford an attorney one will be provided to you free of charge before any questioning if you wish. Do you understand these rights as I've explained?*
>
> [Usted tiene el derecho a guardar silencio. Cualquier cosa que diga puede ser usada en su contra en la corte. Usted tiene el derecho de que esté presente un abogado y si no tiene los medios para contratar a un abogado, se le asignará uno libre de cargos antes de que la interroguen si usted así lo desea, para que la represente. ¿Entiende usted estos derechos de la forma en que se los he explicado?]

Ahora bien, en cuanto al por qué fue que los detectives no le leyeron los derechos en español a la inculpada, y pese a que ellos utilizaron ambas lenguas para preguntarle a la sospechosa si había entendido sus derechos, la decisión de la Corte cita el testimonio proporcionado por el detective hispanohablante:

La Corte:

> 12:17 El detective Ruíz testificó que los derechos *Miranda* no se releyeron en español. No pareció ser necesario.

(El inglés original de las citas de la Corte se encontrará viendo *Reporter's Transcript, Ruling on Motion*, en el sitio web del libro: *introlingforen.net*.)

Los detectives realizaron cinco intentos para confirmar si la Srta. Ceja entendía sus derechos *Miranda*, lo cual, en sí, les pudo haber mostrado la dificultad que tenía Ceja para entender el inglés. En el segundo, tercer y cuarto intentos, Ceja utilizó respuestas completas para responder, y éstas evidencian una clara falta de entendimiento:

(Observe que a lo largo de este trabajo el *detective 1* se refiere al detective anglohablante monolingüe, y el *detective 2* se refiere al detective bilingüe).

Detective: *letra cursiva*
Srta. Ceja: **letra negrilla**
Traducción: [letra entre corchetes]

INTENTO 1:	Det 1:	*Do you understand these rights as I've explained?*
		[¿Entiende estos derechos como se los he explicado?]
	Ceja:	**Mmhmm**
INTENTO 2:	Det 1:	*You understand?*
		[¿Entiende?]
		Is there anything you don't understand about that?
		[¿Hay algo que no entienda?]
		What I, what I just read to you?
		[¿De lo que, lo que le acabo de leer a usted?]
	Ceja:	**Um, mejor en español.**
INTENTO 3:	Det 2:	*Do you understand it?*
		[¿Lo entiende?]
		¿Enten . . . entendistes?
	Ceja:	**Sí, entiendo poquito, pero no entiendo tanto.**
INTENTO 4:	Det 2:	*Ok, ¿pero sí entendistes lo que te dijo?*
	Ceja:	**Pues de que sí ten . . . tengo el derecho de [ ] callada y a un abogado ¿no? Ok.**
INTENTO 5:	Det 1:	*Do you understand these rights as I've explained?*
		[¿Entiende estos derechos como los he explicado?]
	Ceja:	**Mmhmm**
	Det 1:	*You understand? Ok.*
		[¿Entiende usted? Ok.]
	Det 2:	*Mmhmm, mmhmm, mmhmm*
	Ceja:	**Mmhmm**

En contraste con las *respuestas completas* de los tres intentos 2, 3 y 4, el *mmhmm* del intento inicial y de los dos finales de la inculpada es lo que se conoce en el análisis del discurso como una *respuesta mínima*:

> Las respuestas mínimas en el inglés americano son formas como *mmhmm, yeah, uh-huh,* y *right,* las cuales se enuncian por el interlocutor durante un acto de habla para indicar un cierto nivel de interacción con el locutor (Fellegy 1995:186) (1).

Fellegy (*ibid.*) observa que los investigadores catalogan estas respuestas de muchas formas distintas, lo cual refleja que existe una diversidad de opiniones en relación a sus funciones como, por ejemplo, los términos de asentimiento, las respuestas del oyente, la señal auditiva mínima [*back channel*] del oyente, la retroalimentación, y las señales de acompañamiento.

Tales respuestas son a menudo ambiguas tanto para el locutor, esto es, la persona que emite el enunciado, como para el oyente que lo recibe e interpreta, ya que su verdadero significado no es fácilmente verificable. Pueden tener cualquier número de significados: la escucha activa, el aburrimiento, la señal de apoyo o de acuerdo, y la señal de la falta de atención (Fellegy 1995:186). Con respecto a los tres *mmhmm* enunciados por la Srta. Ceja, podría haber varias interpretaciones: el reconocimiento del intento de los oficiales de confirmar su comprensión; la búsqueda de una respuesta o explicación; un enunciado mínimo para indicar que ella sabe que es su turno para hablar; o (al final) una respuesta pronta mimetizada de las *mmhmm, mmhmm, mmhmm* que acaba de repetir tres veces el oficial.

No es posible establecer cuál de las posibles interpretaciones es la correcta: o bien la interpretación realizada por los detectives y la Corte en relación al *mmhmm* que significa sí, o bien existe una posibilidad alterna que sugiere que la repetición del *mmhmm* se traduce como algo equivalente a la oración, "Me sigues preguntando si entiendo, y sigo diciendo que no, así que no importa". En contra de interpretar el significado del *mmhmm* como *sí* se encuentra el hecho de que los oficiales mismos siguieron buscando el asentimiento después de cada una de las primeras cuatro respuestas de la inculpada. Y, aun suponiendo que el primer y el último *mmhmm* sea un sí, sigue siendo cuestionable lo que ese *sí* puede indicar. Shuy observa lo siguiente en su discusión sobre los derechos *Miranda*:

> La pregunta de seguimiento "¿Entiende estos derechos?" también puede ser relativamente insignificante en el contexto Miranda. Las personas sin poder tienden a decir "sí" sin importar si entienden o no, porque les es incómodo admitir su ignorancia (Shuy 2014:125) (2).

A fin de cuentas, la posición de la Corte no se basa en lo que sí dijo la inculpada (que sus derechos se dieran mejor en español), sino en algo que no dijera ella:

La Corte:

12:25 María nunca dijo ni una sola vez que no entendió sus derechos ni pidió que se los repitieran o tradujeran.

12.2.2 *Considere el diálogo que se utilizó como apoyo de dicha renuncia implícita.*

Según tengo entendido, nadie había planteado la cuestión básica de si hubo una renuncia de cualquier tipo a los derechos de la inculpada. No hubo una *renuncia expresa* porque la sospechosa no tuvo la oportunidad de responder a la pregunta indicada: "Teniendo en mente estos derechos, ¿desea usted hablar con nosotros en este momento?" Tampoco firmó ningún formulario para renunciar a sus derechos.

Al parecer, esta es la razón por la cual se le conoce a esta renuncia como una *renuncia implícita*. No obstante, incluso la renuncia, tal como se deduce de los detectives que condujeron el interrogatorio, es cuestionable al menos por tres razones: los oficiales no le informaron a la sospechosa de sus derechos en un lenguaje que ella entendiera; la inculpada no dijo claramente que entendía sus derechos; y los oficiales ejercieron presión sobre la sospechosa al no proveerle un intérprete profesional certificado y al no permitirle que hablara en español.

12.2.3 *La Corte sostiene que la inculpada entendía sus derechos.*

La Corte parece sostener lo siguiente: (1) El testimonio del perito en torno a la capacidad para *hablar* inglés de la sospechosa, es decir, de su lenguaje *productivo*, es irrelevante porque la advertencia *Miranda* sólo requiere escuchar y comprender, esto es, el lenguaje *receptivo*; (2) la inculpada entiende el inglés mejor de lo que lo habla; (3) y ella, por ende, entendía el inglés lo suficientemente bien como para renunciar a sus derechos constitucionales de la Quinta Enmienda.

12.2.3.1 La Corte considera irrelevante el testimonio del perito.

La Corte:

> 06:16 . . . se realizó la pregunta pertinente durante el interrogatorio: "¿Acaso la comprensión del lenguaje equivale a la capacidad que uno tiene para hablarlo?"
>
> 06:23 Por consiguiente, todo el testimonio de que la lengua materna de la acusada es el español; que ella habla el español mejor que el inglés; que prefiere o es más competente en el español; su nivel de educación al hablar una lengua, su sintaxis al hablar el inglés, y su BICS [*destreza básica de comunicación interpersonal*] y CALP [*competencia cognitiva-académica del lenguaje*], los cuales se basan en su habilidad para manejar el lenguaje, [todos] representan maniobras de distracción típicas de la escuela de derecho, y no capta lo importante. El uso del lenguaje no equivale a la comprensión del lenguaje.

A decir verdad, el testimonio del testigo sí es relevante para la comprensión del lenguaje. Además de los derechos constitucionales *Miranda* de la acusada, se le obliga a la Corte también a tomar en consideración su derecho civil con respecto a la asistencia lingüística, ya que su identificación como detenida de dominio limitado del inglés

(LEP en adelante, por sus siglas en inglés) no depende de cuáles de sus capacidades lingüísticas estén más o menos desarrolladas.

Tal como lo explicó el perito en la audiencia, el lenguaje de los hablantes alfabetos integra cuatro capacidades lingüísticas: las capacidades productivas incluyen *el habla* y *la escritura*, y las capacidades receptivas incluyen *la comprensión auditiva* y *la lectura*. Es cierto, tal como lo señala la Corte, que "el lenguaje no equivale tan sólo a la comprensión del lenguaje". En efecto, muchísimos hablantes del mundo son analfabetos, pues hablan y entienden su lenguaje sin ser capaces de leerlo y escribirlo. Pero la *Ley de los Derechos Civiles* no descarta ninguna capacidad específica del lenguaje en mayor o menor medida, pues incluye a todos "los individuos que no hablan inglés como su lengua materna" y a "aquellos que no hablan bien el inglés".

En lo que respecta al derecho civil que tiene a recibir asistencia lingüística, la inculpada satisface bien la definición de LEP del Departamento de Justicia de los Estados Unidos (USDOJ en adelante), ya que es una persona que posee un dominio limitado del inglés: "Las personas que no hablan inglés como su primer idioma y tienen una capacidad limitada para leer, escribir, hablar o comprender el inglés . . ." (USDOJ 2002: Sección IV). Además, el USDOJ es sumamente específico en cuanto a los derechos de asistencia lingüística.

Contraste los criterios del USDOJ con lo que no se tomó en cuenta en este caso:

1. Las personas LEP [que poseen un dominio limitado del inglés] que necesitan asistencia lingüística se extiende a aquellas "personas que se encuentran bajo custodia" (USDOJ 2002: Sección IV).
2. El USDOJ hace hincapié en la imparcialidad e insiste en la necesidad de contar con intérpretes independientes que "se adhieran a su papel de intérpretes sin desviarse a . . . otras funciones, en particular a las que se relacionan con los contextos de la aplicación de la ley. Cuando los derechos de la persona dependen de traducciones e interpretaciones precisas, completas y exactas, sobre todo en los contextos de . . . los interrogatorios bajo custodia u otro tipo de interrogatorio policial, el uso de intérpretes certificados es fuertemente recomendado" (USDOJ 2002: Sección VI-A).
3. El USDOJ señala que "los departamentos del alguacil y del jefe de la policía . . . tienen la obligación de prestar servicios de asistencia lingüística a las personas LEP para cerciorarse que tengan un acceso significativo al sistema, lo cual incluye, por ejemplo, el entendimiento de sus derechos y el acceso a la asistencia de la policía". Son de suma importancia las interrogaciones bajo custodia de las personas LEP no representadas (USDOJ 2002: Apéndice A).

12.2.3.2 La Corte opina que no hay relación entre el nivel de educación y la comprensión del lenguaje.

El derecho constitucional que la inculpada tiene en contra de la autoincriminación depende directamente de la capacidad que tiene de entender la lectura realizada en inglés de los derechos *Miranda*, por lo cual la Corte sostiene que no existe ninguna correlación directa entre la educación y la capacidad que uno tiene para entender o comprender un lenguaje. Esto es falso.

De acuerdo con la Corte:

> 07:15 . . . la educación no se iguala a la inteligencia o la capacidad. No tiene una correlación directa ni una relación con la capacidad de uno de comprender o entender un lenguaje.
>
> 09:18 Le es evidente a la Corte que el testigo quedó continuamente inmerso en el nivel de educación que tenía esta acusada. Una vez más, la educación no es lo mismo que la capacidad o la inteligencia.
>
> 14:23 . . . El nivel educativo de María no es un indicador concluyente de su nivel de inteligencia. La capacidad para leer de la página de un libro no es una prueba concluyente de la habilidad que se tiene para entender la situación por medio de una interacción visual, verbal y física. Ninguna ley requiere que se incorporen BICS o CALP en los derechos Miranda.

Muy por el contrario de la conclusión de la Corte, la distinción que existe entre las *destrezas básicas de comunicación interpersonal* (BICS) y la *competencia cognitiva-académica del lenguaje* (CALP) es fundamental para el entendimiento de la cuestión inmediata. Las capacidades BICS se refieren a la capacidad conversacional altamente contextualizada que se utiliza para sobrellevar la vida cotidiana. Del otro lado, CALP es la capacidad independiente al contexto que se requiere para entender el lenguaje complejo, especializado y formal que se utiliza en los procesos legales como lo son, por ejemplo, la lectura y la comprensión de los derechos *Miranda*.

También contrario a la conclusión de la Corte, el desarrollo del CALP está, de hecho, asociado y correlacionado con la educación formal. El CALP comienza a desarrollarse después de las primeras etapas de escolarización. Se le denomina lenguaje "académico" porque su adquisición es específica al contexto de la educación. La distinción que existe entre BICS y CALP es relevante precisamente porque, antes de que los educadores se percataran de la diferencia, a menudo confundían estas dos dimensiones del dominio del lenguaje, tal como lo ha hecho la Corte aquí, y solamente entonces comenzaron a ver que los estudiantes que parecían conversar fluidamente en inglés no tenían buen desempeño en las tareas académicas dentro del salón de clase (e.g., Daller 2001; Cummins 2008).

Si bien es cierto que ninguna ley requiere que se consideren las capacidades básicas de la comunicación interpersonal (BICS) y el dominio cognitivo del lenguaje académico (CALP), la distinción es fundamental para la cuestión de la audiencia en torno a la petición que se intenta suprimir. Considere sólo una pequeña muestra de la investigación extensiva que se ha realizado sobre el tema al cual se refirió en el testimonio del testigo:

> El CALP [el dominio cognitivo del lenguaje académico] subsume el lenguaje académico que se relaciona con temas especializados que incluyen el lenguaje jurídico (p.e., "Usted tiene derecho a guardar silencio") . . . y el lenguaje abstracto (p.e., "¿Desea renunciar a sus derechos?"). El CALP se necesita para la comprensión en situaciones de contexto reducido, tal como lo son un interrogatorio bajo custodia, una audiencia jurídica o una admonición de los derechos Miranda (Dueñas González *et al.* 2012:709) (3).
>
> Como resultado de las barreras que impiden la adquisición del lenguaje, muchos inmigrantes, en especial aquellos que emigraron a los Estados Unidos como adultos, han dominado sus segundos idiomas a un nivel conversacional más que a un nivel "completamente bilingüe" (Moore y Mamiya 1999:32) (4).
>
> El lenguaje jurídico de la Corte es mucho más difícil que el lenguaje conversacional. Varios estudios independientes sobre el nivel lingüístico del lenguaje de la Corte han concluido que se encuentra al nivel de la preparatoria o más allá de él, y que la terminología jurídica incrementa el nivel de dificultad todavía más. Para que se considere bilingüe a un inmigrante en un proceso judicial, el nivel lingüístico del inmigrante debe ser por lo menos equivalente al nivel de 12mo año en ambos idiomas (Moore y Mamiya 1999:32) (5).

La Corte misma, en su intento por demostrar la sencillez de los derechos Miranda, en realidad revela su complejidad lingüística al "traducir" uno de los derechos constitucionales al inglés claro. La Corte observa (a las 15:21) que esta advertencia [Miranda] es tan "básica" como el "puedes dejar de hablar, y puedes tener un abogado". Esta caracterización se encuentra en directa oposición con lo que se le leyó en realidad a la sospechosa: "Usted tiene el derecho de tener un abogado y de tenerlo presente mientras lo interrogan a usted. Si no tiene los medios para contratar a un abogado, se le asignará uno de oficio, libre de cargos si usted así lo desea, para que lo represente antes de que lo interroguen".

12.2.3.3 La Corte opina que no hay correlación entre la educación y la comprensión de los derechos *Miranda*.

Muy por el contario de la conclusión de la Corte, la capacidad para comprender los derechos *Miranda*, de hecho, se asocia y correlaciona con el nivel de educación y, en específico, con el nivel de capacidad lectora.

Según la Corte:

> 13:23 El perito testificó sobre el dominio que tiene María sobre las destrezas necesarias para hablar inglés y sobre su comprensión de la lectura, mas no sobre su inteligencia real ni su

comprensión del inglés así como se aplica a los derechos Miranda. Pese a que él afirma que su educación formal [de María] totaliza alrededor de tres años y que los derechos Miranda requieren un nivel de lectura de los años escolares de sexto, octavo y décimo, es demasiado simplista comparar estos dos factores por sí solos.

14:17 Al igual que su español, la comprensión del inglés de María está más allá de su nivel de educación formal.

15:18 El perito dice que puede que esté bien tener un conocimiento limitado del inglés al platicar conceptos básicos y respuestas cortas, pero no para los conceptos académicos o complejos. . . . El derecho a guardar silencio o a hablar con un abogado no es académico. Esto es, se puede dejar de hablar, y se puede tener un abogado. Puede que esto no requiera capacidades académicas.

Si bien la Corte demuestra la falta de familiaridad frecuentemente encontrada en torno a la complejidad de los temas lingüísticos, también expresa una indiferencia inesperada sobre los derechos de la inculpada:

13:06 La demandada puede sentirse más cómoda en español, pero no hay ningún requisito legal para que ella esté cómoda.

Las considerables investigaciones lingüísticas y judiciales demuestran que la advertencia *Miranda* es compleja en cualquier idioma, y que deben tomarse en consideración los obstáculos que dificultan su entendimiento para proteger los derechos civiles y constitucionales de las personas. Para una sola muestra de ello, considere el siguiente ejemplo:

> La advertencia Miranda constituye un texto formal que emana desde el lenguaje de la ley, del registro de la corte y de los agentes policiales, el cual se marca por la complejidad estructural, por los términos coloquiales y la jerga, y las frases fijas que no se utilizan en el inglés conversacional cotidiano. A pesar de que parecen ser engañosamente sencillos, los derechos *Miranda* son un buen ejemplo del registro judicial formal, el cual es uno de los registros más complejos del inglés, inclusive para los hablantes nativos (Dueñas González *et al.* 2012: 452) (6).

Además, considere nuevamente la distinción entre BICS y CALP, tal como la articula Dueñas González *et al.* (2012:537): BICS se refiere a "la capacidad conversacional que se utiliza para pasar con cuidado y éxito por la vida cotidiana y el trabajo", y CALP es "el nivel avanzado del dominio del lenguaje que se requiere para comprender el registro del lenguaje que se utiliza en la corte, el cual es sintáctica y semánticamente complejo, especializado y de un registro formal. Se necesita un nivel relativamente alto de CALP para comprender sin intérprete el lenguaje judicial, y esto es precisamente lo que los jueces pueden omitir:

> Los jueces que no están familiarizados con la distinción que existe entre los dos tipos de competencia lingüística pueden enfocar erróneamente su consulta sobre los temas conversacionales que le son conocidos al inculpado. Dado que una persona que posee un dominio limitado del lenguaje

> (LEP) puede ser capaz de conversar con facilidad acerca de temas centrados en las experiencias diarias y concretas, la Corte puede deducir de ese leve dominio del lenguaje que la persona LEP es competente en el inglés . . . (Dueñas González *et al.* 2012:537) (7).

Así también, aparte de su complejidad estructural, se tiene que tomar en cuenta la base pragmática que fundamenta la comprensión de uno del lenguaje de la advertencia *Miranda*. El léxico y la sintaxis de los derechos *Miranda* se combinan para formar una lengua especializada "instrumental", la cual se distingue de la lengua natural por el criterio pragmático de su función. Considérese la propuesta de Mario Jori:

> El lenguaje de la ley estará caracterizado por su función peculiar. . . [los lenguajes legales] son instrumentales para lidiar con la ley, es decir, se usan con una fuerza organizada que es administrada por las autoridades. Hay un subgrupo de personas expertas y juristas que son expertos en las particularidades de la ley y del lenguaje de la ley (Jori 2016: 33) (8).

12.2.4 La Corte responsabiliza a la sospechosa por no comprender los derechos. En su fallo, la Corte se enfocó en la postura del perito que la respuesta de la sospechosa, *"For me, it's better in Spanish"*, debió haber dado pie a que los oficiales de la policía leyeran la advertencia *Miranda* en español.

Según la Corte:

> 05:03 El testigo continuó insistiendo en que la declaración de la acusada de que "es mejor en español" equivale por inferencia a, "Sólo entiendo en español".
>
> 07:06 El testigo se atoró en el uso de la frase de la defensa, abro la cita, "Para mí es mejor en español", cierro la cita. "Mejor" no significa "sólo".
>
> 11:05 María nunca pidió un intérprete. Ella dijo: "[Es] mejor para mí en español", mas no que no podía entender el inglés.

La postura expresa que toma la Corte es que la *totalidad de las circunstancias* del interrogatorio indican que la inculpada comprendió sus derechos. Ella no pidió intérprete, y el experto "quedó atorado" en la respuesta de la sospechosa, *Para mí, es mejor en español,* a tal medida que él erróneamente infirió que ella sólo podía entender en español.

Pues bien, la primera petición de que se le hablara en español no es la única petición que la sospechosa hizo para comunicarse en su lengua materna. En su consideración bien indicada de la totalidad de las circunstancias, la Corte muy bien pudo haber considerado las indicaciones verbales adicionales de la falta de comprensión expresada por la inculpada en los momentos previos y posteriores al diálogo que rodeaba la lectura de los derechos *Miranda*. Hay por lo menos *ocho* instancias en las cuales la acusada expresó una necesidad explícita para hablar en español. Cada una de estas peticiones para hablar en español se le mostró a la Corte tanto en su forma textual como en su forma videograbada durante la audiencia preliminar:

Clip 1: El detective 1 le pregunta a la sospechosa su nombre y su fecha de nacimiento. Ella responde con su fecha de nacimiento y después dice: **"Para mí es mejor en español".**

Clip 2: El detective 1 le lee a la inculpada sus derechos *Miranda* en inglés, y después le pregunta si entiende. Ella responde en español: **"Um, mejor en español".**

Clip 3: El detective 2 le pregunta a la sospechosa en inglés y en español si entiende sus derechos *Miranda*, y ella dice en español: **"Si entiendo poquito, pero no entiendo tanto".**

Clip 4: El detective 2 le pregunta sobre otros abortos naturales a la sospechosa. Ella comienza a responder en inglés, pero después dice **". . . en español"**, y continúa en español.

Clip 5: El detective 1 le pregunta si le puede decir lo que está diciendo en inglés, y la inculpada dice: **"No lo puedo decirle en inglés".**

Clip 6: El detective 1 le pregunta a la sospechosa dónde estaban discutiendo. Ella responde: **"Pero quiero hablar español porque inglés no sé nada".**

Clip 7: El detective 1 le pide a la sospechosa que hable en inglés. El detective 2 le repite la petición en español, y ella dice: **"No puedo"**, y continúa en español.

Clip 8: El detective 2 le insiste a la inculpada que hable en inglés; ella lo intenta, pero no le entiende el detective 1, por lo cual ella dice de forma frustrada: **"No, ay, en español".**

12.2.5 La Corte no está sola en su comprensión limitada de la capacidad lingüística. Es importante que los jueces, de alguna manera u otra, lleguen a comprender que las personas que poseen un dominio limitado del lenguaje o bien necesitan tener un dominio avanzado del inglés o contar con un intérprete. No obstante, tal como lo aludió Dueñas González *et al.* (2012) anteriormente, queda claro que esta Corte no se encuentra sola en su incapacidad para evaluar el dominio del lenguaje, sobre todo cuando se trata de comprender la distinción que existe entre BICS y CALP). Existen varias investigaciones que demuestran que a los jueces les resulta difícil discernir el dominio del lenguaje.

Paralelamente al caso que nos ocupa, es probable que los jueces no puedan distinguir cuáles contextos del uso del lenguaje son más o menos exigentes:

> Lo que la mayoría de los jueces no comprende es que una persona LEP [que posee un dominio limitado del inglés] necesita tener un dominio avanzado del inglés para poder comprender y comunicarse en un marco judicial sin la asistencia de un intérprete (Dueñas González *et al.* 2012:536) (9).

Los jueces pueden no ser conscientes de la distinción entre BICS y CALP o la práctica y investigación pedagógica que apoya su validez:

> Los jueces que no están familiarizados con la distinción que existe entre los dos tipos de competencia lingüística pueden enfocar erróneamente su investigación en los temas conversacionales que le son conocidos a la inculpada. Dado que una persona LEP puede ser capaz de conversar con facilidad acerca de temas centrados en experiencias cotidianas y concretas, la corte puede deducir de esa leve capacidad que la persona LEP es competente en el inglés (Dueñas González *et al.* 2012:537) . . . (10).

Tenga en cuenta que esta Corte ha basado gran parte de su evaluación sobre el dominio del inglés de esta acusada en una conversación informal de 14 minutos que ella mantuvo con el detective monolingüe (en inglés) mientras se dirigían a la estación del alguacil.

Los jueces pueden también no estar dispuestos o ser capaces de asumir el papel en torno a la evaluación del lenguaje, ya que un juez bilingüe ha cuestionado si un juez monolingüe es capaz de estar acertadamente consciente de algunas o todas las barreras lingüísticas que enfrentan las personas que no hablan inglés:

> Existe un nivel de sofisticación lingüística que se requiere en un juicio que, por ser extremadamente sutil, fácilmente se puede desapercibir por una persona monolingüe que no esté familiarizada con esa lengua (Salinas y Martínez 2010:552) (11).

Es posible, desde luego, que un juez que esté bien preparado con el conocimiento cultural y lingüístico suficiente cuente con los medios para determinar si una persona que posee un dominio limitado del inglés pueda necesitar de un intérprete, y asumir un papel más proactivo como aval de acceso lingüístico (Cooke 2001: 13). Más importante aún y en relación al caso presente, Cooke observa lo siguiente:

> Esta responsabilidad es aún más marcada en los casos menos obvios que involucran a hablantes que poseen un cierto grado de dominio del inglés. La persona que habla inglés de forma limitada, en contraposición a la persona que no habla inglés, parece ser el problema que impide que los jueces desempeñen su función como avales de un juicio justo (Cooke 2001:13) (12).

12.3 LA CORTE OPINA QUE LA RENUNCIA SE REALIZÓ DE FORMA *INTELIGENTE*.

La Corte asume la posición de que la renuncia implícita de la inculpada se realizó de forma inteligente, lo cual significa que ella entendía sus derechos y sabía lo que significaba renunciar a ellos. Esta posición parece estar basada en cuatro observaciones:

12.3.1 La Corte dictamina que las respuestas verbales de la sospechosa indican que sí entendió sus derechos.

De acuerdo con la Corte:

> 09:08 Cuando se le preguntó si ella entendió sus derechos y cuando el detective le preguntó cuáles eran los derechos, ella dijo que tenía el derecho a tener o hablar con un abogado y a guardar silencio.
>
> 12:06 María indicó que entendió, y lo reiteró con las palabras, abro la cita, "derecho a guardar silencio", cierro la cita, y, abro la cita, "derecho a un abogado", cierro la cita. Ella entendió la palabra "abogado" pese a que supuestamente se le requería a una persona un nivel educativo de los respectivos años sexto, octavo y décimo, para poder entender los conceptos con respecto a un "abogado".

Una pregunta que el detective bilingüe (2) le hizo después de que el detective monolingüe (1) leyó en inglés los derechos *Miranda* fue ésta:

> "Ok, ¿pero sí entendistes lo que te dijo?"

La Srta. Ceja respondió de esta manera:

> "Pues de que sí ten, tengo el derecho de [inaudible] callada y a un abogado ¿no? Ok".

La sospechosa hace una mención parcial de dos derechos, después de lo cual ella inmediatamente pide que se le confirme su entendimiento de esos dos derechos al preguntar: "*¿No*"? Termina con una pregunta su respuesta, o sea con un deseo de que se confirme lo que se dijo como, por ejemplo: "Creo que entiendo, pero dígame por favor si estoy en lo correcto". Los oficiales de la policía, sin embargo, no interpretaron esto como una petición para explicarle esos derechos, para replantear los derechos que ella mencionó, para replantear los derechos que le faltaron o para traducir los derechos. Los oficiales de la policía ignoraron su petición.

Además, la Corte se refiere a esta respuesta de la Srta. Ceja como "una repetición de la esencia de los derechos".

La Corte:

> 10:09 ...la repetición de la esencia de los derechos... son los actos y las declaraciones de alguien que entendió y comprendió lo que se le estaba diciendo.

Este comentario motiva dos observaciones: En primer lugar, conocer la *esencia* ["*gist*" es la palabra del juez] de los derechos de uno es una base difícilmente suficiente para determinar que una renuncia subsiguiente a esos derechos es deliberada e inteligente, sobre todo porque la renuncia, la cual fue implícita para los oficiales de la policía, no fue expresada de tal forma por parte de la inculpada. Y en segundo lugar, no hubo ninguna respuesta con respecto a sus otros derechos: la Corte no aborda el hecho de que la sospechosa no dijo nada acerca de su entendimiento de que (1) lo que ella dijo podría ser usado en su contra en un tribunal de justicia, o (2) se le asignaría un abogado de oficio para que la representara antes de que la interrogaran.

Considere cómo es que el grupo de investigadores Dueñas González *et al.* describe lo que se necesita para comprender los derechos *Miranda*.

> El texto de los derechos Miranda es singular en el sentido que debe ser entendido en su totalidad a fin de que un arrestado [1] sea capaz de aplicarlo a sus circunstancias, [2] ejerza el derecho en contra de la autoincriminación, o [3] renuncie a sus protecciones. Para poder apreciar completamente la importancia de los derechos, una persona debe ser capaz de procesar los componentes lingüísticos inconexos del texto. Esto implica la capacidad de conectar todos los elementos dentro de un mensaje coherente, hacer las inferencias necesarias para sintetizar la información,

> aplicarlo a las circunstancias presentes, evaluar las consecuencias de la renuncia a corto y largo plazo, y tomar la decisión ya sea de responder a las preguntas o de apelar a su derecho en contra de la autoincriminación (Dueñas González *et al.* 2012:452) (13).

El perito testificó extensamente en la audiencia que hay una diferencia entre el lenguaje que se utiliza en la comunicación interpersonal básica como, por ejemplo, el inglés utilizado mientras conducían en el carro de la policía, y el lenguaje que es cognitivamente más complejo que corresponde al de la advertencia *Miranda*.

La complejidad lingüística de los derechos *Miranda* está muy bien documentada en tantas investigaciones (e.g., Brière 1978, Grisso 1980, Grisso 1998, Shuy 1998 y Shuy y Staton 2000), y a pesar de esto la Corte sostiene que la sospechosa entendió el inglés de los derechos *Miranda* porque participó en un corto intercambio lingüístico mientras conducían a la estación del alguacil. El intercambio fue caracterizado por la Corte de la siguiente manera: "Ella iba en el asiento delantero, y hubo una conversación informal entre ella y el detective desde [el pueblo de] Planada a [la ciudad de] Merced".

Queda claramente establecido que la advertencia *Miranda* no se entiende fácilmente. No es de ninguna manera posible decir en el caso que nos ocupa que la sospechosa comprendió la advertencia *Miranda* en base a (1) una repetición mínima de unas partes de la advertencia, (2) su falta de mención de los otros componentes de la advertencia, (3) la conclusión a la cual llegó la Corte de que ella entendió *la esencia* de su significado, y (4) su capacidad para participar en una conversación informal en inglés. De hecho, la inculpada en realidad pidió una aclaración de la advertencia pero sin respuesta alguna.

12.3.2 *La Corte opina que hubo un seguimiento significativo a la lectura en inglés de los derechos* Miranda.

La Corte sugiere que la lectura de los derechos *Miranda* que se realizó en inglés fue inmediatamente suplementada por un seguimiento significativo en español.

La Corte:

> 12:05 Los derechos Miranda se le leyeron a María primero en inglés. El oficial Ruíz le dio seguimiento en español.
>
> 12:13 Los oficiales le dieron seguimiento dos veces después de que el detective Ruíz realizó la lectura de los derechos Miranda en español, y después de que el detective Brawley lo hiciera en inglés. María indicó que entendió en ambas ocasiones. Ella asintió con la cabeza de forma afirmativa. El detective Ruíz testificó que no se re-leyeron los derechos Miranda en español. No pareció ser necesario.

La Corte se queda confundida con respecto al testimonio. En primer lugar, la Corte se equivoca al decir que los derechos *Miranda* fueron leídos primero en español por el detective 2, y después en inglés por el detective 1. La advertencia fue leída sólo en inglés. La Corte, entonces, relata el testimonio del detective que la advertencia *Miranda* no se leyó en español después de todo, pues, "No pareció ser necesario".

En segundo lugar, la Corte sostiene que se le dieron "seguimientos" a las lecturas cuando, en realidad, no los hubo. Es algo posible que la Corte esté aludiendo a las preguntas de seguimiento hechas por los detectives, las cuales sólo repiten varias veces lo mismo:

1. Det 1: ¿Entiende cada uno de estos derechos que le he explicado?"
2. Det 1: ¿Entiende?
3. Det 1: ¿Hay algo que no entienda?
4. Det 1: ¿De lo que, lo que le acabo de leer a usted?
5. Det 2: ¿Lo entiende?
6. Det 2: But you did understand what he told you?
7. Det 2: Mmhmm, mmhmm, mmhmm.
8. Det 1: ¿Entiende? Ok.

La inculpada efectivamente respondió con un "no" a las preguntas de la 2 a la 7, y sus respuestas mínimas (*mmhmm*) a las preguntas 1 y 8 fueron ambiguas en el mejor de los casos. De cualquier modo, la repetición de las preguntas es insignificante como forma de seguimiento. Un seguimiento significativo en este contexto sería un replanteamiento de sus derechos, una explicación de sus derechos, o una traducción de esos derechos, pero no ocurrió ninguno de éstos.

Las preguntas reiteradas que la Corte denomina "seguimiento" son análogas al hablante que le habla cada vez más fuerte a una persona sorda sin que ésta entendiera. Los detectives no le dieron seguimiento con un replanteamiento, una explicación o una traducción y, entre más le preguntaban a ella si entendía, ella sólo seguía diciendo que no.

12.3.3 La Corte sostiene que el lenguaje corporal de la sospechosa indica que entendía sus derechos.

De acuerdo con la Corte:

09:02 Ella escuchó atentamente, tal como lo sugirieron su lenguaje corporal y su expresión facial, al detective que le leyó sus derechos Miranda. La acusada asiente con la cabeza de forma afirmativa cuando se le menciona de su derecho a tener un abogado y luego asiente con la cabeza en sentido afirmativo de una manera más exagerada al aviso de que se le asignaría un abogado en caso de que no pudiera pagarlo.

10:03 [En cuanto a] la lectura en inglés de los derechos Miranda que se le hizo a la acusada, si se basa uno en sus respuestas, su lenguaje corporal, su repetición de la esencia de sus derechos, junto a la conversación previa que ella tuvo con el detective solamente en inglés dentro del carro, son los actos y las declaraciones de alguien que entendió y comprendió lo que se le estaba diciendo.

12:15 Ella asintió con la cabeza de forma afirmativa. El detective Ruíz testificó que no se re-leyeron los derechos Miranda en español. No pareció ser necesario.

14:17 ... La comprensión del inglés de María está más allá de su nivel de educación formal. Esto es consistente con ... su conducta física y su lenguaje corporal durante el interrogatorio.

Con respecto a la interpretación simplista de la Corte del lenguaje corporal de la inculpada, bien se sabe tanto en los contextos lingüísticos como en los judiciales que lo que cuenta es lo que el informe judicial refleja conforme a lo que en realidad se dijo. La interpretación del lenguaje corporal es problemática precisamente debido a su posible ambigüedad. Un ejemplo sencillo será la *sonrisa*, pues comunica un saludo; una disposición a ayudar, a hablar, o a conocerse; o el regocijo, el placer, o la aprobación de uno, etc.

La Corte no indica una pericia propia en la comunicación no verbal, y aún teniéndola hubiera sido poco posible determinar que ciertos movimientos o expresiones faciales indicaran que la sospechosa estuvo "escuchando atentamente". Y los rasgos paralingüísticos de la comunicación como las pausas, por ejemplo, son conflictivos en el mejor de los casos. También se sabe que las señales no verbales se pueden utilizar de forma fiable para determinar el significado sólo si y cuando el observador primero establece una línea base de información acerca de las conductas no verbales del hablante, debido a las diferencias personales, lingüísticas y culturales que existen de un hablante a otro (Shuy 1998:74). Además, las personas varían en su capacidad individual para enviar (codificar) y recibir (descodificar) las comunicaciones no verbales, y los hablantes también varían en qué tan *transparentes* son, esto es, la medida en que otras personas pueden leer sus señales no verbales.

La Corte ha interpretado por lo menos cuatro rasgos específicos en torno al lenguaje corporal de la inculpada: los asentimientos con la cabeza, el encogimiento de hombros, las expresiones faciales y las pausas.

12.3.3.1 Los asentimientos con la cabeza

La Corte:

09:04 La acusada asiente con la cabeza de forma afirmativa cuando se le menciona de su derecho a tener un abogado y luego asiente con la cabeza en sentido afirmativo de una manera más exagerada al aviso de que se le asignaría un abogado en caso de que no pudiese pagarlo.

El asentimiento con la cabeza es un movimiento vertical que va de arriba hacia abajo, y que se realiza con la cabeza. El asentimiento, del mismo modo que la sonrisa, no es tan convencionalizado como lo supone la Corte; de hecho, posee una gran potencialidad de ambigüedad. Se utiliza para mostrar acuerdo, aprobación o entendimiento mientras se escucha, pero su significado no es del todo predecible.

Los asentimientos enfáticos realizados con la cabeza pueden indicar convicción o emoción. El hablante puede asentir para confirmar que es ahora el momento para que hable el interlocutor, y el interlocutor puede asentir con la cabeza para que su movimiento corresponda con el asentimiento anterior del locutor; para reconocer al locutor; o para confirmar que ahora es el momento de hablar del interlocutor.

Además, el significado del asentimiento con la cabeza es a menudo específico para cada cultura. No hay nada que haga la inculpada en este interrogatorio que permita que la Corte diga de manera inequívoca que "ella asiente con la cabeza de forma afirmativa". Hay también la cuestión de que si los gestos son parte del lenguaje o no. Por ejemplo, Andrén (2014:142) concluye tentativamente que el movimiento de la cabeza podría posiblemente ser parte del lenguaje, o por lo menos parecido al lenguaje, pero se da cuenta de las investigaciones que describen los gestos coordinados con el habla como un asunto esencialmente dinámico, es decir, "improvisados espontánea e idiosincráticamente por cada individuo más que convencionalizados, en contraste con la cualidades 'estáticas' de la convenciones de la lengua hablada".

12.3.3.2 El encogimiento de hombros

La Corte:

> 08:15 También cuando miré la videocinta, sí contestó de manera no verbal. Se encogió de hombros con el [comunicado] universal, "Yo no lo sé".

Encogerse de hombros significa levantar los hombros ligera y brevemente, pero su significado no es universal. El encogimiento de hombros puede comunicar duda, ignorancia o indiferencia. Cuando se usa como una respuesta a una pregunta, el propósito del encogimiento de hombros puede ser un intento para hacer que la persona que pregunta continúe hablando. Cuando se utiliza por una persona que no entiende el idioma, el encogimiento puede ser una forma no verbal de indicarle al otro interlocutor que él o ella no entiende. No hay nada que haga la sospechosa en este interrogatorio que permita que la Corte diga de manera no ambigua que "ella encogió los hombros en la forma universal del, 'No sé' ".

12.3.3.3 La expresión facial

La Corte:

> 09:02 Ella escuchó atentamente, tal como lo sugirieron su lenguaje corporal y su expresión facial, al detective que le leyó sus derechos Miranda.

La Corte observa que la sospechosa estuvo escuchando con atención, y lo relaciona con su expresión facial. La expresión facial es una señal que se hace para comunicar varias posibilidades: la emoción, la intención, el estado de alerta, el dolor, y la personalidad tanto del locutor como del oyente. No hay nada en la expresión facial de la inculpada que permita que la Corte lo interprete de manera inequívoca que ella estuvo escuchando atentamente.

12.3.3.4 Las pausas

La Corte:

> 10:23 Todas las respuestas fueron receptivas, y respondidas sin hacer pausa en algunos de los casos. Y en los que hubo una pausa le indicaron al testigo que creyó que esa no era—que ella no entendió la pregunta. Sin embargo, cuando se le hizo la pregunta al testigo si creía que esas [pausas] habían sido una oportunidad para que la acusada pensara en una mentira, el testigo tuvo que admitir que era posible que así lo fuera.

La Corte parece quererlo todo a la vez con respecto a su interpretación de las pausas. Cuando la inculpada habla sin hacer una pausa, ella es receptiva y demuestra un dominio del inglés, pero cuando pausa esta misma persona, supuestamente competente en inglés, entonces se dice que está siendo evasiva al tomarse el tiempo para pensar en una mentira. La propia posición equívoca de la Corte refleja directamente los problemas que se asocian con la interpretación de las señales no verbales como son las pausas.

En primer lugar, sabemos que las pausas no son en sí engañosas. Las pausas y las elocuciones que las cubren pueden tan sólo reflejar el intento de la inculpada de buscar la mejor forma de decir algo (Shuy 1998:47). Las pausas a menudo ocurren al inicio de una expresión debido a la carga cognitiva que se asocia con la planificación de lo que se va a decir. No indican que la interlocutora hubiera estado planeando mentir, tal como indicó la Corte: "el testigo tuvo que admitir que era posible que así lo fuera".

No obstante, lo que el fiscal y la Corte no logran considerar es que la interlocutora muy bien podría estar tomándose el tiempo para planear una declaración veraz. El punto es, sin tomar en consideración la sugerencia del fiscal, que la sospechosa se pausó para darse el tiempo suficiente para planear respuestas no veraces, y la aceptación de la Corte de que esto es probable, se ve desde luego que ni el fiscal, ni el perito, ni la

Corte tienen ninguna forma viable de saber lo que en realidad representan las pausas de este discurso.

> En segundo lugar, las pausas a menudo se asocian con el estilo personal o cultural de hablar: "La vacilación al hablar puede seguir un estilo individual y cultural de hablar, y no es necesariamente engañoso" (Shuy 1998:47).

En tercer lugar, tal como lo observa Shuy, al sostener que la sospechosa está mintiendo en base a señales no verbales tales como las pausas, el fiscal y la Corte parecen presuponer que la inculpada está mintiendo y utilizan las interpretaciones derivadas de sus pausas para apoyar esta suposición, cuando en realidad no se sabe qué ocurrió primero, la suposición de que mentía o las señales no verbales utilizadas para apoyar esa suposición:

> Otro problema con dicha lista de señales es que no sabemos si el interrogador, primero que nada, tiene una idea sobre la verdad o el engaño, y después busca pistas en la conducta tanto verbal como no verbal para justificar esa idea, o si esas pistas crean una idea sobre la verdad o el engaño (Shuy 1998:49) (14).

Por último, hay que aclarar que el juez sí tenía la obvia capacidad de aplicar la ley tocante a la conducta no verbal de los testigos de la Corte al lenguaje de la sospechosa durante su interrogatorio. La ley estatal (*Código de Evidencia de California, Sección 225*) toma en cuenta la conducta no verbal de un testigo si éste demuestra efectivamente la intención de utilizarla como sustituto de la expresión oral o escrita (State of California 2016:225).

De igual manera, y aún más explícita, la ley federal (*Reglas de Evidencia Federales, Regla 801(a)*) dice lo siguiente: "*Declaración* significa la afirmación oral, la afirmación escrita, o la conducta no verbal de una persona, si es que el intento de la persona fue de hacer una afirmación" (15). Aclara el comité consultor de las reglas que no existe una declaración [*statement*] sin intención. El comité también indica que la regla está formulada de tal manera que la carga para probar la intención recae sobre la persona que la sostiene, y que los casos ambiguos o dudosos se resolverán en contra de ésta (U.S. Congress 2009:366).

Es notable que hay un intento de declarar e intento de sustituir el lenguaje oral por el lenguaje corporal, el cual no se demostró en este caso aparte de las intuiciones personales del juez. Si la Corte hubiera seguido las guías legales que ya tenía delante ella, o habría recurrido a un perito a que le ayudara interpretar el lenguaje corporal de la acusada, no habría considerado en absoluto su conducta no verbal.

12.4 LA CORTE OPINA QUE LA RENUNCIA SE REALIZÓ DE FORMA *VOLUNTARIA*.

Según la Corte:

> 16:01 Además, la Corte concluye que no hubo . . . ningunas amenazas, ningún miedo, ninguna intimidación, ninguna coerción. Ambos oficiales tocaron ligeramente a María en el hombro en algunas instancias, pero no fue nada violento ni intimidante, sino actos de apoyo o bondad.

12.4.1 *La Corte falla que no hubo intimidación ni coerción.*

La ausencia de la fuerza física, las amenazas notorias o el miedo discernible no significa que el interrogatorio no fuera coercitivo. Considere cómo es que Shuy lo explica:

> . . . la leyes que existen en contra de la coerción son muy claras, por lo menos en relación a la coacción física, las promesas de benevolencia y el amenazo al inculpado. Pero la ley no se ocupa de las formas más sutiles de coerción como lo son el hacer parecer ser comprensivo con el sospechoso, incluso hasta el punto de ser su aliado de confianza. Ya sea dentro de la ley o no, dichas técnicas son lo que son, es decir, coerción simple (Shuy 1998: 122) (16).

La Corte no aborda el testimonio de la inculpada (y la grabación que sirve de apoyo) que se relaciona con los actos coercitivos de los detectives que condujeron el interrogatorio. Los detectives dieron la apariencia de ser solidarios, tal como se sugiere aquí: "Quiero que sepa que le agradecemos que haya venido hasta aquí para hablar con nosotros. Espero que no sea una gran molestia. Así que lo siento". Sin embargo, los dos detectives hablaron a la vez, y por encima de la sospechosa durante el interrogatorio. Le dijeron a la inculpada que no vería a sus hijos a menos que cooperara con ellos, lo cual se evidencia de la siguiente forma: "Si nos miente, es probable que sea mucho, mucho, mucho tiempo antes de que vuelva a ver a sus hijos". Se adentraron en su espacio privado y personal, y la conmovieron. Ambos se cernieron sobre ella en diferentes momentos, y uno de ellos le gritó. Ambos detectives constantemente le insistieron que hablara en inglés, y no dejaron de insistir hasta que fueron capaces de "desalentar" a la inculpada.

12.4.2 *Sí, hubo intimidación física significativa durante la interrogación.*

De acuerdo con la Corte:

> 06:06 El testigo afirmó que la colocación de la mano en el hombro y la rodilla fue lingüísticamente intimidante. Sin embargo, la revisión del DVD no muestra ninguna reacción adversa por parte de la acusada hacia o sobre los toques que parecían ser actos de apoyo y amabilidad.

El detective 1 se colocó sobre la inculpada en varias ocasiones, y ambos oficiales de la policía se adentraron en el espacio personal de la sospechosa al estar físicamente muy cercanos a ella y al tocarla. Al rendir su testimonio, el testigo le explicó a la Corte la investigación que existe sobre *la proxémica*, la cual se enfoca en el estudio de la disposición del espacio que los hablantes mantienen en las conversaciones que se dan cara a cara, así como se define de manera cultural y personal.

El detective 1 se sentó inmediatamente en frente de la inculpada, y el detective 2 se sentó entre la sospechosa y el detective 1, quien se encontraba a centímetros de ella y le tocaba la pierna durante el interrogatorio. En una ocasión, el detective 1 reingresó al cuarto, se sentó al lado de la inculpada y le tocó el brazo mientras la interrogaba. Esta será una distancia social ofensiva si se toma el contexto de que se trata de una interrogación intensa. No es un acto de apoyo o solidaridad, sino es un acto de poder personal.

Cuando la Corte dice que "el DVD no muestra ninguna reacción adversa por parte de la inculpada en torno a los roces", erra al no considerar la relación asimétrica de poder que existe entre la inculpada y sus interrogadores: dos hombres, alguaciles, interrogando en inglés frente a una mujer, detenida, pidiendo que sea interrogada en español. Es decir que no fue una sencilla conversación, de tú a tú. Los oficiales de la policía tienen todo el poder y control sobre la sospechosa, lo cual hace que los roces no solicitados y la violación de su espacio personal sean algo más que actos de apoyo y solidaridad sugeridos por la Corte.

Hay muchos otros indicadores en torno a la ausencia de apoyo y solidaridad como para aceptar la interpretación de la Corte. Considere esto, por ejemplo: el detective 2 registra físicamente los bolsillos de los pantalones y el suéter de la inculpada, hasta llegar al punto de meter sus manos en los bolsillos frontales de su pantalón ajustado, los cuales están localizados justo al lado de la ingle. No existe ningún contexto en ningún interrogatorio que permita que un hombre le haga esto a una mujer sin su verdadero consentimiento. Si dicho registro no se había hecho previamente y ahora se necesitaba llevar a cabo por la seguridad de la inculpada o de los oficiales de la policía, se le pudo haber hablado a una oficial para realizarlo. La Corte no hace mención de este acto en su conclusión de que no hubo coerción alguna.

12.4.3 Sí, hubo intimidación verbal significativa durante el interrogatorio.

12.4.3.1 Los detectives insistían en que la inculpada hablara en inglés.

Ambos detectives continuamente insistieron en que la sospechosa hablara en inglés. Considere las 20 respectivas exigencias o peticiones que aparecen en la transcripción del interrogatorio:

1. Det 2: En inglés.
2. Det 1: English?
3. Det 1: Oh, OK, um, can I, can I ask that you talk in English?
4. Det 2: Can you say it in English so he understands?
5. Det 2: In English. [ordenado]
6. Det 2: Hold on. Hold on. In English.
7. Det 2: In English so he can understand, 'cause he is not understanding.
8. Det 1: English.
9. Det 2: In English.
10. Det 2: En inglés para que entienda él.
11. Det 1: English.
12. Det 1: English.
13. Det 1: English. Can, can you tell me in English?
14. Det 1: Can we, can, can we go back to English for a little while?
15. Det 2: ¿Podemos hablar en inglés?
16. Det 1: Can't we? Let's just try [to speak English].
17. Det 1: English, English.
18. Det 2: English.
19. Det 1: Huh? No . . . no español. English. (ElDet 2 está ausente.)
20. Det 1: English.

Tenga en cuenta también que, después de los repetidos esfuerzos para evitar que la inculpada hablara en español a lo largo del interrogatorio, y tan sólo en la segunda hora del interrogatorio, la sospechosa comienza a proporcionar la información que los detectives habían estado buscando, o sea, es el momento en que ella se "desalienta".

Casi todas las exigencias que los detectives le hicieron para que ella hablara en inglés ocurren antes de ese momento. Una vez que la inculpada se "desalienta", hay muy pocas exigencias para que hable en inglés. De hecho, de las 61 respuestas que la Srta. Ceja proporciona después que se "desalienta", todas, con la excepción de una, son en español, y los oficiales de la policía aceptan estas 60 respuestas en español sin las exigencias habituales de que hable en inglés.

Shuy describe tal intimidación del lenguaje de esta forma:

> . . . los efectos de la fuerza física o las amenazas no son significativamente diferentes a los efectos causados por la dominación o el control verbales, sobre todo cuando se explotan el miedo y la ansiedad, dado que se pueden explotar fácilmente en un interrogatorio policial. La intimidación puede resultar tanto de la fuerza física como de la fuerza verbal (Shuy 1997:179) (17).

12.4.3.2 El detective hispanohablante desempeñaba una doble función conflictiva. El detective hispanohablante desempeñó una doble función conflictiva a lo largo del interrogatorio de la Srta. Ceja: las de interrogador e intérprete. Los problemas que se relacionan con la ausencia de una clara demarcación entre las funciones incompatibles del interrogador de la policía y del intérprete imparcial, y la legitimidad con la cual los oficiales de la policía desempeñan ambos papeles se examinan a fondo en Berk-Seligson (2009: Cap. 2). La forma en la cual eso llega a ser coercitivo ha sido estudiado de igual manera en Berk-Seligson (*ibid.*: Cap. 3), en el cual ella examina el papel del *posicionamiento* ["footing"] en la interrogación del sospechoso que habla el inglés de forma limitada.

El concepto del *posicionamiento* fue introducido por Goffman (1981) como "otra forma de hablar acerca del cambio que existe en nuestro marco de eventos". La habilidad para reposicionarse en una interacción es "la capacidad que posee un interlocutor diestro para brincar de un lado a otro y mantener en juego varios círculos" (Goffman 1981:156).

En el caso reportado por Berk-Seligson, el oficial bilingüe de la policía cambia su posicionamiento entre los papeles de intérprete e interrogador, y alternativamente se posiciona a sí mismo como aliado del detenido mientras que ignora sus peticiones para hablar con un abogado, y crea así un mecanismo de coerción (lo que también relata Angermeyer 2010:172). Esto es precisamente lo que ocurre en el caso de la Srta. Ceja cuando el oficial de la policía ignora repetidamente las peticiones que le hace la inculpada para hablar en español.

12.4.4 La Corte sostiene que a la Srta. Ceja se le permitió hablar en español.

De acuerdo con la Corte:

> 11:20 A María se le permitió que hablara en español, y nunca se le castigó por hacerlo, aunque se le alentó a que continuara hablando en inglés.

Al contrario, a la inculpada no se le permitió que hablara en español. Cuando habló en español, se le toleró sólo el tiempo suficiente para que los oficiales de la policía le reiteraran e insistieran que hablara en inglés. El detective anglohablante le dijo a la sospechosa en tres ocasiones que no hablara en español, y los dos detectives, en conjunto, le pidieron y exigieron que hablara en inglés por lo menos 20 veces en el transcurso de la interrogación.

Decir que a *"A María nunca se le castigó por hablar en español"* es un argumento inquietante. Decir que la sospechosa no fuera castigada por hablar en español no toma en cuenta el rechazo vigoroso que obtuvo de los oficiales de la policía en torno a su uso del español o a sus múltiples peticiones para hablar en español. ¿Qué más castigo hay? Pues, es difícil imaginar el tipo de castigo que tuviera en mente la Corte al observar que a ella no se le castigó por hablar en español.

Y, además, argüir que "*. . . se le alentó a que continuara hablando en inglés*" extiende la palabra *alentar* a los límites del eufemismo. La sospechosa fue obligada a hablar en inglés. He aquí cómo es que se le coaccionó a hacerlo: la sospechosa establece varias veces durante el interrogatorio las limitaciones que tiene en el inglés. Ella también realiza varias peticiones separadas y explícitas para hablar en español. Ella considera necesario responder en español cuando ambos oficiales de la policía la interrogan en inglés.

Se le hicieron 391 preguntas de las cuales 342 (88%) fueron en inglés. De las 342 preguntas que se le hicieron en inglés, la Srta. Ceja respondió a un total de 270 preguntas (79% de las 342) en español. Cuando se le presionó a que respondiera en inglés, la Srta. Ceja respondió en inglés pero después, en algunas instancias, lo hizo en español. Ella pidió que algunas de las preguntas se le tradujeran al español; sus expresiones más extensas en inglés fueron gramaticalmente confusas. Los oficiales de la policía que condujeron el interrogatorio le dijeron a la inculpada que su dominio del inglés era bueno cuando en realidad no lo era, y la sospechosa hizo algunas preguntas en español, lo cual incluye también algunas peticiones que hizo para hablar en español que fueron simplemente ignoradas por los oficiales.

De ninguna manera se le *alentó* a la Srta. Ceja a que continuara hablando en inglés. Los datos demuestran que se le *coaccionó* a que hablara inglés.

12.4.5 *La Corte critica al perito por proponer que se le hubiera interrogado en español a la sospechosa.*

La Corte observa que el perito sugirió que los oficiales de la policía debieron haber llevado a cabo todo el interrogatorio en español:

> 5:08 El testigo se obsesionó en un momento al tratar de afirmar que la presencia de un detective hispanohablante era un motivo para que el departamento del alguacil pudiese y hubiese realizado el interrogatorio enteramente en español.

Si "motivo para el departamento del alguacil" quiere decir que el testigo sostuvo que los oficiales de la policía pudieron haber llevado a cabo el interrogatorio de forma adecuada al proporcionar un intérprete certificado o al realizar todo el interrogatorio en español, entonces sí, ésa fue la opinión del perito y lo sigue siendo hasta hoy en día.

Que la Corte discrepe con esta opinión se puede inferir del fallo que dice que "el testigo se obsesionó en un momento al tratar de afirmar. . .", lo cual indica que existe una *obsesión irrazonable* y un *intento fallido* por parte del testigo al momento de expresarse. Lo cierto es que, dada la decisión final de la Corte en el asunto, hubo un desgraciado fracaso total en la comunicación entre el perito y la Corte.

Lo que resulta aún más inquietante que el rechazo de la Corte de la opinión pericial es su aprobación manifiesta del proceso de investigación realizado por el fiscal principal del condado. A la conclusión del juicio subsiguiente de la acusada, al fiscal del distrito se le cita diciendo: "Creemos que. . . los detectives del departamento del alguacil hicieron un trabajo de investigación extremadamente profesional en un caso que fue verdaderamente exigente (Patton 2013).

Muy por el contrario, entre más se niega, es mi opinión que el fiscal del distrito, los alguaciles y la Corte se dirigían más por fines políticos que por respeto a los derechos de la acusada. Esto es, aun estando plenamente conscientes de que se le negaron sus derechos civiles y constitucionales a la inculpada durante y después de su interrogatorio bajo custodia, el fiscal y la Corte se rindieron a la presión política y comunitaria por la justicia y a la atención nacional de los medios de comunicación que atraía un crimen atroz.

12.4.6 *La Corte coloca la responsabilidad de obtener asistencia de interpretación sobre la sospechosa.*

Según la Corte:

11:05 María nunca pidió a un intérprete. Ella dijo: "(es) mejor para mí en español", mas no que no podía entender en inglés.

11:23 La Corte señala que el detective Ruíz estuvo presente a lo largo de la interrogación y disponible para la traducción de una lengua a otra. María nunca pidió [ningún tipo de] traducción con respecto a los derechos Miranda, pero la traducción estaba disponible.

12:25 María nunca dijo ni una sola vez que no entendió sus derechos ni pidió que se los repitieran o tradujeran.

En primer lugar, esto fue un interrogatorio. Una característica que define el discurso del interrogatorio es la relación asimétrica de poder de la policía frente al inculpado desamparado. En el presente contexto, la sospechosa no se encuentra perfectamente libre como para hacer una petición directa para que se le traduzcan los derechos *Miranda*, sobre todo una vez que el detective hispanohablante le dejó bastante claro que su papel era funcionar como interrogador y no como intérprete. Le pidió y exigió a la Srta. Ceja que hablara en inglés al menos siete veces a lo largo del interrogatorio, respaldó las exigencias que le hizo su compañero monolingüe para que hablara en inglés, e ignoró sus peticiones verbales para que se le interrogara en español. Pese a que el oficial de la policía que era bilingüe estaba familiarizado con la lengua materna de la sospechosa, él decidió usar su posición como interrogador para colocar a la inculpada en una desventaja comunicativa al insistirle que usara el lenguaje que menos dominaba.

En segundo lugar, bien se sabe que una petición explícita para contar con un intérprete no es una condición previa para que se proporcione uno. Una y otra vez, los detectives decidieron ignorar las declaraciones hechas por la inculpada a través de las cuales ella les comunicó que quería hablar en español. Recuerde de la sección 12.2.4 que el perito le mostró los videos a la Corte de cada una de las ocho peticiones que hizo la inculpada para que se le proporcionara asistencia lingüística: *Para mí es mejor en inglés; um, mejor en español; sí entiendo poquito pero no entiendo tanto [en inglés]; . . . en español; no lo puedo decirle en inglés; pero quiero hablar español porque inglés no sé nada; no puedo [hablar en inglés]; no. Ay, en español.*

En tercer lugar, las peticiones que hizo la sospechosa para hablar en español son actos de *habla indirectos* en este contexto:

> Con los actos de habla indirectos, los hablantes cuentan con que interpreten su intento sus interlocutores, aun cuando tal intento no se derive literalmente sino, más bien, por medio de convención social o del uso contextual o apropiado (Mason 2013:214) (18).

Pues bien, para que los detectives pudieran entender las peticiones hechas por la inculpada para hablar en español como peticiones implícitas y necesarias para la traducción, los propios detectives necesitaban participar en el proceso de inferencia, el cual parte del significado literal de una declaración como, “Para mí es mejor en español”, al significado indirecto de la necesidad que tiene para recibir asistencia lingüística (Mason 2013:15). Sin embargo, como lo señala Mason:

> Con estas peticiones no convencionales, puede darse una “dualidad pragmática”, y ésta depende de si los oyentes deciden si pueden negar plausiblemente que se haya hecho una petición (Mason 2013: 15) (19).

Dados los tipos y el número de declaraciones y peticiones hechas por la inculpada, la inferencia que va del significado literal al indirecto es un paso bastante corto. No se puede negar de manera plausible que la sospechosa no solicitara asistencia lingüística.

Los lingüistas no se encuentran solos al observar la importancia de las peticiones, ya sean directas o indirectas. Otras personas que están más directamente involucradas en el proceso judicial sostienen que las agencias policiales y las cortes deben permitir que los sospechosos o acusados de algún crimen usen varias formas de auto-identificación, y que entre más rápido ocurra esto en el proceso sería mucho mejor. Por ejemplo, un informe reciente del *Centro Nacional para las Cortes Estatales* menciona lo siguiente:

> . . . es especialmente importante crear protocolos para fomentar la identificación temprana de las necesidades lingüísticas. Para ello se requiere la colaboración de las agencias policiales, los asesores legales u otros socios del sistema de justicia, ya que todos se pueden topar con una

> persona que posee un dominio limitado del inglés antes de su involucramiento ante una corte de justicia (*A National Call to Action* 2013:20) (20).
>
> Además, los estados pueden estimular a los usuarios de la corte que poseen un dominio limitado del inglés a que se auto-identifiquen al explicarles los servicios lingüísticos por medio de folletos multilingües, cartelones y materiales en línea (*A National Call to Action* 2013:20) (21).

Además, los ABA *Standards* especifican que las personas que posean un dominio limitado del inglés sean capaces de auto-identificarse de varias formas si necesitan asistencia con la traducción en donde sea que se encuentren fuera de la sala de la corte:

> Los procedimientos para auto-identificarse como una persona que posee un dominio limitado del inglés en estos lugares no deben ser excesivamente prescriptivos. **La simple percatación o comunicación de la existencia de una barrera lingüística debería accionar al personal de la corte a que ofrezca servicios apropiados de acceso al lenguaje. Esto es especialmente cierto en esos lugares que se encuentran fuera de la corte en los cuales una persona que posee un dominio limitado de inglés puede no estar consciente de que existen servicios lingüísticos o puede sentirse avergonzada o tener miedo de pedir ayuda.** Los procedimientos deben modificarse para que se adapten a las situaciones que ocurren fuera de la sala de la corte (*American Bar Association* 2012:44, énfasis del autor) (22).

En suma, la forma y la frecuencia en y con las cuales la inculpada expresó la necesidad que tenía de recibir asistencia lingüística, esto es, las peticiones que hizo para hablar en español, no deben haber sido ignoradas por la agencia policial o la Corte. La sospechosa no era responsable de saber cuál era la mejor forma de articular una petición para recibir asistencia lingüística.

La negación de las peticiones que hizo la sospechosa para hablar en español durante su interrogatorio, la cual incluye la forma en la cual le fueron negadas, también es inconsistente con los requisitos federales de los derechos civiles bajo los cuales se les debe proporcionar un acceso significativo al sistema judicial a las personas que poseen un dominio limitado del inglés.

El *acceso significativo* significa no impedir, obstaculizar o restringir la participación de la persona en los procesos judiciales (Pérez 2010). Estos derechos se han delineado una y otra vez en: El Título VI de la *Ley de los Derechos Civiles*, y en el caso *Lau v. Nichols* de la Corte Suprema (1974). También se han explicado en otras deliberaciones subsiguientes como: *La Acción Ejecutiva 131166* (2000); *La guía para recipientes de asistencia financiera del Departamento de Justicia de los Estados Unidos, la cual gira en torno a la prohibición del título VI protege a los recipientes ante la discriminación a causa de su nacionalidad, y la cual aplica a las personas que poseen un dominio limitado del inglés* (junio 18, 2002); varias cartas de orientación de la División de los Derechos Civiles del Departamento de Justicia de los Estados Unidos; y la *Ley de Calles Seguras*.

Este tipo de atención a la ley y su aplicación no se limita tan sólo al gobierno federal. Considere, pues, el lenguaje de las normas ABA para el acceso al lenguaje:

> Las cortes deben establecer un proceso que coloque un deber afirmativo en los jueces y el personal de la corte para que proporcionen servicios de acceso al leguaje si ellos o la persona que se percata de ello son incapaces de entender a la persona o si parece que la persona no habla inglés con fluidez (ABA *Standards for Language Access in Courts* 2012:42) (23).

12.4.7 *La Corte sostiene que no hay ninguna ley que estipule que una sospechosa esté o se sienta lingüísticamente "cómoda".*

De acuerdo con la Corte:

> 13:06 La demandada puede sentirse más cómoda en español, pero no hay ningún requisito legal que determine que ella deba estar o sentirse cómoda.

Sí existe tal requisito legal. Considere lo requisitos citados anteriormente, los cuales fueron establecidos por la *Ley de los Derechos Civiles* de 1964 y por el caso *Lau v. Nichols*. Y, dado que *Lau* y otras cortes y agencias federales como, en particular, el Departamento de Justicia de los Estados Unidos, han descubierto que negarles los servicios de acceso al leguaje a los que poseen un dominio limitado del inglés constituye una forma de discriminación en base a la nacionalidad.

Si la inculpada no se siente cómoda al hablar en inglés, entonces eso indicaría que su acceso significativo a los servicios requeriría que se proporcionaran en su lengua materna. Considere, por ejemplo, los comentarios del reporte del *Language Access in State Courts* del Centro para la Justicia Brennan de la Universidad de Nueva York:

> **Preguntar directamente acerca del nivel de comodidad que siente la persona para hablar en inglés y entender el inglés es una buena idea.** Además, los jueces deberían estar conscientes de que la capacidad que una persona tiene para hablar algo de inglés no significa que la persona pueda hablar o entenderlo lo suficiente como para seguir adelante sin la asistencia de un intérprete, sobre todo en un proceso judicial complicado y emocionalmente intenso (Abel 2009:13, énfasis añadida) (24).

12.5 LA CORTE RECHAZA EL TESTIMONIO DEL PERITO.

12.5.1 *La Corte mantiene que el testimonio del perito fue en gran medida irrelevante.*

La Corte asegura que el testimonio pericial se encuentra fuera del campo de la especialización del testigo, abordando tales áreas como la psicología, la sociología, la ley, las mejores prácticas para las agencias policiales, y la comprensión lingüística de los derechos *Miranda*.

De acuerdo con la Corte:

> 03:03 La discusión sobre la lingüística fue fascinante. Por desgracia, el testimonio no se restringió solamente a la lingüística, sino que se adentró en los campos de la psicología, la sociología, la ley, y las mejores prácticas para las agencias policiales, por nombrar sólo algunos.
>
> 13:20 En cuanto a la opinión pericial, ser un experto en lingüística no reside en tener una comprensión de los derechos Miranda, ya sea una opinión legal o incluso laica, y que tendía a desviarse de su área de conocimiento, que era la lingüística.

La Corte tiene el *Curriculum Vitae* del testigo. El testigo ha realizado trabajos de investigación, ha escrito y ha impartido clases universitarias a nivel de posgrado en las áreas de la sociolingüística, la psicolingüística, el estudio del dominio del lenguaje, la adquisición del lenguaje, el bilingüismo, los métodos del trabajo de campo lingüístico, el lenguaje español y la lingüística hispánica.

En cuanto a su conocimiento de la ley, son arrogantes e inútiles tales intentos para restringirles el acceso a la ley sólo a aquellas personas que poseen la capacitación jurídica formal. El fiscal y la Corte determinaron durante la audiencia que sólo un abogado titulado podría interpretar el significado de los términos claves tocantes a los derechos *Miranda*: *deliberado, inteligente* y *voluntario* (*knowing, intelligent* y *voluntary*). Lo débil de este argumento quedó demostrado cuando la Corte le permitió al perito el artificio de que propusiera sinónimos *ad hoc* de los tres criterios. La corte aceptó sus tres términos laicos tan sólo para evitar el uso de las palabras técnicas de la ley y así acelerar el testimonio del momento.

Aunque se mencionó en la decisión de la Corte el testimonio sobre *las mejores prácticas para las agencias policiales*, no se permitió durante la audiencia. Sigue aquí un resumen del testimonio proporcionado por escrito pero no presentado en la sala:

1. Escuche a la inculpada cuando dice que necesita usar su primer idioma.
2. Conduzca el interrogatorio en el primer idioma de la sospechosa.
3. Como alternativa, utilice a un intérprete certificado para el interrogatorio.
4. Presente los derechos *Miranda* de varias formas, esto es, de forma oral y escrita.
5. Lea la advertencia *Miranda* en un *lenguaje claro*, tal como lo define la ley.
6. Explique los derechos *Miranda* en el inglés sencillo (*sheltered English*), tal como lo define el *Código Educativo de California*.
7. Haga una pregunta de comprensión separada para todos y cada uno de los derechos de la advertencia *Miranda*.

8. Si responde que no a la pregunta, hágala de otra forma hasta que se entienda.
9. Haga una pregunta explícita en relación a la renuncia a los derechos constitucionales, es decir, "¿Entendiendo estos derechos, desea usted . . . ?".
10. Entienda que la mera repetición de las preguntas no garantiza que exista una comprensión de las ellas.
11. Aprenda a distinguir *el dominio del lenguaje social* del *dominio del lenguaje académico.*

El ofrecer una opinión sobre las mejores prácticas que tienen que ver con el interrogatorio de una persona que habla inglés como un segundo idioma *no* está fuera del campo de conocimiento del perito, sobre todo cuando esas prácticas son bien conocidas y utilizadas en otras partes del estado y del país, y también cuando se hizo evidente que los detectives que llevaron a cabo el interrogatorio demostraron su plena falta de conocimiento de dichas prácticas.

Me gustaría observar también que, por supuesto, no soy el único ni el primero en proponer mejoras a la prácticas. Hay quienes han realizado investigaciones extensas en esa área (e.g., Eades 2012, Dueñas González *et al.* 2012, Berk-Seligson 2000 y 2009), fuertes defensores del cambio en torno a las prácticas que se utilizan en el estado y en el país entero. Tal como lo comentó un crítico:

> Berk-Seligson hace que la base para la defensa y las recomendaciones a las políticas sea el análisis lingüístico, lo cual hace que presente un caso fuerte en torno a la necesidad que existe de utilizar intérpretes profesionales calificados que conozcan el proceso judicial en los interrogatorios policiales, por lo cual arguye que el no hacerlo crea "una situación del habla que se presta a confesiones forzadas" que, esencialmente, son equivalentes "al mal comportamiento lingüístico de la policía" (Angermeyer 2010:172) (25).

En sus investigaciones Eades (*op. cit.*) investiga a fondo las prácticas de interacción en el sistema legal, específicamente cómo su aceptación inherente de las restricciones sobre el uso de lenguaje tiene un impacto sobre la interpretación y comprensión de lo que dice la gente.

Y, por último, en cuanto a la comprensión de los derechos *Miranda,* no hay nada en este caso que sea más pertinente al campo de especialización del lingüista que la comprensión y la complejidad lingüística de los derechos *Miranda,* dada la considerable investigación lingüística que se ha realizado sobre esta cuestión.

A lo sumo, el perito no declaró fuera de sus áreas de especialización. Y, pese a que su testimonio fue rechazado por el fiscal y la Corte, todo el testimonio fue completamente relevante al tema tratado en la audiencia en relación a la supresión de las declaraciones hechas por la inculpada durante el interrogatorio.

12.5.2 La Corte sostiene que el perito no respondió a la pregunta pertinente. La Corte explica que el perito declaró sobre las capacidades que la inculpada tiene para hablar y comprender la lectura, mas no acerca de su entendimiento del lenguaje de los derechos *Miranda*.

Según la Corte:

13:23 El experto testificó sobre el dominio de María sobre el hablar inglés y su comprensión de la lectura, mas no sobre su inteligencia real ni su comprensión del inglés y [así como] se aplica a los derechos Miranda.

15:03 El exhaustivo testimonio del experto fue sobre la lectura y la comprensión, mas nunca acerca de la comprensión real de las palabras en inglés que aparecen en los derechos Miranda, también deja de tomar en cuenta otros factores como la edad, la experiencia, el coeficiente intelectual, etc.

El testigo, de hecho, sí testificó acerca del entendimiento que la Srta. Ceja tiene del inglés en relación a los derechos *Miranda*. El testigo también declaró que el entender los derechos *Miranda* no sólo se trata de entender las palabras que contiene sino que va más allá de eso. Además, el testigo continuó haciendo hincapié en las diferencias que existen entre las capacidades lingüísticas básicas del inglés cotidiano que maneja la inculpada, y las capacidades lingüísticas más complejas que se requieren para la comprensión de la lectura de los derechos *Miranda*, las cuales no posee la sospechosa. El testigo le explicó a la Corte esta distinción y cómo es que se relaciona con el lenguaje utilizado en el interrogatorio de la inculpada, y se ha revisado nuevamente en el presente escrito. No hubo nada más que el testigo hubiera podido hacer para que la Corte no se negara a entender esto.

12.5.3 La Corte hace uso de argumentos* ad hominem *para expresar su decisión.
La Corte rechaza la credibilidad del testigo al criticar su testimonio de varias formas personales:

De acuerdo con la Corte:

4:07 El testigo tenía una tendencia a utilizar términos absolutos en sus análisis y respuestas simplificadas.
4:26 . . . él insinuó que su dominio del inglés . . .
5:03 El testigo continuó insistiendo que . . .
5:08 El testigo se obsesionó en un momento . . .
5:18 El testigo se erizó ante la caracterización . . .
7:13 El testigo . . . no pudo ver la totalidad de las circunstancias.
9:18 . . . el testigo quedó continuamente atrapado en el nivel . . .
9:22 El testigo parecía estupefacto al hecho que la acusada . . .
9:24 Lo que el testigo no logra admitir es que . . .

11:02 . . . el testigo tuvo que admitir que era posible que así lo fuera.
13:22 . . . el testigo tendía a desviarse de su área de especialización, la cual es la lingüística.

Como se puede ver en las declaraciones anteriores sobre la decisión de la Corte, la Corte recurre al uso frecuente e irrelevante de declaraciones *ad hominem* en relación a la conducta del testigo. Es raro escuchar tantos y tales comentarios de un juez, sobre todo en torno a argumentos que importan porque se basan en el análisis científico autoritario, esto es, el del perito y de las autoridades que él usó, o del perito de la parte opuesta.

Tal atención a la forma en vez de la sustancia de los argumentos es a menudo una indicación de la ausencia de contra-argumentos sustanciales, o señala un intento de desviar la atención de la esencia del argumento hacia otra cosa. En cualquier caso, el perito le brinda una sonrisa al lector, negando haber insinuado, haberse obsesionado, enfurecido, desviado, erizado, o quedado atrapado o estupefacto.

12.5.4 La Corte insinúa que el testigo intentó engañar a la Corte

La Corte asegura que el testigo utilizó *una maniobra de distracción típica de la escuela de derecho, que quedó atrapado en el uso de la frase de la defensa de . . .* , y que *intentó persuadir a la Corte de lo contrario.* Todas estas declaraciones implican que existe un intento de distraer a la Corte por parte del testigo.

De acuerdo con la Corte:

6:23 Por consiguiente, todo el testimonio . . . es una distracción típica de la escuela de derecho, y no da en el clavo.
7:06 El testigo quedó atrapado en el uso de la frase de la defensa, abro la cita, "para mí es mejor en español".
8:24 . . . la acusada entiende el inglés de una forma más elevada . . . que lo que el testigo intentó fue persuadir a la Corte de lo contrario.

Este enfoque es otra forma de criticismo *ad hominem* más contundente. El papel del experto es el de informar a la Corte, y no de abogar por ninguna parte. Las declaraciones como éstas son intentos fallidos que buscan invalidar el testimonio del testigo al decir que él trata de distraer a la Corte con una "maniobra de distracción", al "quedar atrapado en una frase" y al tratar de "persuadir a la Corte". La Corte está consciente de que la solidez de los argumentos del testigo no se puede cambiar al cuestionar su integridad y su objetividad. El testigo entiende que su papel es el de serle útil a la Corte, pues su testimonio fue objetivo y su integridad permanece intacta.

12.5.5 La Corte critica al perito por preparar al defensor para su interrogatorio directo.

El testigo elaboró un resumen para el abogado defensor de una línea posible de cuestionamiento para su testimonio directo. En el contra-interrogatorio, el fiscal del distrito caracterizó el resumen como un *guión*, y en su decisión, la Corte acepta que esta caracterización sobre la respuesta del testigo que fue un bosquejo, catalogándolo de irónico y diciendo que el testigo "se enfureció" ante dicha caracterización.

> 05:16 Cuando se le hizo frente con el guión de preguntas y respuestas preparado por el testigo y proporcionado al abogado, el cual él utilizó, el testigo se enfureció ante la caracterización y la calificó como "un bosquejo". La semántica, ¡qué ironía!

Bien se sabe que al fiscal se le concede amplia libertad en el contra-interrogatorio de un testigo de la defensa. El testigo, del mismo modo, no se limita al uso de respuestas pasivas cuando se le hacen preguntas agresivas. Aquí, la Corte se excede al permitir que el testigo le proporcionara un guión al abogado defensor. Tal caracterización también degrada la inteligencia y la capacidad del abogado defensor al insinuar que su uso del bosquejo indica que existe una falta de intención o capacidad para generar la examinación directa por sí mismo. (Cabe señalar que el abogado defensor en este caso fue uno de los clientes más diligentes con el cual ha trabajado el perito durante los últimos 30 años.)

Son muchos los peritos que rutinariamente preparan dichas guías, sobre todo en los campos de la ciencia que no se conocen bien. Este perito prepara tal resumen para cada uno de sus clientes y en cada caso, pero todos ellos lo utilizan de formas distintas. Organizar el testimonio en un formato de pregunta y respuesta es muy útil para los litigantes, quienes a menudo saben poco acerca de la lingüística y no tienen experiencia previa suficiente para interrogar a un perito lingüista. Esta no es una práctica nueva para el testigo, sino que se recomienda y se proporcionan posibles preguntas de interrogación desde hace años en el "Apéndice 1" de *Forensic Linguistics* (McMenamin 2002:313).

12.5.6 La Corte malinterpreta el testimonio del perito.

La Corte caracteriza el testimonio del experto en torno a su experiencia y sus capacidades de la siguiente manera:

> 05:21 El testigo también declaró . . . que él era una de dos personas en los Estados Unidos que contaba con la capacitación suficiente en el campo de la semántica en español e inglés como para entender si un individuo comprende o no el idioma del inglés.

La Corte continúa esforzándose por cuestionar la credibilidad del testigo al malinterpretar el testimonio proporcionado durante la audiencia preliminar. La declaración anterior sería obviamente tan falsa que sería imposible realizarla.

Lo que se preguntó y respondió tenía que ver con el campo de la lingüística forense y no con la semántica, y con el número de lingüistas forenses americanos que el testigo conocía y sabía que tenían experiencia en el ámbito del análisis del discurso bilingüe, es decir, del inglés y del español dentro del sistema judicial americano. El testigo respondió que conocía a otros dos lingüistas americanos que podían realizar dicho trabajo en español, o sea, no hizo ningún tipo de referencias generalizadas como las que describe la Corte.

12.5.7 *La Corte discrepa con el perito al decir que la sospechosa hablaba ingés en palabras monosilábicas.*

La Corte se está refiriendo al inglés utilizado por la inculpada en el carro mientras se dirigían a la estación del alguacil. Aquí aparecen las observaciones de la Corte, las cuales se relacionan con esta declaración:

> 4:09 Por ejemplo, él testificó que la acusada sólo utilizó palabras monosilábicas en inglés para responder a las preguntas en inglés que le hizo el detective mientras conducían en el carro de la casa de la acusada a la estación del alguacil. Abrí al azar la prueba del fiscal número 1 [*People's Exhibit 1*] en la página 5, en específico en las líneas 201–205, en la cual se ven las respuestas a las siguientes palabras multi-silábicas que fueron utilizadas por la acusada: *ladies, mother-in-law, bathroom, money, something.* Luego, en las líneas 209–211 ella utilizó: *outside, because, insurance, policeman.* Las últimas tres palabras constan de tres sílabas, y las otras contienen dos sílabas. Y me detuve en esa página. Caracterizar que sus respuestas en inglés se limitaron al uso de palabras monosilábicas en inglés es una caracterización errónea de la evidencia.

La Corte está literalmente en lo correcto al sostener que el experto, al hacer una declaración tan absoluta, exageró la evidencia. Si el registro de la Corte en realidad muestra una respuesta categórica tan absoluta, entonces sí, la declaración, en su sentido más estricto, sería una malinterpretación de la evidencia.

Sin embargo, la Corte dice lo siguiente de sí misma:

> 08:22 La Corte no se preocupa por el uso del sentido común.

Al citar esto, quiero decir que la Corte muy bien pudo haber pensado en no "detenerse en esa página", a sabiendas de que un análisis de sentido común de la longitud de las palabras, sílaba por sílaba, requeriría que uno identificara los límites extremos de la variación silábica, es decir, de todas las sílabas que había que contar.

Sí, al contar sólo las palabras polisilábicas, la Corte fue capaz de identificar fácilmente el error involuntario del perito. Sin embargo, si la Corte hubiese contado todas las palabras en inglés que fueron utilizadas por la sospechosa durante el corto viaje a la estación del alguacil, hubiese estado en una posición que le hubiese permitido aplicar su sentido común al ver el punto deseado, si no aceptar la manera absoluta en la cual se pretendía plantear. Los datos son éstos:

En la grabación de estos 14 minutos de la plática que ocurrió mientras conducían a la estación del alguacil, se observó que hay aproximadamente 573 palabras en total, de las cuales hay 195 tipos de palabras, es decir, palabras diferentes. De las 195 palabras de tipo que la sospechosa utilizó, 140 de ellas (72%) son palabras de una sílaba.

Por el contrario, en la selección de los textos extraídos de la decisión de la Corte para el presente escrito, hay aproximadamente 248 palabras (tipos) que se observaron. De estas 248 palabras utilizadas por la Corte, 108 (44%) son palabras de una sílaba.

Otra forma de ver la relación de longitud por palabra es ésta: el promedio de longitud por palabra de la sospechosa es de 1.4 sílabas, frente al promedio de la Corte, que es de 2.0 sílabas. Los estudios sobre longitud de palabra por sílaba demuestran un promedio entre 1.13 sílabas por palabra para niños y 1.46 para adultos (Flipsen 2006:294).

Así que sí, con la ayuda de la Corte, el experto reconoce que, sin querer, exageró la información, pero una examinación de la declaración del testigo demuestra que no malinterpreta la evidencia para poder decir que era "una caracterización errónea de la evidencia". Sobre todo no existe prueba o testimonio que refleje que el testigo *intentó* exagerar la evidencia. El hecho, el cual se basa en el sentido común, sigue siendo tan verdadero hoy como lo fue en la audiencia: hay una diferencia significativa entre dos personas adultas anglohablantes cuyos vocabularios son mono-silábicos en los niveles respectivos a la medida del 44% de la Corte y del 72% de la inculpada.

12.6 LA CORTE SE CONVIERTE EN SU PROPIO PERITO DE LINGÜÍSTICA

12.6.1 La Corte adopta rol de analista de lenguaje y de experto lingüístico.

Considere los comentarios de la Corte en los cuales ejerce o se refiere a su propia capacidad para evaluar el lenguaje.

De acuerdo con la Corte:

> 08:10 La interpretación del testigo, frente a la interpretación de la Corte, fue completamente diferente ... cuando vi el video, [pues] ella sí respondió de forma no verbal. Ella encogió los hombros en la forma universal del "no [lo] sé".

09:01 La Corte observa que ella conversó con el detective Brawley por 20 o 30 minutos en inglés durante el viaje en el carro. [La conversación fue de 14 minutos.].

10:08 La lectura en inglés de los derechos Miranda que se le hizo a la acusada, la cual se basa en sus respuestas, su lenguaje corporal, su repetición de la esencia de sus derechos, junto a la conversación previa que ella tuvo con el detective solamente en inglés dentro del carro, son los actos y las declaraciones de alguien que entendió y comprendió lo que se le estaba diciendo.

10:23 Todas las respuestas fueron receptivas y respondidas sin hacer pausa en algunos de los casos. Y en los que hubo una pausa le indicaron al testigo que creyó que esa no era—que ella no entendió la pregunta.

14:17 Al igual que su español, la comprensión del inglés de María está más allá de su nivel de educación formal. Esto es consistente con la conversación que mantuvo durante el viaje en el carro de la policía, sus respuestas receptivas durante la interrogación, su conducta física y su lenguaje corporal durante el interrogatorio. La evidencia y la totalidad de la circunstancias sugieren que entendió.

La Corte discrepa a lo largo del caso con las observaciones y las opiniones del perito, para después reemplazar esas observaciones y opiniones con las suyas. Esta es la prerrogativa de la Corte, y el limitar las opiniones lingüísticas al sentido común único de la Corte sí es una forma de cumplir con la tarea de la evaluación del lenguaje, pero una que sirve más los intereses del juzgador que del demandado.

12.6.2 *La Corte está indecisa en relación a la atención que le dio a la evidencia.*

Tal como ocurre con cualquier otro testimonio pericial, se espera que la Corte declare en su fallo cuál es la base de sus observaciones y conclusiones. Sin embargo, este juez se muestra indeciso en cuanto a sus observaciones, tanto visuales como auditivas, del interrogatorio, refiriéndose a ellas como superficiales o repetitivas:

La Corte estudia con cuidado la evidencia audiovisual:

07:21 La Corte escuchó el audio en múltiples ocasiones.

08:23 He visto estas grabaciones en múltiples ocasiones, y le es evidente a la Corte que la acusada entiende....

La Corte no estudia con debido esmero la evidencia audiovisual:

05:06 En base al escuchar y mirar someramente los discos, lo que ha hecho la Corte,....

07:23 Una revisión superficial del audio confirma que la acusada entiende y comprende el inglés mejor de lo que lo habla y que exhibió muy poca falta de entendimiento.

12.6.3 *La referencia a la ley por parte de la Corte es problemática.*

El enfoque no convencional de la Corte con respecto a la evaluación del lenguaje y al análisis lingüístico es seguido por temas menos esperados pero todavía citados en su decisión. La Corte se refiere al caso de *California v. Prysock,* 453 U.S. 355 (1981) para respaldar la idoneidad de la advertencia *Miranda* en el caso de *Ceja,* pero los dos casos son distintos. Aquí está lo que observa la Corte:

> 11:26 Ninguna ley requiere que la lectura de los derechos Miranda se dé en la lengua materna de la acusada que, en su caso, es el español, o en un orden específico. Se trata del caso de *California v. Prysock,* P-R-Y-S-O-C-K. Es un caso de 1981 de la Corte Suprema de los Estados Unidos que se encuentra en la página 355 del volumen 455.
>
> 12:19 El abogado defensor introdujo una cuestión con respecto a María porque no reiteró los cuatro derechos. . . . No obstante, no hay ningún requisito estricto que establezca que se deban leer los cuatro derechos. Una vez más, es lo que aparece en la página 359 del caso de Prysock. Una advertencia razonablemente expresada es suficiente.

Sólo como recordatorio, en el caso *Miranda v. Arizona,* 384 U.S. 346, se sostuvo que a una persona detenida bajo custodia se le debe advertir antes de que se le interrogue que (1) tiene el derecho a guardar silencio, que (2) cualquier cosa que diga puede y será usada en su contra en un tribunal de justicia, que (3) tiene el derecho a tener un abogado y a tenerlo presente mientras lo interrogan, y (4) que si no tiene los medios para contratar a un abogado, se le asignará uno de oficio, libre de cargos si así lo desea, para que lo represente antes de que lo interroguen.

La decisión del caso de *California v. Prysock* mantuvo lo siguiente:

> No existe ninguna regla estricta que requiera que el contenido de la advertencia que se le hace a un detenido antes de que comience el interrogatorio policial, tal como lo requiere la decisión del caso de *Miranda v. Arizona,* 384 U.S. 436, deba ser una repetición virtual del lenguaje preciso que contiene la advertencia Miranda (26).

La decisión de *Prysock* sostiene, en efecto, que el contenido de la advertencia *Miranda* es más importante que su forma: no se requiere una recitación precisa y textual de las palabras que contiene la advertencia *Miranda.* Además, sostiene que las advertencias *Miranda* "no son insuficientes simplemente por el orden en el cual se enuncian".

El caso de *Prysock,* sin embargo, no permite que los oficiales de la policía recorten por su propia cuenta el contenido de las advertencias *Miranda.* Es decir, el caso de *Prysock* no elimina el requisito que establece que se lean todos los cuatro derechos. De hecho, la decisión del caso de *Prysock* se destaca por mantener intacto todo el contenido de la advertencia *Miranda*:

> En este caso, es evidente que la policía le expresó completamente sus derechos al acusado, y tal como lo requiere la advertencia Miranda, ya que al demandado se le leyeron los derechos que requiere la advertencia Miranda (27).

Tampoco dice, "Una advertencia razonablemente expresada es suficiente", tal como lo afirmó la Corte en el caso de *Ceja*. Cuando la decisión del caso de *Prysock* dice, "Estas advertencias le expresaron adecuadamente al acusado su derecho a tener un abogado asignado . . .", es una referencia a su propia declaración de que las advertencias *Miranda* no eran insuficientes "simplemente por el orden en el cual se enuncian".

Relacionar el caso de *Prysock* con el de *Ceja* será precisamente "una maniobra de distracción típica de la escuela de derecho", en las palabras previas de la Corte. El caso de *Prysock* tiene que ver con la forma de la advertencia *Miranda* y no con su contenido. El orden en el cual las advertencias se enuncian no representa el problema encontrado en el presente caso, el cual se relaciona con (1) el entendimiento de la inculpada del lenguaje de los derechos y la forma en la cual se le leyeron dichos derechos, (2) la ausencia de una confirmación verbal adecuada para su entendimiento de dos derechos, y (3) la ausencia de cualquier pregunta de confirmación o de una respuesta en relación a los dos derechos que no se le confirmaron.

Si tan sólo los detectives que interrogaron a Ceja hubieran modelado la advertencia *Miranda* según la forma que fue utilizada en el caso de *Prysock*:

Sgt. Byrd: En primer lugar, tiene el derecho a guardar silencio. Esto significa que no tiene que hablar conmigo al menos que usted desee hacerlo. ¿Lo entiende?
Sospechoso: Sí.
Sgt. Byrd: Si renuncia a su derecho a guardar silencio, cualquier cosa que diga puede y será usada en su contra en un tribunal de justicia. ¿Lo entiende?
Sospechoso: Sí.
Sgt. Byrd: Tiene el derecho a tener un abogado y a tenerlo presente mientras lo interrogan y durante el interrogatorio. ¿Lo entiende?
Sospechoso: Sí.
Sgt. Byrd: Usted también, por ser menor de edad, tiene el derecho a tener a sus padres presentes, lo cual es así. ¿Lo entiende?
Sospechoso: Sí.
Sgt. Byrd: Aunque no estuvieran aquí, tendría este derecho. ¿Lo entiende?
Sospechoso: Sí.
Sgt. Byrd: Usted . . . usted tiene el derecho a que se le asigne un abogado de oficio para que lo represente, libre de cargos. ¿Lo entiende?
Sospechoso: Sí.
Sgt. Byrd: Ahora bien, teniendo todos estos derechos en mente, ¿desea hablar conmigo en este momento?
Sospechoso: Sí.

La Corte que condujo el caso de *California contra Ceja* pudo haber citado cualquier otro número de casos con respecto a los derechos *Miranda*, tal como es el caso de *Coyote v. los Estados Unidos, 380 F.2d 305, 308 (CA10 1967), cert. negado,* el cual dice esto:

> Lo que la advertencia Miranda requiere es una orientación significativa para la gente no letrada e ignorante en un lenguaje que puede comprender y en el cual puede actuar deliberadamente. . . . La prueba crucial es si las palabras utilizadas en un contexto, tomando en consideración la edad, el trasfondo y la inteligencia del individuo que está siendo interrogado le expresan una advertencia de todos sus derechos entendible y clara (28).

12.7 LA CORTE ATRIBUYE LA PERICIA LINGÜÍSTICA A LOS DETECTIVES.

12.7.1 La Corte no califica a los oficiales de la policía como analistas del lenguaje.

No hay indicación alguna en el registro de la decisión de que los detectives 1 y 2 cuenten con la capacitación necesaria y especializada como para evaluar el dominio del lenguaje. Sus intuiciones acerca del dominio del inglés de la Srta. Ceja son observaciones subjetivas basadas en la conducta que mostró mientras se encontraba bajo custodia. El interrogatorio de la Srta. Ceja sigue la caracterización que se relata en varias investigaciones como, por ejemplo, lo siguiente:

> . . . Las personas que poseen un dominio limitado del inglés son mal clasificados rutinariamente como personas que poseen un dominio del lenguaje, y son forzadas a pasar por interrogatorios en inglés aun cuando no poseen un dominio suficiente del inglés como para entender las preguntas que se les plantean, y mucho menos para realizar una renuncia deliberada, inteligente y voluntaria a sus derechos (Dueñas González *et al.* 2012:447) (29).

La oficina del alguacil del Condado de Merced no contó con un intérprete certificado en este interrogatorio bajo custodia. Tampoco hay nada en el registro de la decisión que indique que el detective hispanohablante hubiese estado capacitado para llevar a cabo un interrogatorio en español, o leer, explicar o aclarar en español los derechos Miranda. Tal como lo explica Dueñas González *et al.*:

> Por lo tanto, las agencias policiales aún dependen de que el personal de la policía, el cual no está capacitado, realice tareas complejas como lo son el conducir interrogatorios, traducir e interpretar en lenguajes en los cuales estos empleados no tienen una capacitación especializada. Se asume erróneamente que su capacidad para hablar dos lenguas, a un grado u otro, automáticamente los califica para llevar a cabo estas funciones cognitivamente complejas en lugares en donde hay muchas cosas en juego (Dueñas González *et al.* 2012: 445) (30).

12.7.2 La Corte acepta que los detectives son evaluadores fidedignos del lenguaje.

La Corte se refiere y le da peso al testimonio de cada detective con respecto a sus propias capacidades para evaluar el lenguaje:

De acuerdo con la Corte:

11:08 [El detective] Brawley testificó que las respuestas y el lenguaje corporal de María indicaron que ella entendía el inglés. Él declaró que podía saber cuándo algún sospechoso no puede entender el inglés.

11:11 El detective Ruíz declaró que es bilingüe, y que está familiarizado con los hablantes bilingües. Él sabe cuándo alguien no entiende el inglés, y declaró que María entendía el inglés de una forma competente. El detective Ruíz testificó que un hispanohablante sí puede entender el inglés mejor de lo que ella lo puede hablar.

13:01 El detective Brawley declaró que le pareció que María entendió [los derechos Miranda], y que su lenguaje corporal sugería lo mismo.

13:04 El detective Ruíz declaró que le pareció que María entendió, y que su lenguaje corporal indicaba lo mismo.

El testimonio de los detectives es problemático: uno de ellos puede simplemente "saber cuándo un sospechoso no puede entender el inglés", el otro nada más "sabe cuándo alguien no entiende el inglés", y ambos tomaron en cuenta el lenguaje corporal de la inculpada, el cual indicó que ella entendía. Todavía más, sus declaraciones tan ingenuas no parecen ser cuestionadas por la Corte. Muy por el contrario, la Corte usa sus propias evaluaciones del dominio del lenguaje de la sospechosa para respaldar su decisión.

La evaluación del dominio del lenguaje es un asunto complicado y difícil que ha sido ampliamente investigado y practicado por todo el mundo durante muchos años. La evaluación de la así denominada competencia lingüística no se puede relegar a un enfoque conveniente como: *lo reconozco cuando lo veo*. Un ejemplo de todo lo que implica la evaluación del dominio del lenguaje se encuentra en Dueñas González *et al.* (2012:544), y se resume brevemente aquí (31):

Las capacidades gramaticales: la comprensión de las preguntas y las declaraciones; la fluidez; el acento; la capacidad para controlar los tiempos verbales, la concordancia, las preposiciones, los artículos y el orden de las palabras; el vocabulario del inglés que no se relaciona con la vida cotidiana.

Las capacidades del discurso: el uso de los conectores y las transiciones que se requieren para mantener la coherencia; la capacidad para responder a preguntas no rutinarias.

El dominio sociocultural: la familiaridad con el lenguaje formal de la ley; la capacidad para comprender los modismos informales y la jerga; la capacidad para utilizar las formas apropiadas de trato personal.

El dominio estratégico: el conocimiento del contexto y el tema de conversación; la capacidad para pedir clarificaciones específicas y para enmendar errores.

12.7.3 *La Corte desconoce el conflicto de interés inherente de los oficiales.*

Tal como se ha observado en la anterior Sección 12.4.6, ya que la función del interrogador es distinta a la del intérprete, no puede ser una misma persona la que desempeñe ambas funciones. La meta del interrogatorio es obtener una confesión:

> Un interrogatorio es un encuentro cara a cara cuyo propósito radica en obtener que se admita una confesión de una violación de la ley, ya sea real o aparente" (Yeschke 1987:25) (32).
>
> El propósito de un interrogatorio es asegurar una admisión de culpabilidad por parte de una persona que ha cometido un crimen (Aubry y Caputo 1980:21) (33).

Por el contrario, la meta del intérprete gira en torno a la comprensión y la comunicación, y nada más que eso. En principio y de acuerdo con los datos mismos, el detective 2 de ninguna manera hubiese sido capaz de separar estas dos funciones en este interrogatorio. Ni la gravedad del crimen ni la urgencia de una confesión exime a los oficiales de su responsabilidad de acomodar la limitación del lenguaje de la inculpada durante el interrogatorio.

12.7.4 *La Corte desconoce el efecto del detective-intérprete sobre la inculpada.*

Un sospechoso tiene que llegar a comprender sus derechos constitucionales en contra de la autoincriminación y esto, a veces, requerirá que se tome en cuenta los límites del lenguaje del sospechoso al proporcionar servicios lingüísticos durante el interrogatorio bajo custodia. Como se ha dicho, son graves las consecuencias para el sospechoso que no los entienda. Por eso, la decisión de renunciar (o no) a esos derechos depende de su comprensión total, lo cual se procesará como la parte más importante del interrogatorio bajo custodia.

La falta de servicios de asistencia lingüística al momento de la advertencia *Miranda* lleva a Dueñas González *et al.* (2012:455) a decir que fallar en proporcionar intérpretes certificados durante los interrogatorios bajo custodia efectivamente da lugar a violaciones del debido proceso y al trato diferencial de los sospechosos que poseen un dominio limitado del inglés.

12.7.5 *La Corte desconoce el efecto del detective-intérprete sobre el caso.*

El testimonio de los detectives, el contra-interrogatorio del perito por el fiscal del distrito y las declaraciones de la Corte indican que el caso en contra de la acusada no fue comprometido por las circunstancias de su interrogatorio. Sin embargo, otro punto de vista es que la evidencia misma presenta una fuerte prueba de que el interrogatorio bajo custodia comprometió seriamente el caso. Una vez más, tal como Dueñas González *et al.* lo observan:

> El no proporcionar intérpretes profesionales durante la interrogación bajo custodia efectivamente da lugar a un trato diferencial de los sospechosos que poseen un dominio limitado del inglés, y resulta en la producción de evidencia poco fiable, obtenida de forma ilegal, y a menudo no confirmada e incriminatoria, lo cual no representa de manera exacta el conocimiento que el sospechoso tiene de los eventos que rodean el crimen (Dueñas González *et al.* 2012:446) (34).

12.8 RESUMEN DE HALLAZGOS

La supuesta renuncia tácita a los derechos Miranda de la sospechosa Ceja no fue ni *deliberada*, ni *inteligente* ni *voluntaria*.

12.8.1 La renuncia implícita no fue **deliberada.**

La supuesta renuncia tácita a los derechos *Miranda* de la sospechosa no fue *deliberada*, porque no se estableció durante ni después del interrogatorio que ella entendía inglés lo suficientemente bien como para entender sus derechos. Su dominio restringido del inglés y las peticiones que hizo para hablar en español son claros indicios de su falta de comprensión y su auto-identificación como una persona que posee un dominio limitado del lenguaje.

12.8.2 La renuncia implícita no fue **inteligente.**

La supuesta renuncia tácita a los derechos *Miranda* de la inculpada no fue *inteligente*. A la sospechosa sólo se le leyeron sus derechos en inglés, y nunca quedó confirmado el entendimiento que ella tenía de las consecuencias de renunciar sus derechos. La Corte basa su opinión en su interpretación subjetiva y en la interpretación novata de los detectives en torno al lenguaje hablado y al lenguaje corporal de la inculpada para inferir que la inculpada entendía sus derechos constitucionales.

12.8.3 La renuncia implícita no fue **voluntaria.**

La supuesta renuncia tácita a los derechos *Miranda* de la inculpada no fue *voluntaria*. Se presentaron elementos objetivos de coerción en el interrogatorio de la sospechosa. Hubo una intimidación física y verbal significativa, y la Corte va tan lejos como para responsabilizar a la sospechosa por no obtener asistencia lingüística.

La investigación ha demostrado que los intérpretes de la policía le pueden obstruir sistemáticamente la justicia a los inculpados que poseen un dominio limitado del inglés; el uso de dichos intérpretes no competentes viola los requisitos legales y los estándares de traducción profesionales; los intérpretes no certificados de la policía aumentan los efectos coercitivos del interrogatorio de las personas que poseen un dominio limitado del inglés; y el no tener en cuenta la lengua materna de los inculpados incrementa el poder del interrogador.

Por todas estas razones, el uso de intérpretes no certificados en interrogatorios bajo custodia debería estar prohibido (Dueñas González *et al.* 2012:473–482). El caso de *Ceja* es un ejemplo desafortunado del por qué esto es cierto.

12.8.4 *"It's not about the expert"!*

La Corte hace muy poco para evaluar críticamente distintos puntos interpretativos de los derechos *Miranda* y su relación al interrogatorio de la demandada. En cambio centra su atención en el testimonio del testigo. La Corte hace uso de varios criticismos *ad hominem* con respecto al testigo al sostener, por ejemplo, que su testimonio era irrelevante, que no respondió la pregunta pertinente, que intentó engañar a la Corte, y que preparó un *guión* para el abogado defensor. Esta es una estrategia judicial cuestionable, especialmente porque el testimonio del perito se relaciona con el debido proceso, pero reconozco que puede ser el enfoque de la Corte en un contexto más extenso, esto es, dentro del contexto de una comunidad y una nación que esperaban la condena plena e inmediata de una inculpada acusada de haber cometido un crimen atroz.

12.8.5 *Es la prerrogativa de la Corte ser su propio perito.*

La Corte utiliza su autoridad para decidir por sí misma la cuestión del lenguaje, con la ayuda de otros observadores ingenuos del lenguaje. En este proceso, la Corte no reconoce el conflicto inherente que se produce al permitir que la misma persona desempeñe tanto el papel de interrogador como el de intérprete en el contexto pre-judicial del interrogatorio bajo custodia. Luego acepta el testimonio de esta persona, declarando un momento como interrogador y otro como pseudo-lingüista.

12.9 CONCLUSIONES

12.9.1 *La demandada*

Por culpable que fuera la demandada, de acuerdo con la decisión final del jurado, concluyo que le fue negada la justicia en los primeros pasos del proceso judicial, en el pleno sentido del concepto "negar la justicia" (e.g., Paulsson 2005).

12.9.2 *La Corte*

La Corte tomó la decisión de permitir que se incluyeran las declaraciones realizadas por la inculpada en su interrogatorio, lo cual jugó un papel tanto judicial como público en la condena de la acusada, a quien se le culpó de haber cometido un homicidio de primer grado. Asimismo, concluyo que la autoridad judicial le negó la justicia a la demandada porque la evidencia indica, en mi opinión, que su decisión de validar y aceptar el interrogatorio custodial deficiente de la demandada fue contraria a la ley. Además, la considero una decisión judicial deshonesta, así como se ha interpretado por el conocido jurista británico, Sir Gerald Fitzmaurice:

> Una sentencia injusta puede ofrecer y a menudo sí ofrece fuerte evidencia de que la Corte fue deshonesta; o más bien sugiere una fuerte presunción de deshonestidad. Puede ser que ofrezca evidencia definitiva si es que la injusticia es suficientemente flagrante para que la sentencia sea de una clase que ninguna Corte honesta y competente hubiera encontrado posible de dar (Fitzmaurice 1932:108) (35).

Ahora sólo se puede esperar que llegue el día en el cual las cortes norteamericanas logren garantizar que exista justicia para todos al proporcionarles un debido proceso, aun para las personas que se ven como las más depravadas y que terminan siendo condenadas por cometer los peores crímenes.

12.10 CODA AL CAPÍTULO

Se ha relatado aquí la historia de la declaración pericial en *California contra Ceja*, hecha sólo a base del discurso del interrogatorio custodial de la acusada. Fue dejado fuera de esta presentación la evaluación lingüística de la demandada que se realizó utilizando datos recojidos durante una entrevista directa con la encarcelada.

Aunque no se me permitió equipo electrónico dentro del penal, la Corte rehusó escuchar la declaración sobre los resultados de esta evaluación precisamente por no habérsela grabado, así dejándola fuera del registro público de la audiencia. Sin embargo, puedo resumir mis conlcusiones sobre la capacidad lingüística de la acusada:

1. INGLÉS: tiene una proficiencia *mínima* de BICS.*
2. INGLÉS: tiene virtualmente *ninguna* proficiencia de CALP.**
3. ESPAÑOL: tiene una proficiencia *superior* de BICS.*
4. ESPAÑOL: tiene una proficiencia *regular* de CALP.**

*BICS: **B**asic **I**nterpersonal **C**ommunication **S**kills
[*Destreza básica de comunicación interpersonal*]

CALP: **Cognitive **A**cademic **L**anguage **P**roficiency
[*Competencia cognitiva-académica del lenguaje*]

CAPÍTULO 13

Texas contra Cortez (1901)

INTERPRETACIÓN BILINGÜE

13.1 GREGORIO CORTEZ

Se presenta aquí del caso histórico del legendario Gregorio Cortez Lira de los primeros años del siglo XX. Sirve como ejemplo de las raíces sociohistóricas que sustentan en cierta medida la problemática lingüística del actual proceso custodial y judicial.

La historia documentada de este héroe popular perdura hasta hoy día, documentada (y hasta cierto punto romantizada) en la resultante leyenda de él, y de forma especial en la música de la balada "El corrido de Gregorio Cortez". Véase, por ejemplo, el análisis de Saldívar (1987) (1).

Llegó de nuevo a la atención pública la historia de Gregorio Cortez con la publicación del libro de Américo Paredes, *With His Pistol in His Hand: A Border Ballad and Its Hero* (Paredes 1958), y años después con el éxito de la película con Edward James Olmos de 1982, *The Ballad of Gregorio Cortez*. Siguió entonces la posterior traducción al español (Paredes 1985) de la obra original de Paredes.

Gregorio Cortez nació cerca de Matamoros, Tamaulipas en el 1875. A la edad de 12 años cruzó la frontera estadounidense con su familia para vivir en Manor, Texas, unos 25 km al norte de Austin. Gregorio y su hermano mayor, Romaldo, solían andar juntos trabajando en los ranchos de los alrededores, hasta que decidieron quedarse en un solo lugar, dentro del condado de Karnes, para sembrar y cosechar maíz. Cortez era conocido como un hombre agradable sin problemas previos con las autoridades, pero de repente se encuentra acusado del asesinato de tres alguaciles tejanos: los Sheriffs Morris, Schnabel y Glover.

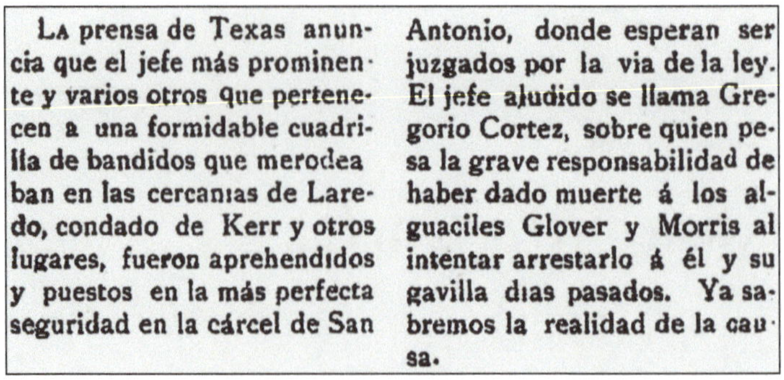

La prensa de Texas anuncia que el jefe más prominente y varios otros que pertenecen a una formidable cuadrilla de bandidos que merodeaban en las cercanias de Laredo, condado de Kerr y otros lugares, fueron aprehendidos y puestos en la más perfecta seguridad en la cárcel de San Antonio, donde esperan ser juzgados por la via de la ley. El jefe aludido se llama Gregorio Cortez, sobre quien pesa la grave responsabilidad de haber dado muerte á los alguaciles Glover y Morris al intentar arrestarlo á él y su gavilla dias pasados. Ya sabremos la realidad de la causa.

FIGURA 13.1. *El Tiempo*, Las Cruces, Nuevo México, julio 13 del 1901. *Publicada bajo el dominio público.*

13.2 BREVE CRÓNICA JUDICIAL

Cortez fue procesado por primera vez por la muerte de Morris el 24 de julio del 1901. Un poco después murió encarcelado su hermano Romaldo, quien estaba herido. Las cortes tejanas lo llegaron a condenar por los asesinatos, pues Cortez pasó más de tres años de varios juicios y estancias en varias cárceles. Sin embargo, con dos veredictos apelativos a su favor (de enero y junio del 1902) se demostró que su participación fue una acción de defensa propia. Luego se volteó la corte de la tercera apelación de junio del 1904, la cual lo dejó encarcelado de por vida. Al fin de cuentas, y después de varias súplicas, resultó que el gobernador de Texas le otorgó el pleno indulto y perdonó a Cortez unos años después en julio del 1913.

13.3 LOS EVENTOS

En la tarde del 12 de junio del 1901, estaba descansando acostado con la cabeza en las rodillas de su esposa cuando aparecieron el alguacil del condado, W. T. Morris, y su ayudante e intérprete, Boon Choate, quienes andaban en busca de algunos caballos robados. Después de la plática entre los hermanos Cortez y los alguaciles Morris y Choate, con sus ya bien conocidos malentendidos bilingües, Morris disparó, hiriendo a Romaldo. Gregorio respondió disparando y matando a Morris, y se escapó escondiéndose en el rancho de Henry Schnabel con la familia inquilina Robledo. Véanse en la **Figura 13.1** las noticias del próximo día de *El Tiempo* (1901) de Las Cruces, Nuevo México:

A raíz de este confuso encuentro inicial, tanto de palabras como de balazos, hubo una serie de eventos que cambiaron la vida de Gregorio Cortez para siempre. Ya estando Cortez en el rancho Schnabel, la patrulla del alguacil Glover del condado Gonzáles encontró a Gregorio allá, lo cual ocasionó otro tiroteo y del cual quedaron muertos Glover y Schnabel, y heridos una mujer y un niño mexicanos. Gregorio volvió a

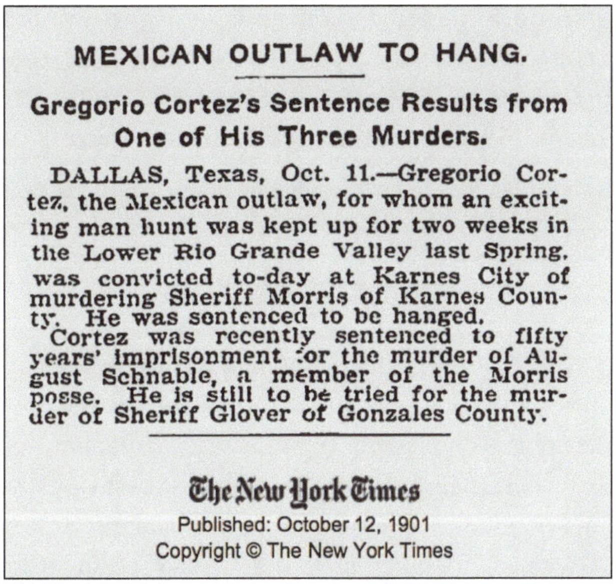

MEXICAN OUTLAW TO HANG.

Gregorio Cortez's Sentence Results from One of His Three Murders.

DALLAS, Texas, Oct. 11.—Gregorio Cortez, the Mexican outlaw, for whom an exciting man hunt was kept up for two weeks in the Lower Rio Grande Valley last Spring, was convicted to-day at Karnes City of murdering Sheriff Morris of Karnes County. He was sentenced to be hanged.

Cortez was recently sentenced to fifty years' imprisonment for the murder of August Schnable, a member of the Morris posse. He is still to be tried for the murder of Sheriff Glover of Gonzales County.

The New York Times

Published: October 12, 1901

FIGURA 13.2. *The New York Times*, octubre 12 de 1901. *Publicada bajo el dominio público.*

escaparse, andando a pie unos 160 kilómetros hasta que pudo llegar a la casa de un amigo, Ceferino Flores. Desde allá fue a caballo a Laredo donde, después de una búsqueda de gran escala que terminó con la muerte de tres oficiales, junto con nueve mexicanos muertos, tres heridos y siete detenidos.

Llegaron a capturar a Cortez a unos 10 días después del primer disparo. Aunque era poco esperado en esta época que llegara vivo al juicio un mexicano acusado de haber matado a un oficial policial tejano, Cortez fue procesado tres veces en González, Karnes y Columbus. La **Figura 13.2** es el anuncio de Nueva York del juicio de Karnes en donde fue condenado y sentenciado a muerte por ahorcamiento.

Cortez apeló el veredicto de que él había matado a Henry Schnabel al *Tribunal de Apelaciones Penales* (Court of Criminal Appeals of Texas), con el resultado de que el tribunal revocó ese veredicto previo, dando varias razones, entre ellas unas tocantes al uso del lenguaje antes del primer tiroteo (*Cortez v. State, 43 Tex.Crim. 375, 66 S.W. 453, Tex.Crim.App., Jan 15, 1902*).

13.4 EL ENCUENTRO DE LOS HERMANOS CORTEZ CON MORRIS Y CHOATE

Aquella tarde de junio de 1901 el alguacil Morris y su ayudante, Choate, se arrimaron a la casa de Cortez, hablando primero con Romaldo, quien entonces llamó a su hermano,

Gregorio. Se pusieron a conversar los cuatro, y de pronto, según el testimonio oficial, las interpretaciones equivocadas de Choate llegaron a resultar en varios malentendidos que terminaron en las muy conocidas consecuencias trágicas. Vale señalar lo que encontró Paredes en cuanto al intérprete Choate:

> Morris tenía como intérprete a uno de sus ayudantes, Boon Choate, quien se suponía era un experto en la lengua de los mexicanos. Parece que Choate era uno de esos hombres que, con un poco de español mal pronunciado y mucha "experiencia", se crean fama de conocer a los mexicanos mejor de lo que éstos se conocen a sí mismos (Paredes 1985:60).

13.4.1 *La interpretación al inglés de* **te quieren**

Cortez tenía poca educación formal pero queda documentado que sí hablaba inglés. Sin embargo, quizás por la presencia de Romaldo, hubo necesidad de alguna interpretación del español al inglés. Al llegar a la casa de Cortez, los alguaciles se encontraron con Romaldo y le dijeron que querían hablar con Gregorio. Entonces Romaldo le gritó a Gregorio, "Te quieren", lo que Choate, en su posterior testimonio a la corte, interpretó como prueba de que los dos hermanos ya sabían que Gregorio era un hombre buscado (inglés: *a wanted man*). Paredes aclara el asunto comentando lo siguiente:

> Te quieren, literalmente "you are wanted", es una forma de decir "alguien quiere hablar contigo". . . . Lo que no está claro es si Choate le comunicó al sheriff sus sospechas (Paredes 1985:62).

13.4.2 *Dificultades con la distinción entre* **caballo y yegua**

En segundo lugar, sabiendo de sus investigaciones previas que un vecino, Andrés Villarreal, había cambiado un caballo suyo por una yegua de Gregorio, el señor Choate, queriendo confirmar la palabra de Villarreal, le preguntó a Gregorio en inglés si él había cambiado un caballo (inglés: *horse*) con Villarreal, y Gregorio le dijo que no, pues porque lo que él había entregado en el cambio no era caballo sino yegua (inglés: *mare*).

13.4.3 *La interpretación al inglés de* **No me puede arrestar por nada.**

Al final y justo antes del primer disparo, Morris, por medio del intérprete Choate, le dijo a Gregorio que lo iba a arrestar, y Gregorio respondió con algo como, "No me puede arrestar por nada". Dice Paredes (1985:63), "En ese momento Gregorio dijo algo en español que incluía las palabras *arrestar y nada*. En su posterior testimonio, Choate dijo que Gregorio había dicho o "A mí no me arreste nada [sic]", o "A mí no me arreste [sic] nadie", lo cual Choate interpretó al inglés como, "No white man can arrest me".

13.5 EL ENCUENTRO DE CORTEZ CON LOS GLOVER Y SCHNABEL

El testimonio demuestra que Henry Schnabel fue herido por una bala disparada a la cabeza desde una distancia de menos de dos metros, y cayó muerto entre la cerca del corral y el granero, a una distancia de alrededor de 18 metros al oeste de la casa. Cortez, en cambio, corrió desde el noroeste de la casa al sureste, alejándose así de allí en una dirección sureña.

El problema queda en lo que dijo el testigo Manuel Tom, o sea, el que había interpretado la confesión del español al inglés. Tom declaró que el acusado había dicho que, al escaparse del lugar, pasó por el granero (inglés: *the barn*). Pero cuando volvió a pedírsele a Tom la palabra en español que él interpretó como *barn*, dijo *casa*, y lo que es más significativo, dijo que no sabía la palabra en español para *barn* (Paredes 1985:91).

El tribunal de apelación concluyó que no debía de haberse aceptado este testimonio, comentando que "La retirada del apelante viene siendo una cuestión muy pertinente en este caso. Si el apelante se retiraba por la casa moviéndose hacia el sur, tendría entonces que demostrar que era él quien mató a Glover y no a Schnabel; mientras que si se retiraba por el granero era posible que él fuera la persona que sí mató a Schnabel (5).

13.6 LA CONFESIÓN DE CORTEZ AL LLEGAR A LA CÁRCEL

13.6.1 La interpretación al inglés de la confesión

El problema lingüístico relacionado con la confesión que dio Cortez al ser capturado fue su interpretación del español al inglés. Su confesión fue presentada al jurado inicial a través de un carcelero que dijo que él mismo "no estaba perfectamente familiarizado con la lengua española, y no podía repetir el lenguaje usado por el acusado, pero sí podía comprender qué había dicho y [podía] interpretarlo de manera correcta al inglés".

Sin embargo, el juez señaló en su resolución de revocación que este testigo no pudo repetir el lenguaje del acusado ni "dar sus palabras", sino que sólo pudo dar una traducción al inglés de lo que dijo en español el apelante, opinando al fin que "Una confesión no se puede aceptar cuando el testigo [intérprete] no comprende a fondo la lengua en la cual se dio y no puede repetir las palabras usadas" (Cortez v. State, 43 Tex.Crim. 375, 66 S.W. 453) (2).

13.6.2 Las circunstancias extralingüísticas de la confesión

Además, se señalaron varias circunstancias flagrantes alrededor de la confesión de Cortez: 1. Varios alguaciles (*deputy sheriffs*) estaban presentes en la cárcel y armados alrededor de él; 2. fueron ellos mismos quienes hace poco tiempo habían estado persiguiendo al detenido; 3. ellos decidieron por su propia cuenta sacarlo de su celda para hablar con él; 4. le dijeron que querían que hiciera una declaración; 5. no le dijeron que no tenía ninguna obligación de hacer tal declaración: y 6. le dieron bebidas alcohólicas para provocar la confesión (3).

El tribunal de apelación no quiso excluir la confesión de Cortez en sí, pero sí decidió que el jurado inicial debería de haber tenido la oportunidad de decidir la cuestión de que si el acusado había confesado de manera libre y voluntaria, e incluyó esto como parte del conjunto de argumentos que formaron la base de la revocación del veredicto original (4).

13.7 OBSERVACIONES LINGÜÍSTICAS

13.7.1 Significado léxico y pragmático

Aun sin datos grabados o escritos de las varias conversaciones, los malentendidos procederán de las interpretaciones bilingües equivocadas. Entonces éstas resultaron en faltas de producción de un significado pragmático adecuado de parte del intérprete y/o de la comprensión de tal significado de parte del oyente de los respectivos enunciados en cuestión.

El *significado léxico* de un vocablo o una frase se refiere en su acepción más sencilla al significado literal del diccionario. En cambio, el análisis pragmático analiza distintas variables que afectan tanto la realización exitosa de parte del hablante como el grado de comprensión de un enunciado dado por parte del oyente. Las variables que determinan el *significado pragmático* se refieren a dos elementos discursivos: los extralingüísticos y los lingüísticos. El primero se refiere a las presuposiciones específicas que se dan por supuestas, o sea, los supuestos y las creencias de los interlocutores en el contexto del habla. El *contexto* consiste de la información concreta dada por la situación externa, el ambiente sociocultural y las personas presentes y sus relaciones mutuas.

Se ve entonces que el contexto extralingüístico del mero momento del discurso les comunica a los hablantes la información compartida entre ellos, lo que permite sus inferencias sobre la conversación misma. El segundo marca el significado pragmático por el contexto lingüístico: la estructura interna del discurso que se describe en términos de implicaciones encadenadas de un punto a otro dentro de la conversación misma.

13.7.2 *Equivocaciones:* te quieren; no me puede . . . ; caballo/yegua; casa/granero

Choate testificó que te *quieren* quería decir *te buscan* y que el hecho de que Romaldo le dijera *te quieren* a Gregorio indicaba que los dos ya estaban informados de que los buscaban los oficiales a causa de los caballos robados. Este error proviene de una mínima interpretación del sentido léxico de *te quieren,* es decir, una falta de información cultural compartida, específicamente el significado pragmático de la frase señalada por Paredes: "quieren hablar contigo".

El *No me puede arrestar por nada,* queriendo decir *No white man can arrest me* no parece ser error de interpretación oral. En mi opinión tiene que captarse como combinación de los siguientes motivos y causas indicando que Choate no oía bien, no escuchó bien lo que dijo Gregorio, tenía poco conocimiento del español, o le dio a propósito la interpretación equivocada a Morris.

La confusión entre *caballo y yegua* parece ser más una malinterpretación léxica por parte del intérprete Choate. Si Choate hubiera entendido la diferencia entre los dos animales, como se cree, es probable que simplemente no supiera las dos palabras, y hubiera sido así una limitación léxica de su interpretación oral. En cambio, Cortez parece haber comprendido tanto la diferencia zoológica como la distinción léxica, lo que indica que su entendido equivocado era uno de nivel pragmático, ocasionado por la falta de información totalmente compartida entre él y Choate y también por lo que tenía que haber sido una secuencia bastantemente confusa de los turnos conversacionales entre Gregorio, Choate y Morris.

El uso de *casa* por *granero* fue también un malentendido léxico de parte del testigo Manuel Tom. Seguramente los vio como distintos edificios, pero no sabía, como dijo después, la palabra *granero,* una limitación léxica de un intérprete supuestamente bilingüe (4).

13.7.3 *La confesión*

Lo importante de este caso y los motivos para repasarlo en tanto detalle son dos. En primer lugar, se puede ver que, por alta capacidad jurídica y buena suerte, el *Tribunal de Apelaciones Penales de Texas* fue muy acertado en su identificación de las limitaciones del testimonio lingüístico y permaneció como tal aun sin ninguna asistencia pericial. Y, al final de todo, lo vio el gobernador mismo de Texas (*La Prensa* 1913).

En segundo lugar, se ve que las cuestiones lingüísticas que surgieron en el caso de Cortez siguen siendo las mismas en la actualidad, especialmente las que resultan de los contextos forenses en los cuales todavía se encuentra la interpretación bilingüe bien o mal realizada.

LIBERTAD DE GREGORIO CORTEZ.

Nuestro compatriota Grègorio Cortez, que sufría en la Penitenciaría del Estado una condena por vida, y cuyo proceso tanta sensación causó hace algunos años, acaba de ser perdonado por el Gobernador Colquitt, y se encuentra en la actualidad en San Antonio, donde ha sido muy felicitado por ir finidad de miembros de la colonia mexicana.

El brazo que hiere no es criminal, en ningún tiempo ni en ningún país, cuando hiere en defensa del derecho; Cortez, para los mexicanos de Texas, ha dejado de ser un hombre, para convertirse en un símbolo.

LA PRENSA se complace en enviar, por medio de estas líneas, sus congratulaciones a Gregorio Cortez, cuya libertsd ha sido una amplia satisfacción rendida a la Justicia.

FIGURA 13.3. *La Prensa,* San Antonio, Texas, julio 24 del 1913. *Publicada bajo el dominio público.*

13.8 EPÍLOGO

Por último, se puede hacer la pregunta, ¿por qué enfocar un caso tan alejado del momento actual? El desafortunado hecho de que la historia se repite permite una respuesta inmediata: ocurren parecidos eventos en el mismo condado tejano de Karnes, el sitio actual del *Karnes County Residential Center.* La verdad es que este "centro residencial" ha sido, aún en el 2015, el ojo de la tormenta alrededor de la política actual migratoria del gobierno porque encierra a más de 2000 detenidos, mujeres y niños recién llegados desde Centroamérica tras las fronteras mexicanas.

Algunos observadores independientes y los detenidos mismos informan que hay madres e hijos que se quedan aislados en unidades médicas; que hay madres separadas de sus hijos, castigadas de tal manera por sus reclamaciones; que hay enfermeras que han falsificado crónicas médicas; que se le ha exigido al personal que se les mientan a los oficiales federales; y que hubo un psicólogo que funcionó como informante para los agentes federales. Véase, por ejemplo, el reportaje de Franco Ordóñez (2015).

Los oficiales, en cambio, representan el "centro residencial" como un lugar seguro y cómodo en donde las madres y sus hijos se pueden quedar mientras se tramitan sus peticiones para el asilo. Señalan que hay equipo médico moderno, clases de yoga para las madres y fútbol y juegos electrónicos para los niños. Sí, puede ser el caso para algunos detenidos, pero téngase en cuenta que el "centro residencial" se administra por una compañía penal particular bajo la supervisión del gobierno federal norteamericano. Todos los detenidos, adultos y niños, se dan cuenta de forma cotidiana de que están encarcelados bajo el riesgo de ser deportados en cualquier momento.

CAPÍTULO 14

Estados Unidos contra 'Demandado' (2000)

INTERPRETACIÓN BILINGÜE

14.0 INTRODUCCIÓN

Una escucha telefónica del FBI produjo múltiples grabaciones de conversaciones en español de un hombre acusado de participar en una operación de gran escala de elaboración de narcóticos en California. El gobierno mantuvo que su transcripción de la interpretación en inglés de las conversaciones demostraba la participación significativa del hablante en la operación narcotraficante.

14.1 MÉTODO

Dos traductores independientes escucharon simultáneamente nueve de las conversaciones grabadas que se consideraban como las más incriminatorias. Sus evaluaciones de las traducciones respectivas de la grabación en español a la transcripción en inglés revelaron errores por parte del gobierno en las interpretaciones en inglés de las conversaciones. La muestra de conversación fue lo suficientemente grande, y los errores encontrados fueron lo suficientemente variados en tipo y bastante frecuentes en incidencia, como para que el abogado defensor del acusado cuestionara seriamente la confiabilidad de la interpretación del cuerpo entero de las conversaciones telefónicas.

14.2 EJEMPLOS SELECCIONADOS DE DATOS OBSERVADOS

Al terminar la evaluación de las conversaciones habladas y transcritas, se vieron errores de traducción de varios tipos. La **Tabla 14.1** presenta varios ejemplos.

El papel del traductor no incluye cambiar o extender el significado de las palabras traducidas para incluir algo más de lo que se dice. En este caso, sin embargo, el traductor ha dado pruebas abundantes de haber proporcionado una interpretación lingüísticamente menos que objetiva de lo que se dijo en las conversaciones grabadas.

Cambio de significado: El error más obvio es el de no interpretar bien el significado semántico de las palabras, e.g., *no le preguntó* → you did not find; *frasquillos* → baskets.

El traductor también demostró que no estaba del todo familiarizado con el español coloquial, algo que pasa con frecuencia (Wennerstrom 2008:26). De un lado, se tradujo erróneamente *todo el pedo* as "the whole fart" (lo cual carece de sentido en inglés) en lugar de algo más como el inglés coloquial, "all that shit", y no sabía que la palabra *raite* que se usa comúnmente como palabra prestada del inglés que significa "ride".

TABLA 14.1. COMPARACIÓN DE LA GRABACIÓN LAS DOS TRADUCCIONES AL INGLÉS

ERROR: *Tipo de error*	ESPAÑOL: *Grabación transcrita*	INGLÉS: *Traducción oficial*	INGLÉS: *Segunda traducción*
Error de significado	tiene los diches puestos allí	he's got the fuckers posted there	he has the ditches set up there
	para tumbar el diche	to know the fucker	to break down the ditch
	el puto	the faggot	the "dummy"
	un cabrón trabajador	a bastard worker	a fucking worker
	cinco frasquillos	five baskets sacks [sic]	five little jars
	Digo ¿no le preguntó a don . . . [imperceptible]?	I'm saying, you did not find Mr. Roberto?	I'm saying, you did not ask Mr. [imperceptible]?
Neutral a negativo	¡válgame!	Damn!	"Gosh"!
Positivo a negativo	a toda madre que me habla	a fucking surprise that you call me	awesome that you call me
Error de reducción	andamos en chinga	Here we are, fucking.	Here we are working fucking hard.
Error de aumento	los tractores	the fucking tractors	the tractors

Del otro lado, se propone una interpretación pragmática, sugiriendo que *milpas* y *muebles* son palabras posiblemente relacionadas con las drogas, como se indican por las comillas puestas alrededor de ambas palabras en la traducción ("milpas" y "muebles") y por la sugerencia de "[mil dólares]" en los corchetes al lado de la palabra *milpas*.

Palabra neutral o positiva se cambia a palabra negativa: Otra manera de cambiar el significado es realizar en la lengua meta una traducción interpretada en la cual el traductor consciente o inconscientemente demuestra algo más que una intención lingüística en el proceso de traducción. El hacer el inglés más negativo o vulgar de lo que es el español puede ser un error grave, porque va más allá de las diferencias lingüísticas. Tales traducciones pueden hacer que el hablante parezca (ante la Corte, por ejemplo) usar un lenguaje más negativo y vulgar del que realmente usó.

Reducción léxica de lo dicho: Tampoco puede el traductor suprimir elementos léxicos de la traducción, e.g., *andamos en chinga* → here we are fucking. Será ésta una omisión sin intención, pero aún así representa el descuido no esperado de un traductor profesional.

Aumento léxico de lo dicho: El ampliar lo que se dijo por adiciones a la traducción en la lengua meta también puede ser un error grave, porque agregar una palabra como "fucking" a una frase que no la contiene se refleja mal en el hablante acusado.

Otro tipo de aumento es traducir el habla no inteligible. En varios puntos de las conversaciones grabadas, los dos traductores independientes escucharon la grabación varias veces y con diferentes grabadoras, pero no pudieron determinar lo que se estaba diciendo en español. No obstante, estuvieron reflejadas traducciones inequívocas para algunas de estas secciones en las transcripciones, sin una notación como [*no inteligible*]. Por ejemplo, el nombre de "Roberto", un actor supuestamente relacionado con la actividad local de la droga, va más allá de interpretar algo que verdaderamente se dijo como algo relacionado con las drogas. Tal interpretación podría ser el papel que jueguen otras personas involucradas en dicho caso, pero no es el papel del traductor.

14.3 CONCLUSIONES

Hay dos problemas principales con las traducciones en inglés de estas conversaciones grabadas en español. En primer lugar, el proceso de traducción y la competencia relativa del traductor en ambas lenguas pueden ser cuestionados debido a irregularidades tales como las observadas: la traducción contiene frases que no tienen significado en inglés; un material determinado que está presente en español está omitido en inglés;

palabras no inteligibles o ausentes en español están inequívocamente traducidas al inglés; y hay una familiaridad inconsistente con el español coloquial.

En segundo lugar, la parcialidad inapropiada del traductor del gobierno se evidencia en varias maneras: las traducciones que muestran frases y palabras en inglés de una forma más negativa o vulgar que las de la lengua de origen; las traducciones que están amplificadas en el inglés hacia significados que son más consistentes con los cargos de elaboración de narcóticos; y las que están agregadas al inglés aparentemente por la misma razón.

CAPÍTULO 15

'Empleado' contra 'Compañía' (2010)

SIGNIFICADO PRAGMÁTICO

15.1 INTRODUCCIÓN

Este caso trata acerca del significado pragmático del apodo *negrito*. Como el caso fue resuelto por las partes antes de llegar al tribunal, no fue adjudicado. Por eso, aquí se refiere anónimamente al asunto como *Empleado contra Compañía*.

La *Compañía* se refiere a una empresa estadounidense que organiza a sus empleados en equipos de empleo, los cuales trabajan en tres turnos durante las 24 horas del día. Cada grupo consiste de 6 a 8 empleados. El presente caso se trata de un turno que consistía de empleados de los cuales todos eran hispanohablantes, menos uno que era anglohablante de origen africano. Éste mantiene que el trato personal que recibía de sus compañeros de trabajo durante el transcurso del día, y especialmente durante sus juntas de organización matutinas, era discriminatorio porque solían hacerle referencia con el apodo *negrito*, usándolo de dos formas: como *apelación directa* al hablar con él, y como *referencia indirecta* al hablar de él.

15.2 CUESTIÓN

Por lo tanto, el caso trata de realizar un estudio lingüístico del asunto. La compañía acusada le pidió al lingüista que se investigaran dos cuestiones: (1) el significado del término *negrito* al usarse como forma apelativa para un empleado de origen étnico y nacional africano, o sea, como un empleado no hispano que trabaja dentro de un equipo de compañeros de trabajo hispanohablantes; y (2) en qué medida tal apelación comunicaría algún intento negativo y discriminatorio por parte de los demás empleados hispanohablantes.

15.3 OPINIONES

Las conclusiones del presente análisis son cuatro:

1. El significado en español del apodo negrito como forma de apelación informal, o *el negrito* como forma de referencia informal a una persona, no es equivalente a su sentido léxico (literal) en inglés.
2. El significado de *negrito* no aporta lo mismo que el inglés *colored one* como lo mantiene el demandante.
3. Es más probable que el uso de *negrito* en este contexto, como forma de apelación o referencia informal entre compañeros de trabajo, represente un intento por parte de los hablantes de establecer y comunicar la solidaridad del grupo entre ellos mismos.
4. Es menos probable que los hablantes que usaron *negrito* como forma de apelación informal se estuvieran comportando de manera agresiva, hostil, insultante, u ofensiva, como mantiene el demandante. De hecho, es más probable que, usando tal apodo, los hablantes tuvieran la intención de tratar al compañero no hispanohablante como miembro íntegro de su equipo hispano y así aceptado por el grupo.

15.4 ANÁLISIS

Este estudio se trata del significado de *negrito*, específicamente siempre y cuando se use el término como apodo en el contexto social de la junta diaria de compañeros de trabajo y durante las ocho horas de su turno de trabajo. Se sabe bien que el significado del enunciado, ya sea un vocablo o un conjunto de palabras, se determina simultáneamente por (1) su contenido semántico especificado por el lenguaje mismo en el diccionario, y (2) su aporte pragmático, determinado por el intento del hablante en el mismo momento y el singular contexto de su uso. Y porque estas dos caras del significado no se pueden separar, cualquier análisis de un apodo como *negrito*, utilizado informalmente entre compañeros de trabajo, tomará en cuenta no sólo su significado léxico sino también el significado que quisieron comunicar los hablantes.

La teoría lingüística de la que partimos como base es el hecho de que el lenguaje pretende realizar la intención o propósito del hablante, así que hablamos escogiendo unidades lingüísticas (palabras, frases, etc.) que se prestan de manera apropiada al marco comunicativo del contexto social. Los hablantes muchas veces comunican mucho más de lo que dicen por medio del mero enunciado léxico. De modo que la tarea, tanto de los interlocutores como del observador, es averiguar qué implicaciones, ya sean intencionales o no, están presentes en el contexto del enunciado. Sólo de esta manera se pueden determinar los puntos en la escala del significado, literal o implicado, logrados por los respectivos hablante y oyente.

En cuanto al apodo en particular, el éxito o fracaso de ello depende del grado de una mutua competencia pragmática negociada y luego compartida entre el apodador y apodado dentro de su grupo social, así como se ha comentado:

> La fuerza [de apodar] está implícita en las estructuras pragmáticas y en las de la cortesía que sean relevantes al apodar, y la complejidad de estas estructuras es el terreno sobre el cual el poder entre nombrante y nombrado se está negociado de manera sutil y continua (Adams 2009:82) (1).

Además del razonamiento lingüístico, es posible (si no muy frecuente) encontrar igual atención al significado pragmático dentro del contexto legal. Por ejemplo, el honorable Lupe Salinas, anteriormente juez regional del Estado de Texas y actualmente profesor de leyes en Texas Southern University, cuenta lo siguiente:

> Estábamos a medio juicio de un caso con testigos inmigrantes mexicanos. Un testigo varonil testificó que se le había dirigido a una joven no muy guapa diciendo, "ay mamacita". Normalmente tal comentario se tomaría como una especie de galantería coqueta, pero las circunstancias indicaban otra cosa. El interprete lo tradujo, "Oh, little mother", obviando así de comprender el contexto, la cultura y el tono (Salinas y Martínez 2010:557) (2).

Se han estudiado las fuerzas ilocutivas que motivan el uso del apodo. Véase, entre muchos ejemplos, la investigación de Roa Salcedo (2007) en el que estudia el habla tunjana, teniendo en cuenta variables como género, edad, nivel de escolaridad y estrato social de los hablantes.

El presente caso trata la brecha que parece existir entre una o ambas posibilidades: (1) lo que entiende el demandante por *negrito* frente a lo que entienden sus compañeros de trabajo por este apodo; (2) cuáles formas apelativas informales considera apropiadas el demandante dentro del contexto de trabajo, frente a éstas u otras que sus compañeros de trabajo ven como apropiadas.

15.4.1 Los apodos

El apodo se le da típicamente al individuo, además de su nombre de pila. Se inventa y se mantiene entre los amigos, la familia y los varios grupos sociales que rodean a la persona. El apodo a menudo refleja estigmas físicos o sociales. Generalmente son los grupos sociales que generan el apodo, y el apodado puede rechazar la nueva apelación o empezar a aceptarla, aun refiriéndose a sí mismo de igual manera. Los apodos con derivación externa suelen basarse en cualidades físicas, emocionales, intelectuales o culturales que se atribuyen con o sin razón al receptor del apodo (Aceto 2002:583).

Los apodos se pueden usar de manera indirecta para referirse a una persona o de manera directa para dirigirse a ésta. La naturaleza lingüística (interna) del apodo se realiza muy a menudo por un sufijo diminutivo, por ejemplo *-ito* (*negro* > *negrito*), el cual tiende a atenuar su significado:

> El apodo en diminutivo . . . no indica pequeñez sino 'aminoración lingüística', es un paliativo con el que se logra un trato de amistad, cariño o familiaridad. Aquí juegan papel fundamental la subjetividad del hablante y el contexto en que se use (Lozano Ramírez 1999:388).

Los apodos se dan comúnmente en las culturas mexicanas y latinoamericanas. El verbo apodar es paralelo al verbo *nombrar*. También existen los apodos en muchas culturas africanas y tienen un amplio alcance funcional en ellas (Sobane 2008:12). Y como dice Lozano Ramírez de los apodos bogotanos,

> Los apodos . . . se cuentan por miles . . . . Sobra decir entonces, sin temor a equívocos, que no hay . . . ciudad, pueblo, corregimiento, caserío, grupo social, grande o pequeño, en el que sus hablantes no tengan un apodo (Lozano Ramírez 1999:389).

Las definiciones de apodo varían de positivas a negativas, ejemplo de la segunda siendo la del *Diccionario de la Real Academia*, cuya definición aparece así:

> *Apodo*: Nombre que suele darse a una persona, tomado de sus defectos corporales o de alguna otra circunstancia (DRAE 1984:1:111).

Por otro lado, se opone ésa a la caracterización más neutral del *Diccionario de uso del español*:

> *Apodo*. Sobrenombre generalmente alusivo a alguna cualidad, semejanza o circunstancia de la persona a quien se aplica por el que se conoce a esa persona. Especialmente los usados en los pueblos que pasan de padre a hijos y generalmente no son tomados como ofensivos (Moliner 1966:216).

Una definición lingüística más precisa se da por Lozano Ramírez:

> El apodo es un signo lingüístico motivado; es decir, el creador o apodador siempre tiene o encuentra algún motivo para su realización. El hablante, en un acto nominativo, toma las propiedades o características del sujeto y las relaciona con un referente que las evoca, creando a través de procedimientos gramaticales o semánticos un nuevo nombre para éste: el apodo (Lozano Ramírez 1999:48).

15.4.2 El uso de los apodos

Los sobrenombres se usan de dos maneras: para clasificar o para individualizar (Lave 1967). En algunas comunidades se recalca la propiedad clasificadora, mientras que en otras se pone de relieve su función individualizadora (Goodenough 1965).

En las comunidades en las cuales mucha gente comparte el mismo apellido, se usan más los apodos para individualizar a la gente. Así es la situación por todo México, un país que cuenta con pueblos enteros en los cuales la mayoría de la gente no sabe los nombres verdaderos ni de los familiares y vecinos más cercanos. Se conocen en cambio sólo por sus apodos. En el Perú, dice Sánchez Díaz (1980), algunas personas "son más conocidas por su apodo que por su nombre o apellido".

Señalan también Collier y Bricker (1970:292) que, entre la gente indígena como los zinacantecos del sur de México, "Los apodos, que tienen su origen en referirse a lo que nos hace individuos únicos, . . . tienden a ser más individualizadores que los apellidos" (3).

Los apodos, especialmente éstos definidos lingüísticamente por un sufijo diminutivo como *-ito* en *güerito* o *flaquito*, apodos que mis propios compañeros de secundaria me daban a mí, se usan para expresar el cariño y la solidaridad del grupo. También el uso del apodo con diminutivo, como comenta Morales (1998:45), "ha sido tomado como calificativo jocoso e incorporado en todas clases sociales; . . .".

Una extensa obra latinoamericana sobre los apodos es el estudio y compendio de Orlando Cuadra Downing, quien observa de Nicaragua,

> La [costumbre] del apodo, pues, ha sido una costumbre inveterada de nuestro pueblo, el que la usa no siempre con saña hiriente sino más bien como graciosa ocurrencia difícil de captar por la palabra escrita . . . (Cuadra Downing 1967:14).

Entre los muchos apodos que incluye Cuadra Downing se encuentran los siguientes que guardan relación al presente caso: EL NEGRO ALDUVIN (de Rigoberto Ortega, pág. 112); LA NEGRA CARMELA (de Carmela Martínez, pág. 207); NEGRAS (de la familia Mora familia de Granada, pág. 255); y NEGRO PATON (de Don Anselmo Hilario Rivas, pág. 255).

Además, el compendio ya citado de Mariano Lozano Ramírez (1999) trata de manera cuidadosa y detallada los aspectos teóricos, funcionales, culturales e históricos del apodo colombiano. Entre sus cientos de ejemplos, se citan los que tienen su origen en el color de la piel: *blacky*: por el color de la piel (negro), pág. 163; *el negro*: por el color de su piel; por su piel morena, pág. 226; *la negra*: por el color de su piel, pág. 264; *la negrita*: por su piel morena, pág. 265; *negro, negra*: por el color oscuro de su piel; por cariño; por su piel morena/negra, pág. 300; *negrito,* negrita: por su color moreno; por cariño, pág. 300; *negrita de mis coplas*: por cariño paterno, pág. 300.

15.4.3 La importancia de los apodos en el mundo latinoamericano

Primero, dentro de la comunidad hispana, el uso de los apodos es frecuente y generalizado. Por ejemplo, al contar su historia personal de haberse criado en la comunidad mexicoamericana, Mendoza (1994:294) recuerda que,

> Como era la costumbre de la época, nos intercambiamos los apodos. Uno de mis amigos era zurdo, así que le llamamos *surdo* [sic]. Otro era cojo, pues él se apodaba pata (4).

Esta misma experiencia se ve aún más en Tapia:

> En nuestro país, el uso de los apodos es una costumbre que se encuentra profundamente arraigada en la conciencia colectiva de la población. La mayoría de ellos reflejan las características físicas y morales de las personas . . . (Tapia 2007:169).

Ella cita también al escritor Fernando Silva, quien hace una observación parecida:

> Los apodos son de uso corriente en Nicaragua . . . . El apodo casi siempre describe a la persona, es como una caricatura viviente (Tapia 2007:174).

Además, añade ella que el uso de los apodos se ha ampliado a llegar a personas fuera de los grupos sociales más estrechamente identificados con sus orígenes:

> En toda Nicaragua, esta costumbre [de apodar] se ha generalizado, de tal forma que también, a través de los medios de comunicación, las personas son llamadas por sus apodos. Existen casos en los que no se conoce el nombre de pila de las personas, sino solamente su sobrenombre (Tapia 2007:175).

En segundo lugar, el uso de los apodos puede ser positivo o negativo, según las variables del hablante, el nombrado y el contexto social. En la mayor parte de las investigaciones sobre los apodos recalcan lo positivo, o sea, su uso frecuente y como signo de confianza para expresar la solidaridad entre grupos sociales íntimos. Sin embargo, algunos observan que los apodos pueden ser mal empleados. Por ejemplo, Mosquera dice lo siguiente:

> Los apodos relacionados con el color, específicamente el blanco y el negro, son muy, muy comunes en muchas comunidades hispanohablantes de México y Latinoamérica, y pueden conducir a la discriminación intragrupal e intrafamiliar (Mosquera 2003:15) (5).

Y observa Barrett que en un restaurante de Texas los empleados hispanohablantes apodaban a los compañeros de trabajo no mexicanos, algunos apodos siendo ofensivos y otros no:

> Algunos de los apodos se refieren a la disposición o personalidad de un individuo, tal como La Loca 'the Crazy Woman' o El Joto 'the Fag', (ofensivo). De manera más típica aludieron a las características físicas del individuo, como Pelón 'Baldy', La Gordita 'the Chubby Woman', o Nalgona 'the Woman with a Big Butt (ofensivo) (Barrett 2006) (6).

Asimismo, Héctor Islas Azaïs resume así la posible intención negativa del apodo:

> El niño estigmatizado por vivir con una discapacidad, el indígena rechazado por su origen étnico, el individuo con preferencias distintas a la heterosexual, entre otros muchos ejemplos posibles, son cotidianamente víctimas de parodias, motes y apodos humillantes que afectan de manera severa su calidad de vida e incluso la imagen que tienen de sí mismos, atentando contra su dignidad (Islas Azaïs 2005:5).

Se puede concluir entonces que los apodos son lo que Gutzmann y McCready (2015) llaman como términos acondicionados por uso (*conditional use*) en cuanto a su intención e interpretación o peyorativa o afectiva.

15.4.4 *Los apodos en las culturas, literaturas e historias latinas*

Es importante considerar el desarrollo histórico y cultural del apodo para conocer el intento del apodador y la apreciación del apodado. En su reportaje sobre el uso de Redskins como apodo despectivo referente al equipo norteamericano de fútbol americano de Washington, DC, Barry (2016) observa que el significado del apodo, sea peyorativo o afectuoso, depende en gran parte de cómo se interpreta por la comunidad de habla en la que se encuentra. El apodo también puede ser ofensivo o benigno según las circunstancias extralingüísticas de su uso. Tal perspectiva social de su significado se radica en la connotación del apodo aportada por su evolución histórica, la cual sirve para comprender y aclarar el intento actual del apodador.

Los apodos se usan mucho en la cultura popular, la música, la literatura, e historia de México y Latinoamérica. Señala Kerr (1987:100), por ejemplo, que los escritores de ficción de lengua española usan los apodos "para animar, personalizar y personificar [sus] protagonistas ...". En su estudio del novelista peruano Mario Vargas Llosa, Kerr enfoca el desarrollo de los personajes que son miembros de los mismos grupos sociales en los cuales la identidad se determina casi totalmente por los apodos, incluso los que marcan las características físicas (Kerr 1987:92).

Buen ejemplo histórico son las referencias a los múltiples actos heroicos de *El Negrito*, uno de los títeres más famosos y populares que personificaba el país (*la Patria*) y la gente de México con que llegaron a ser sus pantalones, espada, sombrero y pañuelo tan icónicos. Los titiriteros mexicanos tenían el fuerte deseo de responder satíricamente al teatro de títeres creado por los invasores franceses de los 1860, cuando Napoleón mandó a Maximiliano y Carlota a gobernar sobre la conquista del Nuevo Mundo que fue México. Beezley (2007:415) lo expresa de esta manera:

> El [Negrito] aparecía como símbolo de las tradiciones nacionales y locales. El Negrito personalizaba al pueblo mexicano en general.... Para la década de 1860, su reputación como personaje audaz, satírico, y humorístico estaba bien establecida....

Se da también el caso de José Vasconcelos en el personaje del *negrito poeta*, procedente de esclavos africanos llegados del Congo a Veracruz en el siglo XVIII (León 1912). Otros ejemplos literarios incluyen el cuento *Las negritas* de Gandolfo (2005) y el literato, César Fernández Moreno, quien dice de su esposa, "Me casé en 1919 con una mujer que se llama apenas Negrita, y de la que tengo un hijo radiante que se llama César", (Fernández Moreno 1986:74).

En el mundo musical latinoamericano se conoce bien la encantadora canción folklórica, "Duerme, duerme negrito", interpretada por Atahualpa Yupanqui y adoptada, según él, por la gente de tez morena de la zona fronteriza Venezuela-Colombia, y bien se conoce la canción mexicana de la infancia, "La Negrita Cucurumbé".

La música moderna tampoco carece de referencias a *la negra*. La banda mexicana *Caifanes* estrenó "La negra" en el 1988, y fue interpretada de nuevo con el son habanero de Compay Segundo en el 1996. La canción se refiere cariñosamente a *la negra Tomasa*:

> Estoy tan enamorado de *la negra Tomasa*.
> Estoy tan enamorado de *mi negra preciosa*.
> Esa *negra linda* que me tiene loco.
> Ay, mi *negra linda*, nunca me dejes.

El fenómeno musical quizás más conocido y más pertinente al presente tema era la artista que en una época no se pudo silenciar, la cantante popular argentina, Mercedes Sosa. Ella fue conocida cariñosamente por su público como *La negra*, posible referencia a su cabello de color negro intenso. Cuando falleció en octubre del 2009, su obituario en inglés llevaba el titular, "The World Mourns 'La Negra' Mercedes Sosa, 1935–2009" ["El mundo llora la muerte de 'La Negra' Mercedes Sosa, 1935–2009"].

15.4.5 *El apodo* **negrito** *y su significado léxico y pragmático*

El análisis lingüístico del problema específico planteado por el presente caso consiste en averiguar el significado implicativo más probable de *negrito* tanto para los hablantes como para el oyente en el contexto social indicado. Con este fin, se puede considerar una posible gradación significativa, la cual incluye puntos desde el significado literal hacia unos posibles significados implicados. El punto céntrico y neutral será el

TABLA 15.1. UNA ESCALA DE SIGNIFICADOS IMPLICADOS PARA EL APODO *NEGRITO*

SIGNIFICADO PRAGMÁTICO NEGATIVO				LITERAL	SIGNIFICADO PRAGMÁTICO POSITIVO			
'negrito' −4	*'negrito'* −3	*'negrito'* −2	*'negrito'* −1	*'negrito'* 0	*'negrito'* +1	*'negrito'* +2	*'negrito'* +3	*'negrito'* +4
diminutivo	diminutivo	diminutivo	diminutivo	diminutivo	diminutivo	diminutivo	diminutivo	diminutivo
moreno	moreno	moreno	moreno	moreno	moreno	moreno	moreno	moreno
distante	distante	distante	distante	± 1	informal	informal	informal	informal
excluyente	excluyente	excluyente		± 2		inclusivo	inclusivo	inclusivo
antipático	antipático			± 3			amigable	amigable
hostil				± 4				cariñoso

significado léxico de *negrito*: varón negro y pequeño. De media escala hacia la derecha se sitúan los grados del significado implicado positivo, y hacia la izquierda los grados del significado implicado negativo, como se ve en la **Tabla 15.1**.

La producción y/o interpretación afirmativa aumentaría desde 'varón pequeño y moreno' y agregando más y más informalidad: 'informal', mas 'inclusivo', mas 'amigable', hasta 'cariñoso'. La producción y/o interpretación negativa aumentaría desde el mismo significado literal 'varón bajo y moreno' y agregando más y más formalidad e intensidad: 'distante', mas 'excluyente', mas 'antipático', hasta 'hostil'.

Esta distinción entre la fuerza locutiva (semántica) y la ilocutiva (pragmática) de un término se encuentra a veces en el razonamiento cotidiano de los hablantes mismos. Por ejemplo, es la misma distinción que se hacía en la discusión que siguió el castigo disciplinario impuesto en el equipo nacional mexicano en la Copa América de 2016, cuando de las gradas del estadio se oía el canto *"ehhhhhh, puto"*. Se empezaba el grito cuando el portero del equipo que enfrentaba México se preparaba a realizar un saque de meta. El debate, pues, rodea el significado del canto. Unos dicen que es un insulto ofensivo homofóbico en sí y también en el contexto del partido. Otros opinan que su significado no tiene nada que ver con su significado general, sino que es nada más una manera no insultante de distraer al portero en el contexto de la porra o del cántico del partido de fútbol (Archibold 2016).

15.5 HALLAZGOS

Este caso trata de un empleado de origen étnico y nacional africano que interpretó el apodo *negrito* que le dieron sus compañeros de trabajo hispanos como un insulto discriminatorio. El problema lingüístico presentado por la situación queda en dos fenómenos contrarios: el empleado dice que para él, la palabra *negrito* tiene un significado negativo y por eso se siente discriminado; en cambio, los otros empleados dicen que para ellos el apodarle *negrito* significa algo muy positivo, y por eso se sienten malinterpretados por él.

En primer lugar, con respecto al significado específico el apodo *negrito* como forma directa de apelación o como referencia indirecta a una persona, sería difícil hallar equivalente funcional en inglés que no fuera negativo, aunque puedo añadir como nota personal que yo mismo tenía un tío con el difícil nombre de *Truman* a quien le apodaban cariñosamente entre la familia como *Blackie*.

En segundo lugar, todos los litigantes aceptarían que *negrito* no se usaba con una sencilla acepción léxica y que llevaba algún significado implicativo, o positivo (punto de vista de los empleados apodadores) o negativo y discriminatorio (punto de vista del empleado apodado).

Se puede entonces examinar por un lado la evidencia lingüística presentada que apoyara dicha intención positiva de los empleados que apodaban al demandante *negrito* y, por otro, la que confirmara la acepción percibida como negativa por parte del empleado apodado así.

No hay ninguna forma de observación directa (grabaciones) de la conducta verbal de su lugar de empleo. Sin embargo, existe plena documentación investigativa sobre el uso cotidiano de los apodos en México y Latinoamérica, y también se presentó el testimonio de los interesados.

15.6 CONCLUSIONES

15.6.1 Evidencia y conclusión relacionadas con el empleado apodado

La postura del empleado apodado *negrito* es que comprendió el significado del apodo como si cayera entre los puntos 1 a 4 al lado negativo (izquierdo) de una escala cognitiva parecida a la de la **Tabla 15.1**, con el resultado de ser o apelación directa o referencia indirecta discriminatorias.

Hay varios argumentos en contra de tal razonamiento. Existen muchas investigaciones lingüísticas y culturales que indican que los apodos como *negrito* se usan para expresar todo lo contrario a distancia social, exclusividad del grupo, antipatía u hostilidad. También hubo testimonio, tanto de los apodadores como del apodado, que el apodado se refirió a sí mismo como *negrito*, o sea apodándose así como forma de autoreferencia.

Además, todos (inclusive el apodado) declararon que él usaba, como apelación o referencia conversacional, los apodos de los demás compañeros de trabajo. Así que el hecho de que el demandante mismo usara su propio apodo y los de sus colegas indica que sí comprendió bien tanto el significado cultural y lingüístico de los apodos en general como el significado específico implicado de su propio apodo, así como se utilizaba de manera no discriminatoria en su equipo de trabajo.

15.6.2 Evidencia y conclusión relacionadas con los empleados apodadores

La postura de los empleados apodadores es que querían comunicar el significado del apodo como si tuviera los rasgos semánticos de los puntos 1 a 4 al lado positivo de una escala cognitiva parecida a la de **Tabla 15.1**.

Mientras que es posible que el uso pretendido de *negrito* fuera negativo, hay por lo menos dos argumentos fuertes a favor de una intención positiva y, por ende, no discriminatoria. En primer lugar, los varios y respectivos compañeros de trabajo testificaron bajo juramento que usaban tanto *negrito* como otros apodos para otros compañeros sólo para expresar entre ellos informalidad, inclusión, amistad y cariño.

En segundo lugar, los estudios académicos y anecdóticos indican que, entre los grupos sociales hispanohablantes muy unidos como éste de compañeros de trabajo, se comunican bien por el uso frecuente y constante de apodos cariñosos, especialmente los basados en el color de piel, ojos, pelo, etc., como *güerito, pelón, gordo, flaco* y, sí por supuesto, *negrito*.

CAPÍTULO 16

Jazmín y el certamen de ortografía (2014)

PRONUNCIACIÓN DEL INGLÉS

16.1 INTRODUCCIÓN

Se presenta aquí el caso de una joven estudiante de California y cómo deletreó la [t^h] inicial-de-palabra en su infortunado encuentro con el Certamen Nacional de Ortografía de Scripps (*Scripps National Spelling Bee*, SNSB de ahora en adelante).

El certamen SNSB tiene una regla que especifica que para el deletreo de las palabras sólo se permite la pronunciación estándar que aparece en el diccionario. Jazmín, como se llamará la alumna para este informe, deletreó la letra inicial t- de la palabra *tomography* (tomografía) con lo que probablemente haya sido un sonido inicial [t] influido por su lengua materna, que es el punyabí. El jurado escuchó la letra inicial t- como si hubiera sido la letra d-, y eso constituyó un error ortográfico.

De esta suerte, pues, Jazmín fue eliminada de la competición regional debido a una pronunciación que no se encuentra en el *Webster's Third New International Dictionary*, el diccionario que las reglas del certamen prescriben como "la fuente principal utilizada para elaborar las pronunciaciones" del certamen de ortografía, de modo que las letras y las palabras en inglés requieren una pronunciación estándar (SNSB 2013) (1).

Jazmín es una estudiante estadounidense que cursaba su séptimo año escolar cuando se llevó a cabo la competición. Ella nació, se crió y se educó en los Estados Unidos. Su lengua materna y la de su familia es el punyabí, y ella se comunica dentro de una extensa red social de hablantes de punyabí en su familia, con sus amigos y en la iglesia, tanto en los Estados Unidos como en sus visitas familiares a la India. Jazmín aprendió inglés como un segundo idioma en la escuela y en su comunidad, haciéndose bilingüe en inglés y punyabí.

Como suele suceder, Jazmín se ha interesado continuamente por la ortografía. Cuando todavía estaba en sexto año, comenzó a competir en el certamen SNSB tanto a nivel escolar como regional. Previo a la competición nacional de 2013, Jazmín ganó el certamen de ortografía de su escuela, y de ahí pasó a competir directamente en el certamen regional de ortografía en el Valle Central de California. Ahí fue una de los dos últimos finalistas cuando se le pidió que deletreara la palabra *tomography*. Después de haber deletreado la palabra, el jurado detuvo el certamen, revisó el video, y al final pronunció que Jazmín había deletreado mal la palabra al haberla comenzado con la letra *d*: *d-o-m-o-g-r-a-p-h-y*. Jazmín obtuvo el segundo lugar, lo cual representa un verdadero logro, pero aún así perdió la oportunidad de representar a su región en las finales del certamen nacional por no haber terminado en primer lugar.

Es el jurado, no el deletreante, quien tiene la última palabra, por así decirlo, en el concurso de ortografía. No obstante, la necesidad que tuvo el panel por ver una repetición instantánea del video del desempeño de Jazmín nos proporciona una mejor idea sobre un problema subsiguiente: de una forma tranquila y firme a la vez, Jazmín sostiene que deletreó la palabra final con la letra inicial *t*: *t-o-m-o-g-r-a-p-h-y*.

A pesar de que la decisión del jurado del certamen es definitiva, un análisis detallado de su decisión en el caso de Jazmín le puede ser de gran ayuda en los siguientes años. Al mismo tiempo, puede servir como un punto de referencia si se utiliza para informar a aquellos concursantes que hablan una variedad del inglés que difiere de la que aparece en el diccionario, o de la que utiliza el jurado a la hora de pronunciar las letras y los sonidos en inglés.

De la misma manera, puede servir como un catalizador para la discusión de las prácticas del certamen SNSB, las cuales podrían ser re-evaluadas a fin de permitir que todos los estudiantes estadounidenses, así como los estudiantes de otros países, tengan un acceso real y equitativo a los certámenes de ortografía en los Estados Unidos.

16.2 EL CERTAMEN DE ORTOGRAFÍA ESTADOUNIDENSE

La historia del certamen nacional de ortografía tiene sus raíces en el nacionalismo estadounidense (McArthur 2011:6), es decir, en nuestra reacción en contra de Inglaterra después de la Revolución Americana, y el posterior intento por cimentar las raíces del inglés americano al seleccionar y mejorar las variedades regionales del inglés americano:

> La práctica cultural de los certámenes de ortografía surgió en los Estados Unidos como resultado de un conjunto de factores socio-políticos, pedagógicos y lingüísticos más o menos vinculados

a la aparición del inglés americano como una categoría unitaria ligada a la identidad política estadounidense tras la Guerra de Independencia de los Estados Unidos (McArthur 2011:1) (2).

De hecho, McArthur (*ibid.*) menciona que Noah Webster es quien plantea "el establecimiento de un 'estándar uniforme de pronunciación elegante' como un imperativo nacionalista..." (3). Así, pues, lo que comenzó de forma histórica como un certamen de ortografía orientado hacia la comunidad se ha convertido desde entonces en un evento bien organizado por los medios de comunicación, el cual alcanza un nivel nacional en la forma del certamen SNSB (McArthur 2011:1). El objetivo de aprendizaje establecido por el certamen SNSB es el uso correcto del inglés. El certamen SNSB describe el certamen como "una celebración cultural del inglés" (4), diciendo esto:

> ... este evento destaca nuestra misión de inspirar a los niños a que mejoren su ortografía, a que expandan su vocabulario y a que dominen el uso correcto del inglés, pues todo esto les ayudará durante el transcurso de sus vidas (SNSB 2013) (5).

La restricción del *uso 'correcto'* del inglés parece ser la base de la regla explícita del certamen SNSB que requiere una pronunciación estándar que, sin duda alguna, es importante para el certamen SNSB y para cada concursante. Dicho requisito, sin embargo, presenta un desafío significativo para la política pública del certamen, esto es, un desafío que trasciende el predicamento de Jazmín: pese a que el alcance del certamen SNSB en las vidas lingüísticas de millones de estudiantes es inmenso, la provisión para la diversidad lingüística de sus innumerables participantes no es una parte integral de los protocolos del concurso.

El certamen SNSB informa que la competición final del certamen del 2013 comenzó con más de 11 millones de estudiantes que participaron en certámenes locales de como el certamen al cual Jazmín ingresó (SNSB 2013). Y, tal como ha ocurrido desde 1976, el certamen SNSB convocó a estudiantes del exterior de los Estados Unidos para que compitieran, lo cual dio lugar a un campo altamente diverso de finalistas que compitieron a nivel nacional.

> Este año habrá 281 deletreantes de ocho países: las Bahamas, Canadá, China, Ghana, Jamaica, Japón, Corea del Sur y los Estados Unidos. Los competidores provienen de los 50 Estados, además del Distrito de Columbia, la Samoa Americana, Guam, Puerto Rico, las Islas Vírgenes y las Escuelas europeas del Departamento de Defensa (SNSB 2013) (6).

Además, la página de internet del certamen SNSB informa que está considerando la posibilidad de organizar una competición internacional, lo cual demuestra que la diversidad en el campo de los participantes es sumamente importante. No obstante, el manifiesto interés sobre la diversidad se contradice por las circunstancias del propio certamen. En primer lugar, las reglas del certamen fijan el *Diccionario de Webster* como la máxima autoridad sobre la pronunciación, de modo que no permite ni da cabida a la variación regional o social. En segundo lugar, es muy probable que ya exista una modificación *de facto* para dicha variación en la pronunciación, según en dónde se lleve a cabo el certamen de ortografía local o regional, así como las variedades del inglés habladas por los participantes y los miembros de los respectivos jurados. Y, en tercer lugar, hay muchos participantes cuyos acentos no se relacionan con una variación regional o social del inglés, sino que son resultado de la influencia de una lengua materna que no es el inglés.

El inglés que habla Jazmín es influido por el inglés indio (de la India) y el punyabí. Su caso, tal como se describe aquí, ilustra el potencial de discriminación lingüística que existe en base a la variación lingüística, y esto es probablemente indicativo de las prácticas generales de los certámenes de ortografía, si se toman en cuenta las reglas del certamen SNSB. Quizás el certamen SNSB considere cambios a sus reglas para así dar cabida a las distintas variedades del inglés que forman parte de la diversidad social, cultural y geográfica de los presentes y futuros participantes.

16.3 SUPOSICIONES

Con el propósito de estudiar las razones por las cuales Jazmín fue eliminada de la competición, se han realizado tres suposiciones:

1. La falta de ortografía no fue un error de representación oral, lo que equivale a decir que no fue un problema análogo del error tipográfico.
2. El estudiante realmente recuerda haber deletreado la palabra con la letra inicial t.
3. El jurado realmente escuchó la palabra deletreada con la letra inicial d.

16.4 PREGUNTAS DE INVESTIGACIÓN

En primer lugar, si se asume que el jurado escuchó una [d], y que Jazmín probablemente dijo [t], se puede cuestionar por qué tuvo conciencia ella de una /t/ pero dijo [d]. En segundo lugar, se puede evaluar la probabilidad de que ella haya pronunciado la /t/ como una [d] y, en tercer lugar, la probabilidad de que el jurado haya escuchado la [d] en vez de la [t].

Debido a que no contamos con una grabación de audio de suficiente calidad para respaldar un análisis espectrográfico, la pronunciación de Jazmín sólo se puede corroborar al examinarla después de la producción. Si el análisis de su producción posterior revela que existe una producción de la /t/ parecida a una [d], las características acústicas de tal pronunciación se pueden identificar y esto puede posiblemente conllevar a que se tenga un mejor entendimiento de lo que produjo de modo que el jurado escuchara la primera letra de la palabra *tomography* como una [d]. Es aquí, pues, que se encuentran las preguntas específicas que se deben plantear:

1. ¿El conocimiento de un deletreante versado en la formación de palabras en inglés debería respaldar tal falta de ortografía al deletrear la palabra?
2. ¿Es posible que el sistema de sonidos fonéticos de la lengua materna de Jazmín haya interferido tanto con su pronunciación del sonido de la /t/como con su manera oral de deletrear la letra t- inicial en inglés?
3. ¿Se puede atribuir que la percepción de los oyentes (el jurado) del sonido /t/ como [d] a que el acento del deletreante está influido por el inglés indio o el punyabí?

16.5 EL INGLÉS INDIO

Las respuestas a las preguntas planteadas con anterioridad están estrechamente relacionadas a cómo escuchamos el acento anglo-indio del deletreante, dado que se ve influido por el punyabí. El inglés indio es una variedad estándar del inglés establecida y reconocida, y se acepta como tal mundialmente (e.g., Kachru 1983, Sailaja 2009 y Sedlatschek 2009). Si bien el inglés indio demuestra su propia variación interna en y alrededor del Sur de Asia, a menudo se tiende a verlo desde lejos como una variedad singular que se contrasta con otras variedades del inglés, tal como lo es el inglés americano estándar en todos sus niveles lingüísticos: esto es, la pronunciación de las vocales, las consonantes, y los suprasegmentales, los cuales son algunos de los elementos más distintivos que conforman su distintivo acento.

La compleja variación que se presenta en el inglés indio se atribuye a la región, al grupo étnico y a la competencia lingüística, en específico a la influencia que ejercen otros lenguajes indios, el alto grado de variación regional de las cuatro principales familias lingüísticas de la India y, asimismo, al hecho de que los indios aprenden el inglés de indios cuyo inglés se ve influido por el sistema de sonidos fonéticos de otros lenguajes locales (Brozbă 2011:1).

Y todavía más al punto del presente estudio: las oclusivas sordas tienden a no ser aspiradas, lo cual significa que cuentan con un tiempo ante la sonorización (ahora en adelante VOT, por sus siglas en inglés) relativamente corto en la posición sílaba-inicial (Brozbă 2011:5); por lo tanto, "muchos hablantes que se encuentran bajo la influencia de su primer idioma aún utilizan los retroflejos /ʈ/ y [ɖ]" (7) por los sonidos [t] y [d] en palabras como *today, terrific* y *demand* (Brozbă 2011:6).

A pesar de la aceptación mundial del inglés indio estándar, es necesario realizar una advertencia pertinente. Aunque el inglés indio haya sido estandarizado y aceptado alrededor del mundo, cualquier variedad 'prestigiosa' se puede convertir en una desventaja cuando se utiliza en el contexto de otra variedad estándar, como lo es el inglés americano: "un acento distintivo se puede convertir en un detrimento para el hablante cuando afecta su inteligibilidad del habla y eso, a su vez, puede resultar en una degradación en su interacción y progreso en sus ámbitos profesionales y sociales" (Awan & Stine 2011:998) (8), lo cual fue precisamente el problema que Jazmín enfrentó.

16.6 INVESTIGACIONES PREVIAS

Se han realizado numerosas investigaciones sobre (1) la ortografía y la formación de las palabras, (2) la producción del habla y (3) la percepción del habla, ya que todas se relacionan con las preguntas que hemos planteado anteriormente. Estos estudios presentan posibles razones del por qué es que esta participante deletreó la palabra correctamente pero aún así se equivocó en su respuesta: la habilidad adquirida del deletreante para reconocer los morfemas en inglés, su producción fonética del fonema /t/ del inglés influida por el inglés indio o el punyabí, y la percepción del fonema /t/ del inglés por parte del jurado como algo fonéticamente parecido al sonido [d] del inglés, el cual se asemeja al sonido del sonido /t/ tanto en el inglés indio como en el punyabí.

16.6.1 El reconocimiento de las palabras y los morfemas

Aprender a deletrear en inglés, una lengua no tan fonética como el español, no es simplemente una cuestión de elaborar largas listas de palabras con el fin de memorizarlas. Con el paso del tiempo, algunos deletreantes adquieren la habilidad de combinar dos estrategias para deletrear las palabras correctamente en inglés: de un lado, (1) las correlaciones fónicas que establecen las correspondencias entre los sonidos y las letras de un lenguaje dado; y de otro lado, (2) el reconocimiento de palabras que radica en la identificación de algunas partes de las palabras que se reconocen como unidades significativas, i.e., los morfemas. "Queda sumamente claro que para escribir en inglés correctamente se requiere tener un alto grado de sensibilidad a la estructura fonológica y morfológica de las palabras", (Brengelman 1970:132) (9). Por ejemplo, las palabras *phone, phonic* y *phonetic* se relacionan entre sí por compartir un solo morfema de raíz, pero también es necesario comprender que esta misma raíz de cada una de las tres palabras posee una vocal distinta: [o] en la palabra *phone,* [a] en la palabra *phonic* y [ə] en la palabra *phonetic.*

Así, pues, la capacidad subyacente de un deletreante adiestrado de inglés abarca un dominio inicial de las correspondencias entre los sonidos y las letras que existen en inglés, lo cual se debe acompañar con el desarrollo de una habilidad que permita identificar la estructura morfológica de las palabras. Esta capacidad morfológica es especialmente importante para permitir que los hablantes de diferentes variedades sociales y geográficas lleguen a ser óptimos deletreantes en el proceso de aprender a escribir en inglés. Los niños que hablan distintas variedades del inglés, como lo es el inglés indio, son capaces de convertirse en deletreantes muy capaces porque, además de saber cuáles son las correspondencias que existen entre los sonidos y las letras, también reconocen los morfemas subyacentes en las estructuras fonológicas, donde incluso el mismo morfema no siempre se pronuncia o escribe de la misma manera. Por ejemplo, la palabra en cuestión, *tomography,* está constituida por los tres morfemas:

TABLA 16.1. ESTRUCTURA MORFOLÓGICA DE *TOMOGRAPHY*

	1	2	3
Morfema	**tom (o)**	**graph**	**y**
Significado	*'cortar'*	*'escribir'*	[*sustantivo*]

Se podría proponer con toda seguridad que es poco probable que un deletreante que se encuentra en el mismo nivel que Jazmín no pudiera reconocer el morfema griego *tom-* como en las palabras ***atom**, ana**tom**y, dicho**tom**y, **tom**e, en**tom**ology* (morfológicamente iguales en español a *átomo, anatomía, dicotomía, tomo, entomología*). Si ella no fuera capaz de reconocer *tom-*, tampoco es probable que lo confundiera o remplazara con el morfema *dom-*, como en las palabras ***dom**e, major**dom**o, o **dom**icile* (*domo, mayordomo* o *domicilio*). Habría descartado *dom-* porque reconoció su relación con el morfema por *hogar* o *casa,* que no tiene nada que ver con la palabra *tomography,* o porque simplemente pensó de forma correcta que *domography* no es una palabra del inglés. La capacidad de reconocer las palabras que tiene un deletreante entrará en juego independientemente de cómo se pronuncia la palabra:

> Por ende, es posible que el mismo sistema de deletreo sea enteramente adecuado para los dialectos que son obviamente diferentes. No se da por hecho que, por la mera presencia de la divergencia

dialectal, sea imposible un sistema generalizado de deletreo, o que los hablantes de algunos dialectos tendrán mayor dificultad que otros al deletrear (Brengelman 1970: 133) (10).

A pesar de que no se puede afirmar como un hecho sin realizar más observaciones, es probable que para que esta deletreante alcance el nivel de competencia que se necesita para llegar a ser finalista del certamen de ortografía, ella tendría que tener un entendimiento internalizado y bien desarrollado de la formación de palabras en inglés, así como la capacidad de aplicar inmediatamente ese conocimiento a una palabra que contiene dos morfemas comunes de origen griego. Después de todo, Jazmín se ensañó con el deletreo de esa palabra sin solicitar la definición o mayor clarificación.

16.6.2 Los sonidos de la /t/ en inglés y punyabí

El fonema /t/ es una consonante sorda tanto en inglés como en punyabí, ya que ambas lenguas requieren un cierre completo del aparato fonador, lo cual significa que no hay vibración de las cuerdas vocales. No obstante, hay diferencias entre ambas lenguas en cuanto al punto de articulación y aspiración. El sonido /t/ del inglés es ápico-alveolar y aspirado en posición palabra-inicial ante vocal: [tʰ]. En contraste, el punyabí tiene cuatro sonidos para /t/: ápico-dental /t̪/, retroflejo /ʈ/, ápico-dental aspirado /t̪ʰ/, y retroflejo aspirado /ʈʰ/.

Es bien sabido que el sonido /t/ del inglés es aspirado, en especial cuando ocurre de forma inicial en la palabra y antes de una vocal acentuada. Con una oclusiva aspirada (*plosiva*), el aparato de fonación se cierra momentáneamente; la presión se acumula detrás del cierre y se suelta con una 'explosión' de aire (Laver 1994). El relativamente largo intervalo que se presenta entre la producción de la oclusiva y el comienzo de la vocal favorece una aspiración simultánea en el inglés, la cual resulta fuerte en sílabas tónicas e iniciales de palabra.

El punyabí posee una serie de oclusivas sonoras y sordas no-aspiradas que se presentan a lo largo de cinco puntos de articulación: labial, dental, retroflejo, palatal y velar. Cuatro de ellas son oclusivas, pues las palatales son africadas. Ya que al punyabí le falta la serie sonora aspirada de otras lenguas del área, se caracteriza por sus cuatro triadas de oclusivas, y cada triada posee oclusivas sonoras no-aspiradas, sordas no-aspiradas, y sordas aspiradas, e.g., /d/, /t/ y /tʰ/. Por lo tanto, el tiempo VOT en el punyabí (tal como en las otras lenguas que poseen la misma serie de oclusivas) oscila entre la /d/ pre-sonorizada, y la /t/ de corto retraso, hasta la /tʰ/ con prolongada demora (Heselwood y McChrystal 1999).

16.6.3 El tiempo antes del inicio de la sonorización: VOT

Como se ha dicho, en el estudio del grado de sonorización de las consonantes oclusivas se usa la terminología de la medida *voice onset time*, conocida por sus siglas VOT. Esta medida fue introducida por primera vez por Lisker and Abramson (1964) como una manera más exacta de observar y comprender las diferencias articulatorias inter-lingüísticas de dichas consonantes.

El VOT se trata de medir el momento del inicio de la sonorización de la vocal en el contexto fonético oclusiva + vocal. Con una consonante oclusiva sonora (e.g., /d/), se vibran las cuerdas vocales tras toda la secuencia de los dos elementos, pero cuando la vocal es precedida por una oclusiva sorda (e.g., /t/), la sonorización de la vocal demuestra un breve retraso, a causa de la sordez restante del primer segmento. Además, el retraso ocasionado por la oclusiva sorda aspirada [t^h] es mayor que el retraso más breve relacionado con la oclusiva sorda no aspirada [t].

El tiempo que se necesita para producir una pausa, la cual se mide por el VOT, diferirá de una lengua a otra. El estudio de 1964 de Lisker y Abramson demostró un promedio de diferencias inter-lingüísticas del VOT en las pausas específicas para cada lengua. Una lengua como el coreano posee una media VOT de 94 ms para el sonido /t^h/, mientras que el armenio cuenta con una media VOT de aproximadamente 60 ms. Las oclusivas no-aspiradas en otras lenguas como el tailandés cuentan con períodos aún más cortos de VOT.

Las mediciones del tiempo VOT varían también en función del punto de la articulación. Cho y Ladefoged (1999) sostienen que el VOT será más largo si se encuentra más alejado del cierre o si el área de contacto es más extensa, y que el VOT será más breve en cuanto mueva más rápido el articulador. Lo que quiere decir esto es que el VOT para la /t/ alveolar del inglés puede ser más prolongado que para la /t/ dental o retrofleja del punyabí.

Además, las oclusivas /b, d, g/ del inglés se marcan como sonoras, a pesar de que es posible que la sonorización comience hasta después de que se suelte la oclusiva si la consonante está en posición de palabra-inicial, de modo que a menudo es el componente aspirado de los sonidos /p, t, k/ del inglés lo que causa que los anglo-hablantes los perciban como distintos a los sonidos /b, d, g/. El tiempo VOT, como medida de la aspiración de la oclusiva sorda /t/ es, desde luego, más largo porque la aspiración produce un retraso más prolongado antes de que comience la periodicidad.

Cho and Ladefoged (*ibid.*) desglosan las oclusivas en tres categorías: la no-aspirada, la ligeramente aspirada, y la aspirada. Las oclusivas no-aspiradas generalmente durarán alrededor de 30 ms, y las ligeramente aspiradas durarán aproximadamente 50 ms, aunque existe la posibilidad adicional de que las pausas que poseen una ligera aspiración se perciban como sonoras. Una oclusiva completamente aspirada en el inglés puede durar más de 90 ms. Lo que significa esto para el presente estudio es que el tiempo VOT de la oclusiva aspirada del anglo-hablante raramente durará menos de 50 ms, lo cual causará que se asemejen a la /d/ del inglés los tiempos VOT más cortos de la producción en inglés de la /t/ no aspirada del punyabí-hablante.

16.6.4 El tiempo de sonoridad VOT y los sonidos de la /t/ en el inglés y el punyabí

Hay dos cosas que se tornan importantes para el entendimiento del asunto planteado. En primer lugar, el punyabí divide en tercios el espacio disponible del tiempo VOT, mientras que el inglés lo divide a la mitad, de modo que se incrementa el potencial de interferencia entre la /t/ sorda no-aspirada del punyabí y la /d/ sonora del inglés. En segundo lugar, no es solamente la división de la duración del VOT del punyabí lo que afecta la producción y la percepción de sus oclusivos, sino también el punto en el que comienza la aspiración del continuo VOT. En el paradigma presentado por Iverson y Salmons (2003), el inglés es una lengua de aspiración en la cual las oclusivas sordas son fuertemente aspiradas y las oclusivas sonoras de hecho no son sonoras.

En contraposición, por ejemplo, el español es un sistema 'sonoro' en el cual las oclusivas sordas no son aspiradas y, por ello, demuestran un amplio rango de variación con respecto al VOT. El contraste del inglés con el español es probablemente lo que hace que Luchini and Chiusano (2009:58) observen que la aspiración en el inglés es "un elemento esencial para lograr la inteligibilidad" (11). Si bien el inglés y el español dividen la duración del tiempo VOT en dos partes, sus respectivos tiempos VOT para /d/ y /t/ se separan en diferentes puntos; el español pre-sonoriza las oclusivas sordas pero permite un amplio rango de variación del VOT (0–100ms) de ellas. Por otra parte, el inglés permite mayor variación en las oclusivas sordas pero requiere un tiempo VOT que excede los 40 ms en ellas.

A lo sumo, pues, pese a que el potencial significativo que posibilita la interferencia de las /t/-/d/ en el inglés del hispanohablante probablemente cuenta con una posición singular en la posición del tiempo VOT de las oclusivas sordas, mientras que el potencial de interferencia es mayor en el inglés del hablante de punyabí a causa de dos factores: la duración del VOT de las oclusivas sordas y las diferencias en la división del continuo del VOT.

Para quedar claro, si bien este argumento se fundamenta en una base teórica sólida a través de la cual se pretende explicar las diferencias que existen entre la participante y el jurado en el caso de Jazmín, aún se mantiene en el nivel de una explicación posible por varias razones: es probable que el tiempo VOT breve no ocurra todo el tiempo, tanto en el certamen como en el habla cotidiana de Jazmín, como también es posible que se deba al hecho de que el punyabí tiene sus propias oclusivas sordas aspiradas. Los sonidos de la /t/ del punyabí se describen concretamente en Karamat (2001) y Heselwood y McChrystal (1999). Las diferencias que existen entre los sonidos de la /t/ entre ambas lenguas, tal como se describen arriba, se resumen en la **Tabla 16.2.**

TABLA 16.2. LOS SONIDOS /T/ DEL INGLÉS Y DEL PUNYABÍ

		INGLÉS			
Palabra inicial	[tʰ]	oclusiva	alveolar	sorda	aspirada
		PUNYABÍ			
Punyabí /t/1	[t̪]	oclusiva	dental	sorda	no aspirada
Punyabí /t/2	[t̪ʰ]	oclusiva	dental	sorda	aspirada
Punyabí /t/3	[ʈ]	oclusiva	retrofleja	sorda	no aspirada
Punyabí /t/4	[ʈʰ]	oclusiva	retrofleja	sorda	aspirada

16.6.5 El punto de articulación de la /t/ en el inglés indio

Con respecto a la /t̪/ dentalizada del punyabí, un punyabí-hablante del inglés bien puede dentalizar la /t/ en el inglés (Dhore et al. 2012), de la misma manera que lo hacen los hispano-hablantes al hablar inglés. Con respecto al retroflejo /ʈ/ del punyabí, los hablantes de varias lenguas indias, incluso el punyabí, tienden a usar sus propias consonantes retroflejas en lugar de las alveolares /t, d, n/ del inglés, ya que parece que las pausas alveolares del inglés se perciben de forma más próxima a las oclusivas retroflejas que a las oclusivas dentales en las lenguas indianas, y esto se basa de acuerdo a lo que mencionan Ball y Müller (2005:289), quienes también observan que "el uso de las consonantes retroflejas es muy característico del inglés indio, y la resonancia del retroflejo es muy ubicuo y puede causar problemas de inteligibilidad" (*ibid.*) (12).

16.6.6 La aspiración de la /t/ del inglés indio

En algunas ocasiones, la aspiración de las /p, t, k/ del inglés son no-aspiradas en el inglés indio, tal como lo indican varios investigadores: Ball y Müller (2005:289), Luchini y Chiusano (2009), Malhorta y Vogelaar (2004) y Awan y Stine (2011:999).

La ausencia de aspiración en el inglés indio se relaciona con diferencias en el VOT, tal como se destaca en la sección 16.6.3 arriba. Los hablantes del inglés indio generan tiempos VOT después de /p, t, k/ significativamente menores que los hablantes del inglés americano. Para la /t/ inicial de palabra, el VOT es ±40 ms en el inglés indio, frente al VOT de ±77 ms en el inglés americano. El bajo VOT de <50 ms del inglés indio causa una emisión más débil de la consonante y un inicio más rápido de la siguiente vocal, y por lo tanto resulta en una parcial o total ausencia de la aspiración de la /t/ inicial en el inglés indio (Awan y Stine 2011:1001). La emisión más débil de la oclusiva sorda conlleva a una inteligibilidad reducida en las consonantes oclusivas sordas:

> Debido a que los hablantes del inglés indio pueden utilizar una forma no-aspirada del oclusivo sordo referido como un "sonoro aspirado" (Yavaş 2006), el VOT que se necesita para la producción apropiada de las oclusivas sordas del inglés estándar pueden ser alteradas y, con ello, se puede afectar la inteligibilidad. Por ejemplo, la palabra 'pin' se puede percibir como la palabra 'bin' y la palabra 'pet' se puede percibir como la palabra 'bet' (Awan y Stine 2011:999) (13).

16.6.7 La sonorización de la /t/ del inglés indio

Las pérdidas respectivas de la aspiración y la sonorización están relacionadas en la medida que ocurre el tiempo VOT reducido y acompañado por la pérdida de la aspiración en las oclusivas sordas iniciales que, a su vez, contribuye a que se perciban como oclusivas sonoras. Como se ha señalado, este cambio concurrente en la sonorización y el grado de aspiración son dos características importantes del inglés indio (Jenkins 2000, Awan y Stine 2011:999). Por ende, las oclusivas sordas y las palabras iniciales que aparecen en algunas variedades del inglés indio demuestran la existencia de un compuesto de características fonéticas no encontradas en el inglés americano: su tiempo VOT reducido se relaciona con menos aspiración, y la pérdida de la aspiración afecta la percepción del oyente, ya que puede causar que las /p, t, k/ se perciban como sus contrapartes sonoras no-aspiradas, es decir, las /b, d, g/ del inglés, tal como se propone a continuación:

> . . . ponga atención a la característica de la aspiración de las /p/, /t/ y /k/ cuando estos sonidos ocurren en sílabas iniciales acentuadas. . . . sin la ayuda de esta bocanada de aire, puede que al oyente le resulte más difícil identificar estos sonidos como sordos. Por lo tanto, una /p/ no-aspirada puede ser confundida por la /b/, la /t/ por la /d/, y la /k/ por la /g/ en pares de palabras como *pig-big, teen-dean, cap-gap* (Luchini y Chiusano 2009:59) (14).

16.6.8 La producción de la /t/ del inglés mediada por el punyabí

Si bien es probable que el sistema fonológico del punyabí interfirió con la producción del sonido de la /t/ en el inglés de Jazmín, esto no implica necesariamente que el mismo sistema consonántico también tuvo que interferir con su capacidad de deletrear ese sonido.

Jazmín habla inglés, pero su lengua materna y la de su familia y su comunidad próxima es el punyabí, y ella también visita a su familia extensa en la India. Sabemos que "el ambiente lingüístico claramente influye el desarrollo de la percepción del habla" (Best *et al.* 1988:345) (15) y que, del mismo modo, también influye en la producción del habla, porque aún como adultos, "la mayoría de las personas asimilan perceptivamente ciertos sonidos no-nativos con sonidos similares a los que existen en el lenguaje nativo" (Golestani y Zatorre 2009: 56) (16). Esto se puede confirmar por varias investigaciones, como lo es la siguiente:

> Un factor influyente [de cómo el primer idioma influye en el segundo] es la base articulatoria de su primera lengua, la cual es el patrón articulatorio fisiológico al que se habitúa el hablante durante su adquisición de la fonología del primer idioma (Pérez 1994:246) (17).

Pérez (*ibid.*) también considera importante la influencia que el ambiente lingüístico ejerce sobre el lenguaje de uno, o sea, la variedad de las lenguas habladas por los padres y otros familiares.

16.6.9 La percepción de la /t/ como la [d] del inglés en el punyabí-hablante

Dada la probabilidad de que la producción del sonido de la /t/ del inglés de Jazmín haya sido influenciada por su L1 o por el inglés indio, es probable que su pronunciación interfirió con la capacidad que tuvo el jurado para escuchar dicho sonido. De forma concreta, el jurado pudo haber percibido la producción de la /t/ de Jazmín como una /d/ sonora.

Como se señaló con anterioridad, Das y Hansen (2004:344) dicen que "la diversidad de variaciones de las oclusivas sordas en las lenguas indianas, frente a sólo las dos variaciones que existen en el inglés, puede llevar a una confusión en los hablantes del inglés indio, lo cual puede producir una falta de inteligibilidad en los oyentes que hablan un dialecto distinto del inglés" (18). Asimismo, Luchini y Chiusano (2009) concluyen que a los oyentes se les dificultará identificar las /p, t, k/ no-aspiradas como sordas, y por lo tanto escuchan la /t/ como /d/, y Karamat (2001) observa precisamente que puede ser que los hablantes del punyabí parezcan estar substituyendo las oclusivas sonoras /b, d, g/ por las oclusivas sordas de /p, t, k/.

Tales inconvenientes de percepción se atribuyen al hecho de que la estructura interna del sistema fonológico de distintas lenguas conlleva a que el hablante/oyente de una lengua dada desarrolle una capacidad de distinguir los sonidos lingüísticos específicos a su propia lengua (Keating, Mikos y Ganong 1981). De hecho, Keating *et al.* (*ibid.*) demuestran que los hablantes del inglés americano no son muy sensibles a las diferencias que existen en otras lenguas entre los sonidos de /t/ y /d/, dado que su distinción de estos dos sonidos en inglés contiene tiempos VOT más cortos. Por ejemplo, los hablantes nativos del inglés normalmente no perciben la diferencia entre las consonantes alveolares del inglés y las retroflejas del hindú (Golestani y Zatorre 2009:56). De una forma más generalizada, se ha demostrado que los oyentes nativos del inglés son más sensibles a los cambios de aspiración como hablantes de una lengua 'aspirante' frente a los hablantes de una lengua 'sonorizante' como el neerlandés, quienes son más sensibles a la pre-sonorización (Brandmeyer, Desain y McQueen 2012).

También existe el efecto posible de que la propia percepción de la pronunciación del hablante influya en las oclusivas sordas. Avery y Erlich (1994) sostienen que la aspiración de las oclusivas sordas del punyabí es mucho más fuerte que la del inglés y, por ello, dice lo siguiente:

> ... los hablantes del punyabí, por lo tanto, no escuchan la aspiración de las oclusivas iniciales /p/, /t/ y /k/ del inglés. Por el contrario, las perciben como oclusivas sordas no-aspiradas y las producen de igual manera. Los hablantes del inglés oyen ... como oclusivas sonoras las oclusivas sordas no-aspiradas de los hablantes del punyabí, sólo para que haya mayor confusión (Avery y Erlich (1994:129) (19).

16.7 METODOLOGÍA

Se utilizaron tres enfoques para analizar cómo es que el deletreo correcto de la palabra *tomography* se pudo haber escuchado erróneamente como si fuera la palabra *domography* por parte del jurado del certamen de ortografía. En primer lugar, a Jazmín se le pidió sus impresiones sobre el certamen con el objetivo de tener una mayor comprensión sobre la relativa dificultad de la palabra, y también sobre cómo respondió ella.

En segundo lugar, como se describió anteriormente, la investigación en relación a la ortografía, y la producción y la percepción del habla se estudiaron para determinar la probabilidad de que (1) la deletreante haya cometido un verdadero error de reconocimiento de la palabra, (2) ella no haya pronunciado la /t/ en el inglés americano estándar, y (3) los jueces no hayan percibido la /t/ de la forma en la cual lo quiso la participante.

En tercer lugar, se observó el lenguaje hablado de la deletreante para evaluar el grado hasta el cual el punyabí pudo haber influido en su pronunciación del inglés. Esto se logró por medio de una grabación del inglés que habla Jazmín en distintos niveles estilísticos que varían entre lo formal y lo informal: la conversación natural, la lectura de un pasaje, los pares mínimos, y el deletreo hablado.

16.8 RESULTADOS SUBJETIVOS

Hablamos los dos investigadores con Jazmín y le pedimos que nos diera una auto-evaluación de su experiencia en el certamen de ortografía, en específico sobre la forma en la cual deletreó la palabra y, sobre todo, si consideró que se trataba de una palabra difícil. Sin vacilar por un momento, ella nos respondió que deletreó la palabra *t-o-m-o-g-r-a-p-h-y*, y que la palabra no era difícil para ella. También observamos que Jazmín utilizó el sonido sordo y no-aspirado de la /t/ en una ocasión durante esta conversación, lo cual se puede atribuir a su continua sensibilidad al recordar una experiencia difícil.

16.9 RESULTADOS OBJETIVOS

16.9.1 Los tiempos de sonoridad (VOT) de Jazmín

El lenguaje de Jazmín se grabó por primera vez en una conversación cara a cara en la cual se aislaron y analizaron 13 palabras de /t/ inicial cuyas medidas de VOT fueron observadas. Las palabras multi-silábicas que comienzan con la /t/, las cuales aparecen en una lectura oral de una historia para niños *The tortoise and the hare* (*La tortuga y la liebre*), también se grabaron y se analizaron, tanto como algunas palabras con la /t/ inicial colocadas dentro de algunas oraciones leídas de manera aislada. La /t/ inicial de Jazmín también se grabó, y se comparó con la /d/ inicial en cuatro juegos de pares mínimos, pues es el estilo más conservador. Finalmente, se le grabó mientras deletreaba siete palabras que se analizaron después para determinar el tiempo VOT de los sonidos /t/ que ella deletreó.

A modo de comparación, la madre de Jazmín, cuyo inglés es aún más limitado y mucho más influido por el punyabí, también fue grabada mientras recitaba la misma lista de pares mínimos de /t, d/ que recitó Jazmín. También para otra comparación, se grabó la pronunciación de la /t/ de Mary, una adolescente de 15 años cuya lengua materna es el inglés norteamericano. En este caso, se le grabó mientras deletreaba la palabra *toxicants* con el objetivo de comparar la /t/ de su inglés con la del inglés de Jazmín.

La producción de la /t/ de Jazmín, tal como se ve en la **Tabla 16.3**, demuestra un rango de tiempos VOT de desde 27 ms hasta 88 ms en todos sus elementos de producción:

al hablar, al leer, al recitar pares mínimos, y al deletrear nombrando letras. Sus breves tiempos VOT fueron menos aspirados y se asemejaron así más a la /d/ del inglés que a la /t/. Sin embargo, parece que Jazmín mantiene una distinción fonemática entre la /t/ y la /d/, dado que el rango de sus tiempos VOT para la /d/ en los pares mínimos fue de 10–13 ms, aun cuando sus breves tiempos VOT para la /t/, los cuales comienzan en 27 ms, pueden causar que algunas de sus pronunciaciones de la /t/ se perciban como [d] para los hablantes nativos del inglés.

El habla de Jazmín es sólo algo acentuada; la mayoría de sus pronunciaciones de la /t/ son consistentes con su pronunciación del inglés. Sin embargo, la **Figura 16.1** demuestra que el 20 a 30% de las pronunciaciones de Jazmín (según el estilo de su habla) demuestran tiempos VOT que no exceden los 50 ms, y parece que hay una relación inversa (al menos en base a este conjunto limitado de datos) entre el tiempo VOT y la forma de hablar. La lenta y sin embargo progresiva disminución en los casos de la /t/ con tiempos VOT que no exceden los 50 ms es consistente con una creciente formalidad del estilo del habla: la conversación (31%), la lectura (26%), los pares mínimos (25 %) y el deletrear nombrando las letras (21%).

TABLA 16.3. LOS TIEMPOS DE SONORIDAD (VOT) DE JAZMÍN PARA LA /T/-INICIAL DE LA PALABRA *TORTOISE* AL LEER *THE TORTOISE AND THE HARE*

LECTURA DE CUENTO	
'tortoise'	*VOT (ms)*
1	**32**
2	**34**
3	67
4	76
5	68
6	66
7	50
8	75
9	57
10	69
11	57
12	**43**
13	78
14	53

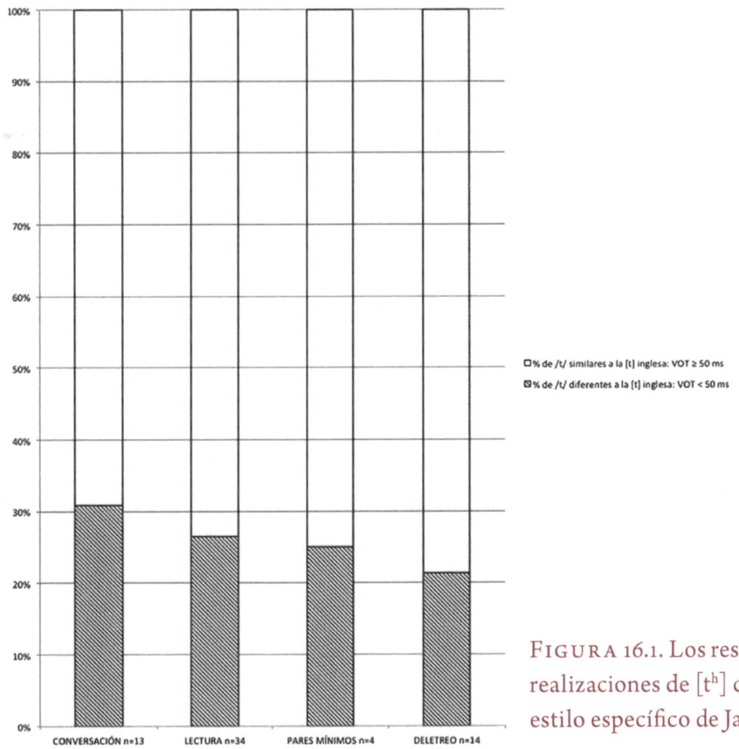

FIGURA 16.1. Los respectivos porcentajes de realizaciones de [t^h] con VOT < 50ms según el estilo específico de Jazmín

También, como se puede ver en la *Tabla 16.3*, hubo algunas ocasiones en las cuales el grado de aspiración disminuyó considerablemente, y sus tiempos VOT fueron de alrededor de 30 ms. De las 65 palabras que se midieron y que contenían sonidos iniciales /t/, ella demostró un tiempo VOT de menos de 50 ms en 17 (26%) de las palabras. Los tiempos VOT más cortos solían ocurrir cuando ella hablaba de manera rápida o cuando se frustraba. Por ejemplo, cuando el entrevistador le pidió en dos ocasiones que volviera a deletrear una palabra, su pronunciación de la /t/ comenzó a adquirir un sonido similar al de la /d/, y su tiempo VOT se reducía a medida que se frustraba más. Una vez que su ortografía llegó a ser la adecuada, ella deletreaba las palabras lentamente y con una pronunciación ligeramente elevada, y su pronunciación de la /t/ era una vez más clara como la /t/ del inglés americano, o sea, contenía tiempos VOT más prolongados.

En la *Figura 16.2*, se pueden ver dos de los tiempos VOT de Jazmín a lado de uno de Mary, las dos nombrando la *t-* en el deletreo de la palabra *toxicants*. Se produjeron

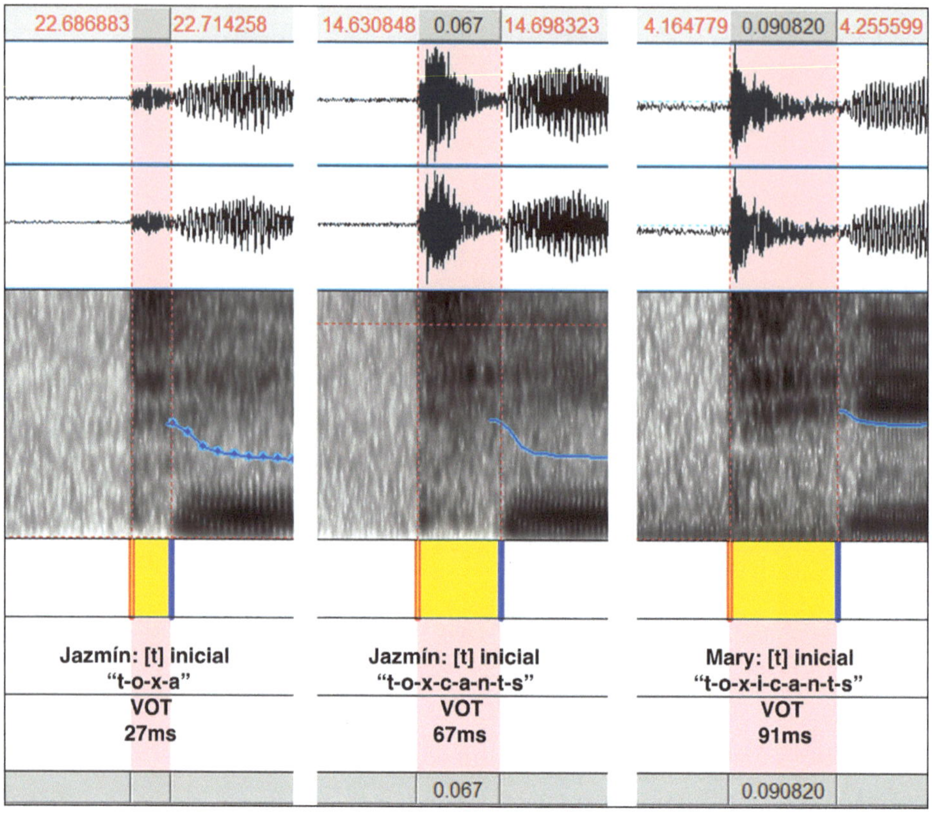

efectos similares a estos mientras leía Jazmín. Al leer una palabra que no le era familiar y al tener que repasarla varias veces, disminuían sus tiempos VOT. Una vez que se había aprendido la palabra y podía leerla de una forma más natural, se presentaba un incremento en sus tiempos VOT junto con una mayor diferenciación entre la /t/ y la /d/. La aparente inseguridad provocada en esta circunstancia bien puede asemejarse al nerviosismo experimentado por un participante en el certamen de ortografía al momento de deletrear la palabra del desempate de un certamen de ortografía.

En contraste, las pronunciaciones de los pares mínimos de la madre de Jazmín, quien habla inglés con un fuerte acento influido por el punyabí, se acentuaron más. Todos los sonidos de la /t/ de la madre fueron no-aspirados, y sus tiempos VOT fueron aún más cortos (por ±10 ms) que los tiempos VOT de su propia producción de la /d/. En promedio, los tiempos VOT de la madre con palabras que comienzan con la /d/

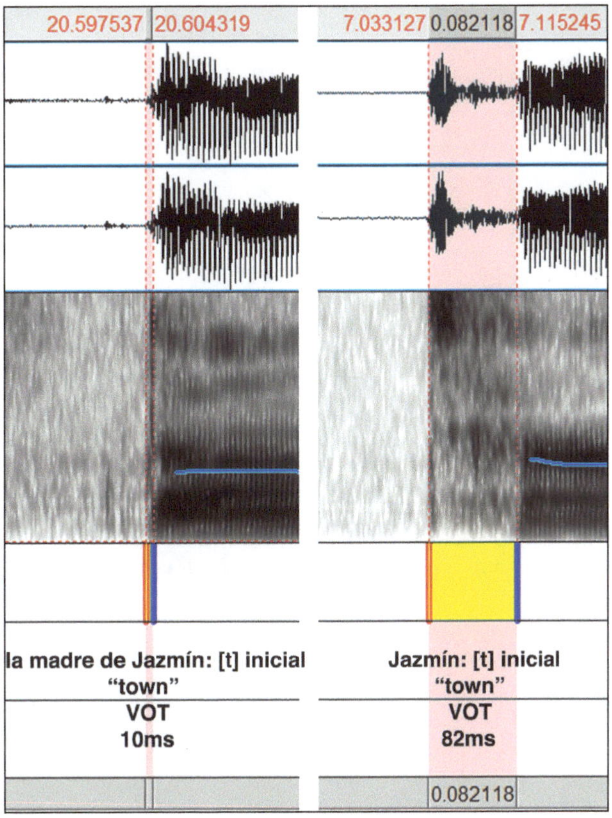

(OPUESTO) FIGURA 16.2. El deletreo de "*toxicants*" de Jazmín y Mary: sus respectivos VOT = 27ms y 67ms; y 91ms

FIGURA 16.3. Las pronunciaciones de "*town*" por la madre de Jazmín y por Jazmín: sus respectivos VOT = 10ms y 82ms

fueron de alrededor de 20 ms, y sus tiempos VOT con palabras que comienzan con la /t/ fueron de aproximadamente 10 ms.

Cuando se comparan Jazmín y su madre, tal como se ve en la **Figura 16.3**, su madre, quien posee un inglés con un acento más marcado, demostró los tiempos VOT más cortos en sus pronunciaciones de la /t/, los cuales eran de aproximadamente 10 ms. Por otra parte, el inglés menos marcado de Jazmín resultó en una media de tiempos VOT de 50 a 60 ms, pero a la vez variaban de 32 a 84 ms.

Tal como se mencionó con anterioridad, también existe la posibilidad de que, debido a la presión causada por su desempeño en el certamen de ortografía, la pronunciación del inglés de Jazmín se revirtió a una pronunciación que se asemeja más a la del punyabí. Se sabe bien que el estrés causa cambios de articulación (Murray *et al.* 1996), y esto es, sin duda alguna, un cambio interesante que se puede observar en la

Tabla 16.4. Tiempos de inicio de sonoridad (vot) de [t^h]-inicial de Jazmín

conversación		lectura		pares mínimos		deletreo	
Palabra	vot (*ms*)	*Palabra*	vot (*ms*)	*Palabra*	vot (*ms*)	*Palabra*	vot (*ms*)
two	**27**	tortoise	**32**	doom	**10**	'toxa . . .'	**27**
take	**40**	topple	**34**	down	**10**	toad	**35**
to	**42**	tasty	**34**	Ditch	**11**	'toxcants'	**49**
to	**44**	tortoise	**34**	dapper	**13**		
		toddler	**35**	touch	**46**		
		tumbled	**38**				
		tortoise	**43**				
		tempted	**48**				
		tomography	**48**				
vot < 50ms	**4/13 (31%)**		**9/34 (26%)**		**1/4 (25%)**		**3/14 (21%)**

pronunciación de Jazmín de la /t/ inicial. Mientras leía la historia de *La tortuga y la liebre*, Jazmín, al menos al principio, tuvo dificultad al identificar y decir la palabra *tortoise*, la cual apareció 14 veces. Después, una vez que ella se sentía cómoda con la palabra, comenzó a decirla sin dificultad alguna. Observen en la **Tabla 16.4** que las /t/ iniciales de sus dos primeros intentos tenían tiempos vot de menos de 50 ms y luego, con la excepción de uno, tuvieron tiempos vot de 50 ms o más.

16.10 CONCLUSIONES LINGÜÍSTICAS

Se han considerado aquí tres posibles explicaciones para la circunstancia que la concursante del certamen de ortografía recuerda que deletreó correctamente la palabra *tomography*, mientras que el jurado escuchó *domography*, lo cual resultó en un error ortográfico. Este error ortográfico se puede atribuir a la interferencia en la producción articulatoria de la /t/ de la deletreante, así como a la influencia que el inglés americano estándar ejerce sobre la percepción auditiva de un inglés no-estándar por parte del

TABLA 16.4. (*CONTINUADO*)

CONVERSACIÓN		LECTURA		PARES MÍNIMOS		DELETREO	
Palabra	VOT (*ms*)	*Palabra*	VOT (*ms*)	*Palabra*	VOT (*ms*)	*Palabra*	VOT (*ms*)
TV	52	tortoise	50	tapper	59	tolerable	51
to	53	tortoise	53	tomb	60	toadstool	52
two	60	tolerant	53	town	82	'todstool'	53
talk	68	tomatoes	53			tomato	55
two	72	talking	55			'toxcants'	68
TV	88	together	57			toadstool	69
TV	52	tortoise	57			'todstool'	70
to	53	tumbled	57			tomography	77
two	60	tortoise	57			tomato	83
		tempted	59			touchdown	84
		time	60			topography	88
		taking	61				
		tapping	62				
		tomato	64				
		tortoise	66				
		tortoise	67				
		tortoise	68				
		tortoise	69				
		tortoise	75				
		tortoise	76				
		tired	76				
		today	77				
		teasing	78				
		tortoise	78				
		towards	84				
VOT ≥ 50ms	**9/13 (69%)**		**25/34 (74%)**		**3/4 (75%)**		**11/14 (79%)**

jurado. Se ha concluido entonces que es poco probable (aunque posible) que Jazmín haya cometido un error al deletrear la palabra en el certamen de ortografía. Esta explicación radica tanto en la producción acentuada de la /t/ de la deletreante como en la percepción subsiguiente del sonido del la /t/ como una /d/ por parte del jurado.

16.10.1 El reconocimiento de palabras y morfemas en el deletreo de Jazmín

Jazmín ganó la competencia de su escuela, y fue una de las finalistas del certamen regional de ortografía, así que se puede decir que ella es una deletreante con experiencia. Bien se sabe que poder reconocer morfemas y palabras entra en el desarrollo de la capacidad de deletrear en inglés, o sea, aprender el posible lazo entre los sonidos y las letras no es suficiente para aprender a deletrear bien en inglés.

Por ende, es poco probable que un deletreante que se encuentre al nivel de Jazmín no pueda reconocer ni deletrear la palabra *tomography* en base a su morfología. Sin embargo, ya que sus habilidades del reconocimiento de las palabras no se pueden conocer sin realizar un estudio más a fondo, sí existe la remota posibilidad de que ella esté utilizando otras estrategias para deletrear, como lo son la memorización de las palabras que aparecen en el diccionario o en la lista de palabras proporcionada por el certamen nacional SNSB.

16.10.2 La influencia del punyabí en la pronunciación del inglés de Jazmín

La responsabilidad de producir sonidos perceptibles en el certamen de ortografía recae sobre el concursante, quien debe enfrentar a los jueces y debe pronunciar la palabra en voz alta antes y después de deletrearla. La regla 10 ("el papel del deletreante") del certamen establece que "el deletreante, al encarar a los jueces, se esfuerza por pronunciar cada letra de forma distintiva y con un volumen suficiente para que sea entendido por el miembro del jurado" (SNSB 2013) (20).

Es muy probable que el sonido inicial /t/ que Jazmín produjo en la palabra *tomography* fue una /t/ similar a la del punyabí, o sea una /t/ no-aspirada y posiblemente dentalizada. Existe un indicio de una distribución en la variación de la /t/ relacionada con el estilo: el VOT incrementa a medida que se desplaza de una conversación natural a la lectura, a la recitación de pares mínimos hasta al deletreo. (Se usa "indicio" aquí debido a la escasez de datos para respaldar dicho patrón.) No obstante, es evidente que la /t/ influida por el punyabí ingresa en el habla de Jazmín en circunstancias que se relacionan con su velocidad de habla o con su estado emocional. Tomando en cuenta los datos que ya se han expuesto, es perfectamente posible que la duración y el estrés de un evento como el certamen de ortografía pudieran haber establecido un contexto que podría conllevarla a producir una /t/ breve y no-aspirada que el jurado interpretó como la /d/ del inglés.

16.11 CONCLUSIONES SOBRE LA POLÍTICA PÚBLICA DEL CERTAMEN

La cuestión sobre la política pública es la siguiente: ¿se seguirá esforzando el certamen nacional SNSB por mantener la ilusión de que existe una homogeneidad lingüística en el inglés americano al mismo tiempo que se esfuerza por ayudar a que los niños adquieran un inglés estándar? Se espera que no, y que se hará un esfuerzo por aceptar la realidad de nuestra extensa variación lingüística reconociendo la heterogeneidad lingüística que existe tanto en un mundo como en esta nación cada vez más diversa. Y, de forma práctica, se espera también que el certamen SNSB comience a elaborar normas y reglas que permitan y garanticen que *todos* los niños tengan un acceso verdadero a la competición, y que saquen provecho de sus extraordinarios beneficios.

Bien es sabido que el lenguaje es inherentemente variable, y que su variabilidad se manifiesta en muchos dialectos estándares y no-estándares del inglés que se hablan en los Estados Unidos y alrededor del mundo. Es probable que la creciente diversidad de participantes de los certámenes de ortografía inste al certamen SNSB a que diseñe estrategias que tomen en cuenta los acentos de deletreantes cuya lengua materna no es el inglés o cuya variedad estándar del inglés no es el inglés americano. Dicha inclusión también puede dar cabida a dialectos sociales y regionales del inglés americano. De esta suerte, pues, el acento particular de un deletreante puede que no interfiera con la exactitud de sus respuestas en el certamen de ortografía.

No hay duda alguna, sin embargo, de que es difícil hacerle frente a este desafío. El certamen de ortografía estadounidense es, por definición, un ejercicio oral, de modo que la introducción de un elemento de escritura puede presentar problemas inaceptables para la esencia del certamen.

De otro lado, el certamen SNSB ya ha encontrado una forma de dar cabida a participantes con capacidades especiales, ya que la Regla 4 ("Necesidades especiales") especifica que "el jurado cuenta con la facultad discrecional de modificar los requisitos de ortografía, ya sean orales o escritos, para deletreantes con condiciones médicas diagnosticadas que involucren la vista, la audición, el habla o el movimiento" (SNSB 2013) (21). Aunque los hablantes de variedades del inglés no-estándar no son deletreantes con necesidades especiales según la definición anterior, la Regla 4 demuestra que existe un intento por parte del certamen SNSB por incluir como participantes a todos los niños interesados.

Así, como se sugiere claramente en el caso de Jazmín, es probable que sea hora de estudiar (quizás por primera vez) la cuestión de la variación dialectal en los certámenes de ortografía, dado que hay una gran diversidad de estudiantes que son candidatos para participar en concursos de ortografía. Dicha revisión de las prácticas relacionadas con el certamen podrían contribuir a que se logren metas complementarias: el mantenimiento de la esencia del certamen de ortografía estadounidense, y a la vez la formación de un certamen que les sea accesible a todos lo niños que viven y asisten a la escuela en los Estados Unidos, así como a aquellos estudiantes que provienen de otros países y que participan en nuestro certamen nacional de ortografía.

NOTAS

El análisis acústico de los datos grabados para esta investigación fue hecho por Lindsay Kerr, y fue presentado en McMenamin y Kerr (2014).

Los espectrogramas utilizados para las Figuras 2 y 3 se produjeron usando Praat, y fueron desarrollados por Boersma y Weenink (2014).

PARTE VI

Materia complementaria

APÉNDICE 1

Ejercicios de desarrollo y aplicación

EL INTENTO DE ESTA SECCIÓN ES PEDAGÓGICO, ESTO ES, EL DE facilitar el desarrollo más a fondo de los conceptos presentados en los respectivos capítulos. Se pretende sugerir algunos posibles proyectos prácticos a los profesores y a sus alumnos.

Los proyectos propuestos se pueden adaptar a los intereses de la clase o del alumno, tanto en tema como en alcance investigativo. Por ejemplo, un mismo tema dado puede sugerir o bien la limitada pesquisa de un ejercicio de clase o la más amplia indagación inicial de una tesis de grado.

CAPÍTULO 1: EL ENTORNO SOCIOHISTÓRICO DE CALIFORNIA

1.1 TRABAJO DE CAMPO DENTRO DE LA COMUNIDAD MIGRATORIA

La migración (forzada o voluntaria) de grupos a través de todo el mundo nos hace enfrentar, comprender y solucionar las dificultades de los migrantes y de las comunidades que los reciben.

Investigue los retos lingüísticos de la migración en su propia comunidad. Su investigación será de alcance limitado o amplio, y tomará lugar en la biblioteca o en la calle, es decir, estudiando informes y estudios ya hechos y/o haciendo el trabajo de campo para recopilar datos nuevos utilizando el método de la observación participativa.

Una manera de realizar este tipo de investigación es la de formar un grupo de dos o más compañeros de clase que abra un diálogo con unos migrantes y con las personas encargadas de servirles: oficiales de gobierno, maestros, enfermeras, médicos, etc. Incluya en el grupo, en cuanto sea posible, al compañero que será *el observador participante,* esto es, procedente de la comunidad migrante misma.

Van a seleccionar, por ejemplo, un subgrupo de la comunidad migrante (e.g., niños, jóvenes, mujeres, familias, quienes salen a trabajar, etc.), y considere los retos lingüísticos de los entornos de su vida cotidiana.

1.1.1 ¿A qué clase de educación tienen derecho los niños y qué tipo de educación se les da? ¿Se cumple con la ley tocante a su lengua materna y a su aprendizaje de la lengua nacional? ¿Existen la voluntad y los recursos suficientes para cumplir con ello?

1.1.2 ¿Cuáles son los retos lingüísticos presentados para conseguir y retener trabajos que sean buenos y seguros y vivienda que sea adecuada?

1.1.3 ¿Cuáles son los resultados lingüísticos del aislamiento (físico o emocional) de las comunidades de inmigrantes o refugiados?

1.1.4 ¿Impide de alguna manera el no saber bien la lengua del país su acceso a los servicios de gobierno, de salud, de religión, etc.?

1.1.5 Si existe en su comunidad algún nivel de prejuicio o discriminación hacia estos grupos, ¿de qué manera lingüística se demuestra?

1.1.6 ¿Se pueden identificar las diferencias culturales que afectan la comunicación entre el grupo minoritario y la población mayoritaria? Considere, por ejemplo, las expresiones de cortesía, el grado posible del habla directa, la expresión de emociones, el efecto del contexto social del habla, el concepto del tiempo y otras expectativas sociales.

1.2 REALIZACIÓN DE UN ESTUDIO CONCRETO DE ALCANCE LIMITADO

Una sola persona o un grupo de trabajo puede hacer una investigación más enfocada que las ya sugeridas arriba. Algunos temas interesantes serían éstos: un estudio de la política (de la nación, escuela, empresa, etc.) en torno a las lenguas minoritarias; las medidas disponibles para el mantenimiento de L1 en la comunidad migrante; las condiciones y/o restricciones institucionales, situacionales, sociales o históricas que requieren la elección de un lenguaje u otro, o que sugieren el uso de ciertas unidades lingüísticas (formales o funcionales).

CAPÍTULO 2: LA LINGÜÍSTICA FORENSE

2.1 LA TAXONOMÍA DEL CAMPO DE LA LINGÜÍSTICA FORENSE

Es difícil organizar de manera lógica todos los subcampos de la disciplina general de lo que es la lingüística forense. Se ha hecho, por ejemplo, según el objeto de estudio, las divisiones de la lingüística general, las actividades dentro y fuera de la sala de vistas, el lenguaje como evidencia o no, etc. El plan del Capítulo 2, por ejemplo, sigue una distinción suelta entre la lengua hablada y escrita.

La tarea que se presenta entonces es una de concebir una organización del campo de la lingüística forense que sea intuitiva, lógica, y comprensible. Es decir, su nuevo arreglo tiene que satisfacer los requisitos del sentido común y ser fácil de recordar y de explicar, como si a usted se le hubiera pedido una breve pero completa presentación de la ciencia en voz alta ante el tribunal.

Ideas de cómo abordar este ejercicio serían éstas: se pueden estudiar las convocatorias a las jornadas y las conferencias sobre la lingüística forense, las cuales contienen sus listas de ponencias aceptables, organizadas según sus distintos criterios. Por ejemplo, la convocatoria para la decimotercera conferencia internacional de la lingüística forense de julio 2017 (*Universidade do Porto*) invita ponencias sobre temas que quepan dentro de los siguientes temas generales:

Los lenguajes legales
El discurso legal
Los minoritarios lingüísticos y el sistema legal
La evidencia lingüística y la lingüística investigadora
Otros subtemas

Además, se puede estudiar cómo se organizan los libros coordinados. Por ejemplo, considere aquí la clasificación temática de Coulthard y Johnson (2010):

- El lenguaje de la ley y el proceso legal
    - Lenguaje legal
    - Participantes en investigaciones policiales, entrevistas e interrogatorios
    - Géneros de corte
    - Participantes no expertos en el proceso judicial
- El lingüista como participante experto en procesos legales
    - El experto y el proceso judicial
    - Multilingüismo en contextos legales
    - Autoría y opinión
- Nuevos debates y nuevas direcciones

2.2 PASOS PARA ADAPTAR LOS *GUIDELINES FOR COMMUNICATING RIGHTS*

Es posible que los *Guidelines for Communicating Rights to Non-native Speakers of English in Australia, England and Wales, and the USA* (CoRG 2015) lleguen a ser la base universal para el desarrollo de la mejora de la advertencia de los derechos.

2.2.1 Si todavía no se encuentra una traducción definitiva al español del documento internacional, *Guidelines for Communicating Rights to Non-native Speakers of English in Australia, England and Wales, and the USA* (CoRG 2015), prepare una.

2.2.2 La tarea principal tocante a las guías será la de estudiarlas y tomarlas como el punto de referencia para hacer una investigación comparativa de las advertencias de los derechos de su propio país o de países hispanohablantes de interés. Acuérdese bien que éste será un ejercicio lingüístico (más que legal) que abarca cómo su lenguaje preciso comunica el intento de los derechos.

2.2.3 En la Sección 2.2.4 del texto, se encuentran dos formas para la presentación de los derechos *Miranda*: la forma tradicional y la nueva forma propuesta para menores de edad del Estado de Illinois. Haga una comparación lingüística (léxica, sintáctica y discursiva) de los dos protocolos.

2.2.4 Ahora bien, tomando en cuenta las diferencias entre la forma tradicional norteamericana y la forma nueva de Illinois, analice el protocolo de su propio país, estado o provincia y prepare una versión para menores de edad parecida a la del Estado de Illinois.

2.3 BIBLIOGRAFÍA COMPLETA DE UNA RAMA DE LA LINGÜÍSTICA FORENSE

El campo de la lingüística forense está creciendo día a día. La presente obra no logra describir la disciplina por completo ni incluir todas las investigaciones existentes. Así, escoja el área de la lingüística que más le interese, y prepare una bibliografía completa sobre su aplicación forense.

Se puede empezar con la bibliografía incorporada aquí y enfocar áreas como éstas: el análisis del discurso en contextos legales específicos; el análisis de la variación en estudios sobre la autoría o perfiles lingüísticos; el lenguaje claro; la lecturabilidad; la interpretación; la traducción; la lingüística de corpus; u otro campo que se le ocurra. Es posible que la bibliografía estudiada ahora sirva más tarde en el momento de escoger el tema de su trabajo semestral.

2.4 UN CORPUS DE MENSAJES DE TEXTOS

Forme un grupo de dos o más personas, y comience la construcción de un corpus de mensajes de textos. El proceso incluirá varios pasos: el estudio de la estructura y la presentación modeladas por otros corpora, como el *Bilingual Youths Corpus* (*www.byts .commons.gc.cuny.edu*); la plática con el equipo responsable por un corpus existente; la clasificación de variables como el contexto de escribir (el tema, el propósito, etc.); y las características del escritor remitente (la edad, el sexo, la educación, etc.). Si es posible, busque la ayuda necesaria para hacer el diseño informático del corpus con la finalidad de hacerlo accesible en línea.

2.5 PRESENTACIÓN ORAL

Prepare (solo o en grupo) una breve presentación en que usted abogue por o se oponga a una de las posturas adoptadas en el capítulo sobre lo que no es la lingüística forense. El grupo presentará ponentes con distintos puntos de vista, quienes por cierto no se detendrán ante la posibilidad de estar en desacuerdo con el autor. Acuérdese de que los temas son los siguientes:

La lingüística forense no es psicología.
La lingüística forense no es ingeniería.
La lingüística forense no es informática.

2.6 DETERMINACIÓN DEL ORIGEN DE LOS REFUGIADOS SOLICITANDO ASILO

Se habrá dado cuenta de las diferencias de opinión en cuanto a cómo evaluar el origen de los refugiados, un paso necesario para obtener el asilo en el país en que se encuentran. Los lingüistas están de acuerdo de que no hay un nexo necesario entre origen nacional y el lenguaje hablado, pero la discusión aborda la capacidad de las personas que observan el lenguaje para luego determinar el futuro del solicitante.

2.6.1 Haga un estudio de los distintos puntos de vista utilizando toda la bibliografía de la sección 2.2.8 del capítulo. Prepare entonces un ensayo que contiene dos partes: un resumen preciso y detallado de las posturas distintas, seguido por sus argumentos propios en contra de una y a favor de otra posición, o a favor de una solución alternativa.

2.6.2 ¿Cuál es el proceso que utiliza España para determinar el origen nacional de sus refugiados? Averigue el protocolo español y haga una comparación con lo que se está haciendo en los otros países de Europa e Inglaterra.

CAPÍTULO 3: EL PERITAJE LINGÜÍSTICO

3.1 BREVE CRÍTICA ORAL O ESCRITA DE UNA OPINIÓN PERICIAL

Prepare y presente al grupo una crítica de la opinión ofrecida por la perita mencionada en la introducción al Capítulo 3.

3.2 ESTUDIO DEL PAPEL QUE JUEGA POR LEY EL PERITO

Investigue los requisitos del peritaje de su país o del poder judicial de su lugar. Prepare un informe sobre las reglas que gobiernan las cualificaciones del perito, la forma y el contenido de su informe pericial, y la conducta que se espera de él o ella ante la Corte.

3.3 REDACCIÓN DEL INFORME PERICIAL

Se encuentra en la parte 3.3 del capítulo un posible esquema del informe pericial. Se le pide ahora ensayar la redacción del informe utilizando un escrito escolar de dos páginas del joven recién llegado a Estados Unidos, José Estrella. El escrito se encuentra en el sitio web (*introlingforen.net*) junto con unos archivos que representan los primeros pasos del análisis. Analice el escrito como si fuera un caso de autoría dubitada, tomando como conocida la primera página y como impugnada la segunda. Decida de manera explícita de cómo compilar, etiquetar, codificar y procesar los datos, y también cómo llegar a una conclusión y opinión.

3.4 PRESENTACIÓN DEL DICTAMEN PERICIAL EN EL JUICIO ORAL

El proceso judicial requiere a veces la participación activa del perito. El experto lingüístico le aporta su dictamen pericial a la Corte, y comparece en la vista del juicio oral. Expone y explica el dictamen. También presenta otros documentos, materiales y elementos complementarios realizados a fin de asegurar una mejor comprensión y valoración del informe pericial por las partes y por la Corte. El perito responde a preguntas de la parte contraria o de la Corte sobre todos los aspectos del dictamen: las premisas, el método de análisis, los hallazgos y las conclusiones.

Tarea: prepare en grupo una actuación en la cual se presenten los resultados del análisis de los escritos de José Estrella. Organícelo entre tres o más compañeros, de manera parecida a la portada de este libro: el juez, el perito y el abogado interrogador. Puede haber más de un alumno que juegue el papel de abogado, uno haciendo el interrogatorio directo y otro el contra-interrogatorio.

3.5 VALORACIÓN DE LOS CONSEJOS DE UNA PERITA CON EXPERIENCIA

Lea con cuidado los consejos de la Mtra. Susan Morton, encontrados en la Sección 3.8 del Capítulo 3. Prepare una plática con o para sus compañeros de clase acerca de cuáles sugerencias se aplicarían a la cultura judicial suya y cuáles no. Haga mención especial de cualquier sugerencia con la cual no esté de acuerdo.

CAPÍTULO 4: EL ESTILO

4.1 LA VARIACIÓN ESPAÑOLA

¿Cuál es la evidencia por considerar que la variación lingüística del mundo hispánico sea extendida y compleja?

4.2 EL CONCEPTO DEL ESTILO

4.2.1 Prepare y presente a la clase una definición del estilo como si fuera una explicación oral a la Corte.

4.2.2 Prepare un ensayo breve sobre el concepto del estilo de la forma en la cual fue desarrollado en y para la lengua española.

4.2.3 ¿En qué manera concreta se pueden integrar los distintos conceptos prescriptivos del estilo clásico y literario y el concepto actual del estilo lingüístico descriptivo y cuantitativo?

4.2.4 Explique de manera breve y concisa los conceptos del estilo del grupo frente al del individuo.

4.3 LA ESTABILIDAD DEL ESTILO INDIVIDUAL

Haga una investigación enfocada sobre la cuestión de que si cambia el estilo del autor a través del tiempo. ¿Qué estudios hay sobre el tema? ¿Cómo se podría investigar el posible cambio sin hacerlo en tiempo real? Le daré una pista: en mi juventud recibía una carta semanal de mi madre por un período de 10 años. ¿Tendría usted acceso a una colección personal de escritos parecida a la mía? ¿O a una colección histórica publicada en su forma original? (Y, ni preguntar: los 'consejos' de mi mamá se quedarán bajo llave.)

4.4 GRADO DE CONSCIENCIA DE LAS ELECCIONES ESTILÍSTICAS

¿Hay manera de investigar el grado de consciencia relacionada al conjunto único de selecciones de un escritor dado entre todas las variantes estilísticas que este autor tiene a su disposición?

4.5 LA NORMA

Haga una investigación enfocada sobre la norma lingüística y sobre los factores que la determinan para un grupo de escritores o para un solo autor. Su paso primero será establecer qué norma precisa describir.

CAPÍTULO 5: LA ESTILÍSTICA FORENSE

5.1 LA VARIACIÓN LINGÜÍSTICA

5.1.1 ¿Se aplica la misma metodología al análisis de la variación lingüística hablada y escrita?

5.1.2 ¿Cómo se reconoce la variación dentro de la norma frente a la variación fuera de la norma (desviación)? ¿Qué utilidad tiene distinguirlas?

5.1.3 Prepare una explicación para el no lingüista sobre cómo se identifican las variables lingüísticas que puedan funcionar como marcadores de la autoría.

5.1.4 Investigue los estudios sobre el *idiolecto* y prepare una crítica (positiva o negativa) del concepto y de su uso en el estudio de la autoría.

5.1.5 Prepare una breve presentación oral sobre la diferencia entre las características del estilo del grupo frente a las del individuo. Utilice una metáfora si quiere (e.g., la ropa), y dé ejemplos del lenguaje cotidiano.

5.2 CONTESTE LA PREGUNTA: ¿QUÉ ES LA ESTILÍSTICA FORENSE?

Prepare y presente a la clase tres repuestas a la pregunta:

5.2.1 Responda primero a un grupo de compañeros que no sean lingüistas.

5.2.2 La segunda respuesta se le dará a un grupo de colegas lingüistas que no conozcan esta especialidad de la lingüística aplicada.

5.2.3 En tercer lugar, exprese bien y de manera formal una definición de la *estilística forense* como si fuera su explicación en la vista del juicio oral.

5.2.4 Vuelva a hacer la tercera presentación, ahora sentado/a en algo que funcione como el estrado de la sala de vistas, sin nunguna ayuda de dispositivas, libros, papeles o apuntes. Haga su comentario declarando en voz alta, pero a la vez natural; sosteniendo un ritmo asegurado, pero a la vez personal; y manteniendo un continuo contacto visual con todos presentes.

5.3 EL USO DEL CORPUS LINGÜÍSTICO

La metodología prometedora de Coulthard (Sección 5.8.3) emplea los corpora específicos al contexto de escribir del escrito impugnado para determinar el potencial discriminador de las variables marcadoras identificadas. Prepare una bibliografía de las investigaciones de Coulthard relacionadas a este tema, estudie al fondo el concepto y prepare un ensayo sobre lo que se logra hallar.

5.4 APLICACIÓN PRÁCTICA DEL MÉTODO QUE INTEGRA LA LINGÜÍSTICA DE CORPUS

Siga los siguientes pasos: (1) buscar un escrito original o personal (no publicado) de dos o más páginas; (2) juntar un corpus de muestras escritas por 20 o más autores distintos, manteniendo fijo en cuanto se pueda el contexto de escribir (edad, sexo, ocupación, educación (etc.) del autor; propósito y tema; medio comunicativo (carta personal, correo electrónico, etc.); y tiempo (escritos más o menos contemporáneos con el original); (3) analizar el potencial discriminador de los marcadores estilísticos del escrito original utilizando los datos del corpus.

5.5 VARIACIÓN DE LOS MENSAJES DE TEXTO

Haga un estudio piloto sobre los mensajes de texto (quizás integrado al tema estudiado en la anterior pregunta 2.3).

5.5.1 Primero, se busca una bibliografía sobre el tema para luego enfocar las características estructurales y pragmáticas de la variedad: grafemas nuevos; ausencia de puntuación; oraciones reducidas a iniciales; presencia de consonantes frente a ausencia de vocales; abreviaturas; uso de minúsculas, etc.

5.5.2 Será interesante investigar el tipo y grado de variación tanto en los textos de un solo autor como entre los textos de distintos autores, tomando en cuenta variables como la edad, el sexo, la educación, el origen geográfico, etc., del escritor.

5.5.3 Por último, haga un estudio de las actitudes sobre el fenómeno de textear. Por ejemplo, unos dicen que cambia la forma en la que la mente funciona, o que influencia el aprendizaje del español moderno porque la juventud, al buscar la sencillez y velocidad en sus textos, se encuentra resistiendo la adquisición de la riqueza del idioma. En cambio, unos lingüistas ven el fenómeno del *chatñol* como otro uso creativo del lenguaje que resulta en un tipo de bilingüismo entre el lenguaje estándar y el informal de los textos (Crystal 2008; McWhorter 2013. Es de preferencia la charla TED de McWhorter 2013 porque tiene subtítulos y una traducción al español).

5.6 UNA SUGERENCIA ESPECÍFICA PARA UN PROYECTO AVANZADO

Considérese, solo o en grupo, este proyecto semestral denominado *La variación estilística del grupo y del individuo: un ejemplo novohispano del siglo XIII*. Es un estudio que el autor ha querido realizar sin poder progresar. Se encuentra el plan provisional de investigación delineada en la página web del libro (*introlingforen.net*). El esbozo se puede adoptar o adaptar a los intereses del investigador. Aún sin optar por esta sugerencia, el plan sirve de ejemplo de los pasos que uno toma para organizar una investigación empírica lingüística.

CAPÍTULO 6: CALIFORNIA CONTRA ARMAS (1997)

6.1 LA OPINIÓN PERICIAL

¿Cree usted que se justifica la opinión de que no fue el demandado quien escribió la confesión a pesar de que hubo algunas similitudes entre ésta y las confesiones conocidas?

6.2 CONTRADICCIÓN ENTRE LA OPINIÓN PERICIAL Y EL VEREDICTO DE LA CORTE

Si se considera acertada la opinión del perito, que es probable que el demandado no sea el autor de la confesión, ¿cuáles serían las posibles explicaciones por las diferencias significativas entre la confesión impugnada y las conocidas? Si en cambio se considera equivocada la opinión, ¿es posible otra opinión?

CAPÍTULO 7: *'COMPAÑÍA'* CONTRA *'EMPLEADA'* (1997)

7.1 VARIABLES LINGÜÍSTICAS RELACIONADAS AL BILINGÜISMO LIMITADO

El bilingüismo no equilibrado se ha caracterizado como *semilingüismo* (Skutnabb-Kangas 1984) y como *bilingüismo limitado* y *desequilibrado* (Daller 2001). En tales casos, igual que en el presente caso de la autoría, el hablante o escritor demuestra una adquisición deficiente en una o ambas lenguas.

La actividad propuesta aquí es la de identificar a una persona semibilingüe y conseguir muestras de su redacción natural (no solicitada), como por ejemplo, cartas personales, borradores iniciales de ensayos escolares, etc. De este corpus de escritos, haga un análisis detallado de las variables lingüísticas que pudieran ser marcadores estilísticos del escritor. Identifique las que puedan estar relacionadas al semibilingüismo del escritor.

CAPÍTULO 8: *MARÍA AGUINDA ET AL.* CONTRA *CHEVRON* (2013)

8.1 PREPARACIÓN DEL PERITO

Para el análisis de la autoría, hubo siete lingüistas contratados entre las dos partes litigantes. Entre los siete, uno no era realmente lingüista, y sólo tres de los siete sabían español y tenían formación académica en lingüística hispánica. Si se entiende que todos los documentos de interés fueron escritos en español, ¿no sería un requisito importante que el perito supiera la lengua meta de los escritos en cuestión? Sabiendo que los lingüistas no hispanohablantes dijeron que no, ¿cuál sería su opinion sobre el asunto?

8.2 PARTICIPACIÓN DEL PERITO EN CASOS DIFÍCILES

Imagínese el siguiente escenario: se alega que una compañía petrolera dañó el medio ambiente del bosque tropical amazónico, saliendo del país sin devolverlo a su estado original. La postura fundamental de la compañía es que salió del país con la aprobación del gobierno después de haber cumplido con la limpieza del lugar, y que la finalidad constructiva de restaurar el medio ambiente no justifica el uso de medios fraudulentos elaborados para efectuarlo. La posición de los indígenas del lugar es que sigue su sufrimiento a causa de que la compañía no cumple con su obligación de ayudarles.

Al ser demandada, la compañía le pide a usted, el perito lingüista, que le ayude a defenderla. Los familiares, amigos y colegas universitarios suyos quieren saber cómo es posible que usted se ponga 'al lado' de una parte supuestamente tan descuidada e indiferente. Ahora, explíqueles las razones por su participación en la causa, tomando en cuenta cualquier argumento moral, legal, o del supuesto papel del perito que le importe. O, por el contrario, explique su desvinculacion de la causa de la compañía petrolera.

8.3 FACTORES EXTRALINGÜÍSTICOS

En este caso, el lingüista considera los factores extralingüísticos en su análisis.

- 8.3.1 ¿Debe el análisis del lingüista quedarse siempre dentro de las páginas de los escritos, o hay ocasiones en las que debe integrar otros factores a sus análisis de los datos lingüísticos?
- 8.3.2 De igual manera, después de analizar el lenguaje de los escritos en este caso, el perito propuso el posible proceso de su elaboración. ¿Cree usted que este hallazgo cabe dentro del alcance pericial del lingüista?
- 8.3.3 Después de haber estado metido en este asunto durante unos años, considero los hallazgos de la investigación, y me pregunto, ¿cómo puede ser que se comporten así un perito y un juez? Por esta razón, me tomé la libertad de estudiar el entorno judicial ecuatoriano, lo que se ha incluido en la sección 8.3 del capítulo. Simplemente dicho, ¿cree usted que el perito se debe quedar fuera de esta discusión o, como yo, bastante interesado en ella como para comentar?
- 8.3.4 Y una última pregunta es, ¿qué medidas prácticas debe tomar el perito para evitar el error de análisis (por raro que sea) que en última instancia socavará la credibilidad de su testimonio entero?

8.4 ERROR POR PARTE DEL PERITO

¿Cómo se pueden evitar errores analíticos bajo la presión impuesta por el caso?

Daré aquí un ejemplo algo detallado. Sí, se presentó en este caso el problema del error pericial. Un perito quiso argumentar que el fallo del juez fue escrito por un autor hispanohablante pero con un estilo descuidado y lleno de errores. Con la evidencia lingüística de apoyo de esta conclusión, el perito apartó las "formas sintácticas no estándares", entre ellas el uso de tiempos y modos verbales inadecuados como el presente de subjuntivo en vez del pasado en oraciones como, "*. . . aceptó y ordenó que se practiquen . . .*" en vez de "*. . . aceptó y ordenó que se practicaran . . .*" (o practicasen).

A mí también se me hizo rara esta falta de la apropiada secuencia de tiempos, pero resultó estar bien descrita en la literatura dialectal. María Escobar (2011:332) cita la observación de Sandro Sessarego (2008) y dice que, "Another widespread feature [of Andean Spanish] is the use of the present subjunctive for past events in nominal dependent clauses with a non-agent subject (*Pidieron que visite esa escuela . . . .*)".

Y desde hace 60 años, Humberto Toscano Mateus (1953:262) aclara el fenómeno ecuatoriano:

> En la lengua literaria y culta tanto como en la vulgar es frecuentísimo emplear el presente de subjuntivo en vez del imperfecto del mismo modo, exigido por la correspondencia de tiempos en oraciones secundarias del tipo siguiente:
>
> Me pidió que haga (hiciera).
> No hubiera sido posible que deje (dejase) de preguntarles.
> Ordenó que traiga (trajera).
> Siguió hablando sin que nadie le haga (hiciera) caso.
> No quería que la manden (mandaran), etc., etc.
>
> Según la regla de la correspondencia de tiempos española, sólo puede usarse el presente del subjuntivo en estas oraciones subordinadas cuando el concepto de la cláusula subordinada sigue teniendo fuerza en el presente.

Otro detalle de interés es que esta variación sintáctica sirvió de evidencia clave (entre otras pruebas) para la conclusión de que el informe del perito geólogo fue traducido al español del inglés en los Estados Unidos, o sea, no escrito en el Ecuador porque todas las oraciones indicadas respetaban la correspondencia de tiempos del español estándar no ecuatoriano.

Tarea: para regresar a la pregunta original de cómo se evitan los errores, se le ofrecen algunas ideas que usted puede desarrollar e integrar en su respuesta: tomar el tiempo necesario para hacer el análisis; trabajar con otro investigador para conseguir un nivel de acuerdo intersubjetivo; revisar el texto por todos los datos considerados e incluir tanto los que sostienen una conclusión como los que no están de acuerdo con ella.

8.5 ANÁLISIS ESTADÍSTICO

Considerando los datos descriptivos de la **Tabla 8.3**, haga los cálculos del valor estadístico de la *prueba de proporciones de dos muestras: prueba z*. El objetivo de la prueba es determinar si dos muestras distintas presentan o no la misma frecuencia proporcional de una característica (Davis 1990:26; McMenamin 2002:145).

Para el presente ejercicio, se van a determinar las diferencias relativas entre los respectivos porcentajes de frecuencia de los escritos impugnados y conocidos. En la **Tabla 8.3**, sólo se considerarán los marcadores contables: *c, d, e, f, g*. Entre ellos, se limitará en el análisis a sólo los que satisfagan las frecuencias mínimas requeridas por la prueba. Con las variables que quedan, se hace el cálculo de la *prueba z*, utilizando las cifras dadas para cada variable bajo *Sentencia Impugnada vis-à-vis* su variable correspondiente bajo *Sentencias Conocidas*.

El resultado de su análisis será una conclusión sobre cuáles variables demuestran una diferencia estadísticamente significativa y cuáles no.

CAPÍTULO 9: *CALIFORNIA CONTRA 'DEMANDADO'* (2011)

9.1 CÓMO EVALUAR LA COMPRENSIÓN DE LA LECTURA

Una pregunta general es, ¿cómo se verifica la comprensión de la lectura? Existen por supuesto amplias investigaciones sobre este tema relacionadas a la enseñanza escolar de la lectura, pero hay pocas relacionadas al contexto de la entrevista policial. Busque algún formulario, como un acuerdo o contrato, que requiera una firma confirmante y desarrolle una serie de preguntas para confirmar el entendimiento de la persona que lo vaya a leer y firmar.

9.2 EL LENGUAJE CLARO

Investigue los estudios y escriba un breve ensayo sobre el *lenguaje claro* en español. Con esta información haga una evaluación de la definición del lenguaje claro en su estado, provincia o país y de los contextos en los que se requiera su uso por ley. Se puede también hacer un análisis comparativo entre varios países y lenguas. Incluya ejemplos del lenguaje 'original' cambiado al 'claro' si es posible encontrarlos.

9.3 MEDIDAS DE LECTURABILIDAD

Investigue y escriba un corto ensayo sobre las *medidas de lecturabilidad* que existen en el español (y en otras lenguas si quiere). Desarrolle un enfoque crítico sobre las bases lingüísticas de tales medidas.

9.4 CONSIDERACIONES EXTRALINGÜÍSTICAS

Considere los asuntos del incesto que ocurren en Tonga y del concepto del tiempo tongano. En el contexto de la posible presentación de testimonios en este juicio, considere la diferencia que existe entre tener una "razón" frente a tener una "excusa" para delinquir. Tenga en mente que usted está ahí como el perito que puede *explicar* el comportamiento del acusado, y no para *defenderlo*. A fin de cuentas, ¿qué le aconsejaría a la abogada defensora con respecto a si se le presentan o no estas consideraciones a la Corte?

9.5 CASOS DIFÍCILES

En primera instancia, este es un caso de incesto, lo cual constituye un delito grave. Con respecto a las causas moralmente problemáticas, algunos lingüistas han argumentado que el perito se puede reusar a trabajar en el caso si el propósito o los actos del interesado son moralmente aborrecibles. Forme un grupo de dos o más personas en el cual uno o más utilicen este caso para aguir a favor de esta posición y los otros discutan la posición de que el enfoque estrecho que uno puede tener sobre los temas lingüísticos del caso, sin importar lo moralmente repugnantes que sean, no requiere que se emita un juicio personal sobre los actos de ninguno de los grupos involucrados en este asunto.

CAPÍTULO 10: *CALIFORNIA CONTRA 'DEMANDADO'* (1996)

10.1 POSIBLES FACTORES EN LA COMPRENSIÓN DEL LOS DERECHOS

Intente hacer una lista de todos los factores lingüísticos y no lingüísticos que puedan afectar la comprensión de los derechos. Es posible que le ayude estudiar las investigaciones sobre la forma de las preguntas utilizadas para confirmar la comprensión oral en relación a la advertencia de los derechos. Véanse, por ejemplo, los *Guidelines for Communicating Rights to Non-native Speakers of English in Australia, England and Wales, and the USA* (CoRG 2015), que se encuentran en el sitio web del libro (*introlingforen.net*).

CAPÍTULO 11: *CALIFORNIA CONTRA 'DEMANDADO'* (2001)

11.1 EXIGENCIAS DE LOS INTERROGATORIOS

¿Cuáles son los requisitos del interrogatorio policial de su país? Considere los factores como los siguientes: si se hace una grabación de audio o de video; si se hace una transcripción completa del discurso o si sólo se resume lo que se dijo; si se traduce lo que fue dicho por los sospechosos no hispanohablantes, y en qué se basa la traducción española (sea la lengua hablada al español o el transcrito escrito de la lengua hablada al español).

11.2 ENTREVISTA FRENTE A INTERROGATORIO

Algunas investigaciones distinguen entre la entrevista y el interrogatorio policiales. ¿Se hace por ley esta distinción en su país? ¿Existe la distinción en las investigaciones legales o académicas?

11.3 LA INTERROGACIÓN BILINGÜE O MONOLINGÜE EN OTRA LENGUA

Estudie la advertencia de los derechos de su país, y haga una investigación de qué se hace en la entrevista policial con los sospechosos no hispanohablantes.

11.4 EL DISCURSO HABLADO PERO NO GRABADO

Si lo encuentra posible, haga un estudio de un discurso hablado pero no grabado. Compare el discurso con la sinopsis escrita de ello o con el testimonio declarado por el oficial sobre ello. En el caso de no tener acceso a tales datos, se puede simular el ejercicio con una declaración oral cualquiera, pidiéndole un resumen escrito o hablado a una persona dispuesta a cooperar con el estudio.

CAPÍTULO 12: *CALIFORNIA CONTRA CEJA* (2013)

12.1 PRESENTACIÓN NEUTRAL DEL CASO FRENTE A UNA "RESPUESTA A LA CORTE"

El testigo forense es una persona que pertenece al campo de la ciencia cuyo interés es asegurar que la corte entienda los hechos y lo qué podrían significar éstos para un caso. Además, el experto casi nunca está consciente de todos los problemas y toda la evidencia que se relacionan con el caso. Por estas razones, se les aconseja a menudo a los científicos forenses que no le pongan mucha atención al resultado del caso.

Tarea: Ante esto, elabore un ensayo corto acerca de por qué hacer la "Respuesta a la Corte" que aparece en este capítulo. Discuta las razones, ya sea a favor o en contra, al escribir su ensayo, y mencione si usted haría lo mismo o no.

12.2 EL CRITERIO PROPIO DE LA CORTE FRENTE A LOS DERECHOS DEL ACUSADO

Se puede cuestionar el motivo por el cual la Corte en este caso le negara la petición a la defensa a que se suprimieran las declaraciones consideradas inculpatorias provenientes del interrogatorio de la sospechosa antes del juicio.

Una posible respuesta es que la Corte esté respondiendo a lo que se puede percibir como el mandato público, dado que los jueces son funcionarios elegidos en California. Otra posibilidad es la carga pesada sentida por el juez por la gravedad del crimen. Al sentenciar a la inculpada, el juez dijo, "La Corte jamás ha visto o escuchado una colección de hechos tan raros, perversos, retorcidos e inhumanos, los cuales nunca se volverían a ver".

Tarea: Organice una discusión en grupo alrededor de la siguiente idea: si la Corte de por sí sola tiene un conocimiento verdadero de un caso que gira en torno a uno de los peores crímenes, ¿puede aplicar discreción propia para balancear las necesidades de la comunidad, esto es, una condena segura, en contra de las necesidades de la acusada, es decir, el proceso debido? Considere los resultados de esta discusión, y elabore su propia posición en relación a este tema en un breve ensayo.

12.3 LA ADVERTENCIA *MIRANDA*

El año 2016 fue el quincuagésimo aniversario de la advertencia *Miranda*, que se fundamenta en la idea estadounidense de que sólo se aceptan declaraciones del acusado que sean relevantes, competentes y no coaccionadas. Sin embargo, se sugiere que, después de 50 años, la advertencia *Miranda* no protege los derechos sino que nada más simboliza un mero deseo de respetarlos.

Considérese el artículo de Victor Li (2016) (en *introlingforen.net*) sobre la historia problemática de la advertencia *Miranda*. En su informe se presentan varios posibles puntos de partida para una investigación inicial sobre el lenguaje utilizado en los contextos de entrevistas policiales:

12.2.1 Después de tantos años de su exposición popular en la televisión y el cine, el requisito rutinario de *Miranda* se ha integrado ya en la cultura nacional e internacional, aún incluso en películas de países como la Rusia que no tiene ninguna advertencia.

Tarea: Identifique a 1–5 personas aficionadas al cine y a la televisión. Haga una encuesta informal para averiguar su conocimiento de la advertencia así como se entrega en su país. Se recomienda grabar sus respuestas, transcribirlas y comparar las respuestas con el contenido y el lenguaje de la advertencia misma.

12.2.2 El intento de las preguntas de la advertencia fue de presentarle al sospechoso una lista corta de advertencias concisas que fueran fáciles de recordar.

Tarea: Intente diseñar un estudio sobre la advertencia de su país en la que se investiguen las tres características de cada advertencia, que sea corta, concisa y fácil de recordar.

12.2.3 Los oficiales no tienen la obligación de conseguir una renuncia explícita de los derechos antes de comenzar su interrogación. Es decir, el sospechoso puede comunicar una renuncia implícita.

Tarea: Haga una investigación lingüística y legal sobre qué quieren decir "renuncia explícita" y "renuncia implícita". ¿Existe tal distinción en el sistema judicial de su país? Puede enfocar el reto lingüístico con estudios como los de Cotterill (2000), Kurzon (2000) y Ainsworth (2008).

Para el aspecto legal, considérese *Berghuis v. Thomkins, 130 S. Ct. 2250 (2010)*: https://www.supremecourt.gov/opinions/09pdf/08-1470.pdf. *Berghuis* mantiene lo siguiente:

Los dos prerrequisitos de una renuncia implícita son que se le dio la advertencia *Miranda* al sospechoso y que la comprendió.

Si los derechos no se invocan ni se renuncian, la policía puede proseguir la interrogación.

El quedarse callado no es invocar el derecho a permanecer en silencio.

El derecho al abogado defensor se tiene que invocar de manera inequívoca.

Se puede inferir una renuncia implícita a base de una conducta indicativa de una renuncia, o sea, de las acciones y palabras del interrogado.

CAPÍTULO 13: *TEXAS CONTRA CORTEZ* (1901)

13.1 EL DESENTRAÑAR DE LOS EVENTOS DEL CASO CORTEZ

Utilice todos los materiales disponibles para especificar los complicados eventos del caso: los eventos comenzando con la muerte del Alguacil Morris hasta el perdón de Cortez; las decisiones de los varios tribunales y la decisión final del gobernador; la documentación del caso por los periódicos; la popularización del caso (música, película, etc.) a través del siglo XX.

13.2 LA DECISIÓN APELATIVA

Explique de manera precisa las razones de por qué fue importante la decisión apelativa de *Cortez v. State* de enero 15 del 1902, la cual se encuentra en el sitio web (*introlingforen .net*).

13.3 LA INFLUENCIA DEL LENGUAJE DE LOS MEDIOS PERIODÍSTICOS SOBRE LA JUSTICIA

Ramón Saldívar (1987) relaciona el desarrollo del corrido fronterizo con la resistencia de los mexicanos tejanos hacia las injusticias enfrentadas por ellos, diciendo esto:

> Tanto las exculpaciones como el perdón [de Gregorio Cortez] fueron victorias legales significativas en la lucha de los mexico-americanos por sus derechos civiles en Texas y en el suroeste y fueron, dada la infrecuente justicia recibida por el demandado mexicano, parte de la razón por levantar a Cortez al estatus de héroe popular [en el *Corrido de Gregorio Cortez*] (Saldívar 1987:14).

Si es que usted maneja bastante el inglés, prepare un ensayo sobre el lenguaje usado por los periódicos de la época al reportar los eventos de junio del 1901. Las muestras de los reportajes se encuentran en el sitio web (*introlingforen.net*).

La finalidad de tal estudio será la de valorar la opinión de Saldívar de "la justicia infrecuente" y de documentar lo que señala él como "la siempre-creciente hegemonía política y cultural de la sociedad anglo-americana... (*ibid*., p. 16).

Se puede, por ejemplo, estudiar el lenguaje periodístico que le negara al acusado, huyente o capturado, el debido proceso ante la ley, etc., como por ejemplo:

> It is generally acknowledged that when Cortez is brought to bay that there will be more bloodshed, as he is one of the most desperate men on the border, with the gallows staring him in the face if captured.
>
> ... the posse ... followed the trail of the murderer and would tonight have had him behind bars or have left his body as food for the coyotes and buzzards somewhere on the route ....

He is known to be dangerous and . . . at the head of a well organized band of thieves and cutthroats that have been at work in this part of the State for years.

Friday night . . . the boy was hung until life was apparently extinct, for this purpose of frightening him into giving information. The rope was cut and he was for a while unconscious.

The boy refused to talk. He was hung up to a tree until his tongue protruded and life was nearly extinct, but he steadfastly declined to reveal any of the secrets of the gang.

. . . the Mexican walked up and placing his pistol within two feet of the Sheriff's prostrate body fired . . . .

The people of Southwest Texas should take the law into their own hands in reference to disarming the Mexicans. . . . Hold them up, take their arms and deposit same with Sheriff. The only way to keep them down is to disarm them.

In summing up the total number of Mexicans killed during the past week . . . it is said at least seven have been killed and more than that number wounded.

The whole country is alive with men hunting for the outlaw, and the chances seem good for catching or killing him—preferably the latter . . . .

Se podría también examinar las sencillas etiquetas usadas para referirse a Cortez y a la comunidad mexicana cercana, como por ejemplo:

. . . reports are coming in from every direction about suspicious Mexicans . . . .
. . . a gang of worthless Mexicans has aroused the people . . . .
. . . a dastardly Mexican horse thief . . . .

CAPÍTULO 14: *ESTADOS UNIDOS CONTRA 'DEMANDADO'* (2000)

14.1 PRÁCTICA DE TRANSCRIPCIÓN FONÉTICA EN GRUPO

Una buena metodología considera las causas de error y busca maneras de eliminarlas. Un método de análisis de la lengua hablada permite que los investigadores logren un acuerdo intersubjetivo entre ellos. Proponga, pues, que dos o más analistas lleguen por consenso a la transcripción del discurso más exacta posible.

Practique el método empleando una grabación de audio o video de unos 15–20 minutos. Cada quien hace por su cuenta su propia transcripción, y la perfecciona con tantas revisiones como sean necesarias. Luego el equipo se reúne en una junta de *reconciliación de diferencias*; todos escuchan la grabación hasta que estén de acuerdo con una transcripción definitiva.

Para una explicación del método propuesto, investigue las metodologías documentadas para el análisis de datos foneticos en los atlas lingüísticos o en los estudios sociolingüísticos.

14.2 ANÁLISIS DE UNA TRANSCRIPCIÓN ESCRITA O DE UNA INTERPRETACIÓN GRABADA

Haga el esfuerzo de encontrar una traducción o interpretación transcrita que esté mal hecha. Analice de manera sistemática los errores.

CAPÍTULO 15: *'EMPLEADO'* CONTRA *'COMPAÑÍA'* (2010)

15.1 EL ANÁLISIS LINGÜÍSTICO: UNA SEGUNDA OPINIÓN INDEPENDIENTE

Juegue el papel de otro perito a quien se le ha asignado una segunda investigación independiente de este mismo asunto. ¿Cuáles estrategias lingüísticas distintas a las ya utilizadas se podrían aplicar para acercarse a la cuestión del posible uso discriminatorio de *negrito* en el contexto dado?

15.2 EL ANÁLISIS LINGÜÍSTICO: OTRA OPINIÓN CONTRARIA

Ahora juegue el papel del perito de la otra parte. Se le ha dado la tarea de identificar los puntos débiles del análisis y del argumento presentados en el presente informe. ¿Está usted dispuesto a presentar otra opinión y sus fundamentos? Presente lo que encuentre en un informe breve.

15.3 EL ANÁLISIS LINGÜÍSTICO: ESTUDIOS PREVIOS

Usted es el asistente del autor del presente informe, quien le ha pedido que investigue toda la obra existente relacionada a los apodos en español. ¿En dónde va a buscar? ¿Qué otro recurso bibliográfico se puede encontrar? ¿Concuerda esta nueva información con los resultados del presente informe?

15.4 EL ANÁLISIS LINGÜÍSTICO: LOS ESTUDIOS MÁS IMPORTANTES

Haga una búsqueda bibliográfica para descubrir otros estudios paralelos en alcance e importancia a los de Orlando Cuadra Downing (1967), *Seudónimos y apodos Nicaragüenses*, y de Mariano Lozano Ramírez (1999), *Contribución al estudio del apodo en el habla bogotana*. Incluso, la investigación sobre el apodo colombiano de Lozano Ramírez puede servir de modelo teórico y metodológico. Estudie la encuesta desarrollada por él y haga, en su propia localidad o en un grupo social específico, una investigación preliminar parecida a la que hizo. (Véase su bibliografía en *Materiales Adicionales* del capítulo 15 en *introlingforen.net.*)

15.5 TRABAJO DE CAMPO: MONOLINGÜE

Identifique un grupo de hispanohablantes definido por su carácter social o geográfico, por ejemplo: una pandilla, un grupo de colegas o compañeros, los residentes de un pueblito, etc. Haga unas entrevistas sociolingüísticas, averiguando temas sugeridos por previas investigaciones: sus apodos mismos; cómo y cuándo se usan; cómo fueron establecidos; y a quiénes se les permite usarlos. Redacte un resumen de los resultados, enfocando tanto la cuestión del significado semántico como el pragmático de los apodos. Utilice entonces estos hallazgos para comentar de nuevo sobre el uso de *negrito* en el caso presentado.

15.6 TRABAJO DE CAMPO: BILINGÜE

Identifique un grupo delimitado de hablantes que compartan otro idioma que no sea el español. Haga unas entrevistas de tipo sociolingüístico, averiguando temas sugeridos por previas investigaciones: sus apodos mismos; cómo y cuándo se usan; cómo fueron establecidos; y a quiénes se les permiten usarlos. Redacte un resumen de los resultados, enfocando tanto la cuestión del significado semántico como la del pragmático de los apodos. Utilice entonces estos hallazgos para comentar de nuevo sobre el uso de *negrito* en el caso presentado.

CAPÍTULO 16: *JAZMÍN Y EL CERTAMEN DE ORTOGRAFÍA* (2014)

16.1 ACLARACIÓN SENCILLA DEL ASUNTO PARA EL JURADO DEL CERTAMEN

Los padres de Jazmín le pidieron a la directora de su escuela que "hiciera algo" después de que ella fue eliminada de la competencia. Por ello, pues, la directora le pidió al lingüista que le ayudara a descubrir qué había pasado y a redactar una carta dirigida a los miembros del jurado del certamen nacional. Sabiendo ahora los hallazgos del presente estudio, escriba esta carta.

16.2 ACLARACIÓN MÁS A FONDO PARA LOS DIRECTORES DEL CERTAMEN NACIONAL

Como resultado de su carta perspicaz, se le ha invitado a que idee sobre el problema en una reunión con los directores del certamen nacional en Washington, D.C. Elabore una presentación más específica y completa de lo que ocasionó el predicamento de Jazmín. Incluya presentaciones sencillas y breves sobre los siguientes temas: la capacidad lingüística de los deletreantes más capaces del inglés; lo que se sabe de la producción del habla en cuanto se relaciona con hablantes L2 y con Jazmín en particular.

Del mismo modo, incluya una explicación comprensible sobre el tiempo VOT, y lo que sabemos sobre la percepción del habla en cuanto se relaciona con el jurado. Haga sus preparaciones suponiendo que todas las personas que formarán parte de la junta, aún siendo todos egresados universitarios, carecen de la experiencia de haber tomado algún curso de lingüística.

16.3 EXPLICACIÓN LIMITADA, PERO DETALLADA Y FORMAL, PARA LA CORTE

Aunque resultó que el acuerdo firmado de antemano por los participantes impidió que los padres de Jazmín reclamaran o demandaran al SNSB, asuma la posición de quien presenta la evidencia de este estudio ante una corte. Prepare un bosquejo del alcance del estudio y de la secuencia en que se realizó para que el abogado lo utilice como una guía durante el interrogatorio directo del lingüista, el cual durará sólo 15 minutos.

16.4 EL ESTUDIO LINGÜÍSTICO: METODOLOGÍA

Considere la metodología utilizada para determinar la realización fonética de la [t^h] de Jazmín. ¿Puede mejorar el procedimiento experimental tomando en cuenta detalles como los siguientes: las condiciones del muestreo de los varios estilos del habla (conversación natural, lectura, pares mínimos y deletreo de palabras); la estructura silábica de las palabras de comparación; y la posición de la vocal tónica en estas palabras relativa a la de la palabra *tomography*.

16.5 EL ESTUDIO LINGÜÍSTICO: FONÉTICA

Aprenda a hacer e interpretar los espectrogramas utilzando el programa Praat (*www.fon.hum.uva.nl/praat/*). Puede, por ejemplo, juntarse con un compañero ya experto en la fonética acústica, y hacer unas medidas de sus propios VOT.

Ahora bien, dado que la [t] dental española, sea ápical o laminal, se produce de manera parecida a la [t] de Jazmín, diseñe y realice un experimento de análisis fonético-acústico contrastivo del inglés-español, el cual dará resultados más fiables y válidos para esta nueva comparación.

16.6 EL ESTUDIO LINGÜÍSTICO: CONCLUSIONES

La conclusión lingüística en este asunto es esta: "es posible, aunque poco probable, que Jazmín haya cometido un error al deletrear. La explicación se debe más bien a una combinación de factores que incluyen la producción acentuada del sonido /t/ de la deletreante y la subsiguiente percepción de los jueces del sonido /t/ como el de /d/".

En un grupo de dos o más compañeros o colegas, considere cómo es que se podría llegar a tal conclusión sin poder a la vez establecerla con certeza absoluta. Por último, exprese por escrito sus propias opiniones juntas con los hallazgos que las respaldan en relación al caso de Jazmín. (Se pueder refirir a la escala de opiniones presentada en el Capítulo 3.)

16.7 LA REPREGUNTA

Ahora, después de haber revisado los aspectos lingüísticos del caso, juegue el papel del lingüista contratado por el abogado que representa a la otra parte (el jurado y los directores del certamen), y prepare un bosquejo para que lo utilice como guía durante la repregunta del autor lingüista del presente estudio.

APÉNDICE 2

Lenguaje original de citas traducidas al español

CAPÍTULO 1. EN ENTORNO SOCIOHISTÓRICO DE CALIFORNIA

1. . . . California has always been a state of visitors, of late arrivals, of seekers innocent and not so innocent. (Eggers 2015)
2. Only eight of the forty-eight delegates had Spanish surnames. The native Californians were a decided minority. And yet how that minority managed to influence the course of events. . . . it was early decided to have a running translation of the essentials of the oral debates so that the Spanish speaking delegates could make valid voice votes. William Hartnell, the English merchant who arrived in Monterey in 1822, who had married a de la Guerra daughter . . . and who had become thoroughly hispanicized, was elected official translator for the Convention. All resolutions and articles were translated by Hartnell before being voted upon. (Klotz 2011:6)
3. I do solemnly swear that I will support and defend the Constitution of the United States and the Constitution of the State of California . . . ; that I take this obligation freely, without any mental reservation or purpose of evasion; and that I will well and faithfully discharge the duties upon which I am about to enter. (*California State Loyalty Oath*: https://www.calstate.edu/risk_management/events/fitting_the_pieces_together/documents/presentations08/g08-5.pdf)
4. Judges are not politicians, even when they come to the bench by way of the ballot. And a State's decision to elect its judiciary does not compel it to treat judicial candidates like campaigners for political office. (*Williams-Yulee v. Florida Bar*, 575 U.S. 2015)
5. Unsurprisingly, people who live in states that hold partisan judicial elections are considerably more distrusting of their judges, less likely to believe they act fairly and impartially, and more likely to agree that judges are just politicians in robes. . . . the legitimacy of the judicial branch rests entirely on its promise to be fair and impartial. If the public loses faith in that, if they believe that judges are just politicians in robes, then there is no reason to prefer their interpretation of the law or Constitution over the opinions of the real politicians representing the electorate. (Day O'Connor 2009:489)
6. Judges [who support this cruel absurdity] aren't stupid; they know what they're doing. What they are, instead, is corrupt, willing to pervert the law to serve political masters. (Krugman 2014)
7. What is the opposite of an open mind? [Scharmer] asks. "You are stuck in one truth." What is the opposite of an open heart? "You are stuck in one collective skin; everything is us-versus-them and, therefore, empathy for the other is impossible." And what is the opposite of an open will?

"You are enslaved to old intentions that originate in the past and not from the present, and so you cannot open up to any emerging new opportunities". (Scharmer (2011) y Friedman (2015)

8. The absence of a designated interpreter meant that even the recently baptized tribal Indians had learned enough Spanish before entering the mission to understand and respond to questions in that language. (Sandos and Sandos 2014:607)

CAPÍTULO 2. LA LINGÜÍSTICA FORENSE

1. Modern psychiatrists have amply studied the behavior of errant young girls and the women coming before the courts in all sorts of cases. Their psychic complexes are multifarious and distorted . . . . One form taken by these complexes is that of contriving false charges of sexual offences by men. The unchaste mind finds incidental but direct expression in the narration of imaginary sex incidents of which the narrator is the heroine or victim . . . . The real victim, however, too often in such cases is the innocent man. (Wigmore 1970:736)
2. ". . . [Wigmore 1970] remains the fundamental working source for scholars, practitioners and courts".
3. . . . scientific proof may in some instances assume a posture of mystic infallibility in the eyes of a jury of laymen. (*United States v. Addison, 498 F.2d 741 (D.C. Cir. 1974)*)
4. There is a danger that expert evidence will be misused and will distort the fact-finding process. Dressed up in scientific language which the jury does not easily understand and submitted through a witness of impressive antecedents, this evidence is apt to be accepted by the jury as being virtually infallible and as having more weight than it deserves. (*R. v. Mohan (1994) 2 SCR 9, 21*)
5. In general, we can observe that a text is structured as an ordered stream of separate "events" drawn from a population of potential events. These events may be sounds, letters, words, or perhaps even phrases or sentences. (Juola 2006:252)
6. It is the effort not of a single person but of a group of people—the bigger the better—pursuing ideas with curiosity, inquisitiveness, openness, and discipline. (Gawande 2016)

CAPÍTULO 3. EL PERITAJE LINGÜÍSTICO

1. It is not the critic who counts; not the man who points out how the strong man stumbles, or where the doer of deeds could have done them better. The credit belongs to the man who is actually in the arena, whose face is marred by dust and sweat and blood; who strives valiantly; who errs, who comes short again and again, because there is no effort without error and shortcoming; but who does actually strive to do the deeds; who knows great enthusiasms, the great devotions; who spends himself in a worthy cause; who at the best knows in the end the triumph of high achievement, and who at the worst, if he fails, at least fails while daring greatly, so that his place shall never be with those cold and timid souls who neither know victory nor defeat. (Roosevelt 1910)
2. A witness who is qualified as an expert by knowledge, skill, experience, training, or education may testify in the form of an opinion or otherwise if: (a) the expert's scientific, technical, or other specialized knowledge will help the trier of fact to understand the evidence or to determine a fact in issue; (b) the testimony is based on sufficient facts or data; (c) the testimony is the product of reliable principles and methods; and (d) the expert has reliably applied the principles and methods to the facts of the case. (*Federal Rules of Evidence* 2014:15)
3. . . . disclosure [of the expert] must be accompanied by a written report—prepared and signed

by the witness.... The report must contain: (i) a complete statement of all opinions the witness will express and the basis and reasons for them; (ii) the facts or data considered by the witness in forming them; (iii) any exhibits that will be used to summarize or support them; (iv) the witness's qualifications, including a list of all publications authored in the previous 10 years; (v) a list of all other cases in which, during the previous 4 years, the witness testified as an expert at trial or by deposition; and (vi) a statement of the compensation to be paid for the study and testimony in the case. (*Federal Rules of Civil Procedure* 2014:35)

4. One could argue that the field [of forensic linguistics] is really applied linguistics or, for that matter, simply linguistics, because in order to be an expert witness, as the courts require, one should be an expert in the field upon which one testifies. The field is linguistics. An expert is someone with advanced training and skill, usually with a publication record as well.... Linguists call on their training in the tools of phonetics, phonology, morphology, syntax, semantics, pragmatics, speech acts, discourse analysis, sociolinguistics, dialectology, lexicography, language learning, and the processes of language change, depending on the nature of the law case. (Shuy 2007:2)

CAPÍTULO 4. EL ESTILO

1. My use of style refers as well to no more nor less than a way of doing something. (Tannen 1981:383)
2. Un style, au contraire, c'est un développement, un ensemble cohérent de formes unies par une convenance réciproque, mais dont l'harmonie se cherche, se fait et se défait avec diversité. (Focillon 1934:7)
3. Au point de vue de la structure et de l'architecture des phrases, certains auteurs ont divisé le style en style *ample* et en style *concis*. (Albalat 1956:277)
4. We assume that there is no style-less utterance which is purely referential and from which the speaker departs to create social meanings. (Closs Traugott y Romaine:1985:9)
5. Though unacknowledged and largely unrecognized, there does not exist a common fundamental conception of style. (Gray 1969:14)
6. Every day we speak and write and use a complex, structured system to communicate but at the same time that system is evolving. (Tagliamonte 2012:1)
7. No absolute spoken/written distinction is identified in the study. (Biber 1988:24)
8. In the present study, no absolute difference is observed; with respect to each dimension, written and spoken texts overlap. (Biber 1988:160)
9. ... in many cases there are certain special styles which are felt to be peculiarly appropriate to certain circumstances. (Hockett 1958:556)
10. Vers le milieu du XVI siècle, alors que lórdonnonce de Villers-Cottrêts venait d'établir fermement et définitivement le français comme langue de l'administration royale, des écrivains et des poètes, s'engageant dans la direction ainsi indiquée par le pouvoir, veulent libérer la langue de sa gangue liturgique et médiévale. (Hagège 1996:55)
11. ... a working definition of style is to view it primarily as a relationship between participants in speech events who, as individuals, negotiate speech acts and thereby create 'styles' strategically, but who are also exemplars of social roles and have relationships in larger social institutions beyond the frame of dyadic interaction, e.g., networks. (Closs Traugott y Romaine: 1985:29)
12. Individual styles ["the stylistic peculiarities of different writers"] are related to the general writing style of a language in that each of the former is some sort of specialization within the confines of the latter.... (Hockett 1958:560)

13. Avoir un style, c'est parler au milieu de la langue commune particulier, unique et inimitable et cependent que cela soit à la fois le langage de tous et le langage d'un seul. (Gourmont 1916:9)
14. ... l'on puisse définir la langue comme la somme des moyens d'expression dont nous disposons pour meter en forme l'énoncé, le style comme l'aspect et la qualité qui résultent de Choix entre ces moyens d'expression. (Marouzeau 1950:10)
15. Nous définirons ici la notion de style comme le mode d'expression individuel que le locuteur choisit pour adapter son discours à son interlocuteur, l'interlocuteur matérialisant les paramètres de la situation de communication. La variation stylistique est donc observable au plan individuel et représente un processus de choix parmi une pluralité d'usages. (Mougeon 1998:72)
16. Nous disposons tous dans notre langue maternelle d'un repertoire stylistique comprenant assez de variantes lexicales, morphosyntaxiques et prosodiques pour nous permettre d'en user en fonction des paramètres de la situation. On comprend facilement que la compétence linguistique est liée à la possibilité d'exercer tout choix stylistique. (Mougeon 1998:68)
17. Writing is selection. Just to start a piece of writing you have to choose one word and only one from more than a million in the language. Now keep going. What is your next word? Your next sentence, paragraph, section, chapter. (McPhee 2015:44)
18. ... two utterances of the same language which convey approximately the same information, but which are different in their linguistic structure, can be said to differ in style. (Hockett 1958:556)
19. Social and stylistic variants presuppose the option of saying "the same thing" in several different ways: that is, the variants are identical in referential or truth value, but opposed in their social and/or stylistic significance. (Labov 1972:271)
20. I must repeat that we should observe stylistic procedures by taking the concrete work of art as the point of departure, not some a priori standpoint outside of the work. (Spitzer 1962:172)
21. ... the concept that everyone has a personal and different form of the language, an *idiolect*, is a basic tenet in linguistics.... (Coulthard 1994:30)
22. Every speaker has an idiolect, just as every collectivity of speakers has a dialect. Idiolects differ from dialects just as dialects differ from languages: the range of variation in either case is narrower [by comparison to the larger group]. (Bolinger y Sears 1981:194)
23. ... variation is to be found everywhere in language, even at the level of the idiolect. (Guy 1980:1)
24. The empirical coherence of my own studies, and those that have followed the same path, stems from the principle that the community is conceptually and analytically prior to the individual. (Labov 2016:598)
25. We will also argue that monistic or dualistic views of style are too reductive, and that "style" is best approached from a pluralistic point of view. (Closs Traugott y Romaine: 1985:9)

CAPÍTULO 5. LA ESTILÍSTICA

1. The variable is, of course, as abstraction. In actual texts, we meet with variants only. However, the move from variant to variable is the besic step which must be taken here. It implies that the speech performance of the individual or group is best explained through the assumption of an underlying linguistic continuum, in which categories form, reform and dissolve. (Labov 1966:21)
2. The developer stands before her source code editor in the same way the author confronts the blank page. There's an idea for what is to be created, and the (daunting) knowledge that there are a billion possible ways to go about it. To proceed, each relies on one part training to three parts creative intuition. They may also share a healthy impatience for the ways things "have always

been done" and a generative desire to break conventions. When the module is finished or the pages complete, their quality is judged against many of the same standards: elegance, concision, cohesion; the discovery of symmetries where none were seen to exist. Yes, even beauty. To be sure, each craft also requires a command of the language and its rules of syntax. (Hipps 2016)

3. . . . I would develop an empirical linguistics based on what people actually say. The term empiricism to some people implies a skepticism about abstractions and a hard-nosed approach to data, which is not at all the approach that I've taken. The idea is that language is an abstract object, and it has to be treated with abstractions. So the question is, on what database do you form your conclusions? (Labov in Gordon 2006)
4. Whether metacognitive activity operates at the conscious or subconscious level depends on the nature and complexity of the writing task as well as on the experiential and knowledge base of the writer. (Montague 1990:30)

CAPÍTULO 9. *CALIFORNIA CONTRA 'DEMANDADO'* (2011)

1. *PLEASE FOLLOW THESE IMPORTANT PROCESSING INSTRUCTIONS:*—Verify the registrant understands the requirements.
2. I have been notified of my duty to register as a sex offender pursuant to Penal Code sections 290-290.023 and 290.01. I have read, understood, and initialed each registration requirement specified on page 2 of this form. I understand it is my duty to know the registration requirements, including changes to the law that may be made after I sign this form. I certify the information provided is true and accurate. I understand failure to comply with the registration requirements, providing false information on the form, or failing to provide accurate information is punishable as a criminal offense.
3. *PLEASE FOLLOW THESE IMPORTANT PROCESSING INSTRUCTIONS:*—Have the registrant read and initial the registration requirements on page two of this form.
4. One approach to solving the dilemma of communication between two or more linguistic groups has been to develop vocabularies and rules of grammar for controlled subsets of Standard English. . . . The goal of this approach is to have non-native readers understand the English material, so companies, agencies, and institutions can avoid the problems of finding qualified translators . . . . (Albin 1998:124)
5. Legibility, in its strictest sense, applies to the visual aspects of text on a page. In order to make a text easy to read, we must manipulate typographical variables—such as paper size, type and size of font, spacing between letters and words, hyphenation, contrast, blank spaces, and margins—to help the reader navigate through the page without getting lost. (Albin 1998:120)
6. Parallelism in style means that all items in a list have the same grammatical construction. As a general rule, all items should be either phrases or complete sentences, not mixed. (Albin 1998:121)
7. It is possibly true to say that type size has more effect on legibility than any other single typographic factor, and much research has been devoted to the relative legibility of different type sizes for printed materials. The most reliable investigations suggest that the more commonly used sizes between 9 and 12 point are of about equal legibility at a normal reading distance (Tinker 1963:102). The optimum size is likely to be 10 or 11 point . . . . the legibility of smaller sizes such as 6 point will be impaired by difficulties in discriminating letters and recognising words. (Reynolds 1984:200)
8. These results may be compared with the findings of studies using younger adults, to suggest that recommendations for type sizes for use by older adults might well include sizes larger than those

generally recommended for use by young adults. The most common recommendation of type sizes for young adults is a minimum of 8 points, and little or no effect of improvement of reading performance is expected to occur at sizes above about 11 points. (Vanderplas and Vanderplas 1980:930)

9. . . . substantial evidence that child sexual abuse and incest is prevalent throughout Tonga. In the absence of concrete data, it is believed that the occurrence of such abuse is more likely in the outer islands of Tonga. (Government of Tonga 2005:20)
10. Known incidents usually invite gossip or discreet discussion within the community and are resolved through traditional reconciliation. Sexual abuse commonly takes the form of incest and involves stepfathers, uncles and other members of the extended family. (Emberson-Bain 1998:18)
11. . . . the reluctance to report is also related to the cultural and social environment. This can be seen in cases of incest where clearly defined cultural controls have traditionally regulated certain relationships between the opposite sex within the family (for example, father/daughter and brother/sister). These taboos would probably heighten the sense of family shame felt about an offence being committed. (Emberson-Bain 1998:41)
12. Cross-cultural communication is a fundamental issue in education for APIs [Asian Pacific Islanders], since they have distinct communication norms that are significantly different from those of native-born Americans and other immigrants. Problems in communication between education professionals and APIs, if not thoughtfully dealt with, may evolve into conflicts between APIs and the education institution. (Huang 1993:1)
13. Southeast Asians and Pacific Islanders have a polychronic time (P-time) framework, in contrast to Western monochronic time [M-time] (Hall, 1977). P-time allows different social interactions to happen at the same time. M-time demands a linear scheduling of events. Teachers may be irritated when API parents come late for an appointment without an apology, or offended when APIs are inattentive to what they have to say. Because Asians perceive time as a simultaneous process, they are not aware of the linear scheduling of teachers' time. Similarly, some APIs, such as the Hmong, believe time per se can solve problems better than human intervention. They reason that one should not push hard in haste, but, rather, let events run their own course . . . . An understanding of such a different notion of time may help teachers facilitate interaction among parents and staff. (Huang 1993:3)
14. There are inherent conflicts arising from the . . . dimensions of time and space . . . in their trans-cultural arrangement across cultures. . . . In the case of Tonga, for instance, time is considered less important than space . . . . This collectivist sense of time and space is, more often than not, opposed to their individualist arrangement in Western societies, particularly in the capitalist democratic cultures, where individuals are spatially slotted into highly rigid temporal slots. (Māhina 2002:307)
15. People present gifts to one another and to members of other kin groups at . . . key birthdays such as the first, sixteenth, and twenty-first. (Addo 2012:13)

CAPÍTULO 12. *CALIFORNIA CONTRA CEJA* (2013)

1. Minimal responses, in American English, are forms such as *mmhmm, yeah, uh-huh,* and *right* which are uttered by a listener during a speech event to signal a certain level of engagement with the speaker. (Fellegy 1995:186)

2. The follow-up question "Do you understand these rights?" also can be relatively meaningless in the Miranda context. Powerless people tend to say "yes" whether or not they understand, because it's too embarrassing to admit ignorance. (Shuy 2014:125)
3. CALP subsumes academic language related to various specialized topics, including legal language (e.g., 'You have the right to remain silent.'), . . . and abstract language (e.g., 'Do you wish to waive your rights?'). CALP is required for comprehension in context-reduced situations, such as a custodial interrogation, a legal hearing, or a Miranda rights admonition. (Dueñas González *et al.* 2012:709)
4. As a result of language acquisition barriers, many immigrants, especially those who moved to the United States as adults, have mastered their second languages at a conversational level rather than at a "fully bilingual" level. (Moore y Mamiya 1999:32)
5. Court language is much more difficult than conversational language. Several independent studies of the linguistic level of court language have concluded that it is at or beyond high school level, and legal terminology drives up the difficulty level even further. For an immigrant party to be considered bilingual in a legal proceeding, the party's language level should be at least at the 12th grade level in both languages. (Moore y Mamiya 1999:32)
6. The Miranda advisal constitutes a formal text that emanates from the language of the law, courtroom register, and law enforcement, which is marked by structural complexity, terms of art and jargon, and frozen phrases that are not used in ordinary conversational English. Although they appear deceivingly simple, the Miranda rights are a good example of the formal legal register, which is one of the most complex styles of English, even for native speakers. (Dueñas González *et al.* 2012:452)
7. Judges who are not familiar with the distinction between the two types of competency may wrongly focus their inquiry on conversational topics familiar to the defendant. Since a LEP person may be able to easily converse about topics focusing on daily, concrete experiences, the court may deduce from that slight proficiency that an LEP individual is English proficient . . . . (Dueñas González *et al.* 2012:537)
8. The language of the law will be characterized by its peculiar function. . . . [Legal languages] are instrumental to dealing with the law: that is, they are used with organized force administered by authorities. There is a sub-group of expert people, jurists, who are proficient in the intricacies of the law and of the language of the law. (Jori 2016:33)
9. What most judges fail to realize is that an LEP individual requires an advanced level of English proficiency in order to comprehend and communicate in a legal setting without the assistance of an interpreter. (Dueñas González *et al.* 2012:536)
10. Judges who are not familiar with the distinction between the two types of competency may wrongly focus their inquiry on conversational topics familiar to the defendant. Since an LEP person may be able to easily converse about topics focusing on daily, concrete experiences, the court may deduce from that slight proficiency that an LEP individual is English proficient. (Dueñas González *et al.* 2012:537)
11. There is a level of linguistic sophistication required at trial which is extremely subtle and can be easily missed by a monolingual individual unfamiliar with that language. (Salinas y Martínez 2010:552)
12. This responsibility is particularly pronounced in less obvious cases involving speakers who have some degree of English proficiency. The limited-English speaker, as opposed to the non-English

speaker, appears to be the conundrum that stymies judges in carrying out their role as guarantors of a fair trial. (Cooke 2001:13)

13. ... the Miranda text is singular in that it must be understood in its entirety in order for an arrestee to be able to apply it to his or her circumstances, exercise the right against self-incrimination, or to waive its protections. To fully appreciate the significance of the rights, an individual must be able to process the disjointed linguistic components of the text. This entails the ability to connect all the elements into a coherent message, make the inferences necessary to synthesize the information, apply it to the present circumstances, weigh the short- versus long-term consequences of waiver, and make the decision to either answer questions or invoke the right against self-incrimination. (Gonzalez *et al.* 2012:452)
14. Another problem with such a list of clues is that we don't know whether the interrogator first has an idea of truth or deception and then looks for clues in verbal and nonverbal behavior to justify that idea or whether these clues create an idea of truth or deception. (Shuy 1998:49)
15. "Statement" means a person's oral assertion, written assertion, or nonverbal conduct, if the person intended it as an assertion. (U.S. Congress 2009:366)
16. ... laws against coercion are very clear, at least about physical coercion, making promises of lenience, and threatening the suspect. But the law does not deal with subtler forms of coercion, such as pretending to be sympathetic to the suspect, even to the extent of being his or her trusted ally. Whether within the law or not, such techniques are what they are, simple coercion. (Shuy 1998:122)
17. ... the effects of physical force or threats are not significantly different from the effects of verbal dominance or control, especially when fear and anxiety are exploited, as they can easily be in a police interrogation. Intimidation can result from both physical force and from verbal force. (Shuy 1997:179)
18. With indirect speech acts, speakers count on their addressees to interpret their intent, even when such intent is not derived literally but rather by social convention or context use/appropriateness. (Mason 2013:214)
19. With these non-conventional requests, 'pragmatic duality' may occur and it is up to the addressees to decide whether they can plausibly deny that a request has been made. (Mason 2013:15)
20. ... it is particularly important to create protocols to assist the early identification of language need. To do so may require collaboration with law enforcement, legal counsel, or other justice partners, all of which may encounter an LEP individual prior to court involvement. (*A National Call to Action* 2013:20)
21. Additionally, states can encourage LEP court users to self-identify by explaining language services through multilingual pamphlets, posters, and online materials. (*A National Call to Action* 2013:20)
22. Procedures for self-identification as LEP in these settings should not be overly prescriptive. **Simple awareness or communication of the presence of a language barrier should trigger court personnel to offer the appropriate language access services. This is especially true in those non-court settings where the LEP person may not know interpreter services are available or may be embarrassed or afraid to ask for assistance.** The procedures should be modified to fit situations outside of the courtroom. (ABA *Standards for Language Access in Courts* 2012:44, emphasis added)
23. Courts should establish a process that places an affirmative duty on judges and court personnel

to provide language access services if they or the finder of fact may be unable to understand a person or if it appears that the person is not fluent in English. (ABA *Standards for Language Access in Courts* 2012:42)

24. Directly asking about the person's level of comfort in speaking and understanding English is a good idea, too. Additionally, judges should be aware that an ability to speak some English does not mean that an individual can speak or understand enough to proceed without an interpreter, particularly in a complicated, emotionally intense proceeding. (Abel 2009:13, emphasis added)
25. Berk-Seligson makes linguistic analysis the basis for advocacy and policy recommendations, making a strong case for the need to use qualified professional judicial interpreters in police interrogations and arguing that failure to do so creates 'a speech situation that lends itself to coerced confessions,' essentially amounting to 'linguistic police misconduct'. (Angermeyer 2010:172)
26. There is no rigid rule requiring that the content of the warnings to an accused prior to police interrogation required by *Miranda v. Arizona*, 384 U.S. 436, be a virtual incantation of the precise language contained in the Miranda opinion. (*California v. Prysock*, 453 U.S. 355 1981)
27. It is clear that the police in this case fully conveyed to respondent his rights as required by Miranda. . . . respondent was given the warnings required by Miranda. (*California v. Prysock*, 453 U.S. 355 1981)
28. What Miranda does require is meaningful advice to the unlettered and unlearned in language which he can comprehend and on which he can knowingly act. . . . The crucial test is whether the words in the context used, considering the age, background and intelligence of the individual being interrogated, impart a clear, understandable warning of all of his rights. (*Coyote v. United States*, 380 F.2d 305, 308 1967)
29. . . . LEP [limited English proficient] persons are routinely misclassified as English-proficient and are forced to undergo interrogation in English even when they do not possess sufficient English proficiency to understand the questions posed to them, let alone a knowing, intelligent, and voluntary waiver of their rights. (Dueñas González *et al.* 2012:447)
30. Thus law enforcement agencies still rely on untrained, untested, foreign-language speaking law enforcement personnel to perform complex tasks such as interrogating, translating, and interpreting in languages in which these employees have no specialized training. It is mistakenly assumed that their ability to speak two languages to any degree automatically qualifies them to perform these cognitively complex functions in high-stakes settings. (Dueñas González *et al.* 2012:445)
31. *Grammatical Abilities*: comprehension of questions and statements; fluency; accent; ability to control verb tenses, agreement, prepositions, articles, and word order; English vocabulary not related to everyday life. *Discourse Abilities*: use of connectors and transitions to maintain coherence; ability to answer non-routine questions. *Sociocultural Competence*: familiarity with the formal language of the law; ability to understand informal idioms and slang; ability to use proper forms of address. *Strategic Competence*: awareness of context and topic of conversation; ability to ask for explicit clarifications or repair mistake. (Dueñas González *et al.* 2012:544)
32. An interrogation is a face-to-face meeting with the distinct task of gaining an admission of confession in a real or apparent violation of law. (Yeschke 1987:25)
33. The purpose of an interrogation is to secure an admission of guilt from an individual who has committed a crime. (Aubry and Caputo 1980:21)

34. The failure to provide PCI interpreters during custodial interrogation effectively results in the differential treatment of LEP suspects and the production of unreliable, illegally obtained, and often unsubstantiated incriminatory evidence that does not accurately represent the suspect's knowledge of events surrounding the crime. (Dueñas González *et al.* 2012:446)
35. An unjust judgment may and often does afford strong evidence that the Court was dishonest; or, rather, it raises a strong presumption of dishonesty. It may even afford conclusive evidence if the injustice be sufficiently flagrant so that the Judgment is of a kind which no honest and competent Court could possibly have given. (Fitzmaurice 1932:108)

CAPÍTULO 13. *TEXAS CONTRA CORTEZ* (1901)

1. Both the acquittals and the pardon were significant legal victories in the Mexican-Americans' fight for civil rights in Texas and the Southwest and were, in the rarity of the justice received by the Mexican American defendant, part of the reason for the elevation of Cortez to the status of folk hero [in the *Corrido de Gregorio Cortez*]. (Saldívar 1987:14)
2. *Una sección de la decisión original relacionada con el lenguaje de la confesión:*

   "Appellant objected to this testimony on various grounds, among others that, not thoroughly understanding the Spanish language (the language in which defendant made his statement), he was not qualified as a witness to testify as to said confession. In this contention appellant was correct. Underh. Ev. § 147, states the rule as follows: 'A witness called to prove an oral confession need not repeat the exact words of the accused, but it is absolutely essential that he should remember the substance of what was said in the conversation, and be able to state it accurately, and unless it should affirmatively appear that the witness thoroughly understood the language in which the prisoner spoke the confession should be rejected.' " (Cortez v. State, 43 Tex.Crim. 375, 66 S.W. 453)
3. *Otra parte de la decisión original relacionada con la confesión:*

   "Defendant was brought into the presence of said parties, and witness, at their request, informed defendant that the parties present desired him to make a statement, and informed defendant that any statement made by him would be used against him on the final trial of the cause growing out of said killing; that defendant did not suggest or request that he be permitted to make such statement; that he gave defendant a glass of beer, and someone gave him a small flask of whisky, but defendant was not under the influence of liquor. Witness thereupon narrated the confession of defendant, set out in the statement of facts; that said officers were armed, and were active in the pursuit and capture of defendant. Defendant objected to the introduction of said confession, for the reasons that defendant was being plied with liquor to induce such confession; that the officers present were there for the purpose of inducing and forcing defendant; that the facts and circumstances surrounding the confession show that the same was not voluntarily made, but that defendant was induced to make the same, and that he was then in both physical and mental duress compelled to make the same. The court allowed the bill, with the statement that there was no evidence tending to show that defendant was in the least under the influence of liquor, as a small flask of whisky was given him upon his own request, and he had taken one drink only when he made the statement. As shown by the bill, we are of opinion that said confession was admissible. But, as was said in *Thomas v. State, 35 Tex. Cr. R. 179, 32 S. W. 771*: 'The circumstances under which the confession is made are of very great importance. They must be looked to in all cases, and when this is done, and there is nothing pointing to the motive prompting the confession, it will be received.' " (Cortez v. State, 43 Tex.Crim. 375, 66 S.W. 453)

4. *El párrafo de la decision original relevante al testimonio de Manuel Tom:*
   "Witness then proceeded to state that defendant said in retreating he went by the barn. On cross-examination, however, this witness stated that the word used by defendant which he interpreted as barn was 'casa,' which means a 'house,' and witness did not know what word in the Spanish language means barn. The introduction of this testimony, as shown in the bill of exceptions, illustrates the danger of this character of testimony, and the wisdom of the rule that requires the witness who interprets to thoroughly understand the language in which the confession was made. The retreat by appellant becomes a very material matter in this case. If appellant retreated by the house, and went south, this would tend to show he was the party who killed Glover, and not Schnabel; whereas, if he retreated by the barn, he may have been the party who killed Schnabel. This testimony should not have been admitted." (Cortez v. State, 43 Tex.Crim. 375, 66 S.W. 453)

CAPÍTULO 15. *'EMPLEADO' CONTRA 'COMPAÑÍA'* (2010)

1. The power [of nicknaming] is implicit in the pragmatic and politeness structures relevant to nicknaming, and the complexity of these structures is the ground on which power between namer and named is subtly, continually negotiated. (Adams 2009:82)
2. We were in trial in a case that involved Mexican immigrant witnesses. A male witness testified that he addressed a young, unattractive girl by saying, "ay mamacita". Normally, this comment would constitute a flirtatious-type compliment, but the circumstances indicated otherwise. The interpreter translated, 'Oh, little mother.' The interpreter failed to grasp the situation, the culture, and the tone. (Salinas y Martínez 2010:557)
3. Nicknames, which have their origin in referring to what is unique about a person, . . . tend to be more individualizing than surnames. (Collier y Bricker 1970:292)
4. As was the custom of the time, we shared nicknames. One of my friends was left-handed, so we called him surdo. The other had a limp, so he was *pata*. (Mendoza 1994:294)
5. Nicknames related to color, specifically white and black, are very, very common in many Spanish-speaking communities of Mexico and Latin America, and they can lead to intra-group and intra-family discrimination. (Mosquera 2003:15)
6. Some of the nicknames referred to an individual's disposition or personality, such as La Loca 'the Crazy Woman' or El Joto 'the Fag', (offensive). More typically, they referred to an individual's physical characteristics, like Pelón 'Baldy', La Gordita 'the Chubby Woman', or Nalgona 'the Woman with a Big Butt' (offensive). (Barrett 2006)

CAPÍTULO 16. *JAZMÍN Y EL CERTAMEN DE ORTOGRAFÍA* (2014)

1. "the primary source used to craft the pronunciations". (SNSB 2013)
2. The cultural practice of spelling bees emerged in the United States within a nexus of social, political, pedagogical and linguistic factors roughly linked to the emergence of American English as a unitary category tied to America's political identity after the Revolutionary War. (McArthur 2011:1)
3. "the establishment of a 'uniform standard of elegant pronunciation' as a nationalist imperative . . .". (McArthur 2011:1)
4. a cultural celebration of the English language. (SNSB 2013)
5. . . . this event spotlights our mission to inspire children to improve their spelling, increase their vocabularies and develop correct English usage that will help them all their lives. (SNSB 2013)
6. This year, 281 spellers will converge from eight countries: the Bahamas, Canada, China, Ghana,

Jamaica, Japan, South Korea and the United States. Competitors hail from all 50 states, the District of Columbia, American Samoa, Guam, Puerto Rico, the U.S. Virgin Islands and Department of Defense Schools in Europe. (SNSB 2013)

7. many speakers, under the influences of their first language, still use retroflex /ʈ/ and [ɖ] for [t] and [d]. (Brozbă 2011:6)
8. ... a distinctive accent may become a detriment to the speaker when it affects the intelligibility of an utterance and may result in a reduction in both social and professional interaction and progress. (Awan & Stine 2011:998)
9. It is clear that to spell English successfully one must have a high degree of sensitivity to both the phonological and morphological structure of words. (Brengelman 1970:132)
10. Thus it is possible for the same spelling system to be entirely adequate for dialects which may sound conspicuously different. It does not follow automatically from the fact of dialect divergence that a common spelling system is impossible or that speakers of some dialects will have greater difficulty with spelling than others. (Brengelman 1970: 133)
11. an essential feature to achieve intelligibility. (Luchini and Chiusano 2009:58)
12. This use of retroflex consonants is very characteristic of Indian English, and the retroflex resonance is very pervasive and can cause intelligibility problems. (Ball y Müller 2005:289)
13. Because speakers of Indian English may use a non-aspirated form of the voiceless plosive referred to as 'voiced aspirated' (Yavas: 2006), the VOT necessary for the appropriate production of Standard English stop plosives may be altered and intelligibility affected, e.g., 'pin' may be perceived as 'bin' and 'pet' may be perceived as 'bet'. (Awan y Stine 2011:999)
14. ... pay attention to the feature of aspiration of /p/, /t/, /k/ when these sounds occur in initial accented syllables. . . . without the aid of this puff of air, a listener may find it more difficult to identify these sounds as voiceless. Thus, an unaspirated /p/ may be mistaken for /b/, /t/ for /d/, and /k/ for /g/ in word pairs like, pig-big, teen-dean, cap-gap. (Luchini y Chiusano 2009:59)
15. ... the language environment clearly influences developmental speech perception. (Best et al. 1988:345)
16. ... most individuals perceptually assimilate certain non-native speech sounds with similar ones from the native language. (Golestani y Zatorre 2009:56)
17. One influencing factor [of first language influence on the second language] is the articulatory basis of their first language, which is the physiological articulatory pattern habituated during the process of learning the phonology of the first language. (Pérez 1994:246)
18. "The many variations of plosive stops in Indian languages versus just the two in English can lead to confusion in Indian English speakers, which may create a lack of intelligibility for listeners who speak a different dialect of English. (Das y Hansen 2004:344)
19. ... Punjabi speakers, thus, do not hear the aspiration of the initial stops /p/, /t/, and /k/in English. Instead, they hear voiceless unaspirated stops and produce them as such. English speakers hear the ... Punjabi speakers' voiceless unaspirated stops as voiced stops, just to add to the confusion. (Avery y Erlich 1994:129)
20. The speller while facing the judges makes an effort to utter each letter distinctly and with sufficient volume to be understood by the judge. (SNSB 2013)
21. The judges have discretionary power to amend oral and/or written spelling requirements on a case-by-case basis for spellers with diagnosed medical conditions involving sight, hearing, speech, or movement. (SNSB 2013)

Casos jurídicos citados

CAPÍTULO 1. EN ENTORNO SOCIOHISTÓRICO DE ESTE ESTUDIO

Miranda v. Arizona, 384 U.S. 436 (1966)
Williams-Yulee v. Florida Bar, 575 U.S. (2015)

CAPÍTULO 2. LA LINGÜÍSTICA FORENSE

R. v. Mohan (1994) 2 SCR 9, 21
U.S. v. Addison, 498 F.2d 741 (D.C. Cir. 1974)

CAPÍTULO 4. EL ESTILO

U.S. v. Van Wyk, 83 F.Supp.2d 515 (D. N.J. 2000)
U.S. v. Zajac, 748 F. Supp. 2d 1340 (D. Utah 2010)

CAPÍTULO 5. LA ESTILÍSTICA FORENSE

Daubert v. Merrell Dow Pharmaceuticals, Inc., 951 F.2d 1128 (1991)
Frye v. United States, 293 F. 1013 (App. D.C. 1923)
Kuhmo Tire Company, Ltd., v. Carmichael, 119 S.Ct. 1167 (1999)

CAPÍTULO 12. CALIFORNIA CONTRA CEJA (2013)

California v. Ceja, CRM014710B, Merced County Superior Court
California v. Prysock, 453 U.S. 355 (1981)
Coyote v. United States, 380 F.2d 305, 308 (CA10 1967), cert. denied, 389 U.S. 992
Lau v. Nichols, 414 U.S. 563 (1974)
Miranda v. Arizona, 384 U.S. 436 (1966)

CAPÍTULO 13. TEXAS CONTRA CORTEZ (1901)

Cortez v. State, No. 2397, Court of Criminal Appeals of Texas, Tex 43. CRIM. 375; 66 SW 453; 1902 Tex. CRIM. App. LEXIS 3, January 15, 1902, decided
Cortez v. State, No. 2270, Court of Criminal Appeals of Texas, Tex 44. CRIM. 169; 69 SW 536; 1902 Tex. CRIM. App. LEXIS 106, June 24, 1902, decided
Cortez v. State, No. 2696, Court of Criminal Appeals of Texas, Tex 47. CRIM. 10; 83 SW 812; 1904 Tex. CRIM. App. LEXIS 208, June 15, 1904, decided, motion for rehearing overruled without written opinion.

Obras citadas

Abel, Laura. 2009. *Language access in state courts,* New York: Brennan Center for Justice, New York University School of Law. https://www.brennancenter.org/sites/default/files/legacy/Justice/LanguageAccessinStateCourts.pdf

Aceto, Michael. 2002. "Ethnic personal names and multiple identities in anglophone Caribbean communities in Latin America", *Language in Society,* 31: 577–608.

Adams, Michael. 2009. "Power, politeness, and the pragmatics of nicknames", *Names: a Journal of Onomastics,* 57:2:81–91.

Addo, Ping-Ann. 2012. "Teaching culture with a modern valuable: lessons about money for and from Tongan youth in New Zealand", *Pacific Studies,* 35:1:11–43.

Ainsworth, Janet. 2008. " 'You have the right to remain silent . . .' but only if you ask for it just so: the role of linguistic ideology in American police interrogation law", *International Journal of Speech, Language and the Law,* 15:1:1–21.

AJS: The American Judicature Society. 2014. *Methods of judicial selection.* http://www.judicialselection.us/judicial_selection/methods/selection_of_judges.cfm

Albalat, Antoine. 1956. *La formation du style par l'assimilation des auteurs,* 2e ed., París: A. Colin.

Albin, Verónica. 1998. "Translating and formatting medical texts for patients with low literacy skills", en Fischback, Henry, ed., *Translating and medicine,* American Translators Association, Scholarly Monograph Series X, Amsterdam, John Benjamins, 117–130.

Albrecht, Jörn y Métrich, René, eds. 2016. *Manuel de traductologie,* Berlín: de Gruyter Mouton.

Alcaraz Varó, Enrique. 2002. *El inglés jurídico: textos y documentos,* Barcelona: Ariel.

Alcaraz Varó, Enrique. 2005. "La lingüística legal: el uso, el abuso y la manipulación del lenguaje jurídico", en Turell 2005a, 49–66.

Alcaraz Varó, Enrique; Campos Pardillos, Miguel Ángel; Miguélez, Cynthia. 2001. *El inglés jurídico norteamericano,* Barcelona: Ariel.

Alcaraz Varó, Enrique y Hughes, Brian. 2001. *Diccionario de términos jurídicos, Inglés-Español, Spanish-English,* 6a ed., Barcelona: Ariel.

Alonso, Amado. 1932. "Introducción", en Vossler, Spitzer y Hatzfeld 1932.

Alonso, Amado. 1942. "Nota introductoria", en Vossler, Karl; Spitzer, Leo; Hatzfeld, Helmut, eds., *Introducción a la estilística romance,* traducción y notas de Amado Alonso y Raimundo Lida, Buenos Aires: Universidad de Buenos Aires.

Alonso, Amado. 1965a. *Materia y forma en poesía*, 3a ed., Madrid: Gredos.

Alonso, Amado. 1965b. "Carta a Alfonso Reyes sobre la estilística", en *Materia y forma en poesía*, 1955, 3a ed., Madrid: Gredos, 78–86.

Alonso, Amado. 1965c. "La interpretación estilística de los textos literarios", *Materia y forma en poesía*, 3a ed., Madrid: Gredos, 87–107.

Alonso, Dámaso. 1950. *Poesía española: ensayo de métodos y límites estilísticos*, Madrid: Gredos.

Alonso, Dámaso. 1981. *Poesía española: ensayo de métodos y límites estilísticos*, 5a ed., 3a reimp., Madrid: Gredos.

Alonso Pedraz, Martín. 1975. *Ciencia del lenguaje y arte del estilo*, 12a ed., Madrid: Aguilar.

Alonso-Ramos, Margarita. 2016. *Spanish Learner Corpus Research: Current trends and future perspectives*, Studies in Corpus Linguistics 78, Amsterdam: John Benjamins.

Alonso, Santos. 1981. *Tensión semántica: lenguaje de estilo de Gracián*, Zaragoza: Instituto Fernando el Católico.

Alvar, Manuel. 1992. "El español de los Estados Unidos: diacronía y sincronía", *Revista de Filología Española*, 72:3–4:469–490.

American Bar Association. 2012. *ABA standards for language access in courts*, Chicago: American Bar Association. http://www.americanbar.org/content/dam/aba/administrative/legal_aid_indigent_defendants/ls_sclaid_standards_for_language_access_proposal.authcheckdam.pdf

Ammon, Paul. 1985. "Helping children learn to write in English as a second language: some observations and some hypotheses", en Warshauer Freedman, Sarah, ed., *The acquisition of written language*, Norwood, NJ: Ablex, 65–84.

Andrén, Mats. 2014. "Multimodal constructions in children", *Gesture*, 14:2:141–170.

Angermeyer, Philipp. 2010. "*Review of coerced confessions: the discourse of bilingual police interrogations (2009)*", reseña de Berk-Seligson, Susan, en *International Journal of Speech, Language and the Law*, 17:171–176, 2010.

Archibold, Randal C. 2016. "In the wake of Orlando shootings, Mexican soccer chant offends many", *The New York Times*, junio 18 del 2016. http://nyti.ms/1UdpqDV

Aristegui, Carmen; Huerta, Irving; Barragán, Sebastián; Fierro, Juan Omar; Cabrera, Rafael. 2016. "Peña Nieto, de plagiador a presidente", *Aristegui Noticias*, septiembre 2 del 2016. http://aristeguinoticias.com/2108/mexico/pena-nieto-de-plagiador-a-presidente/

Aubry, Arthur S. y Caputo, Randolph R. 1980. *Criminal interrogation*, Springfield, IL: Charles C. Thomas.

Avery, Peter y Erlich, Susan. 1992. *Teaching American English pronunciation*, Oxford: Oxford University Press.

Awan, Shaheen N. y Stine, Carolyn N. 2011. "Voice onset time in Indian English-accented speech", *Clinical Linguistics & Phonetics*, 25:998–1003.

Bajčić, Martina y Dobrić Basaneže, Katja, eds. 2016. *Towards the Professionalization of Legal Translators and Court Interpreters in the EU*, Cambridge: Cambridge Scholars Publishing.

Ball, Martin J. y Müller, Nicole. 2005. *Phonetics for communications disorders*, London: Lawrence Erlbaum.

Bally, Charles. 1951. *Traité de stylistique française*, (1909), 2e édition, París: C. Klincksieck.

Baroja, Pío. 1983. *La intuición y el estilo*, edición conmemorativa del centenario del nacimiento de Pío Baroja, Madrid: Caro Raggio.

Barrett, Rusty. 2006. "Language ideology and racial inequality: competing functions of Spanish in an Anglo-owned Mexican restaurant", *Language in Society*, 35:163–204.

Barry, Dan. 2016. "A heated linguistic debate: What makes 'Redskins' a slur?" *The New York Times*, mayo 21 del 2016. http://nyti.ms/1s1dopV

Beezley, William H. 2007. "Cómo fue que El Negrito salvó a México de los franceses: las fuentes populares de la identidad nacional", *Historia Mexicana*, 57:405–444.

Bell, Allan; Sharma, Devyani; Britain, David. 2016. "Labov in sociolinguistics: an introduction", *Journal of Sociolinguistics*, 20:4:399–408.

Bello Vásquez, Felix. 1988. *Lenguaje y estilo en la obra de Pío Baroja*, Salamanca: Universidad de Salamanca.

Beltman, Douglas. 2013. "Declaración de Douglas Beltman en calidad de testigo", New York, el 21 de marzo del 2013, http://www.juiciocrudo.com/documentos/abrir/Declaracion-juramentada-de-Douglas-Beltman-de-Stratus-Consulting-(22-mar-2013).pdf

Bennett, Gena R. 2010. *Using corpora in the language learning classroom: corpus linguistics for teachers*, Ann Arbor: University of Michigan Press.

Benot, Eduardo. 1888. *Arquitectura de las lenguas*, en 3 tomos de 1888–1891, Madrid: Juan Muñoz Sánchez.

Berk-Seligson, Susan. 1990/2002. *The bilingual courtroom: court interpreters in the judicial process*, Chicago: University of Chicago Press.

Berk-Seligson, Susan. 2000. "Interpreting for the police: issues in pre-trial phases of the judicial process", *International Journal of Speech, Language and the Law*, 7:2:212–237.

Berk-Seligson, Susan. 2001. "Las advertencias Miranda y la coerción lingüística: cuando la policía alterna entre intérprete e interrogador", *Revista Iberoamericana de Discurso y Sociedad*, 3:2:7–45.

Berk-Seligson, Susan. 2002. "The Miranda warnings and linguistic coercion: the role of footing in the interrogation of a limited-English speaking murder suspect", en Cotterill, Janet, ed., *Language in the legal process*, London: Palgrave.

Berk-Seligson, Susan. 2009. *Coerced confessions: the discourse of bilingual police interrogations*, New York: Mouton de Gruyter.

Berk-Seligson, Susan. 2015. "Forensic Spanish", en Lacorte 2015, 406–419.

Berlinerblau, Virginia; Nino, Mariano; Viola, Sabrina. 2013. *Guía de buenas prácticas para el aborde de niños/as, adolescentes víctimas o testigos de abuso sexual y otros delitos: protección de sus derechos, acceso a la justicia y obtención de pruebas válidas para el proceso*, Buenos Aires: Fondo de la Naciones Unidas para la Infancia (UNICEF) y Asociación por los Derechos Civiles (ADC).

Berry, Kate. 2015. *How judicial elections impact criminal cases*, New York University School of Law, New York: Brennan Center for Justice.

Best, C. T.; McRoberts, G. W.; Sithole, N. M. 1988. "Examination of perceptual reorganization for nonnative speech contrasts: Zulu click discrimination by English-speaking adults and infants", *Journal of Experimental Psychology: Human Perception and Performance*, 14:345–360.

Bhattacherjee, Anol. 2012. *Social science research: principles, methods, and practices*, Textbooks Collection, Book 3, Tampa: University of South Florida. http://scholarcommons.usf.edu/oa_textbooks/3

Biber, Douglas. 1988. *Variation across speech and writing*, Cambridge: Cambridge University Press.

Biber, Douglas. 2004. "Conversation text types: a multidimensional analysis", *7èmes Journées Internationales d'Analyse statistique des Donées Textuelles*, marzo 10 del 2004, Louvain-la-Neuve, Belgique.

Biber, Douglas. 2009. "Corpus-based and corpus-driven analyses of language variation and use", en Heine, Bernd y Narrog, Heiko, eds., *The Oxford handbook of linguistic analysis*, Oxford: Oxford University Press, 159–192.

Biber, Douglas. 2016. "Using multi-dimensional analysis to explore cross-linguistic universals of register variation", en Lefer, Marie-Aude y Vogeler, Svetlana, eds., *Genre- and register-related discourse features in contrast*, Amsterdam: John Benjamins, 7–34.

Bix, Laura. 2002. "Elements of text and message design and their impact on message legibility: a literature review", *Journal of Design Communication*, núm. 4, primavera.

Bosque, Ignacio y Demonte, Violeta. 1999. *Gramática descriptiva de la lengua española*, Colección Nebrija y Bello, Real Academia Española, Madrid: Espasa Calpe.

Blasco, Javier y Ruiz Urbón, Cristina. 2009. "Evaluación y cuantificación de algunas técnicas de 'atribución de autoría' en textos españoles", *Castilla. Estudios de Literatura*, 0:27–47.

Bloch, Bernard. 1948. "A set of postulates for phonemic analysis", *Language*, 24:1:3–46.

Bloch, Bernard. 1953. "Linguistic structure and linguistic analysis", en Hill, A., ed., *Report on the fourth Annual Round Table Meeting on linguistics and language teaching*, Washington, DC: Georgetown University Press, 40–44.

Boersma, Paul y Weenink, David. 2014. *Praat: doing phonetics by computer.* Programa informático, versión 5.3.70. http://www.praat.org/

Bolinger, Dwight y Sears, Donald A. 1981. *Aspects of language*, 3rd ed., New York: Harcourt Brace.

Bolt, R. H.; Cooper, F. S.; David, E. E.; Denes, P. B.; Pickett, J. M.; Stevens, K. N. 1970. "Speaker identification by speech spectrograms: a scientist's view of its reliability for legal purposes", *Journal of the Acoustical Society of America*, 47:597–612.

Brandmeyer, Alex; Desain, Peter W. M.; McQueen, James M. 2012. "Effects of native language on perceptual sensitivity to phonetic cues", *NeuroReport*, 23:653–657.

Bravo Aguilar, Nauhcatzin Tonatiuh. 2001. "La protección del derecho en contra de la tortura y la autoincriminación en México y Estados Unidos", en Templos, Karla Beatriz, ed., *Perspectivas del derecho en México*, Concurso Nacional de Ensayo Jurídico 2000, Serie Estudios Jurídicos, núm. 14, México, DF: UNAM Instituto de Investigaciones Jurídicas, 143–171.

Brengelman, Frederick H. 1970. "Dialect and the teaching of spelling", *Research in the Teaching of English*, 4:129–138.

Bresler Rockmore, Ellen. 2015. "How Texas teaches history", *The New York Times*, octubre 22 del 2015. http://nyti.ms/1QSrXmb

Brière, Eugène J. 1978. "Limited English speakers and the Miranda rights", *TESOL Quarterly*, 12:3:235–245.

Brown, Penelope. 1976. "Women and politeness: a new perspective on language and society", *Developments in Anthropology*, 3:240–241.

Brozbă, Gabriela-Anidora. 2011. "On some features of consonants in Indian English," *Bucharest Working Papers in Linguistics*, 13:1–12. http://bwpl.unibuc.ro/index.pl/on_some_ features_of_ consonants_in_indian_english

Bruneau, Charles. 1987. *El análisis literario: introducción metodológica a una estilística integral*, 12ª ed., Buenos Aires: El Ateneo.

Butler, Brian E. 2016. "Law and the primacy of pragmatics", en Capone, Alessandro y Poggi, Francesca, eds., *Pragmatics and law: philosophical perspectives*, Berlin: Springer, 1–14.

Butler, Judith. 1997. "Sovereign performatives in the contemporary scene of utterance", *Critical Inquiry*, 23:2: 350–377, traducida al español por Ana Romero, "Soberanía y actos de habla performativos".

California Constitution: The Original Constitution of the State of California. 1849. Sacramento: California State Library, núm. de catálogo JK.8725.1849.A521, en inglés y español. https://archive.org/details /originalconstituoocali

California Constitution: The Spanish-Language Constitution of the State of California. 1849. Sacramento: California State Archives. http://www.sos.ca.gov/archives/collections/1849/images /1849Constitucion2.pdf

Camayd Freixas, Erik. 2008. "Interpreting after the largest ICE raid in US history: a personal account", *The New York Times*, junio 13 del 2008. http://nyti.ms/2e9pnPX y http://graphics8.nytimes.com /images/2008/07/14/opinion/14ed-camayd.pdf

Cambier-Langeveld, Tina. 2010. "The role of linguists and native speakers in language analysis for the determination of speaker origin", *International Journal of Speech, Language and the Law*, 17:1:67–93.

Cambier-Langeveld, Tina. 2016. "Language analysis in the asylum procedure: a specification of the task in practice", *International Journal of Speech, Language and the Law*, 23:1:25–41.

Campillo y Correa, Narciso. 1865. *Del estilo, de sus diversas clases, y de la aplicación de cada una á los diferentes géneros de composición literaria*, Cádiz: Tipografía de la Marina.

Castagnino, Raúl H. 1961. *El análisis literario*, Buenos Aires: Editorial Nova.

Castagnino, Raúl H. 1974. *El análisis literario: introducción metodológica a una estilística integral*, 8a edición, Buenos Aires: Editorial Nova.

Cao, Deborah, 2010. "Legal translation", en Gambier y van Doorslaer 2010, 191–195.

Caprara, Giovanni; Ortega Arjonilla, Emilio; Villena Ponsoda, Juan Andrés. 2016. *Variación lingüística, traducción y cultura: de la conceptualización a la práctica profesional*, Studien zur romanischen Sprachwissenschaft und interkulturellen Kommunikation, vol. 105, Frankfurt: Peter Lang.

Carrió Pastor, Marisa y Candel Mora, Miguel Ángel, eds. 2011. *Actas del III Congreso Internacional de Lingüística de Corpus: las tecnologías de la información y las comunicaciones: presente y futuro en el análisis de corpus*, València: Universitat Politècnica de València.

Cerda, Ramón. 2005. "Prólogo", en Turell 2005a, 9–11.

Cerezo, Luis. 2015. "Interpreting", en Lacorte 2015, 313–331.

Cerrón-Palomino, Álvaro. 2016. "(No) English interference on U.S. Southwest Spanish? A look at variable subject expression in Phoenix Spanish-English bilinguals", *Sociolinguistic Studies*, 10:3:383–408.

Chaski, Carole. 2001. "Language based author identification techniques", *International Journal of Speech, Language and the Law,* 8:1:1–65.

Cho, Taehong y Ladefoged, Peter. 1999. "Variation and universals in VOT: evidence from 18 languages", *Journal of Phonetics,* 27:207–229.

Cicres, Jordi. 2007. "Análisis discriminante de un conjunto de parámetros fonético-acústicos de las pausas llenas para identificar hablantes", *Síntesis Tecnológica,* 3:2:87–96.

Cicres, Jordi. 2011. "La lingüística forense y el uso de los corpus lingüísticos", en Carrió Pastor y Candel Mora, 517–524.

Cicres, Jordi y Turell, Ma. Teresa. 2004. "El análisis multidimensional de la voz como herramienta para la identificación del hablante en fonética forense", en *Actas del VI Congreso de Lingüística General,* Santiago de Compostela.

Cicres, Jordi y Turell, Ma. Teresa. 2010. "Investigación, docencia y práctica profesional en lingüística forense", en Garayzábal *et al.* 2010, 32–44.

Cifuentes Honrubia, José Luis. 2009. "Autorización: actos de habla e interpretación jurídica", en Jiménez Ruíz, Juan Luis, coord., *Investigaciones lingüísticas en el siglo XXI,* Alicante: Universidad de Alicante, 45–61.

Cifuentes Honrubia, José Luis. 2010. "Lingüística forense: un caso práctico", en Cifuentes Honrubia, J. L.; Gómez, A.; Lillo Buades, José Mateo; Yus F. (eds)., *Los caminos de la lengua. Estudios en homenaje al profesor Enrique Alcaraz Varó,* Alicante: Universidad de Alicante, 473–487.

Closs Traugott, Elizabeth y Romaine, Suzanne. 1985. "Some questions for the definiton of 'style' in socio-historical linguistics", en Romaine, Suzanne y Closs Traugott, Elizabeth, eds., *Papers from the workshop on socio-historical linguistics* de agosto 20 del 1983, *Folia Linguistica: Acta Societatis Linguisticae Europaea,* 4:1:7–39.

Cohen, L. Jonathan. 1977. *The probable and the provable,* Oxford: Clarendon.

Collier, George A. y Bricker, Victoria R. 1970. "Nicknames and social structure in Zinacantán", *American Anthropologist,* New Series, 72:289–302.

Constantino Martínez, Fabián, y Rivera León, Mauro Antonio. 2010. *Elementos de la lingüística jurídica. Deconstrucción conceptual: herramientas hacia la interpretación normativa,* México: Fontamara-Universidad de Sonora.

Cooke, Michael. 2001. "Indigenous interpreting issues for courts", Melbourne: Australian Institute of Judicial Administration. http://www.aija.org.au/ac01/Cooke.pdf

Cordingley, Anthony y Frigau Manning, Céline. 2017. *Collaborative translation: from the Renaissance to the digital age,* New York: Bloomsbury.

CoRG: Communication of Rights Group. 2015. *Guidelines for Communicating Rights to Non-native Speakers of English in Australia, England and Wales, and the USA.* http://c.ymcdn.com/sites/www.aaal.org/resource/resmgr/Communication_of_Rights_Octo.pdf

Coseriu, Eugenio. 1967. *Teoría del lenguaje y lingüística general,* 2da edición, Madrid: Gredos.

Cotterill, Janet. 2000. "Reading the rights: a cautionary tale of comprehension and comprehensibility", *International Journal of Speech, Language and the Law,* 7:1:4–25.

Cotterill, Janet. 2005. "¿Fresco, puro y natural? Lengua y derecho en el etiquetado de los productos alimenticios", en Turell 2005a, 85–112.

Coulthard, Malcolm. 1994. "On the use of corpora in the analysis of forensic texts", *International Journal of Speech, Language and the Law*, 1:27–43.

Coulthard, Malcolm. 2004. "Author identification, idiolect, and linguistic uniqueness", *Applied Linguistics*, 254:431–447.

Coulthard, Malcolm. 2005. "Algunas aplicaciones forenses de la lingüística descriptiva", en Turell 2005a, 249–274.

Coulthard, Malcolm y Johnson, Alison, eds. 2010. *The Routledge handbook of forensic linguistics*, London: Routledge.

CPC 290: California Penal Code 290. 2006. "Sex Offender Registration Act". http://www.leginfo.ca.gov/cgi-bin/displaycode?section=pen&group=00001-01000&file=290-294

Crawford, Alan N. 1984. *A Spanish language Fry type readability procedure: elementary level*, Bilingual Education Paper Series, Los Angeles: CSULA Evaluation Dissemination and Assessment Center, 7:1–17. http://files.eric.ed.gov/fulltext/ED273119.pdf

Criado de Val, Manuel. 1953. *Análisis verbal del estilo: índices verbales de Cervantes, de Avellaneda y del autor de "La tía fingida"*, Madrid: Instituto Miguel Cervantes (CSIC), RFE, Anejo LVII.

Crystal, David. 2008. *Txting: the Gr8 Db8*, Oxford: Oxford University Press.

Cuadra Downing, Orlando. 1967. *Seudónimos y apodos nicaragüenses*, Managua: Editorial Alemana.

Cummins, Jim. 2008. "BICS and CALP: Empirical and Theoretical Status of the Distinction", en Street, B. y Hornberger, N. H., eds., *Encyclopedia of language and education, 2nd Ed., Volume 2: Literacy*, NewYork: Springer, 71–83.

Daller, Helmut. 2001. "El desarrollo del bilingüismo: aspectos educacionales", *Revista de Educación*, 326:25–35.

Das, S. y Hansen, J. H. L. 2004. Detection of voice onset time (VOT) for unvoiced stops (/p/, /t/, /k/) using Teager Energy Operator (TEO) for automatic detection of accented English", en Tanskanen, J., ed., *Proceedings of the 6th Nordic signal processing symposium*, Helsinki: Helsinki University of Technology, 344–347.

Davis, Lawrence M. 1990. *Statistics in dialectology*, Tuscaloosa: University of Alabama Press.

Davis, Wendy. 2016. "Language barriers: justice moves slowly for those who need interpreters", *ABA Journal*, marzo 1 del 2016. http://www.abajournal.com/magazine/article/justice_moves_slowly_for_those_who_need_interpreters

Day O'Connor, Sandra. 2009. "The essentials and expendables of the Missouri Plan: the 2009 Earl F. Nelson Lecture", *Missouri Law Review*, 74: 479–494.

de Benito Moreno, Carlota y Octavio de Toledo y Huerta, Álvaro S., eds. 2016. *El torno a 'haber': construcciones, usos y variación desde el latín hasta la actualidad*, Frankfurt: Peter Lang.

de Kock, Josse; Geens, Dirk; Delbecque, Nicole; Gómez Molina, Carmen; de Keyser, Robert. 1983. *Elementos para una estilística computacional*, Tomos I y II, Madrid: Editorial Coloquio.

de Valdés, Juan. 1535. *Diálogo de la lengua*, Madrid: Castalia.

Degnan, Ronan E. 1974. "Review of *Evidence in trials at Common Law* by John H. Wigmore", *Harvard Law Review*, 87:7:1590–1594.

Delgado Romero, Carlos. 2005. "Comentarios sobre el contexto actual de la identificación forense de locutores", en Turell 2005a, 113–130.

Dhore, M. L.; Dixit, S. K.; Dhore, Ruchi M. 2012. "Issues in Hindi to English and Marathi to English machine translation of named entities", *International Journal of Computer Applications*, 51:37–44.

Díaz-Campos, Manuel. 2011. *The handbook of hispanic sociolinguistics*, Oxford: Wiley-Blackwell.

Díaz Galaz, Stephanie. 2012. *La influencia del conocimiento previo en la interpretación simutánea de discursos especializados: un estudio empírico*, tesis doctoral del Departamento de Traducción e Interpretación , Granada: Editorial de la Universidad de Granada.

Domínguez, Ivo. 1977. "Spanish stylometrics: a beginning", *Association for Literary and Linguistic Computing Bulletin*, 5:2:158–162.

Downs, Jim. 2014. *The real world of Mission San Luis Rey*, Oceanside: Old Mission San Luis Rey Foundation.

DRAE: Real Academia Española. 1984. *Diccionario de la lengua española*, Tomo 1, Madrid: Editorial Espasa-Calpe, pág. 111.

Dueñas González, Roseann; Vásquez, Victoria F.; Mikkelson, Holly. 2012. *Fundamentals of court interpretation: theory, policy and practice*, 2nd ed., Durham: Carolina Academic Press.

Eades, Diana. 2012. "The social consequences of language ideologies in courtroom cross-examination", *Language in Society*, 41:4:471–497.

Eades, Diana y Arends, Jacques. 2004. Special Section: Language Analysis and Determination of Nationality, *International Journal of Speech, Language and the Law*, 11:2:179–277.

Eddington, David. 2015. *Statistics for linguists: a step by step guide for novices*, Newcastle upon Tyne: Cambridge Scholars Publishing.

Eggers, Dave. 2015. "The actual Hollister: a California town and its name", *The New Yorker*, julio 20 del 2015. http://www.newyorker.com/magazine/2015/07/20/the-actual-hollister

Ehrlich, Susan. 2001. *Representing rape: language and sexual consent*, New York: Routledge.

Ehrlich, Susan; Eades, Diana; Ainsworth, Janet, eds. 2016. *Discursive constructions of consent in the legal process*, Oxford: Oxford University Press.

Emberson-Bain, 'Atu 'o Hakautapu. 1998. *Women in Tonga: country briefing paper*, Office of Environment and Social Development, Asian Development Bank. http://www.adb.org/sites/default/files/institutional-document/32602/women-tonga.pdf

Enkvist, Nils Erik. 1974. "Para definir el estilo: ensayo de lingüística aplicada", en Enkvist, Nils; Spencer, John; Gregory, Michael, eds., *Lingüística y estilo*, Madrid: Ediciones Cátedra, 17–74.

Ervin-Tripp, Susan M. 1972. "On sociolinguistic rules: alternation and co-occcurence", en Gumperz, John J. y Hymes, Dell, eds., *Directions in sociolinguistics*, New York: Holt, Rinehart and Winston, 2a ed., 1986, Oxford: Blackwell, 213–250.

Escobar, María. 2011. "Spanish in contact with Quechua", en Díaz-Campos, Manuel, ed., *The handbook of hispanic sociolinguistics*, Malden, MA: Wiley-Blackwell, 323–352.

EUR-Lex: El acceso al Derecho de la Unión Europea. 2010. "Directiva a 2010/64/UE del Parlamento Europeo y del Consejo de 20 de octubre del 2010 relativa al derecho a interpretación y a traducción en los procesos penales", *Diario Oficial de la Unión Europea*, L280:1–7. http://eur-lex.europa.eu/homepage.html

Fanua Bloomfield, Siosiane. 2002. *Illness and cure in Tonga: traditional and modern medical practice*, Nuku'alofa, Tonga: Vava'u Press.

Federal Rules of Civil Procedure. 2014. Impreso para el House Committee on the Judiciary, 113th Congress, 2nd Session, No. 8, diciembre 1 del 2014, Washington, DC: U.S. Government Printing Office. www.uscourts.gov/file/rules-civil-procedure

Federal Rules of Evidence. 2014. Impreso para el House Committee on the Judiciary, 113th Congress, 2nd Session, No. 10, diciembre 1 del 2014, Washington, DC: U.S. Government Printing Office. www.uscourts.gov/file/rules-evidence

Fellegy, Anna M. 1995. "Patterns and functions of minimal response", *American Speech,* 70: 186–199.

Fernández, Pelayo H. 1972. *Estilística: estilo, figuras estilísticas, tropos,* Madrid: José Porrúa Turanzas.

Fernández Huerta, José. 1959. "Medidas sencillas de lecturabilidad", *Consigna,* 214: 29–32.

Fernández Moreno, César. 1986. "Conversaciones con un viejo", *Hispamérica,* 15:74–76.

Fernández Trillo, Juan Jesús. 2015. *La problemática autoría de Carlos Castaneda: un estudio estilométrico de "candidato uno",* tesis doctoral, Madrid: Universidad Autónoma de Madrid.

Finegan, Edward. 2009. "Expert linguists and the whole truth", *International Journal of Speech, Language and the Law,* 16:2:267–277.

Fitzmaurice, Sir Gerald. 1932. "The meaning of the term 'denial of justice'", *British Yearbook of International Law,* 13:93:108.

Flesch, Rudolf. 1949. "A new readability yardstick", *Journal of Applied Psychology,* 32:221–233.

Flipsen, Peter. 2006. "Syllables per word in typical and delayed speech", *Clinical Linguistics & Phonetics,* 20:4:293–301.

Flynn, William J. 2011. "Docuemt examination of Form 8102S", comunicación personal, Phoenix: Affiliated Forensic Laboratory, diciembre del 2011.

Focillon, Henri. 1934. *Vie des formes,* 7e éd., Paris: Presses Universitaires de France.

Fónagy, Ivan. 2000. *Languages within language: an evolutive approach,* Amsterdam: John Benjamins.

Foxen, Sarah y Bunn, Sarah. 2015. *Forensic language analysis,* POSTnote 509, septiembre del 2015, Londrés: Parliamentary Office of Science and Technology.

Friedman, Thomas L. 2015. "Contain and amplify", *The New York Times,* mayo 27 del 2015. http://nyti.ms/1BowLYb

Fuentes Arderiu, X.; Antoja Ribó, F.; Castiñeiras Lacambra, M.J. Sin fecha. *Manual de estilo para la redacción de textos científicos y profesionales,* Grupo de Trabajo de Nomenclatura y Traducciones en Español de la Federación Internacional de Química Clínica. http://www.bionica.info/Biblioteca/Fuentes&Antoja.pdf

Fulop, Sean y Ferrari Disner, Sandra. 2007. "The reassigned spectogram as a tool for voice identification", *Proceedngs of ICPhS XVI, Institute of Phonetics in Saarbrücken,* agosto 6–10 del 2007, Universitat des Saarland, 1853–1856. http://www.icphs2007.de

Fulop, Sean A. y Kim, Youngwook. 2013. "Speaker identification made easy with pruned reassigned spectrograms", ponencia presentada en ICA 2013 Montreal, junio del 2013, *Proceedings of Meetings on Acoustics,* 19:1–9. http://acousticalsociety.org/

Galmés de Fuentes, Álvaro. 1981. "Lengua y estilo en la literatura aljamiado-morisca", *Nueva Revista de Filología Hispánica,* 30:2:420–440.

Gambier, Yves y van Doorslaer, Luc. 2010. *Handbook of translation studies 1,* Amsterdam: John Benjamins.

Gandolfo, Elvio. 2005. "Las negritas", *Hispamérica*, 34:85–94.

Garayzábal Heinze, Elena; Jiménez Bernal, Miriam; Reigosa Riveiros, Mercedes, coords. 2010. *Panorama actual de la lingüística forense en el ámbito legal y policial: teoría y práctica*, Jornadas (In)formativas de Lingüística Forense, Madrid: Universidad Autónoma de Madrid, Madrid: Euphonía Ediciones.

Garayzábal Heinze, Elena; Jiménez Bernal, Miriam; Reigosa Riveiros, Mercedes, coords. 2014. *Lingüística forense: la lingüística en el ámbito legal y policial*, 2a edición corregida y ampliada, Madrid: Euphonía Ediciones.

García Marcos, Francisco Joaquín. 2004. "Lingüística y derecho", ELUA: *Estudios de lingüística Universidad de Alicante*, 18:59–86.

Garcia, W. F. 1976. *Assessing readability for Spanish as a second language: The Fry graph and cloze procedure*, tesis doctoral, Teachers College, Columbia University.

Gariano, Carmelo. 1968. *El enfoque estilístico y estructural de las obras medievales*, Madrid: Ediciones Alcalá.

Garrido Medina, Joaquín. 1997. *Estilo y texto en la lengua*, Madrid: Gredos.

Gawande, Atul. 2016. "The mistrust of science", *The New Yorker*, junio 10 del 2016. http://www.newyorker.com/news/news-desk/the-mistrust-of-science

Gibb, Robert y Good, Anthony. 2015. "'Interpretation, translation and intercultural communication in refugee status determination procedures in the UK and France", en Phipps, Alison y Kay, Rebecca, eds., *Languages in migratory settings*, New York: Routledge.

Gibbons, John. 2001. "Legal transformations in Spanish: an 'audiencia' in Chile", *International Journal of Speech, Language and the Law*, 8:2:24–43.

Gibbons, John. 2005. "El entramado lingüístico de los interrogatorios", en Turell 2005a, 193–220.

Gibbons, John y Turell, Ma. Teresa, eds. 2008. *Dimensions of Forensic Linguistics*, Amsterdam: John Benjamins.

Giles, Howard. 1973. "Accent mobility: a model and some data", *Anthropological Linguistics*, 15:87–105.

Gilliam, B.; Peña, S. C.; Mountain, L. 1980. "The Fry graph applied to Spanish readability", *The Reading Teacher*, 33:426–430.

Goffman, Erving. 1981. *Forms of Talk*. Philadelphia: University of Pennsylvania Press.

Golestani, Narly y Zatorre, Robert J. 2009. "Individual differences in the acquisition of second language phonology", *Brain & Language*, 109:55–67.

Gómez González, María de los Ángeles. 2016. "Canonical tag questions in English, Spanish and Portuguese", en Lefer y Vogeler 2016, 93–126.

González Rodríguez, Joaquín y Lucena Molina, José Juan. 2005. "IDENTIVOX©: un sistema automático de reconocimiento de locutores por la voz para acústica forense", en Turell 2005a, 131–146.

González Salgado, José Antonio. 2011. "La elección lingüística como fuente de problemas jurídicos", *Revista de Llengua i Dret*, 55:57–79.

Goodenough, W. H. 1965. "Personal names and modes of address in two Oceanic societies", en Spiro, M. E., ed., *Context and meaning in cultural anthropology*. New York: Free Press, 265–275.

Gordon, Matthew J. 2006. "Interview with William Labov", *Journal of English Linguistics*, 34:4:332–351.

Gourmont, Rémy de. 1916. *La culture des idées*, Paris: Mercure de France.

Government of Tonga. 2005. *Tonga 1st national status report: millennium development goals—today and tomorrow,* Tongan National DG Taskforce, Nukualofa, Tonga: Central Planning Department.

Graffam-Walker, Anne G.; Kenniston, Julie; Inada, Sally S. 2013. *Handbook on questioning children: a linguistic perspective,* 3d ed. Washington, DC: ABA Center on Children and the Law.

Granger, Gilles-Gaston. 1968. *Essai d'une philosophie de style,* Paris: Libraire Armand Colin.

Grant, Tim. 2007. "Quantifying evidence in forensic authorship analysis", *International Journal of Speech, Language and the Law,* 14:1:1–25.

Grant, Tim. 2010. "Text messaging forensics txt 4n6: idiolect free authorship analysis", en Coulthard, Malcolm y Johnson, Alison, eds., *The Routledge handbook of forensic linguistics,* London: Routledge, 508–522.

Grant, Tim y Baker, Kevin. 2001. "Identifying reliable, valid markers of authorship: a response to Chaski", *International Journal of Speech, Language and the Law,* 8:1:66–79.

Gray, Bennison. 1969. *Style: the problem and its solution,* La Haya: Mouton.

Grisso, Thomas. 1980. "Juveniles' capacity to waive Miranda rights: an empirical analysis", *California Law Review,* 68:1134–1166.

Grisso, Thomas. 1998. *Instruments for assessing understanding and appreciation of Miranda rights,* Sarasota: Professional Resource Press.

Guiraud, Pierre. 1954. *Les caracteres statistiques de vocabulaire,* Paris: C. Klincksieck.

Guiraud, Pierre. 1967. *La stylistique,* Paris: PUF.

Gutiérrez Marrone, Nila. 1978. *El estilo de Juan Rulfo: estudio lingüístico,* New York: Bilingual Press.

Gutzmann, Daniel y McCready, Eric. 2015. "Quantification with pejoratives", en Finkbeiner, Rita; Meibauer, Jörg; Wiese, Heike, eds., *Pejoration,* Amsterdam: John Benjamins.

Guy, Gregory R. 1980. "Variation in the group and the individual: the case of final stop deletion", en Labov, William, ed., *Locating language in time and space,* New York: Academic Press, 1–36.

Hagège, Claude. 1996. "Naissance de l'Académie française", cap. 4 de *Le français, histoire d'un combat,* Paris: Éditions Michel Hagège, 54–69.

Hale, Sandra. 2005. "Los intérpretes y su influencia en la evaluación del carácter de los testigos en el sistema acusatorio", en Turell 2005a, 221–232.

Harlan, Chico. 2016. "In an immigration court that nearly always says no, a lawyer's spirit is broken", *The Washington Post,* octubre 11 del 2016. http://wpo.st/ILw42

Harris, Michael J.; Gries, Stefan Th.; Miglio, Viola G. 2014. "Prosody and its application to forensic linguistics", *LESLI: Linguistic evidence in security, law and intelligence,* 2:2. http://lesli-journal.org

Haynes, John. 1995. *Style,* London: Routledge.

Hengeveld, Kees. 1994. "El discurso reproducido: análisis lingüístico", en *Foro hispánico 8, Lingüística y Estilística de Textos,* Revista de los Países Bajos, coord. por Dehennin, Elsa y Haverkate, Henk, Amsterdam: Rodopi, 31–39.

Heselwood, Barry y McChrystal, Louise. 1999. "The effect of age-group and place of L1 acquisition on the realisation of Panjabi stop consonants in Bradford: an acoustic sociophonetic study", *Leeds Working Papers in Linguistics and Phonetics,* 7:49–68.

Hipps, J. Bradford. 2016. "To write better code, read Virginia Woolf", *The New York Times,* mayo 21 del 2016. http://nyti.ms/27LBpSn

Hockett, Charles F. 1958. *A course in modern linguistics*, New York: Macmillan.

Huang, Gary. 1993. "Beyond Culture: Communicating with Asian Pacific Islander American Children and Families", ERIC:*Clearinghouse on Education*, Digest Number 94, diciembre del 1993. http://ericweb.tc.Columbia.edu), EDO-UD-93-8, ISSN 0889 8049

Hymes, Dell. 1974. "Ways of speaking", en Bauman, R. y Shertzer, J., eds., *Explorations in the ethnography of speaking*, Cambridge, MA: Cambridge University Press, 433–451.

IGA: Illinois General Assembly. 2016. *Illinois Public Act 099-0882*. http://www.ilga.gov/legislation/publicacts/fulltext.asp?Name=099-0882

Isidoro de Sevilla, Santo y Arzobispo. 2004. *Etimologías*, edición bilingüe; texto latino, versión española y notas por José Oroz Reta y Manuel-A. Marcos Casquero; introducción por Manuel C. Díaz y Díaz, Madrid: Biblioteca de Autores Cristianos, 369.

Isidorus. 880–890. *Etymologiae*, Libro II, "De rethorica eiusque nomine", manuscrito del Monasterium Sancti Galli, preparado c. 880–890, St. Gallen, Suiza: Stiftsbibliothek, Cod. Sang. 231, 74. http://www.e-codices.unifr.ch/en/list/one/csg/0231

Islas Azaïs, Héctor. 2005. *Lenguaje y discriminación*, núm. 4 de *Cuadernos de la igualdad*, Consejo Nacional para Prevenir la Discriminación, México, DF. http://www.conapred.org.mx/documentos_cedoc/CI004.pdf

Iverson, Gregory K. y Salmons, Joseph. 2003. "Laryngeal enhancement in early Germanic", *Phonology*, 20:43–72.

Jackson, William Henry. 1885–1890. Fotografía: "Mission at San Diego, between 1885 and 1890", *The Missions of Alta California, Special Collection of Photographs*. La Jolla: Special Collections & Archives, University of California San Diego. http://library.ucsd.edu/dc/object/bb1297785p

Jenkins, J. 2000. *The phonology of English as an international language*, Oxford: Oxford University Press.

Jiménez Crespo, Miguel Á. 2015. "Translation", en Lacorte 2015, 295–312.

Jiménez Patón, Bartolomé. 1614. *Epítome de la ortografía latina y castellana, Instituciones de la gramática española por el Maestro Bartolome Ximenez Paton*, Villanueua de los Infantes: Pedro de la Cuesta a costa de Francisco Valuer mercader de libros, tratados impresos conjuntamente en 1965 por Quilis, Antonio, y Rozas, Juan Manuel.

Johnstone, Barbara. 2000. *Qualitative methods in sociolinguistics*, New York: Oxford University Press.

Jori, Mario. 2016. "Legal pragmatics", en Capone, Alessandro y Poggi, Francesca, eds., *Pragmatics and law: philosophical perspectives*, Berlin: Springer, 33–60.

Juola, Patrick. 2006. "Authorship attribution", *Foundations and Trends in Information Retrieval*, 1:3:233–334.

Juola, Patrick. 2013. "Stylometry and immigration", *Journal of Law and Policy*, 21:2:287–298.

Juola, Patrick; Sogko, John; Brennan, Patrick. 2006. "A prototype for authorship attribution studies", *Literary & Linguistic Computing*, 21:2:169–178.

Kachru, Braj B. 1983. *The Indianisation of English: the English language in India*, Delhi: Oxford University Press.

Ka'ili, Tēvita O. 2009. *Tauhi vā: creating beauty through the art of sociospatial relations*, tesis doctoral, University of Washington.

Ka'ili, Tēvita O. 2011. *Comunicación personal*, Assistant Professor, Anthropology & Pacific Islands Studies, International Cultural Studies & World Languages, Jonathan Nāpela Center for Hawaiian & Pacific Islands Studies, Brigham Young University Hawai'i, Lā'ie, Hawai'i, noviembre 7 del 2011. tevita.kaili@byuh.edu

Kainz, Friedrich. 1927. "Still und form", *Zeitschrift für Deutschlandskunde*, 41:115–126.

Karamat, Nayyara. 2001. "Phonemic inventory of Punjabi", en *Annual student report*, Lahore: Center for Research in Urdu Language Processing, 179–183.

Keating, Patricia A.; Mikos, Michael J.; Ganong, William F. 1981. "A cross-language study of range of voice onset time in the perception of initial stop voicing", *Journal of the Acoustic Society of America*, 70:1261–1271.

Kerr, Roy A. 1987. "Names, nicknames, and the naming process in Mario Vargas Llosa's fiction", *South Atlantic Review*, 52:87–101.

Kessler, Brett; Nunberg, Geoffrey; Schütze, Hinrich. 1997. "Automatic detection of text genre", *Proceedings of the Association for Computational Linguistics and the European Chapter of the Association for Computational Linguistics*, julio 7–12 del 1997, Madrid: Universidad Nacional de Educación a Distancia, 32–38.

Klotz, Edwin F. 2011. "The confluence of cultures", en *California Constitution: The Original Constitution of the State of California, 1849*, Sacramento, California State Library, 5–9.

Krugman, Paul. 2014. "Death by typo: the latest political attack on Obamacare", *The New York Times*, noviembre 9 del 2014. http://nyti.ms/10NVMQA

Kurzon, Dennis. 2000. "The right to understand the right of silence: a few comments", *International Journal of Speech, Language and the Law*, 7:2:244–248.

"La prensa de Texas anuncia". 1901. *El Tiempo*, Las Cruces, Nuevo México, julio 13 del 1901.

Labov, William. 1966a. "The linguistic variable as a structural unit", *Washington Linguistics Review*, 3:4–22, y ERIC ED 010 871.

Labov, William. 1966b. *The social stratification of English in New York City*, Washington, D.C.: Center for Applied Linguistics.

Labov, William. 1969. "Contraction, deletion, and inherent variability of the English copula", *Language*, 45:4:715–762.

Labov, William. 1971. "The study of language in its social context", en Fishman, Joshua A., ed., *Advances in the sociology of language*, vol. 1, La Haya/París: Mouton, 152–216.

Labov, William. 1972. *Sociolinguistic Patterns*, Philadelphia: University of Pennsylvania Press (Traducción española: Labov, William. 1983. *Modelos Linguisticos*, Madrid: Ediciones Cátedra.

Labov, William. 1997. "How I got into linguistics, and what I got out of it", ensayo no publicado. http://www.ling.upenn.edu/~wlabov/HowIgot.html

Labov, William. 2002. "Driving forces in linguistic change", ponencia presentada en la 2002 *International Conference on Korean Linguistics*, Seoul National University, Seoul, Korea.

Labov, William. 2008. "Quantitative reasoning in linguistics", notas para el curso Linguistics 563. http://www.ling.upenn.edu/~wlabov/Papers/QRL.pdf

Labov, William. 2016. "Afterword: where are we now?", *Journal of Sociolinguistics*, 20:4:581–602.

Lacort, Manel, ed. 2015. *The Routledge handbook of hispanic applied linguistics*, New York: Routledge.

Lamar Prieto, Covadonga. 2014. "Rasgos característicos del español histórico de California o español californio", *Cuadernos de la Asociación Lingüística y Filología de América Latina*, 6:59–70.

Language and National Origin Group. 2004. "Guidelines for the use of language analysis in relation to questions of national origin in refugee cases", *International Journal of Speech, Language and the Law*, 11:2:261–266. https://www.upf.edu/upfsolidaria/_pdf/Guidelines_for_the_Use_of_Language_Analysis.pdf

Lapesa, Rafael. 1988a. *De Ayala a Ayala: estudios literarios y estilísticos*, Madrid: Bella Bellatrix ISTMO.

Lapesa, Rafael. 1988b. "Estilo y lenguaje de Santa Teresa en las *Exclamaciones del alma a su Diós*", en Lapesa 1988a, 151–168.

Lara, Luis Fernando. 1976. *El concepto de norma en lingüística*, México: El Colegio de México.

Lara, Luis Fernando, director. 1996. *Diccionario del español usual en México*, Centro de Estudios Lingüísticos y Literarios, México: El Colegio de México.

Lara, Luis Fernando. 2004. *Lengua histórica y normatividad*, Jornadas, 142. México: El Colegio de México.

Lavandera, Beatriz R. 1984. *Variación y significado*, Buenos Aires: Hachette.

Lave, J. C. 1967. *Social taxonomy among the Krikati (Ge) of central Brazil*, tesis doctoral, Harvard University.

Laver, John. 1994. *Principles of phonetics*, Cambridge: Cambridge University Press.

Lebsanft, Franz. 2006. Reseña de *Lengua histórica y normatividad* (2004) de Luis Fernando Lara, *Nueva Revista de Filología Hispánica*, 54:619–622.

León, Nicolás. 1912. *El negrito poeta mexicano y sus populares versos: contribución para el folk-lore nacional*, México, D.F.: Imprenta del Museo Nacional.

Leung, Victor; Alejandre, Roxanne; Jongco, Angelica. 2016. *Unequal access: how some California charter schools illegally restrict enrollment*, Los Angeles: American Civil Liberties Union of Southern California (ACLU). https://www.aclusocal.org/unequal-access/

Li, Victor. 2016. "Think you have the right? The 50-year story of the Miranda warning has the twists and turns of a cop show", ABA *Journal*, agosto 1 del 2016. http://www.abajournal.com/magazine/article/miranda_warning_history

"Libertad de Gregorio Cortez". 1913. *La Prensa*. San Antonio, Texas, julio 24 del 1913.

Liptak, Adam. 2016. "Judges who are elected like politicians tend to act like them", *The New York Times*, octubre 3 del 2016. http://nyti.ms/2cMqHrp

Lisker, Leigh y Abramson, Arthur. 1964. "A cross-language study of voicing in initial stops: acoustical measurements", *Word*, 20:384–422.

Lodge, R. Anthony. 1993. *French: from dialect to standard*, London: Routledge.

Lope Blanch, Juan M. 1977. "En torno al polimorfismo", en López, François; Pérez, Joseph; Salomon, Noël; Chevalier, Maxime, coords., *Actas del Quinto Congreso Internacional de Hispanistas*, vol 2., Bordeaux, 2–8 de septiembre del 1974, 593–601.

Lope Blanch, Juan M. 1992. "Polimorfismo y geografía lingüística", en Vaquero de Ramírez, María T.; Morales de Walters, Amparo, coords., *Homenaje a Humberto López Morales*, Madrid: Arco/Libros, 221–230.

López Couso, María José; Méndez Naya, Belén; Núñez Pertejo, Paloma; Palacios Martínez, Ignacio M. 2016. *Corpus linguistics on the move: exploring and understanding English through corpora*, Leiden: Brill.

López Samaniego, Anna y Montolío Durán, Estrella. 2006. "La propuesta didáctica en comunicación escrita llevada a cabo en la Escuela Judicial de España", *Actas del V Congreso Internacional AELFE*, coords., Neuman Claus-Peter; Plo Alastrué, Ramón; Pérez-Llantada Auría, Carmen, Zaragoza: Universidad de Zaragoza, 64–69.

Lozano Ramírez, Mariano. 1999. *Contribución al estudio del apodo en el habla bogotana*, Publicaciones del Instituto Caro y Cuervo, Series Minor XLI, Santafé de Bogotá: Imprenta Patriótica del Instituto Caro y Cuervo, Yerbabuena.

Luchini, Pedro Luis y Chiusano, Ana Cristina. 2009. "Implementing accuracy and fluency-based tasks for the training of the English plosive consonants", *Concordia Working Papers in Applied Linguistics*, 2:56–77.

MACI: Massachusetts Association of Court Interpreters. 2016. *Brief for the Massachusetts Association of Court Interpreters as Amicus Curiae in support of petitioner: Aifang Ye v. U.S.*, julio 3 del 2016. http://www.macigroup.org/index.php?page=news

Maest, Ann. 2013. "Declaración de Ann Maest en calidad de testigo", New York, el 21 de marzo del 2013, http://www.juiciocrudo.com/documentos/abrir/Declaracion-juramentada-de-Ann-Maest-de-Stratus-Consulting-(21-mar-2013).pdf

Māhina, 'Okusitino. 2002. "*Atamai, fakakaukau* and *vale*: 'mind', 'thinking' and 'mental illness in Tonga", *Pacific Health Dialog*, 9:2:303–308.

Malhotra, H. y Vogelaar, R. 2004. Accent reduction for Asian Indians", *Advances for Speech-Language Pathologists and Audiologists*, 14:10–23.

Marouzeau, Jules. 1950. *Précis de stylistique française*, 3e éd., Paris: Masson et Cie.

Martí, Ma. Antonia y Taulé, Mariona. 2015. "Computational hispanic linguistics", en Lacorte 2015, 350–370.

Martín, José Luis. 1973. *Crítica estilística*, Madrid: Gredos.

Martínez, Daniel E.; Cantor, Guillermo; Ewing, Walter A. 2014. *No action taken: lack of CBP accountability in responding to complaints of abuse*, Washington, DC: Immigration Policy Center, American Immigration Council. http://www.immigrationpolicy.org/special-reports/no-action-taken-lack-cbp-accountability-responding-complaints-abuse

Masip, Jaume. 2015. "Avances científicos en la detección de la mentira", ponencia de abril 13 del 2015 en la Fiscalía General del Estado, España.

Masip, Jaume; Garrido, Eugenio; Herrero, Carmen. 2004. "Defining deception", *Anales de Psicología*, 20:1:147–171.

Mason, Marianne. 2002. *Referring and repairing in Spanish covertly taped conversations*, tesis doctoral, University of Georgia, Athens (2001), reseñada en *International Journal of Speech, Language and the Law*, 9:1:135–138 (2002).

Mason, Marianne. 2013. "Can I get a lawyer? A suspect's use of indirect requests in a custodial setting", *International Journal of Speech, Language and the Law*, 20:203–227.

McArthur, Rachel. 2011. "Out of many, one: spelling bees and the United States National Spelling Bee", *The English Languages: History, Diaspora, Culture*, 2:1–22.

McCabe, Brian L. 2013. *Reporter's Transcript, Ruling on Motion, Friday, April 12, 2013*, In and For the County of Merced, before the Honorable Brian L. McCabe, The People of the State of California, Plaintiff v. Maria Theresa Ceja, Defendant, Superior Court of the County of Merced, Case No. CRM014710B, 2013, 1–17.

McMenamin, Gerald R. 1993. *Forensic stylistics*, Amsterdam: Elsevier.

McMenamin, Gerald R. 2003. *Forensic linguistics: advances in forensic stylistics*, Boca Raton: CRC Press.

McMenamin, Gerald R. 2004. "Disputed authorship in U.S. law", *International Journal of Speech, Language and the Law*, 11:1:73–82.

McMenamin, Gerald. 2012. "La lingüística forense: el caso histórico de *Texas v. Cortez* (1901), en Hoyos Arvizu, Amalia y Munguía Duarte, Ana Lidia, coords., *Serie de Estudios Lingüísticos: Lingüística Aplicada*, Hermosillo: Universidad de Sonora, 215–229.

McMenamin, Gerald R. y Kerr, Lindsay N. 2014. "Jasmine and the bee: spelling word-initial [t^h] in English", *Language*, 90:e149–164.

McPhee, John. 2015. "Omission: choosing what to leave out", *The New Yorker*, septiembre 14 del 2015, 42–49. http://www.newyorker.com/magazine/2015/09/14/omission

McWhorter, John. 2013. "Txtng is killing language. JK!!", TED Talk de febrero del 2013, https://www.ted.com/talks/john_mcwhorter_txtng_is_killing_language_jk

Medina, Jennifer. 2016. "California moves to allow undocumented immigrants to buy insurance", *The New York Times*, septiembre 15 del 2016. http://nyti.ms/2ccxDxD, y http://nyti.ms/2cRYvke

Medina, Jennifer. 2017. "Californians, having curbed bilingual education, may now expand it", *The New York Times*, octubre 17 del 2016. http://nyti.ms/2eaTQvW

Mendoza, Joe I. 1986. "On being a Mexican American", *The Phi Delta Kappan*, 76:293–295.

Menéndez Pidal, Ramón. 1957. *Poesía juglaresca, y orígenes de las literaturas románicas*, Madrid: Instituto de Estudio Políticos.

Menendez Pidal, Ramon. 1958. *La lengua de Cristóbal Colón, el estilo de Santa Teresa y otros estudios sobre el siglo XVI*, 4a ed., Madrid: Espasa-Calpe.

Menéndez Pidal, Ramón. 1999. "El lenguaje español en tiempo de Felipe II", *Moenia*, 3–32, originalmente publicado en *El Escorial* 1563–1963, vol. 1, Madrid: Patrimonio Nacional, 1963, 531–562.

Michael, Mary; Ray, Chandler; Wood, Aimee. 2016. "Effects of message style on responses in txting: abbreviations, slang, Spanglish, and emoticons", *Conference on Sociolinguistic Variation and Language Processing*, Virginia Polytechnic Institute and State University, March 31, 2016. http://www.cpe.vt.edu/svalp/program.html

Millán, Carmen y Bartrina, Francesca, eds. 2013. *The Routledge handbook of translation studies*, New York: Routledge.

Moliner, Maria. 1966. *Diccionario de uso del español*. Madrid: Editorial Gredos, pág. 216.

Montague, Marjorie. 1990. *Computers, cognition, and writing instruction*, Albany: State University of New York Press.

Montes, Hugo. 1975. *Ensayos estilísticos*, Madrid: Editorial Gredos.

Moore, Joanne I. y Mamiya, Ron A. 1999. "Interpreters in court proceedings", en Moore, Joanne I., ed., *Immigrants in courts*, Seattle: University of Washington Press, 20–45.

Morales, Héctor Leonel. 1998. "Los apodos en the historia y en la literatura", *Revista Cultural Lotería*, Núm. 416, 34–45.

Moreau Zanelli, Jocelyne. 2000. *Gallipolis: histoire d'un mirage américain au XVIIIe siècle*, Paris: L'Harmattan.

Moreno Fernández, Francisco. 2015. "Spanish language and migrations", en Lacorte 2015, 624–638.

Morris, Ruth. 2000. "A bibliography on court & legal interpreting", septiembre 10 del 2000. http://aiic.net/p/235

Morton, Susan: perita del Laboratorio de Criminalística, Departamento de la Policía de San Francisco, California. 2002. "El testimonio pericial", Apéndice 2 en McMenamin 2003, 317–324.

Mosquera, Sergio Antonio. 2003. "Metodologías y avances en investigaciones afrocolombianas", en *II Foro en Pedagogía y Diversidad Cultural*, Universidad de Antioquía, Facultad de Educación, Medellín, 13–15.

Mougeon, Françoise. 1998. "Variation stylistique en français et compétence communicative en milieu minoritaire", en Boudreau, Annette y Dubois, Lise, eds., *Le français, langue maternelle, dans les collèges et les universités en milieu minoritaire*, Moncton, New Brunswick: Éditions d'Acadie, 63–88.

Moyna, María Irene y Rivera-Mills, Susana. 2016. *Forms of address in the Spanish of the Americas*, Amsterdam: John Benjamins.

Muñoz, J; Mendoza, E; Carballo, G; Fresneda, M.D.; Cruz, A. 2001. "Características acústicas de la voz normal en varones y mujeres mediante el MDVP (Multidimensional Voice Program)", *Revista de Logopedia, Foniatría y Audiología*, 21:3:138–144.

Murray, Iain R.; Arnott, John L.; Rohwer, Elizabeth A. 1996. "Emotional stress in synthetic speech: progress and future directions", *Speech Communication*, 20:85–91.

A National Call to Action: Access to Justice for Limited English Proficient Litigants: Creating Solutions to Language Barriers in State Courts. 2013. Williamsburg, VA: National Center for State Courts. http://www.ncsc.org

Nelson, D.J. 2002. "Instantaneous higher order phase derivatives", *Digital Signal Processing*, 12:416.28.

Ngourney, Adam; Lovett, Ian; Goel, Vindu. 2014. "Turmoil over immigration status? California has lived it for decades", *The New York Times*, noviembre 22 del 2014. http://nyti.ms/1xFuglf

Oakes, Michael P. 2014. *Literary detective work on the computer*, Amsterdam: John Benjamins.

O'Brien, Patrick G. y Williams, Scott T. 2016. *Aifang Ye v. United States of America: Brief of interpreting and translation professors as* Amici Curiae *in support of petitioner*, No. 15-1002, en la Corte Suprema de los Estados Unidos, Washington, DC, marzo 7 del 2016. http://www.scotusblog.com/wp-content/uploads/2016/05/15-1002-Ye-Professors-Amicus.pdf

OEA: Organización de los Estados Americanos. 1969. *Convención Americana sobre Derechos Humanos: Pacto de San José*, B-32, Departamento de Derecho Internacional, San José, Costa Rica (firmada 22-XI-1969 y ratificada 8-XII-1977 por el Ecuador). http://www.oas.org/juridico/spanish/tratados/a-49.html

OEA: Organización de los Estados Americanos. 2005. "Desarrollo de los derechos humanos en la región: Ecuador", Cap. IV del *Informe anual de la Comisión Interamericana de Derechos Humanos 2005*. http://www.cidh.oas.org/annualrep/2005sp/cap.4b.htm

Ordóñez, Franco. 2015. "Irregularities abound at Texas migrant detention center", *Star Telegram*, julio 27 del 2015, Fort Worth, Texas. http://www.startelegram.com/news/state/texas/article28845061.html

Ortega y Gasset, José. 1916. "Ideas sobre Pío Baroja", en *Obras Completas*, Tomo II, 5a ed., *El Espectador* (1916), Madrid: *Revista de Occidente*, 1960. 1:69–102.

Orts Llopis, María Ángeles. 2005. "El espacio para la complejidad en los textos contractuales: análisis de dos géneros legales", en Turell 2005a, 233–248.

Osgood, Charles E. 1958/1960. "Some effects of motivation of style of encoding", en Sebeok 1958/1960, 293–307.

Oyanedel F., Marcela y Samaniego A., José Luis. 2001. "Aplicación de la lingüística al campo legal", *Onomázein: Revista de Lingüística, Filología y Traducción*, 6:251–261.

Paredes, Américo. 1958. *'With his pistol in his hand', a border ballad and its hero*, Austin: University of Texas Press.

Paredes, Américo. 1985. *'Con su pistola en la mano', un corrido fronterizo y su héroe*, traducción del inglés de Álvarez Larrauri, Claudia y Felix, Antonio, México: Instituto Nacional de Antropología e Historia.

Patrick, Peter. 2012. "Language analysis for determination of origin: objective evidence for refugee status determination", en Tiersma, Peter M. y Solan, Lawrence M., eds., *The Oxford handbook of language and law*, Oxford: Oxford University Press, 533–546.

Patrick, Peter L. 2016. "What is the role of expertise in Language Analysis for Determination of Origin (LADO)? A rejoinder to Cambier-Langeveld", *International Journal of Speech, Language and the Law*, 23:1:133–139.

Patton, Victor. 2013. "Judge denies defense motion in case on kidnap, murder: won't exclude key evidence", *Merced Sun-Star*, abril 13 del 2013.

Paulsson, Jan. 2005. *Denial of justice in international law*, Cambridge: Cambridge University Press.

Paz Gago, José María. 1993. *La estilística*, Madrid: Síntesis.

Penny, Ralph. 2000. *Variation and change in Spanish*, Cambridge: Cambridge University Press.

Pérez, Emilio. 1994. "Phonological differences among speakers of Spanish-influenced English", en Bernthal, John E. y Bankson, Nicholas W., eds., *Child phonology: characteristics, assessment, and intervention with special populations*, New York: Thieme Medical Publishers, 245–254.

Pérez, María Teresa. 2016. "Perception is not a reality—interpreter's quality of service is a vital issue", *Blog of the National Association of Judiciary Interpreters & Translators (NALJIT)*, febrero 19 del 2016. http://najit.org/blog/?m=201602.

Pérez, Thomas E., Assistant Attorney General. 2010. *Letter to States and to Court Administrators*, USDOJ Civil Rights Division, Washington, DC: USDOJ, agosto 16 del 2010. http://www.lep.gov/final_courts_ltr_081610.pdf

Pérez González, Luis. 2005. "Perspectivas de desarrollo del peritaje lingüístico en España", en Turell 2005a, 67–84.

Picornel, Isabel. 2013. "Analysing deception in written witness statements", *LESLI: Linguistic Evidence in Security, Law and Intelligence*, 1:1:41–50. http://www.leslijournal.org/ojs/index.php/lesli/article/view/2/7

Pitts, Leonard. 2015. "Trump's comments echo party line", *Miami Herald*, julio 7 del 2015. http://www.miamiherald.com/opinion/opn-columns-blogs/leonard-pitts-jr/article26705164.html

Plumpe, M.D.; Quatieri, T.F.; Reynolds, D.A. 1999. "Modeling of the glottal flow derivative waveform with application to speaker identification", IEEE *Transactions on Speech and Audio Processing*, 7:5:569–586.

Podolny, Shelley. 2015. "If an algorithm wrote this, how would you know?", *The New York Times*, marzo 8 del 2015. http://nyti.ms/1FrObpk

Pontrandolfo, Gianluca. 2014. "Traducir la fraseología judicial: un estudio contrastivo basado en COSPE", ponencia del *I Coloquio Internacional Hermēneus*, Universidad de Valladolid, Facultad de Traducción e Interpretación, septiembre 30 del 2014. https://youtu.be/nmozBQaot_o

Pontrandolfo, Gianluca. 2016a. "Aproximación gradual a la traducción jurídica: un recorrido didáctico", *The Journal of Specialised Translation*, 26:50–71.

Pontrandolfo, Gianluca. 2016b. "La evaluación en el aula de traducción jurídica: una experiencia de análisis de errores en la combinación español-italiano", *Revista Española de Lingüística Aplicada*, 29:1:296–331.

Preston, Julia. 2008. "An interpreter speaking up for migrants", *The New York Times*, julio 10 del 2008. http://nyti.ms/2as69TC

Picasso, Olivier W. 2003. *Picasso: retratos de familia*, Madrid: Algaba Ediciones.

Paz Gago, José María. 1993. *La estilística*, Madrid: Síntesis.

Queralt, Sheila. 2014. "Acerca de la prueba lingüística en atribución de autoría hoy", *Revista de Llengua i Dret*, 62:35–48.

Quilis, Antonio. 1999. "El reconocimiento de la voz y la investigación judicial. La experiencia del lingüista", en Carbonero Cano, P.; Casado Velarde, M. Gómez Manzano, P., eds., *Lengua y discurso. Estudios dedicados al profesor Vidal Lamíquiz*, Madrid: Arco, 745–751.

RAE-ASALE: Real Academia Española y Asociación de las Academias de la Lengua Española. 2009. *Nueva gramática de la lengua española*, vol. I y II, Madrid: Espasa Libros.

RAE: Real Academia Española. 1964. *Diccionario de autoridades*, edición facsímil del *Diccionario de la lengua castellana*, del año de 1726, tres tomos, Madrid: Editorial Gredos.

RAE: Real Academia Española. 2009. *Nueva gramática de la lengua española*, edición en línea: http://www.rae.es

RAE: Real Academia Española. 2015. *Banco de datos CREA: Corpus de referencia del español actual.* http://www.rae.es

Reynolds, Linda. 1984. "The legibility of printed scientific and technical information", en Easterby, R. y Zwaga, H., eds., *Information design*, New York: John Wiley and Sons, 187–208.

Rickford, John R. 2016. "Language and linguistics on trial: hearing vernacular speakers in courtrooms and beyond", *Presidential Address*, Annual Meeting of the Linguistic Society of America, enero del 2016. http://www.johnrickford.com

Rico-Sulayes, Rico. 2011. "Statistical authorship attribution of Mexican drug trafficking online forum posts", *International Journal of Speech, Language and the Law*, 18:1:53–74.

Ridao Rodrigo, Susana. 2010. "El proceso de interrupción en los contextos judiciales españoles", *Tejuelo*, 7:8–43.

Riffaterre, Michel. 1976. *Ensayos de estilística structural*, traducción del francés de Pere Gimferrer, Pere y Cabanes, Jem, Barcelona: Editorial Seix Barral.

RITAP: Benhaddou Handi, Elhassane; Fernández, Maite; Fiol, Catalina; Garrido Nombela, Ramón; González, Luis; Mantecón Sancho, Alfonso; Ortigosa Lorenzo, Ma. Dolores; Plaza Blázquez, Sonsoles; Navaza, Bárbara; Valencia Alonso, Leandro. 2011. *Libro blanco de la traducciùn y de la interpretación institucional*, Red de Intérpretes y Traductores de la Administración Pública (RITAP), Madrid: Ministerio de Asuntos Exteriores y de Cooperación. http://ec.europa.eu/spain/pdf/libro-blanco-traduccion-(ed2).pdf

RJC: Rama Judicial de California. 2015. *Plan estratégico de acceso lingüístico en las Cortes de California: resumen ejecutivo*, 22 de enero del 2015, San Francisco: Judicial Council of California. http://www.courts.ca.gov/documents/sp14-05-LAP-Executive-Summary-Spanish.pdf

Roa Salcedo, Hugo Fredy. 2007. "Lo pragmático del apodo en Tunja", *Cuadernos de Lingüistica Hispánica*, Universidad Pedagógica y Tecnológica de Colombia, enero-julio 2007, 9:121–128.

Robb, James W. 1978. *El estilo de Alfonso Reyes*, 2a ed., México: Fondo de Cultura Económica.

Rodríguez Trujillo, Nelson. 1980. "Determinación de la comprensibilidad de materiales de lectura por medio de variables lingüísticas", *Lectura y Vida*, 1:29–32.

Rojo, Guillermo. 2015. "Hispanic corpus linguistics", en Lacorte 2015, 371–387.

Roosevelt, Theodore. 1910. "Citizenship in a republic", discurso presentado en la Sorbona, abril 23 del 1910, París.

Sacks, Harvey. 1971. "Style in sociolinguistics", apuntes no publicados de una ponencia presentada en la LSA *Summer Meeting* de la University of Maryland, citados en Labov, William; Yaeger Dror, Malcah; Steiner, Richard, eds., 1982, *A quantitative study of sound change in progress*, Philadelphia: U.S. Regional Survey.

Safford, J. B. 1977. "No comprendo: the non-English-speaking defendant and the criminal process", *Journal of Criminal Law and Criminology*, 68:1, 15–30.

Sailaja, Pingali. 2009. *Indian English*, Edinburgh: Edinburgh University Press.

Saldívar, Ramón. 1987. "Américo Paredes, the border corrido and socially symbolic Chicano narrative", *Critical Exchange*, 22:11–22.

Salinas, Lupe S.; Martínez, Janelle. 2010. "The right to confrontation compromised: monolingual jurists subjectively assessing the English-language abilities of Spanish-dominant accused", *American University Journal of Gender, Social Policy & the Law*, 18:543–561.

Salvador Coderch, Pablo. 2001. "Aplicación de las normas jurídicas", en Albaladejo García, M. y Díaz Alabart, S., directores, *Comentarios al Código Civil*, tomo I, vol. 1, Artículos 1 al 7 del Código Civil, Madrid: Edersa, 515–531.

Salvador Coderch, Pablo; Castiñeira Palou, Ma. Teresa; Martín Casals, Miquel; Solé Feliu, Josep; y Jiménez Aparicio, Emilio. 2005. "La técnica legislativa y el lenguaje legal", en Turell 2005a, 169–192.

San Ginés Aguilar, Pedro y Ortega Arjonilla, Emilio, eds. 1996. *Introducción a la traducción jurídica y jurada (francés-español): orientaciones metodológicas para la realización de traducciones juradas y de documentos jurídicos*, Granada: Comares.

San Segundo, Pablo y Nieto Caballero, Guadalupe. 2016. *Stylistics in use*, Newcastle upon Tyne: Cambridge Scholars Publishing.

Sánchez Díaz, Aníbal. 1980. "El apodo como fenómeno sociolingüístico en el Peru", *Lenguaje y Ciencias*, Universidad Nacional de Trujillo, 20:2:54–60.

Sancho Royo, Antonio. 2002. "La teoría de los estilos de Hermógenes y el discurso *Sobre la Corona de* Demóstenes", *Habis* (Universidad de Sevilla), 33:273–299.

Sandos, James A. y Sandos, Patricia B. 2014. "Early California reconsidered: Mexicans, Anglos, and Indians at Mission San Jose", *Pacific Historical Review*, 83:4:592–625.

Santana Lario, Juan y Falces Sierra, Marta. 2002. "Any statement you make can be used against you in a court of law: introducción a la lingüística forense", en McLaren, Neil; Hidalgo Tenorio, Encarnación; Carretero González, Margarita; Porte, Graeme, eds., *A life in words: a miscellany celebrating twenty-five Years of association between the English Department of Granada University and Mervyn Smale (1977–2002)*, Granada: Universidad de Granada, 267–280.

Santos, Fernanda. 2016. "It's children against federal lawyers in immigration court", *The New York Times*, agosto 20 del 2016. http://nyti.ms/2b6ERTl

Sapir, Edward. 1921. *Language: An introduction to the study of speech*, New York, Harcourt Brace; traducción de Alatorre, Margit y Antonio, 1954, *El lenguaje: introducción al estudio del habla*, Breviarios No. 96, México, D.F.: Fondo de Cultura Económica.

Saporta, Sol. 1958. "La aplicación de la lingüística al estudio del lenguaje poético", en Sebeok, Thomas A., coord., *Estilo del lenguaje*, trad. de Gutiérrez Cabello, Ana María, Madrid: Editorial Cátedra, 39–61.

Scharmer, C. Otto. 2011. "Leading from the emerging future: minds for change—future of global development", *Ceremony to Mark the 50th Anniversary of the* BMZ, Berlin: Federal Ministry for Economic Cooperation and Development, noviembre 13 del 2011.

Scrivner, Olga y Díaz-Campos, Manuel. 2016. "Language variation suite: a theoretical and methodological contribution for linguistic data analysis", *Linguistic Society of America Proceedings*, 1:2016. http://dx.doi.org/10.3765/plsa.v1i0.3734

Sebeok, Thomas A., ed., 1958/1960. *Style in language*, Cambridge, MA: MIT Press.

Sedlatschek, Andreas. 2009. *Contemporary Indian English: variation and change*, Amsterdam: John Benjamins.

Sessarego, Sandro. 2008. "*Concordantia temporum* and Andean Spanish: old issue, new solutions", en Westmoreland, Maurice y Thomas, Juan Antonio, eds., *Selected Proceedings of the Fourth Workshop on Spanish Sociolinguistics*, Somerville, MA: Cascadilla Proceedings Project, 91–99.

SFP: Secretaría de Función Pública. 2007. *Lenguaje claro: manual*, 3ra ed., México: Secretaría de Función Pública. http://www.economia.gob.mx/files/empleo/ManualLenguaje.pdf

Shadle, Christine H.; Nam, Hosung; Whalen, D.H. 2016. "Comparing measurement errors for formants in synthetic and natural vowels", *Journal of the Acoustical Society of America*, 139:2:713–727.

Shuy, Roger W. 1997. "Ten unanswered language questions about Miranda", *International Journal of Speech, Language and the Law*, 4:175–196.

Shuy, Roger W. 1998. *The language of confession, interrogation, and deception*, Thousand Oaks, CA: Sage.

Shuy, Roger W. 2001. "Forensic linguistics", en *The handbook of linguistics*, en Aronoff, Mark y Rees-Miller, Janie, eds., Oxford: Blackwell, 683–691.

Shuy, Roger W. 2002. "Breaking into language and law", en Alatis, J.; Hamilton, H.; Tan, A., eds., *Linguistics, language and the professions*, Washington DC: Georgetown University Press, 67–80.

Shuy, Roger W. 2005. "La aportación de la lingüística al estudio de la intencionalidad criminal", en Turell 2005a, 19–48.

Shuy, Roger W. 2007. "Language in the American courtroom", *Language and Linguistics Compass,* 1:1–2:100–114.

Shuy, Roger W. 2014. *The language of murder cases: intentionality, predisposition, and voluntariness,* New York: Oxford University Press.

Shuy, Roger W. y Staton, Jana J. 2000. "Review of Grisso, Thomas, *Instruments for assessing understanding and appreciation of Miranda rights* (1998)", *International Journal of Speech, Language and the Law,* 7:1:131–136.

Skutnabb-Kangas, Tove. 1984. *Bilingualism or not: the education of minorities,* Clevedon: Multilingual Matters.

SNSB: Scripps National Spelling Bee. 2013. "Contest Rules of the 2013 Scripps National Spelling Bee, 2003". http://internal.spellingbee.com/files/spellingbee.com/784_2156_2013%20SNSB%20Rules_Final.pdf

Sobane, Konosoang. 2008. "The pragmatics of nicknames students use for their lecturers", *Tsebo: Journal of Humanities,* National University of Lesotho, 2:2:12–20.

Solan, Larry M. y Tiersma, Peter M. 2004. "Author identification in American courts", *Applied Linguistics,* 25:4:448–465.

Spassova, María S. 2008. "Las perífrasis verbales en español como marcas distintivas en la atribución forense de autoría", en Monroy, R. y Sánchez, A., eds., *25 años de lingüística en España: hitos y retos: actas del XXVI Congreso de AESLA,* Universidad de Almería, abril 3–5 del 2008, Murcia: Universidad de Murcia, 605–614.

Spassova, María S. 2009. *El potencial discriminatorio de las secuencias de categorías gramaticales en la atribución forense de autoría de textos en español,* tesis doctoral, Barcelona: Universitat Pompeu Fabra.

Spaulding, Seth. 1951. "Two formulas for estimating the reading difficulty of Spanish", *Educational Research Bulletin,* 30:117–124.

Spaulding, Seth. 1956. "A Spanish readability formula", *The Modern Language Journal,* 40:433–441.

Spencer, John. 1974. "Introducción", en Enkvist, Nils, *et al.* 1974, 9–16.

Spilner, Bernd. 1974. *Linguistick und Literaturwissenschaft: Stilforschung, Rhetorik, Textlinguistick,* Stuttgart: Kohlhammer.

Spitzer, Leo. 1932. "La interpretación lingüística de las obras literarias", en Vossler, K. *et al.* 1932, 91–152.

Spitzer, Leo. 1962. *Linguistics and literary history: essays in stylistics,* New York: Russell & Russell 1962, y Princeton: Princeton University Press 1948. http://users.clas.ufl.edu/burt/spitzer.pdf

Stajner, Sanja; Calixto, Iacer; Saggion, Horacio. 2015. "Automatic text simplification for Spanish: comparative evaluation of various simplification strategies", *Proceedings of recent advances in natural language processing,* 618–626.

State of California. 2016. "Words and phrases defined 100–260", Division 2, *California Evidence Code.* http://www.leginfo.ca.gov/cgi-bin/calawquery?codesection=evid

Subirats, Carlos y Ortega, Marc. 2012. *Corpus del Español Actual.* http://sfncorpora.uab.es/CQPweb/cea

Tagliamonte, Sali A. 2012. *Variationist sociolinguistics: change, observation, interpretation*, Oxford: Wiley-Blackwell.

Tagliamonte, Sali A. 2015. *Making waves: the story of variationist sociolinguistics*, Oxford: Wiley-Blackwell.

Tannen, Deborah. 1981. "The machine-gun question: an example of conversational style", *Journal of Pragmatics*, 5:383–397.

Tapia, Maria Celina. 2007. *El nicaragüense: su magia y su encanto*, Managua: Editorial PAVSA.

Thomason, Hannah. 2011. "Declaration in the matter of CA *v.* [*Defendant*]", Fresno, CA, diciembre del 2011.

Tinker, Miles A. 1963. *Legibility of print*, Ames: Iowa State University Press.

Torres Torres, Antonio. 2010. "El español de América en los Estados Unidos", capítulo 9 en Aleza Izquierdo, Milagros; Enguita Utrilla, José Ma., coords., *La lengua española en América: normas y usos actuales*, Valencia: Universitat de València, 403–427. http://www.uv.es/aleza/esp.am.pdf

Toscano Mateus, Humberto. 1953. *El español en el Ecuador*, Madrid: Revista de Filología Española.

Torruella, Joan y Llisterri, Joaquim. 1999. "Diseño de corpus textuales y orales", en Blecua, J.M.; Clavería, G.; Sánchez, C.; Torruella, J., eds., *Filología e informática. Nuevas tecnologías en los estudios filológicos*, Seminario de Filología e Informática, Departamento de Filología Española, Universidad Autónoma de Barcelona, Barcelona: Editorial Milenio, 45–77.

Tracy, Walter. 1986. *Letters of credit: a view of type design*, Boston: D. R. Godine.

Trinch, Shonna. 2007. "The pragmatic use of gender in Latina women's legal narratives of abuse", *International Journal of Speech, Language and the Law*, 14:1:51–83.

Trudgill, Peter. 1990. *The dialects of England*, Oxford: Blackwell.

Turell, Ma. Teresa, ed. 2005a. *Lingüística forense, lengua y derecho: conceptos, métodos y aplicaciones*, Institut Universitari de Lingüística Aplicada, Documenta Universitaria, Barcelona: Universitat Pompeu Fabra.

Turell, Ma. Teresa. 2005b. "Presentación", en Turell 2005a, 13–16.

Turell, Ma. Teresa. 2005c. "El plagio en la traducción literaria", en Turell 2005a, 275–298.

Turell, Ma. Teresa. 2010. "The use of textual, grammatical and sociolinguistic evidence in forensic text comparison", *International Journal of Speech, Language and the Law*, 17:2:211–250.

Turell, Ma. Teresa y Gavalda, Nuria. 2013. "Towards an index of idiolectal similitude (or distance) in forensic authorship analysis", *Journal of Law and Policy*, 21:2:495–514.

UEDSV: Unidad Especializada en Delitos Sexuales y Violentos. 2012. *Guía de entrevista investigativa con niños, niñas y adolescentes víctimas de delitos sexuales (GEV)*, Santiago: Fiscalía Nacional del Ministerio Público, República de Chile.

Ullman, Stephen. 1968. *Lenguaje y estilo*, traducción del ingles por Ruiz Werner, Juan Martín, Madrid: Aguilar.

U.S. Congress. 2009. *United States Code 2006 Title 28, Judiciary and Judicial Procedure, Appendix-Rules of Evidence, Title 30, Mineral Lands and Mining*, Washington, DC: United States Govt. Printing Office.

USDOJ: U.S. Department of Justice. 2002. "Guidance to federal financial assistance recipients regarding Title VI prohibition against national origin discrimination affecting limited English proficient persons", *Federal Register*, 67:117, junio 18, 2002, 41455–41472.

Vanderplas, James M. y Vanderplas, Jean H. 1980. "Some factors affecting legibility of printed materials for older adults", *Perceptual and Motor Skills*, 50:932–932.

Vari Cartier, Patricia. 1981. "Development and validation of a new instrument to assess the readibility of Spanish prose", *The Modern Language Journal*, 65:2:141–148.

Verdín Díaz, Guillermo. 1970. *Introducción al estilo indirecto libre en español*, Madrid: Instituto Miguel de Cervantes.

Vossler, Karl. 1932. "Formas gramaticales y psicológicas del lenguaje", en Vossler, K. *et al.* 1932, 17–86.

Vossler, Karl.; Spitzer, Leo.; Hatzfeld, Helmut. 1932. *Introducción a la estilística romance*, traducción y notas de Amado Alonso y Raimundo Lida, Buenos Aires: Universidad de Buenos Aires.

Wachal, Robert S. 1966. *Linguistic evidence, statistical inference and disputed authorship*, tesis doctoral, University of Wisconsin, Madison.

Weil, Elizabeth. 2015. "Shrimp boy's day in court: what happened when San Francisco's most notorious underworld bosses tried to go clean", *The New York Times Magazine*, octubre 13 del 2015. http://nyti.ms/1QnFof6

Weil, Jack. 2015. "Deposition of Honorable Jack H. Weil", *JEFM a minor v. Loretta E. Lynch*, U.S. District Court, Western District of Washington at Seattle, Case No. 2:14-cv-01026-TSZ, octubre 15 del 2015. https://www.aclu.org/legal-document/jefm-v-lynch-deposition-honorable-jack-h-weil

Weisselberg, Charles D. 2008. "Mourning Miranda", *California Law Review*, 96: 1519–1603.

Wellek, René y Warren, Austin. 1959. *Teoría Literaria*, versión española de Gimeno, José Ma., 2a ed., Madrid: Gredos.

Wennerstrom, NN. 2008. "Immigrant voices in the courts", *International Journal of Speech, Language and the Law*, 15:1:23–49.

Wigmore, John H. 1970. *Evidence at trials at Common Law*, edición revisada del vol. III de la 3ra edición, Boston: Little Brown & Co.

Wolfson, Paul R. Q.; Rhee, Jeannie; Woodman, Derek. 2016. *Aifang Ye v. United States of America: Brief for the Massachusetts Association of Court Interpreters, Inc.*, No. 15-1002, en la Supreme Court of the United States, Washington, DC, March 2016. http://www.macigroup.org/index.php?page=news

Woolls, David. 2005. "La equivalencia y la diferencia en la determinación forense de la autoría de textos", en Turell 2005a, 299–312.

Yeschke, C. L. 1987. *Interviewing: an introduction to interrogation*, Springfield, IL: Charles C. Thomas.

Yavaş, M. 2006. *Applied English phonology*, Malden, MA: Blackwell Publishing.

Yllera, Alicia. 1974. *Estilística poética y semiótica literaria*, Madrid: Alianza Editorial.

Young, Robert J. 1978. *Introducción al arte y estilo literario*, México: UNAM.

Zamora, Alejandro. 2015. " 'Una lengua sirve para decirlo todo': Luis Fernando Lara", *Magis*, noviembre 27 del 2015, Guadalajara: ITESO.

Ziemski, Michał; Junczys-Dowmunt, Marcin; Pouliquen, Bruno. 2016. "The United Nations Parallel Corpus", *Language Resources and Evaluation (LREC'16)*, Portorož, Eslovenia, mayo del 2016. http://conferences.unite.un.org/UNCorpus/es

Índice de materias

Nota: Números de página en cursiva indican figuras; números con "t" indican tablas.

El autor

GERALD MCMENAMIN FUE EDUCADO EN escuelas salesianas y realizó sus estudios universitarios en la *University of California, Irvine.* Le fue otorgado la maestría en Lingüística General por la *California State University, Fresno* y el doctorado en Lingüística Hispánica por *El Colegio de México, México* DF. Completó otros tres años de estudios postdoctorales en la *University of Pennsylvania,* el UCLA *Medical Center* y *Oxford University.* Ha trabajado como profesor de Lingüística y Lingüística Hispánica en la *Universidad Autónoma de Guadalajara; University of Delaware; University of California, Los Angeles;* y *California State University, Fresno.*

Desde el año 1983, McMenamin estudia y ejerce la Lingüística Forense. La presente obra acompaña sus distintos estudios y los libros coordinados y escritos por él, entre ellos: *Forensic Stylistics* (Elsevier 1993) y *Forensic Linguistics* (CRC Press 2003). Además, ha presentado testimonio pericial ante varios tribunales federales y estatales norteamericanos; ante las cortes de Canadá, Filipinas, Francia, Inglaterra y Suiza; y ante la Corte Mundial de La Haya (en París y Washington, D.C.).

En la actualidad, el doctor McMenamin es profesor emérito de *California State University, Fresno.* Él y su estimada esposa Marguerite viven cerca de Fresno. Aunque ahora dedica más tiempo a su afición por la fotografía, mantiene su trabajo cotidiano de casos legales y de la investigación continua, dos esfuerzos necesarios para mejorar la práctica de la Lingüística Forense, especialmente para beneficio de la comunidad inmigrante del suroeste norteamericano.

www.ingramcontent.com/pod-product-compliance
Lightning Source LLC
LaVergne TN
LVHW072012300926
849160LV00002B/4